MÉMOIRES

D'UN

TOURISTE.

Impr. et fond. de F. LOCQUIN et C., 16, rue N.-D. des Victoires.

MÉMOIRES
D'UN
TOURISTE

PAR L'AUTEUR

de Rouge et Noir.
(Henry Beyle)

1

PARIS.
AMBROISE DUPONT, ÉDITEUR
des Mémoires du Diable, par Frédéric Soulié,
7, RUE VIVIENNE.

1838

— Verrières, près Sceaux.

Ce n'est point par *égotisme* que je dis *je*, c'est qu'il n'y a pas d'autre moyen de raconter vite. Je suis négociant; en parcourant la province pour mes affaires (le commerce du fer), j'ai eu l'idée d'écrire un journal.

Il n'y a presque pas de voyages en France : c'est ce qui m'encourage à faire imprimer celui-ci. J'ai vu la province pendant quelques mois, et j'écris un livre; mais je n'ose parler de Paris, que j'habite depuis vingt ans. Le connaître est l'étude de toute la vie, et il faut une tête bien forte pour ne pas se laisser cacher le fond des choses par la mode, qui en ce pays dispose plus que jamais de toutes les vérités.

La mode pouvait tout aussi du temps de Louis XV; elle faisait condamner à mort le général Lally, qui n'avait d'autre tort que d'être brusque et peu aimable. De nos jours, elle jette en prison un jeune officier tout aussi coupable que le général Lally. Mais il y avait pourtant, du temps de Louis XV, une difficulté de moins pour arriver à la vérité : on n'avait pas à faire effort pour oublier les jolies phrases d'une vingtaine d'écrivains, gens de beaucoup de talent et payés pour mentir.

A Paris, on est assailli d'idées toutes faites sur tout; on dirait qu'on veut, bon gré mal gré, nous éviter la peine de penser, et ne nous laisser que le plaisir de bien dire. C'est par un malheur contraire qu'on est vexé en province. On passe à côté d'un site charmant, ou d'une ruine qui peint le moyen-âge d'une manière frappante; eh bien! il ne se trouve personne pour vous avertir qu'il y a là quelque chose de curieux à voir. Le provincial, si son pays passe pour beau, vante tout également en des termes exagérés et vides d'idées, qui copient mal l'emphase de M. de Châteaubriand. Si au contraire des articles de journaux ne l'ont pas averti qu'à cent pas de sa maison de campagne se trouve un paysage enchanteur, il vous répond, quand vous demandez s'il y a dans les environs quelque chose à voir : « Ah ! monsieur, qu'il serait facile de se tailler cent mille livres de rente au milieu de ces bois de haute futaie ! »

— Fontainebleau, le 10 avril 1837.

Enfin me voici en route. Je chemine dans une bonne calèche achetée de rencontre ; j'ai pour unique compagnie le fidèle Joseph, qui me demande respectueusement la permission de parler à monsieur, et qui m'impatiente.

De Verrières, où il y a de jolis bois, à Essones, la principale idée qui me soit apparue a été tout égoïste, et même du genre le plus plat. S'il m'arrive une autre fois de voyager dans une voiture à moi, prendre un domestique qui ne sache pas le français.

Le pays que je parcours est horriblement laid ; on ne voit à l'horizon que de grandes lignes grises et plates. Sur le premier plan, absence de toute fertilité, arbres rabougris et taillés jusqu'au vif pour avoir des fagots ; paysans pauvrement vêtus de toile bleue ; et il fait froid ! Voilà pourtant ce que nous appelons *la belle France !* Je suis réduit à me dire : « Elle est belle *au moral*, elle a étonné le monde par ses victoires ; c'est le pays de l'univers où les hommes se rendent le moins malheureux par leur action mutuelle les uns sur les autres » : mais, il faut l'avouer, au risque de choquer le lecteur, la nature n'a pas mis une source de bonheur bien vive dans ces ames du nord de la France.

Le sage gouvernement d'un roi homme supérieur n'autorise pas les insolences des riches envers les pauvres comme en Angleterre, ou les insolences et prétentions des prêtres, comme du temps de Charles X. Ainsi, me disais-je, en voyant Essones devant moi, voici peut-être le bourg du monde où le gouvernement fait le moins de mal aux gouvernés, et leur assure le mieux la sûreté sur la grande route, et la justice quand ils prennent envie de se chamailler entre eux. De plus, il les amuse par la garde nationale et les bonnets à poil.

Le ton des demi-manans demi-bourgeois dont je surprends la conversation le long du chemin est raisonnable et froid ; il a cette pointe de malice et de plaisanterie qui annonce à la fois l'absence des grands malheurs et des sensations profondes. Ce ton railleur n'existe point en Italie; il est remplacé par le silence farouche de la passion, par son langage plein d'images, ou par la plaisanterie amère.

A Essones, je m'arrête un quart d'heure chez

un de nos correspondans pour vérifier cette observation; il croit que je m'arrête pour lui montrer qu'à ce voyage-ci j'ai une calèche. Il me donne d'excellente bière et me parle sérieusement des élections municipales. Je remonte en voiture en me demandant si l'habitude des élections, qui réellement ne commence en France que cette année, va nous obliger à faire la cour à la dernière classe du peuple comme en Amérique. En ce cas, je deviens bien vite aristocrate. Je ne veux faire la cour à personne, mais moins encore au peuple qu'au ministre.

Je me rappelle qu'au moyen-âge la gorge chez les femmes n'était pas à la mode, celles qui avaient le malheur d'en avoir portaient des corsets qui la comprimaient et la dissimulaient autant que possible. Le lecteur trouve peut-être ce souvenir un peu leste, je ne prends pas ce ton par recherche et comme moyen d'esprit, Dieu m'en garde! mais je prétends avoir la liberté du langage. J'ai cherché une périphrase pendant vingt secondes et n'ai rien trouvé de clair. Si cette liberté rend le lecteur malévole, je l'engage à fermer le livre; car, autant je suis réservé et plat à mon comptoir et dans les réunions avec mes collègues les hommes à argent, autant je prétends être naturel et simple en écrivant ce journal le soir. Si je mentais le moins du monde, le plaisir s'envolerait et je n'écrirais plus. Quel dommage !

Notre gaîté libertine et imprudente, notre esprit français, seront-ils écrasés et anéantis par la nécessité de faire la cour à de petits artisans grossiers et fanatiques, comme à Philadelphie ?

La démocratie obtiendra-t-elle ce triomphe sur le naturel ? Le peuple n'est supérieur à la bonne compagnie que lors des grands mouvemens de l'ame, il est capable, lui, de passions généreuses. Trop souvent les gens bien élevés mettent la gloire de leur amour-propre à être un peu *Robert-Macaire*. Qu'est-il resté, disent-ils, aux grands personnages de la révolution qui n'ont pas su ramasser de l'argent ?

Si le gouvernement, au lieu de

des gens médiocres et usés, permettait à qui se sent du talent pour la parole de réunir dans une chapelle les gens qui s'ennuient et n'ont pas d'argent pour aller au spectacle, bientôt nous serions aussi fanatiques, aussi moroses qu'on l'est à New-York ; que dis-je, vingt fois plus. Notre privilège est de tout pousser à l'excès. A Edimbourg, dans les belles conversations, les demoiselles ne parlent avec les jeunes gens que du mérite de tel ou tel prédicateur, et l'on cite des fragmens de sermon. C'est pourquoi j'aime les jésuites que je haïssais tant sous Charles X.

Le plus grand crime envers un peuple n'est-ce pas de lui ôter sa gaîté de tous les soirs?

Je ne verrai point cet abrutissement de l'aimable France ; il ne triomphera guère que vers 1860. Mais quel dommage que la patrie de Marot, de Montaigne et de Rabelais, perde cet esprit naturel piquant, libertin, frondeur, imprévu, ami de la bravoure et de l'imprudence! Déjà il ne se voit plus dans la bonne compagnie, et à Paris il s'est réfugié parmi les gamins de la rue. Grand Dieu! allons-nous devenir des Génevois?

C'est à Essones que Napoléon fut trahi en 1814.

Avant d'arriver à Fontainebleau, il est un endroit, un seul, où le paysage mérite qu'on le regarde. C'est au moment où l'on aperçoit tout à coup la Seine qui coule à deux cents pieds au dessous de la route. La vallée est à gauche, et formée par un coteau boisé au sommet duquel se trouve le voyageur. Mais, hélas! il n'y a point de ces vieux ormeaux de deux siècles si respectables, comme en Angleterre. Ce malheur, qui ôte de la profondeur à la sensation donnée par les paysages, est général en France. Dès que le paysan voit un grand arbre, il songe à le vendre six louis.

La route de Paris à Essones était occupée ce matin par quelques centaines de soldats en pantalons rouges, marchant par deux, par trois, par quatre, ou se reposant étendus sous les arbres. Cela m'indigne : cette marche, comme des moutons isolés, est pitoyable. Quelle habitude à laisser prendre à des Français déjà si peu amis de l'ordre ! Vingt cosaques auraient mis en déroute tout ce bataillon qui se rend à Fontainebleau pour garder la cour pendant le mariage de M. le duc d'Orléans.

Un peu avant Essones, je contrepasse la tête du bataillon, qui fait halte pour rallier une partie de son monde, et entrer en ville d'une façon un peu décente. Au son du tambour je vois les jeunes filles du bourg hors d'elles-mêmes de plaisir, et qui accourent sur le pas de leurs portes. Les jeunes gens forment des groupes au milieu de la rue; tous regardent le bataillon qui se forme au bout du village vers Paris, et, comme la route est démesurément large, on l'aperçoit fort bien. Je me rappelle cet air de Grétry :

> Rien ne plaît tant aux yeux des belles
> Que le courage des guerriers !

Cela est admirablement vrai en France ; elles aiment le courage aventureux, imprudent, pas du tout le courage tranquille et magnanime de Turenne ou du maréchal Davoust. Tout ce qui est profond n'est ni compris ni admiré en France : Napoléon le savait bien, de là ses affectations, ses airs de comédie qui l'eussent perdu auprès d'un public italien.

A Fontainebleau, dîné fort bien à l'hôtel de *la ville de Lyon*. C'est un hôtel *Snog* [tranquille, silencieux, à figures prévenantes], comme *Box-Hill*, près de Londres.

Je vais au château au bout de la rue Royale, je le trouve fermé. Rien de plus simple, on s'occupe des préparatifs de la noce. Mais autrefois j'ai fait l'inventaire de Fontainebleau; un employé de ce temps-là me permet de jeter un coup d'œil d'ami sur la cour du *Cheval-Blanc* qui doit ce nom à un modèle en plâtre du cheval de Marc-Aurèle, au Capitole, que Catherine de Médicis y avait fait placer. Une princesse italienne a toujours un fonds d'amour pour les beaux-arts. Ce modèle ne fut enlevé qu'en 1626. C'est un Italien, Sébastien Serlio de Bologne, qui dessina et bâtit cette cour en 1529.

J'y vois, des yeux de l'ame, un groupe en bronze placé là en 1830: c'est Napoléon qui fait ses adieux à l'armée en embrassant un vieux soldat.

Je rencontre des hussards du quatrième régiment, le régiment modèle. Les hussards sont très fiers, parce qu'ils sont les seuls en France qui avec le dolman rouge puissent porter le pantalon bleu de ciel. Honneur aux chefs qui savent donner une valeur infinie à ces petites choses! Je vois ferrer un cheval fougueux; un hussard le fascine par le regard et le contient immobile. Un hussard selle son cheval, s'habille et fait feu en deux minutes.

On parle beaucoup d'un des plus grands personnages du régime actuel, qui répondait hier à un de ses cliens qui le sollicitait :

— De grace! mon cher, pour le moment, ne me parlez de rien. Cette expédition de Constantine est pour moi comme l'épée d'*Horatius Coclès* suspendue sur ma tête.

Puisque je ne peux entrer au château, je demande des chevaux de poste. J'aurais voulu voir certaines peintures du *Primatice* qu'on dit fort bien restaurées; c'est un grand mot. Comment notre goût empesé et maniéré aurait-il pu continuer la simplicité du bon Italien? D'ailleurs nos peintres ne savent pas faire des figures de femmes. Probablement je n'ai perdu que des haussemens d'épaules.

C'est dans le petit pamphlet à la Voltaire, c'est dans les articles du *Charivari* quand les auteurs sont en verve, que nous sommes *inarrivables*. Par exemple la visite du roi de Naples à la Bibliothèque royale (en 1836, je crois) : *Ze voudrais bien m'en aller.*

Tous les gens d'esprit d'Allemagne, d'Angleterre et même d'Italie, se cotiseraient ensemble, qu'ils ne pourraient faire de tels articles. Mais restaurer une fresque du Primatice! c'est autre chose. Nous serons battus même par l'Allemagne.

Le château de Fontainebleau est extrêmement mal situé, dans un fond. Il ressemble à un dictionnaire d'architecture; il y a de tout, mais rien n'est touchant. Les rochers de Fontainebleau sont ridicules; ils n'ont pour eux que les exagérations qui les ont mis à la mode. Le Parisien qui n'a rien vu se figure, dans son étonnement, qu'une montagne de deux cents pieds de haut fait partie de la grande chaîne des Alpes. Le sol de la forêt est donc fort insignifiant; mais, dans les lieux où les arbres ont quatre-vingts pieds de haut, elle est touchante et fort belle. Cette forêt a vingt-deux lieues de long et dix-huit de large. Napoléon y avait fait pratiquer trois cents lieues de routes sur lesquelles on pouvait galoper. Il croyait que les Français aimaient les rois chasseurs.

Il y a deux anecdotes sur Fontainebleau, le récit de la mort de Monaldeschi par le père Lebel, qui le confessa[1]; et la grossesse de l'abbesse du monastère de *la Joie*, racontée au petit coucher de Louis XIV par le duc d'A*** son père, qui ne se rappelait plus le nom du couvent dont sa fille était abbesse[2].

---

[1] *Recueil de Pièces*, par Laplace, tome 4, page 319.
[2] *Mémoires de Saint-Simon.*

Monaldeschi connaissait le temps où il vivait et la princesse qu'il servait. L'épée d'un des trois valets qui exécutèrent la sentence de Christine se faussa sur la gorge du pauvre amant infidèle : c'est qu'il portait habituellement une cotte de mailles qui pesait neuf à dix livres.

J'aime mieux qu'il y ait un préfet de police qui quelquefois, il est vrai, fait visiter mes papiers, et ne pas être obligé de marcher toujours armé : ma vie est plus commode; mais j'en vaux moins, j'en suis moins homme de cœur, et je pâlis un peu à l'annonce du péril.

— Montargis, le 11 avril.

Petite ville assez insignifiante. Elle s'est fort embellie depuis 1814, qu'elle a pu jouir des réformes introduites par Sieyes, Mirabeau, Danton, et autres grands hommes qu'il est de mode de calomnier parmi les pygmées actuels. Bon souper à l'hôtel de la Poste, fort bien meublé. Dans toute cette journée, je n'ai pas rencontré un seul postillon malhonnête; je paie à cinquante sous : plusieurs montent fort mal à cheval, ce qui me fâche. Je pensais qu'on pourrait faire une conscription de postillons si les soldats prussiens, poussés par les Russes, nous attaquent. Avant de partir, je vais voir la promenade située sur les bords du Loing et du canal de Briare; insignifiant.

— Neuvy, le 12 avril.

Je viens de traverser un bien triste pays avant de descendre dans la vallée de la Loire. Je crois qu'on appelle cela le Gâtinais. Depuis Briare, on monte et descend une suite de coteaux fertiles, qui se dirigent tous vers la Loire. Il faudrait au moins, en arrivant à ce fleuve, placer la route sur la digue.

— Cosne, 12 avril 1837.

En approchant de la Loire, les arbres commencent à avoir des bourgeons, le pays perd cet air d'aridité profonde qui m'attristait dans le Gâtinais. Comme je traversais un gros bourg sur la Loire, j'ai soif; l'eau que je vais chercher dans un café puant est atroce. Il faut acheter huit bouteilles carrées, comme celles de la liqueur de Turin, et les placer dans un réduit, derrière les talons de bottes du voyageur. On a ainsi du vin et de l'eau que l'on renouvelle à chaque fontaine.

Je couche à Cosne, bourg infâme et infâme auberge; mais j'étais obligé de voir des fabriques d'ancres en fer forgé le long de la Loire. Sur le mur de ces forges, on me fait observer des marques d'inondation du fleuve, étonnantes par leur élévation.

Je vois un pont suspendu qui traverse la Loire, et qui, je ne sais pourquoi, passe pour laid dans le pays. Les Français sont drôles dans leurs idées. Peut-être que l'ingénieur qui a construit ce pont avait une cravate trop haute, ce qui lui donnait l'air suffisant; peut-être a-t-il blessé la vanité des bourgeois de la petite ville par quelque autre tort aussi grave. Le *tablier* en bois d'une arche du pont est tombé un beau jour, parce qu'un *pied-droit*, supportant le *tablier*, s'est rompu, et trois personnes se sont noyées. Il fallait du fer de la Roche en Champagne; peut-être aura-t-on pris par mégarde du fer aigre du Berry. Au reste on ne peut prévoir les maladies du fer : tout à coup la barre de fer la mieux forgée casse net. Est-ce un effet de l'électricité ?

Ce pont, qui n'est pas à la mode, conduit à une île de la Loire. Ce fleuve est ridicule à force d'îles : une île doit être une exception chez un fleuve bien appris; mais, pour la Loire, l'île est la règle, de façon que le fleuve, toujours divisé en deux ou trois branches, manque d'eau partout. Ce malheureux pont conduit donc à un chemin qui traverse une île dépouillée d'arbres, et qui pourrait être charmante. On prétend que ce pont a donné de l'humeur à beaucoup de gens du voisinage. Voilà le malheur de la province : *prendre de l'humeur*. On ne prend point d'humeur aux colonies.

Pour compléter mon idée, je suis entré chez une petite marchande épicière qui m'a vendu du raisin sec. Un paysan à la physionomie stupide, et vêtu de toile de coton bleue, passait sur le pont : l'épicière m'a dit que cet homme ne mangeait de la viande que huit fois par an ; il vit d'ordinaire avec du lait caillé. Pendant les grands travaux de la moisson, les paysans se permettent de boire de la *piquette* ; on fait ce breuvage en versant de l'eau sur le marc de raisin, lorsqu'il sort du pressoir ; et nous nous préférons fièrement à la Belgique et à l'Écosse !

Les nègres sont plus heureux. Ils sont bien nourris, et dansent tous les soirs avec leurs maîtresses. Ces paysans si sobres devraient être enchantés de *passer* soldats ; pas du tout : leur moral est à la hauteur de leur physique ; les plus misérables sont les plus désespérés lorsqu'ils tirent un mauvais numéro. Mais au bout de six mois ils chantent au bivouac [1].

— La Charité, 13 avril.

Je traversais au grand trot la petite ville de La

[1] Voir l'excellente relation *allemande* de la prise de Constantine, traduite par M. Spazier.

Charité, lorsque, pour me punir d'avoir pensé longuement ce matin aux maladies du fer, l'essieu de ma calèche casse net. C'est ma faute : je m'étais bien promis que si jamais j'avais une calèche à moi, je ferais forger sous mes yeux un bel essieu avec six barres de fer *doux*, de Fourvoirie.

L'immense colère de Joseph fait que je me moque de lui intérieurement, et que je n'ai point de colère. Si ce malheur m'était arrivé sur les routes désertes de ce pays maudit appelé le Gâtinais, oh ! alors il y aurait eu de quoi jurer. Que serions-nous devenus, entourés de paysans qui vivent de lait caillé ? Comment transporter la voiture jusqu'à la forge la plus voisine ?

J'examine le grain du fer de mon essieu; il est *devenu gros*, apparemment qu'il sert depuis longtemps. J'examine le génie du forgeron, je suis très content de cet homme. Je fais venir, sans mot dire, quatre bouteilles de vin dans la forge, autant qu'il y a d'ouvriers, ce qui m'attire une bienveillance générale et que je lis dans tous les yeux. Je dirige un instant les travaux.

Par bonheur l'auberge est excellente, *Snog*. Mais que faire à La Charité ? Je vais voir le cabinet de M. Grasset, homme instruit, et fort zélé pour la conservation des antiquités du moyen-âge. On dit que le nom de *La Charité* provient de certains moines de Saint-Benoit, qui recevaient chez eux les voyageurs, ce dont je doute fort. Probablement ils recevaient les moines et les pèlerins. L'église de La Charité est immense et fort belle; elle fut reconstruite par Philippe-Auguste en 1216. Le chœur et la façade sont les seules parties intéressantes. Je viens de passer deux heures à les examiner, et sans songer le moins du monde à mon essieu cassé et à être en colère.

La forme actuelle de cette église est celle d'un crucifix ou *croix latine*. La nef et les bas côtés ont été restaurés et n'ont plus de caractère; le chœur et la façade seuls rappellent l'état des arts sous Philippe-Auguste. La plupart des arcs sont en ogive, mais on trouve quelquefois le plein cintre romain : les piliers ronds qui environnent le chœur et le séparent des bas côtés, sont *romans*; c'est tout simple, ils datent de 1056. Ils présentent quelques vestiges de l'élégance de la colonne corinthienne.

Une partie de cet immense édifice a été retranchée; ainsi, avant d'arriver à la porte actuelle de l'église, on peut remarquer à gauche, sur la place, le mur de l'ancienne nef. Il ne reste plus aujourd'hui qu'une tour de la façade, celle de gauche; elle est du treizième siècle et fort élevée : ses fenêtres divisées en deux, géminées, sont très jolies.

Des bas-reliefs qui périssaient attachés au pied de cette tour ont été transportés dans l'église, il y a deux ans, par les soins de M. Mérimée.

Les doigts de quelques uns des personnages ont la même longueur que leur visage, tandis que les étoffes et les broderies sont exécutées avec une rare perfection. Les yeux des figures de grande proportion sont incrustés avec du verre rouge foncé; quelques moulures sont si belles qu'on pourrait les prendre pour antiques.

Je suis revenu à la forge, mon essieu n'était point terminé; j'ai pris une petite voiture et suis allé visiter les ruines de La Marche, qui autrefois fut une ville. J'ai vu des piliers avec des colonnes engagées : les angles des chapiteaux sont terminés par des têtes d'hommes ou d'animaux; tout cela est horriblement laid. Je ne me sens pas encore assez savant pour aimer le laid, et ne voir dans une colonne que l'esprit dont je puis faire preuve en en parlant.

Cette architecture de La Marche est fort curieuse; elle remonte probablement au dixième siècle, qui, comme on sait, fut celui de la barbarie la plus profonde.

Je reviens à La Charité, mon essieu n'était point encore terminé. J'entre au café, et pour donner pâture à la curiosité des braves gens que j'y rencontre, je leur raconte que je vais à Lyon pour une faillite, et que j'ai été arrêté dans leur *jolie* ville par la rupture de mon essieu. Ils le savaient déjà, et que j'étais allé à La Marche. J'apprends qu'il n'y a aucune navigation entre La Charité et Orléans, et l'on me rit au nez, mais avec politesse, quand je parle de navigation avec Nantes.

Ce centre de la France est encore bien arriéré : il valait mieux, sans doute, il y a mille ans; je veux dire, il n'était pas tellement inférieur au reste du pays. Au café, j'ai trouvé un homme important, fort curieux de deviner si je suis fonctionnaire public ou simple négociant. Je m'amuse à faire changer ses conjectures toutes les cinq minutes. Il me dit que jadis les Normands vinrent piller et brûler La Charité.

J'apprends que mon idée de ce matin sur la grande route de Briare à La Charité, si hérissée de montées et de descentes ridicules, est venue à M. Mossé, homme d'esprit et de courage, ingénieur en chef à Nevers. Il va placer la grande route le long de la Loire, ce qui met en fureur les propriétaires des maisons de La Charité qui ont l'honneur de se trouver sur la route actuelle. Ces messieurs prêtent les motifs les plus plaisans à M. Mossé, ne pouvant pas se figurer que le bien public soit un motif. Quant à eux, ils ne nommeront député que l'homme qui jurera de maintenir devant leurs maisons la route royale de Paris à Lyon. Qu'importe que le voyageur arrive vingt minutes plus tard à Lyon?

Mon essieu ne sera prêt qu'à dix heures du soir ; je retourne à l'église qui me plaît de plus en plus. Je fais acte de courage, je monte sur la jolie tour, du haut de laquelle je vois coucher le soleil derrière de vastes forêts ; je vois la Loire serpenter à l'infini. Je passe fort bien mon temps ; mon cicérone est homme de sens, et répond clairement à toutes mes questions. Les propriétaires du pays parlent de faire un grand trou entre cette tour et l'église ; au fond de cet escarpement on placerait la route : voilà le projet qu'on oppose à celui de l'ingénieur en chef. Sans doute, m'a dit mon cicérone, l'ingénieur en chef a été acheté par les propriétaires voisins de la Loire.

La grande et foncière différence de Paris avec une petite ville telle que La Charité, c'est qu'à Paris on voit tout à *travers le journal*, tandis que le bourgeois de La Charité voit par ses yeux, et de plus examine avec une profonde curiosité ce qui se passe dans sa ville.

A Paris, la foule est-elle rassemblée au bout de la rue, ma première idée est que cette foule va salir mon pantalon blanc et m'obliger à rentrer chez moi. Si je vois une figure un peu civilisée, je m'informe de la cause de tout ce bruit.

— C'est un voleur, me dit-on, qui vient de sauter par une fenêtre avec une pendule sous son bras.

Bon! me dis-je, demain je verrai le détail dans la *Gazette des Tribunaux*.

Voilà un des grands malheurs de Paris, et bien plus, un des grands malheurs de la civilisation, un des plus sérieux obstacles à l'augmentation du bonheur des hommes par leur réunion sur un point. Cette réunion n'a d'avantage que *du côté politique*; elle nuit aux arts et aux lettres: voici comment. Un bon médecin n'est plus connu par les cures qu'il fait dans la ville; pour avoir des malades, il est obligé de faire le charlatan dans le journal. Il donne des soins à la famille du directeur de ce journal, et lui fournit le fond de l'article à sa gloire, que l'autre polit et arrange. Ainsi un homme d'un esprit aimable, accoutumé à faire des phrases coulantes et à les couronner par un mot piquant, dispose de la réputation du médecin, du peintre, etc. N'est-ce pas le journal qui a fait la réputation de Girodet?

Le journal, *excellent, nécessaire pour les intérêts politiques*, empoisonne par le charlatanisme la littérature et les beaux arts. Dès qu'un grand homme créé par le journal meurt, sa gloire meurt avec lui; voyez Girodet: mais Prudhon, contemporain de Girodet, n'était pas apprécié, et ne possédait pas un sou pour passer le pont des Arts (je l'ai vu).

Dans les villes non sujettes au journal, à Milan par exemple, tout le monde va voir le tableau avant de lire l'article, et le journaliste doit bien se tenir pour n'être pas ridicule en parlant d'un tableau sur lequel tout le monde a une opinion.

De la nécessité *politique* du journal dans les grandes villes naît la triste nécessité du *charlatanisme, seule et unique religion du dix-neuvième siècle.*

Quel est l'homme de mérite qui n'avoue en rougissant qu'il a eu besoin de charlatanisme pour percer? De là, ce vernis de *comédie nécessaire*, qui donne je ne sais quoi de faux et même de méchant aux habitudes sociales des Parisiens. Le *naturel* y perd un homme, les habiles s'imaginent qu'il n'a pas assez d'esprit, même pour jouer ce petit bout de *comédie nécessaire*.

. Hélas! oui, *nécessaire*. Vous aimez à avoir la tête soutenue, vous paraissez sur le boulevart avec une cravate *trop haute*, tout le monde dira que vous êtes insolent. Impossible de déraciner cette vérité. Mais, politiquement parlant, notre liberté n'a pas d'autre garantie que le journal. C'est par le mécanisme que je viens d'indiquer que la liberté tuera peut-être la littérature et les arts. Nous tombons dans le *genre grossier*, et je vois trois ou quatre causes à cette chute. Nous casserons-nous le cou ?

— Nevers, le 14 avril.

Dès huit heures du matin j'arrive à Nevers, qui n'est qu'à six lieues de La Charité; mais les gens à qui j'ai affaire sont à la campagne, et me voici à peu près dans la même situation qu'hier à La Charité, c'est-à-dire obligé de tuer le temps, tandis que j'ai des affaires importantes à traiter ici et dans les forges des environs. Nevers est bâtie en amphithéâtre sur une colline, au confluent de la Nièvre et de la Loire. La cathédrale et le château couronnent cette colline, et les rues sont en pente. Ce qui fait que, quelque laides qu'elles soient d'ailleurs, les maisons ont au moins de l'air.

Je cherche à me rendre savant, par bonheur je trouve chez le libraire les *Commentaires de César*, qui avait placé le trésor de son armée à Nevers (Noviodunum). César est le seul livre qu'il faille prendre en voyageant en France; il rafraîchit l'imagination fatiguée et impatientée par les raisonnemens biscornus qui vous arrivent de tous les côtés, et qu'il faut écouter avec attention. Sa simplicité si noble fait un contraste parfait avec les politesses contournées dont la province abonde.

Je vais voir la fonderie royale de canons, qui en fait deux cent trente par an : je monte à la bibliothèque de la ville, où j'espérais trouver de grands restes de la domination romaine; il n'y a rien qui vaille.

L'église de Saint-Étienne me plaît assez; il faut descendre plusieurs marches pour y entrer. Elle fut fondée en 1063. La mode n'avait pas encore anéanti tous les souvenirs de l'art antique. Cette église est *romane* et la nef est large relativement à sa longueur; ce qui me touche beaucoup et me prouve que je ne possède pas le vrai goût chrétien, *plus la nef d'une église est étroite et resserrée entre de hauts piliers, plus elle représente le malheur.*

Saint-Etienne est une croix latine : des piliers carrés avec une colonne engagée sur chaque face la divisent en trois nefs. Le caractère distinctif des édifices *romans* (ou bâtis par des architectes timides qui gardaient encore quelque souvenir des monumens romains) est la solidité ; le chœur est entouré de piliers ronds réunis par des arcades en plein cintre : le plein cintre se retrouve partout ici ; ce qui, selon moi, éloigne l'idée du malheur et de l'enfer. Le lecteur sent-il ainsi ?

On voit dans le haut du chœur des colonnes bien barbares, dont les chapiteaux sont presque aussi hauts que le fût; les transsepts (les croisillons du crucifix) sont séparés de la nef par un mur qui touche à la voûte, mais qui s'ouvre dans le bas par une grande arcade surmontée de cinq plus petites.

Ces belles roses (fenêtres rondes garnies de brillans vitraux cramoisis, verts, bleus) si remarquables à Saint-Ouen de Rouen, n'étaient encore, lorsqu'on bâtit Saint-Etienne de Nevers, qu'un petit œil de bœuf fort étroit [1].

Rien de plus pauvre que la façade et les ornemens de Saint-Etienne.

Il y a des sculptures curieuses à Saint-Sauveur, autre basilique *romane* misérablement transformée aujourd'hui, le haut en grenier à foin, et le bas en magasin de roulage. Les provinciaux recouvrent tous leurs édifices d'un triste badigeon café au lait, comme Notre-Dame, Saint-Sulpice, etc., à Paris. En donnant des coups de canne au badigeon de Saint-Sauveur on le fait écailler, et l'on voit que les murs et les fûts des colonnes furent primitivement revêtus d'une couche épaisse de couleur rouge brillante. Quelques chapiteaux étaient peints en très beau vert,

---

[1] Nous manquons d'un dictionnaire avec gravures en bois dans le texte, qui expliquerait deux cents mots de l'art gothique; mais alors il ne serait plus un *arcane*.

et en certains endroits dorés. Au dessus du chœur est un clocher gothique, et par conséquent bien postérieur à l'église.

Saint-Genest, voisin de Saint-Sauveur, est transformé en brasserie. Cette église, qui a la forme d'une croix grecque, dont les quatre branches sont égales, montre la transition du plein cintre à l'ogive. Elle avait des détails élégans, on la croit de la fin du douzième siècle.

Saint-Cyr, la cathédrale, est une longue basilique refaite en partie aux treizième, quatorzième et quinzième siècles.

Comme on le voit à Notre-Dame de Paris et au charmant Saint-Ouen de Rouen, le chœur de Saint-Cyr incline visiblement à gauche; apparemment les architectes ont voulu rappeler que Jésus-Christ expira sur la croix la tête inclinée à droite.

Saint-Cyr me semble assez lourd, mais il est bien situé, mais son lourd clocher plaît infiniment aux paysans de la Nièvre; ils sont séduits par certaines figures colossales appliquées contre ses angles. Pour une église des siècles barbares, ce n'était pas un petit mérite que de plaire aux paysans.

Lorsque la France, à l'époque de la terreur, regarda la religion romaine comme l'ennemie la plus implacable de la liberté, la plupart des têtes de saints dans les églises gothiques furent brisées. Mais les gros saints du clocher de Nevers ont survécu.

C'est avec le plus vif plaisir que j'ai revu la façade de l'hôtel de ville : c'était le château des comtes de Nevers ; ce qui en reste appartient au commencement de la renaissance, « à cette épo- » que charmante où les graves beautés de l'ar- » chitecture antique reparaissent comme à la dé- » robée au milieu des derniers caprices du » gothique ; et l'on voit naître la grace. »

Le jardin public est fort joli.

Mon désœuvrement me livrait au cicérone. Il m'a mené dans un jardin de la rue de la Tartre ; j'ai vu deux colonnes ioniques engagées dans un mur : c'est une imitation de l'antique.

Dans un jardin voisin du premier se trouve un joli tombeau de l'époque de Louis XII : il est décoré de charmantes petites statues assez bien conservées.

— Fourchambault, le 17 avril 1837.

Que dire, qui ne soit pas une méchanceté, de tous ces pays de forges du Berry ?

On connaît ces noms à Paris ; ils ont créé depuis trente ans des fortunes colossales, et ces fortunes s'opposent maintenant à ce qu'on nous donne une bonne loi de douanes. Mes intérêts, ou plutôt les intérêts de ma vanité m'ont conduit à Guerigny, à Imphi, etc. Il faut que dans nos réunions de Paris, je puisse jeter en passant quelques détails sur les hauts fourneaux de ce pays-ci.

J'y vois beaucoup de choses à louer : toutefois l'ouvrier français a trop d'esprit, il veut trop inventer et varier ses moyens ; il croit à son imagination presque autant qu'à l'expérience. Et, en fait de machines comme de politique, l'expérience seule répond à tout ; la théorie n'est qu'un rêve.

L'ouvrier français du Nivernais n'a point l'opiniâtreté *féroce* de l'ouvrier de Birmingham, qui, avant tout, veut gagner *son argent*. Il est encore plus éloigné de la patience inaltérable, soigneuse et pleine de bonhomie des ouvriers du Hartz. (Il y a trois ans qu'à Gosslar l'on m'a donné un déjeuner à treize cents pieds sous terre. Les ouvriers entrent gaîment dans ce gouffre le lundi, et ne reviennent voir leurs femmes et leur village que le samedi soir. Il y eut jadis de graves inconvéniens, lorsque des régimens français allant à Magdebourg étaient logés à Gosslar : les maris ensevelis dans les mines prétendirent se révolter.)

Je pourrais placer ici un mémoire de quatre pages sur les bois et les forges du Nivernais ; mais peut-être il intéresserait médiocrement le lecteur, et à coup sûr il serait taxé de *jacobin*; car je proposerais des réformes, car je choquerais les riches propriétaires qui abusent du *statu quo*.

Les provinciaux de 1837 sont sévères en diable pour les gens riches, et j'avoue qu'il ne tiendrait qu'à ceux-ci de voir partout des ennemis.

Tout Français qui fait usage du fer paie deux francs par an pour que ces messieurs des forges puissent vendre leur bois sous la forme de fer, et réunir des millions. Laissez entrer les fers suédois et anglais, et chaque Français qui emploie le fer dépensera deux francs de moins par an; bien plus, on pourra songer à d'immenses et magnifiques entreprises impossibles aujourd'hui.

Mais en cas de guerre avec l'Angleterre, que ferions-nous ?

On ne peut guère parler que de vin de Champagne et de la dernière comédie de M. Scribe à ces riches propriétaires, qui ont tant d'intérêt à ne pas entamer des sujets raisonnables; mais j'ai passé deux heures aujourd'hui avec un contre-maître chargé de la vente, et qui répondait avec beaucoup de sens à toutes mes questions. Comme nous devisions, sont arrivés deux acheteurs, l'un de Troyes, en Champagne, et l'autre de Lamure, en Dauphiné. Le contre-maître a fait ses affaires, et moi j'écoutais. J'aime beaucoup ce rôle; j'adore de n'être pas obligé de parler.

Il n'y a peut-être pas de contraste plus marqué en France que celui du bon habitant de Troyes et du Dauphinois. Le Troyen, après avoir salué, dit tout de suite pourquoi il vient, traite son affaire avec une candeur exemplaire, et quand on lui fait des objections, il a l'air malheureux et ne dit mot.

Le Dauphinois a commencé par s'informer de la santé de la femme du contre-maître, ensuite il lui a parlé de ses enfans; le contre-maître a été séduit, et a donné des détails sur la santé du plus jeune. Quand enfin, après un long discours amical, on en est venu aux prix des fers, le Dauphinois a dit, d'un air bon et en traînant la voix, que ce n'était pas là ce qui les brouillerait, et pendant cinq ou six minutes il a parlé des *douceurs de l'amitié*. Mais lorsque le contre-maître, revenant à son affaire, lui a énoncé net les prix du moment, supérieurs de dix sous à ceux de la dernière foire, le bon Dauphinois est tombé dans un profond étonnement.

— Vous voulez plaisanter? a-t-il dit enfin d'un air bonhomme et découragé.

Le marché a été long à conclure et m'a fort diverti. Le plaisant, c'est que le contre-maître est Normand.

— Nivernais, le 18 avril.

J'ai trouvé, dans une des petites villes que je viens de traverser, un homme d'un certain âge, qui a une réputation d'esprit immense : c'est l'aigle de l'arrondissement. J'ai eu l'honneur de dîner avec lui, et, comme je suis un Parisien, et de plus un Parisien voyageant en poste, il a daigné me raconter le *mot* qui lui a valu tant de gloire.

Attendez-vous à quelque chose de bien plat.

En 1815 ou 1820, M. Robertson, physicien, escamoteur, inventeur de la fantasmagorie, etc., donnait une soirée dans la ville de ce monsieur. Au milieu de la séance, il prend d'un air tragique une coupe en verre coloré :

— Cette coupe, messieurs, dit-il aux spectateurs, me rappelle des souvenirs à la fois bien doux et bien amers. Au moyen de ma science, cette coupe que vous voyez, messieurs, cette simple coupe! renferme tout ce qui reste sur la terre de ma chère troisième femme. Après son trépas, je la fis transporter sur un bûcher, où elle fut brûlée, messieurs, à la manière antique. Par ma science, j'ai vitrifié ses cendres, et toutes les fois que je bois dans cette coupe, je pense avec attendrissement à ma chère troisième femme.

— Hé! monsieur, aviez-vous mis en bouteille les deux premières? s'écria M. de C.

Voilà le mot, le pauvre mot, le mot glorieux qui a changé sa vie. L'applaudissement fut immense. Depuis ce grand jour, M. de C. élève la voix, tranche sur toutes les questions, et personne en sa présence n'ose mettre en doute ce qu'il avance. Il m'a parlé de lord Durham, qui, dit-il, va éclipser O'Connell *parce qu'il est plus noble.*

Si le provincial est excessivement timide, c'est qu'il est excessivement prétentieux ; il croit que l'homme qui passe à vingt pas de lui sur la route n'est occupé qu'à le regarder; et si cet homme rit par hasard, il lui voue une haine éternelle.

Lors de la fameuse soirée Robertson, M. de C. osa prendre la parole devant quatre cents personnes, l'élite de la ville. S'il n'eût pas réussi, il était perdu. Il prononça son mot d'une voix haute et très distinctement. Cette apparence de courage fit peut-être la moitié du succès.

Avez-vous lu *Tom Jones* de Fielding, si oublié maintenant ? Ce roman est aux autres ce que l'*Iliade* est aux poèmes épiques; seulement, ainsi qu'Achille et Agamemnon, les personnages de Fielding nous semblent aujourd'hui trop primitifs. Les bonnes manières ont fait de notables progrès, et veulent que chacun déguise un peu plus ses appétits naturels. Au huitième livre de *Tom Jones*, je crois, un laquais, devenu rat de cave, assiste à une tragédie jouée dans une grange; il est assez content d'abord, puis il trouve que l'acteur qui fait le roi *n'a pas l'air assez noble*.

Depuis mon départ de Paris, il ne se passe pas de jour que, sous l'habit de quelque provincial opulent, je ne rencontre le *laquais devenu rat de cave*. Pour ces gens-ci *rien n'a l'air assez noble*; leur idéal apparemment, c'est l'acteur des boulevarts jouant le roi, ou, mieux encore, un beau tambour-major marchant en cadence à la tête de son régiment.

Ce seul petit mot, s'il est vrai, les rend inhabiles à juger de tous les beaux arts.

Aussi les respectables citoyens d'Avranches admirent-ils leur général Valhubert, comme Montpellier son gros Louis XVI et Versailles son général Hoche.

J'y renonce; quelque style que j'emploie, quelque tournure frappante que je puisse inventer, je ne pourrai jamais donner une idée de la misère des conversations de la province, et des petitesses sans nombre qui font la vie du provincial le plus galant homme. On se refuse à croire que des êtres raisonnables puissent s'occuper avec intérêt de telles choses; mais un jour on aperçoit toute la profondeur de l'ennui de la province, et à l'instant tout est compris. Une femme d'esprit de ma connaissance va de Nevers à Orléans, une de ses malles n'est qu'à demi pleine; elle a peur que le linge qu'elle y arrange ne soit gâté par le frottement. Je suggère l'idée lumineuse de faire prendre des rognures de papier chez l'emballeur du coin.

— Halte-là, me dit le mari, on nous donnera un ridicule à Orléans. Comment, dira-t-on, ils n'ont pas calculé le nombre de leurs malles sur les objets à transporter, et les voilà qui nous apportent des rognures de papier à Orléans!

Depuis 1815, et surtout depuis 1830, il n'y a plus de société; chaque famille vit isolée dans sa maison, comme Robinson dans son île. Une ville est une collection de ménages anachorètes. Dans les familles les plus unies, après une année de cette vie-là, il se trouve que l'on s'est tout dit depuis long-temps; une pauvre femme fait l'étonnée et sourit pour la cent quarantième fois au conte de la redingote volée sur le lit d'un ami, que son mari se prépare à faire à un étranger.

Je plaignais le greffier du tribunal d'avoir une femme acariâtre.

— Ah! monsieur, m'a dit naïvement un avocat, au moins quelquefois en rentrant chez lui, après l'audience, il trouve quelque chose pour le distraire.

Cet avocat a voyagé en Allemagne ; il me conte qu'avant les changemens opérés à la suite de nos conquêtes, l'évêque, prince de Bamberg ou de Wurtzbourg, devait, en entrant en charge, recevoir la bibliothèque de l'évêché après inventaire, et jurer de ne détourner aucun livre.

Le dernier évêque, voulant s'acquitter de cette cérémonie, fit découvrir la porte de la bibliothèque ; on y trouva encore intacts les scellés apposés trente et un ans auparavant, à la mort du prédécesseur du prince-évêque auquel il succédait.

Tout le monde voudrait nommer député cet avocat auquel je crois des principes politiques modérés, et qui est de bien loin la meilleure tête du département. Mais il est trop pauvre ; il vit lui et sa famille avec huit mille francs que lui vaut son cabinet, et qu'il ne gagnerait plus s'il allait à Paris.

L'homme pauvre à vingt ans est le seul qui travaille. Quand on voudra des députés qui puissent faire une loi sur les douanes ou sur les chemins de fer, il faudra allouer à ces messieurs quarante francs par chaque séance à laquelle ils auront assisté.

— Nivernais, le 19 avril.

Ouvrez l'Almanach royal de 1829, vous verrez la noblesse occuper toutes les places; maintenant elle vit à la campagne, ne mange que les deux tiers de son revenu et améliore ses terres. Ce serait une vie heureuse si elle ne songeait qu'à ses terres. Outre les fermes, chaque propriétaire a une réserve de cent cinquante arpens qu'il fait valoir; beaucoup achètent tout ce qui est à vendre autour d'eux, et dans dix ans ces messieurs auront refait des terres magnifiques.

C'est un bonheur que de les rencontrer : on trouve chez eux un ton d'exquise politesse que l'on chercherait vainement ailleurs, et surtout chez les nouveaux riches. Mais, si la forme de leur conversation est agréable et légère, elle finit par attrister, car au fond il y a un peu d'humeur.

Par la position qu'ils se sont faite depuis 1830, les hommes les plus aimables de France voient passer la vie, mais ils ne vivent pas. Les jeunes gens ne donnent pas un coup de sabre à Constantine, les hommes de cinquante ans n'administrent pas une préfecture, et la France y perd, car beaucoup connaissaient fort bien les lois et règlemens, et tous avaient des salons agréables, et n'étaient grossiers que quand ils le voulaient bien. Pour un homme bien né, être grossier c'est comme parler une langue étrangère qu'il a fallu apprendre, et qu'on ne parle jamais avec aisance. Que de gens haut placés parlent cette langue aujourd'hui avec une rare facilité!

J'ai fait dix lieues cet après-midi avec un gentilhomme de ma connaissance qui habite une belle terre, et augmente rapidement sa fortune par des opérations assez voisines du commerce. Quand il a été animé par deux heures de discussions, qui malgré mes soins retombaient toujours dans la politique, il a fini par me dire :

« Je diviserais nos amis qui vivent à la campagne en deux classes : les abonnés de la *Quotidienne* et ceux de la *Gazette de France.* Il faut l'avouer, la *Gazette* n'est pas comprise à plus de vingt lieues de Paris; il y a des jours où elle leur semble entachée de traîtrise, etc., etc. »

Voici un dialogue *historique* entre un chef de division d'une grande préfecture de Hollande et un maire de campagne, que M. de N. m'a raconté, mais qu'en sa qualité d'homme d'esprit, il a sans doute embelli :

LE CHEF.

Eh bien! monsieur le maire, vous vous en allez bien content!

LE MAIRE.

Du moins, monsieur, pour cette fois, les affaires de ma commune sont-elles terminées : ce n'a pas été sans peine.

LE CHEF.

Vous devriez bien m'envoyer quelque chose.

LE MAIRE, *avec la politesse la plus empressée.*

Monsieur, je mettrai le plus grand soin à faire les commissions dont vous voudrez bien me charger.

LE CHEF.

Vous n'entendez pas, monsieur. Votre commune n'est-elle pas célèbre par ses fromages? Envoyez-m'en deux douzaines.

Le maire était indigné; il n'a rien de plus pressé, en arrivant dans sa petite ville, que de raconter ce dialogue et de se répandre en injures sur la corruption, l'effronterie des commis, etc. Les gens sages du pays se disent : Mais qu'est-ce, après tout, que deux cent quarante francs pour nous qui avons tant d'affaires à la P..... La chose est mise en délibération, on écrit le procès-verbal *sur une feuille volante*, et l'on décide que non seulement on enverra les vingt-quatre fromages, mais qu'on en paiera le port. La dépense totale s'est élevée à deux cent cinquante-deux francs, y compris la caisse.

— Nivernais, le 20 avril.

Voici ce qu'on racontait ce soir, dans un beau château. C'est une aventure patibulaire arrivée à un M. Blanc, notaire du pays, honnête homme sans doute, mais qui meurt toujours de peur de se compromettre.

Un soir, il y a huit ou dix mois de cela, il fut appelé auprès d'un riche propriétaire de campagne qui était tombé malade d'une fluxion de poitrine à la ville, pendant qu'il était en visite chez sa fille, dévote *du premier mérite*. Le malade venait de perdre la parole. La loi permet dans ce cas la manifestation de la dernière volonté par des signes, mais il faut deux notaires. M. Blanc avait donc amené un collègue. Après les avoir fait attendre quelque temps, on introduit ces messieurs dans une petite chambre horriblement échauffée, c'est, leur dit-on, pour empêcher le malade de tousser. La chambre était de plus fort mal éclairée.

M. Blanc s'approcha du malade et le trouva fort pâle. Il y avait beaucoup d'odeur sur ce lit placé dans une alcôve enfoncée, et presque entièrement dérobé à la vue par des rideaux fort amples, les notaires s'établirent sur une petite table, à deux pas du lit tout au plus.

Ils demandent au malade s'il veut faire son

testament: le malade baisse le menton sur la couverture et fait signe que *oui* ; s'il veut donner son tiers disponible à son fils, le malade reste immobile; s'il veut donner ce tiers à sa fille, le malade fait signe que oui à deux reprises. A ce moment un chien de la maison qui entre dans la chambre se met à aboyer avec fureur, et se jette dans les jambes des notaires pour approcher du lit. On chasse le chien avec empressement. On lit le testament au moribond, qui par plusieurs signes de tête réitérés indique qu'il approuve tout.

L'acte fini, les notaires se lèvent pour s'en aller; le mouchoir du notaire Blanc était tombé à terre lors de l'irruption du chien. Il se baisse pour le reprendre, mais, en faisant ce mouvement, il voit fort distinctement sous le lit deux jambes d'homme sans souliers. Il est fort étonné. Il sort pourtant avec son collègue; mais, arrivé au bas de l'escalier, il lui conte ce qu'il a vu. Grand embarras de ces pauvres gens. La fille du malade, de chez laquelle ils sortent, est une maîtresse femme fort considérée dans la ville. Il faudrait remonter; mais comment articuler le pourquoi de cette rentrée ?

— Mais, cher collègue, disait le second notaire à M. Blanc, quel rapport ces jambes de paysan ont-elles avec notre acte en bonne forme?

Les notaires étaient honnêtes gens sans doute,

mais ils avaient une peur horrible d'offenser la fille du moribond, nièce du curé et présidente de deux ou trois sociétés de bonnes œuvres.

Après un colloque rempli d'angoisses, ils se résolvent cependant à remonter. On les reçoit avec un étonnement marqué qui augmente leur embarras. Ils ne savent trop comment expliquer leur retour, et enfin le second notaire demande des nouvelles du malade. On conduit ces messieurs à la porte de la chambre. On leur fait voir les rideaux fermés. Le malade s'est trouvé fatigué après avoir fait son testament. On leur donne beaucoup de détails sur les symptômes du mal depuis le milieu de la nuit qu'il a redoublé, et, ce disant, on les reconduit doucement vers la porte. Les pauvres notaires, ne trouvant rien à dire, descendent une seconde fois.

Mais à peine sont-ils à cent pas de la maison, que M. Blanc dit à son collègue : — Nous sommes tombés là dans une bien fâcheuse affaire, mais si nous ne prenons pas un parti, nous nous ferons des reproches pendant le reste de nos jours, il s'agit ici d'un capital de plus de 80 mille francs dont le fils absent est dépouillé.

— Mais nous verrons nos *études* tomber à rien, dit le second notaire; si cette femme se met à nous persécuter, elle nous fera passer pour des fripons.

Toutefois, à mesure que le temps s'écoule, les remords deviennent plus poignans, et enfin les notaires sont tellement tourmentés qu'ils ont le courage de remonter.

Il paraît qu'on épiait leurs démarches par la fenêtre. Cette fois ils sont reçus par la fille du malade elle-même, femme de trente-cinq ans, célèbre par sa vertu et l'une des bonnes langues du pays. Elle entreprend les notaires, leur coupe la parole quand ils cherchent à s'expliquer, se rend maîtresse de la conversation, et à la fin, quand ils veulent parler absolument, se met à fondre en larmes et à pérorer sur les vertus de l'excellent père qu'elle est menacée de perdre. Les notaires obtiennent à grand'peine de revoir la chambre du moribond. M. Blanc se baisse.

— Que cherchez-vous donc? lui dit avec aigreur la femme renommée par sa haute vertu. De ce moment elle leur adresse la parole avec tant d'emportement, que les notaires voient avec horreur toute l'étendue du danger dans lequel ils vont se précipiter. Ils restent interdits; ils prennent peur et enfin se laissent éconduire après une scène de trois quarts d'heure. Mais à peine sont-ils dans la rue que M. Blanc dit à son collègue :

— Nous venons de nous laisser mettre à la porte exactement comme des écoliers.

—Mais, grand Dieu! si cette *guenon* se met à

nous persécuter, nous sommes des gens ruinés, dit le second notaire la larme à l'œil.

— Et croyez-vous qu'elle n'a pas bien vu pourquoi nous remontions chez elle? Dans deux jours le bonhomme sera mort, s'il ne l'est déjà, elle hors de danger, et alors elle triomphe, et nous aurons à nos trousses toute sa clique qui nous jouera tous les mauvais tours possibles.

— Que d'ennemis nous allons nous faire! dit en soupirant le second notaire. Madame D. est si bien appuyée! Nous n'aurons pour nous que les libéraux, et les libéraux ne passent pas d'actes: ils n'ont pas le sou, et ce sont gens avisés.

Cependant le remords presse si vivement ces deux pauvres honnêtes gens, qu'ils se rendent ensemble chez le procureur du roi comme pour lui demander conseil. D'abord ce sage magistrat feint de ne pas comprendre, puis il a l'air aussi embarrassé qu'eux, et leur fait répéter leur histoire jusqu'à trois fois. Il prétend enfin que dans une matière aussi grave, et quand il s'agit de soupçons envers une femme aussi honorable et aussi honorée que madame D., il ne lui est loisible d'agir que sur une dénonciation par écrit. Les notaires et le procureur du roi, assis vis-à-vis les uns des autres, gardent le silence pendant au moins cinq minutes; peut-être les notaires ne demandaient-ils pas mieux que d'être éconduits.

Sur ces entrefaites, arrive en fredonnant le commissaire de police, jeune dandy venu de Paris depuis six mois seulement; il se fait conter l'histoire presque malgré tout le monde.

—Hé! messieurs, ceci est la scène du *Légataire*, dit-il en riant.

Les notaires et le procureur du roi restent confondus de cet excès de légèreté.

— Mais monsieur ne sait peut-être pas, dit le second notaire tout tremblant, quelle femme c'est que madame D.?

Le dandy ne daigne pas répondre au garde-note.

— Si M. le procureur du roi juge à propos de m'y autoriser, reprend-il, je vais me présenter chez cette terrible madame D. avec messieurs les notaires; en ma présence M. Blanc parlera des jambes de l'homme qu'il a aperçues sous le lit. Je demanderai *pourquoi ces jambes?* et je me charge du reste.

Ainsi fut fait; la dame change de couleur en voyant le commissaire de police: aussitôt celui-ci prend un ton de maître; il dit qu'il y a certains crimes qui, sans qu'on s'en doute, conduisent les gens aux galères et même à l'exposition. Madame D. s'évanouit. Son mari survient et finit par avouer que son beau-père était mort deux heures avant l'arrivée de MM. les notaires, mais en disant et répétant toujours qu'il voulait tout laisser à sa fille, etc., etc. Comme, pendant le long récit de ce bon vouloir et de ses causes, de la mauvaise conduite du fils, grand dissipateur, etc., etc., le gendre commençait à reprendre courage, le commissaire de police lui coupe la parole, et parle de nouveau de galères et d'exposition. Enfin, après une petite scène menée rondement par le dandy enchanté de jouer un rôle, le gendre d'une voix éteinte prie les notaires de lui remettre la minute de l'acte et la déchire lui-même. Le commissaire de police force le gendre d'avouer que c'est son fermier qui, témoin de leur douleur à la mort subite du beau-père qui sans doute allait faire un testament en leur faveur, a eu la malheureuse idée de se placer sous le lit; on avait ôté deux planches du fond du lit, et le hardi fermier assis sur le plancher, et la tête placée presque à la hauteur de celle du testateur, la faisait mouvoir facilement avec les deux mains.

Je suis comme le lecteur, je trouve cette anecdocte patibulaire bien longue *écrite ;* racontée, elle marchait bien. Chacun des auditeurs ajoutait quelque détail plaisant au récit du combat que se livraient, dans le cœur des notaires, la peur de se compromettre et la probité.

J'ai ouï citer dans mon voyage plusieurs faits semblables ; souvent dans les petites villes il y a des soupçons, mais au bout de deux ou trois mois on parle d'autres choses. Ce qui est important en pareille occurrence, c'est d'éloigner les chiens.

— Moulins, le 24 avril.

Un homme de bon sens, qui de plus a des millions acquis par ce bon sens, me disait ce soir :

— Les marchés sont encombrés; on produit trop. Puisque vous payez une académie des sciences morales et politiques, pourquoi ne pas lui demander par quel moyen on pourrait empêcher un homme qui n'a que cent mille francs de fortune de faire des billets pour deux cents?

Rien de plus difficile, je l'avoue, quand il ne s'agit que d'un simple particulier : on vous dirait que vous violez le secret de la vie privée, etc. C'est ce que je n'admets point. La surveillance aurait lieu au moment de la vente d'un certain papier timbré fabriqué *ad hoc*.

Mais combien la loi ne devient-elle pas plus facile à faire dès qu'il s'agit d'une société de capitalistes constituée par acte passé devant notaire et soumis à l'enregistrement? Hâtez-vous de comprendre ce qui se passe aux États-Unis, et décrétez le principe d'une loi, avant qu'il y ait ce que vos Robert-Macaire appellent des *droits acquis*.

La loi dirait à peu près :

ARTICLE PREMIER.

Une société de capitalistes ne pourra émettre de billets que pour une somme égale à celle qu'elle possède réellement en écus.

ART. II.

Tout porteur d'un billet émis par la société sera admis à l'attaquer comme ne s'étant pas conformé à l'article premier.

ART. III.

Le point de fait sera décidé par un jury spécial, que le sort désignera parmi les deux cents propriétaires et les deux cents négocians les plus imposés du département.

Il y a d'autres articles pour atteindre les *actions* dont la vente est provoquée par des narrations exagérées. Souvent le scandale du procès suffira seul pour intimider les demi-fripons.

— Moulins, le 22 avril.

Moulins n'a de remarquable que le tombeau du duc de Montmorency auquel le cardinal de Richelieu fit couper la tête, en 1632 ; nous verrons à Toulouse le petit coutelas qui eut cet honneur-là.

La présence d'un *cicerone* provincial, hâbleur et bas, me fait prendre en guignon les choses curieuses qu'il me montre. C'est une des raisons qui me prouvent que je ne suis pas prédestiné à écrire un voyage en France, et celui-ci n'aura de valeur qu'en attendant mieux.

A tout prendre, je préfère le provincial ignorant des beautés de son pays au provincial enthousiaste. Quand un habitant d'Avignon me vante la fontaine de Vaucluse, il me fait l'effet d'un indiscret qui vient me parler d'une femme qui me plaît, et qui la loue en termes pompeux précisément des beautés qu'elle n'a pas, et à l'absence desquelles je n'avais jamais songé. Sa louange devient un pamphlet ennemi.

L'horreur que j'ai du genre hâbleur et grossier a été sur le point de me faire manquer l'admirable église de Saint-Menou, à cinq lieues de Moulins. Il y a de belles colonnes imitées du corinthien et de grandes parties *romanes*. Cet édifice menace ruine à cause de l'inégale poussée des arcades.

Il y a quelques parties *romanes*, et d'autres qui remontent peut-être jusqu'au huitième siècle, dans la magnifique église de Souvigny, plus rapprochée de Moulins, et l'une des plus curieuses de la province. Elle fut rétablie en 919 par le chevalier Aimard. Là se voient les tombeaux des ducs de Bourbon. La nef est *romane*, le chœur gothique : il y a quelques parties de *roman fleuri*.

Je viens d'être entraîné à écrire les mots *roman* et *gothique*. Je demande la permission de m'expliquer.

Le style roman est le premier en date, il succéda à la barbarie complète de l'an mille. Il est très solide, très timide, et se sert de pauvres matériaux.

Le *style gothique*, qui lui succéda lorsque le clergé fut encore plus riche et put faire travailler les paysans en les payant avec des indulgences, veut *surprendre avant tout et paraître hardi*.

Il soutient des voûtes très élevées avec de frêles colonnes, il agrandit excessivement les fenêtres, et les divise par des *meneaux* si minces que l'œil peut à peine croire à leur solidité. Il emploie l'ogive beaucoup plus fréquemment que le style roman.

Le style gothique cherche à surprendre l'imagination du fidèle *qui est dans l'église ;* mais, à l'extérieur, il n'a pas honte d'entourer son édifice d'arcs-boutans qui lui prêtent appui dans tous les sens, et, si l'œil n'y était fait, lui donneraient l'apparence d'un bâtiment qui menace ruine. La *toute-puissante habitude* nous empêche d'être sensibles à *cette laideur*. Elle nous empêche bien de voir l'évidence qu'on nous apprend à nier dès l'enfance.

Voici une petite chronologie que je propose d'apprendre par cœur, et qui aidera à jouer le rôle de savant :

Après l'an 1000, au sortir de l'extrême barbarie du dixième siècle, *style roman*.

1050 Roman orné ou *fleuri*.

1150 à 1220 Transition.

1200 Gothique.

1260 Gothique orné ou *fleuri*.

1350 Commencement du style *flamboyant*. (Les contours des ornemens [*tracery*] établis sur les divisions verticales des fenêtres se rapprochent de l'S majuscule, formée par la flamme d'un fagot qui brûle.)

1500 Transition du gothique à la renaissance [on appelle ceci, en France, *style de Louis XII*].

1550 Renaissance bien établie.

On distingue le huitième siècle et le commencement du neuvième par le chapiteau *cubique*; mais ce chapiteau ne se trouve que vers les bords du Rhin.

— De la Bourgogne, le 26 avril.

Je viens de traverser un bien triste pays. Je me suis arrêté quelques jours au château d'un de mes amis, homme d'esprit, mais qui a des bois à exploiter, et partant un grand intérêt à ce qu'une certaine route soit faite. L'ingénieur en chef est excellent; c'est en outre l'homme le plus aimable de la province. L'ingénieur particulier est un brave jeune homme fort instruit, enthousiaste du travail, qui arrivait avec un morceau de pain et un livre sur sa route, et y passait des matinées entières. Au milieu de la campagne, on vient d'envoyer ce jeune ingénieur à l'autre bout du royaume.

— C'est une campagne perdue! me dit M. Ranville, mon ami, indigné de ce déplacement. Il était de plus fort en colère contre un *conducteur* qui vole. Il prétend qu'on ne destitue jamais les voleurs dans cette administration, on se contente de les faire changer de département. Aussi M. Ranville, amoureux de sa route, demande-t-il toujours à l'ingénieur en chef des conducteurs du pays; mon ami a bien d'autres chagrins.

— Aussi, lui disais-je, pourquoi êtes-vous passionné? pourquoi diable faire dépendre votre bonheur des autres? Il serait moins fou d'aimer une jeune et jolie femme; au moins vous n'auriez à vous battre que contre le caprice d'une seule personne. Au moyen de votre route, vous avez à lutter non seulement contre l'intérêt d'une centaine de provinciaux, mais encore contre toutes les niaiseries qu'ils s'imaginent être de leur intérêt.

Je suis allé avec M. R. à la sous-préfecture.

L'ingénieur en chef avait fait un plan de route excellent; ce plan fut déposé il y a trois ans dans cette sous-préfecture, avec un grand livre de papier blanc, destiné à recevoir les objections. Je venais pour lire ces objections; il faut avouer qu'elles sont à mourir de rire. Le préfet a nommé une commission pour les juger; mais, pour ne pas désobliger deux membres du conseil-général du département, habitant le pays, il les a placés dans cette commission. Il faut savoir que dans les provinces, le conseil-général est pour le préfet à peu près ce qu'est à Paris la chambre des députés pour les ministres : on s'en moque fort en paroles, mais *il faut* les séduire.

Ces deux membres du conseil-général n'ont pas voulu désobliger les électeurs dont ils disposent, ni leurs parens. La société, qui se réunit dans les cabarets du pays, s'est prononcée fortement contre le plan de l'ingénieur en chef, qui n'avait d'autre mérite que d'être raisonnable. Il supprimait une montée abominable, contre laquelle ces mêmes paysans crient depuis trente ans.

L'ingénieur avait fait passer sa route contre la dernière maison d'un village; on l'a forcé à la faire passer *dans le village,* où cette malheureuse route rencontre deux angles droits dont elle doit parcourir les côtés. Je n'en finirais pas si je voulais raconter toutes les absurdités du grand travail qu'on exécute en ce moment. Tel est l'effet de *l'aristocratie du cabaret*. Nous voici déjà en Amérique, obligés de faire la cour à la partie la plus déraisonnable de la population.

D'où je conclus qu'il ne faut point acheter de terre, mais seulement en prendre une en location pour quatre ou cinq ans, et placer son bien à Paris en maisons bien assurées contre l'incendie. Il est vrai qu'avec une terre on peut se faire nommer député. En ce cas, si vous achetez au midi de la ligne qui s'étend de Besançon à Nantes, jurez-vous de ne jamais prendre d'humeur quoi qu'on vous fasse. Malgré l'esprit processif, si j'étais riche et réduit à acheter en province, je préférerais la Normandie, comme pays plus civilisé et où l'on cherche moins à faire à son voisin un mal inutile à qui le fait.

— Bourgogne, le 27 avril.

Il y avait beaucoup de monde ce soir chez madame Ranville : on parlait d'histoires d'amour ; et les dames ont tourmenté M. le président N. pour qu'il racontât l'histoire d'un pauvre ouvrier en sabots, nommé Marandon, célèbre dans le pays. M. N. a eu beau protester qu'elle n'avait rien d'extraordinaire, les personnes qui remplissaient le salon aimaient les récits tragiques en ce moment, et il a été forcé de parler. Et moi, en rentrant dans ma chambre, je me donne la peine d'écrire cette histoire. Elle est rigoureusement vraie dans tous ses détails ; mais a-t-elle un autre mérite ? Dans ces momens de philosophie rêveuse où l'esprit, non troublé par aucune passion, jouit avec une sorte de plaisir de sa tranquillité, et réfléchit aux bizarreries du cœur humain, il peut prendre pour base de ses calculs des histoires telles que celle-ci.

Telle est leur unique supériorité sur les romans, qui, arrangés par un artiste en émotions, sont bien autrement intéressans, mais en général ne peuvent servir de base à aucun calcul.

Il y avait naguère à Argenton un jeune ménage de la classe ouvrière, mais qui se trouvait dans les conditions les plus favorables pour le bonheur. La femme était jolie et bonne ; le mari avait de l'aisance, un état fort lucratif, et du reste c'était bien le meilleur garçon du monde. Il avait épousé sa cousine. Tous les deux désiraient beaucoup des enfans ; ce vœu ne fut pas exaucé.

Dans les premiers jours de janvier 1837, François Ganthier, le mari, partit de grand matin pour Limoges, où il conduisait une voiture chargée de farines. En traversant Argenton au petit jour, il crut voir un homme qui l'observait, et qui ensuite prit les devans. Ganthier passa le pont sur la Creuse, et, comme il montait une côte assez rapide, située au delà de la rivière, un homme, le même sans doute qu'il avait remarqué, se jeta sur lui qui était tranquillement assis sur sa charette, et lui porta un coup de couteau. Ganthier saute à terre; une lutte violente s'engage, il reçoit cinq ou six coups de couteau, et met l'assassin en fuite. Mais il perdait beaucoup de sang et ne put le poursuivre. On l'accueillit dans une maison voisine, et de là on le transporta chez lui.

L'opinion publique d'Argenton n'hésita pas. On attribua ce crime à Jean Marandon, sabotier, voisin et parent des Ganthier, veuf depuis deux ans, et qui passait pour avoir des liaisons beaucoup trop tendres avec la femme Ganthier. Comment ces liaisons avaient-elles commencé avec une femme fort jolie, mais qui avait longtemps passé pour la sagesse même? C'est ce que nous avons toujours ignoré.

Marandon était aimé dans le pays, et avait des yeux noirs d'une expression admirable et singulière chez un paysan.

La justice informa. On trouva bien quelques taches de sang sur un vêtement de Marandon; mais elles étaient très peu significatives. Il fut établi qu'il s'était levé plus tôt qu'à l'ordinaire le jour du crime. Depuis l'évènement il n'avait pas paru dans la maison de Ganthier. Mais ce n'étaient là que des indices insuffisans ; d'autant plus qu'on interrogea le mari, et qu'il déclara avec persévérance qu'il n'avait pas reconnu l'assassin ; que l'assassin, dans tous les cas, n'était pas Marandon ; qu'il était beaucoup moins grand que ce dernier.

On abandonna cette affaire.

Trois semaines après, Ganthier, sortant de chez lui pour la première fois depuis l'événement, se rendit chez le juge de paix, et déclara que, s'il avait prétendu n'avoir par reconnu l'assassin, il avait trompé la justice; qu'il avait au contraire positivement reconnu Marandon.

Dans la soirée même, Marandon disparut, après avoir forcé la porte d'une maison inhabitée voisine de la sienne, et y avoir pris un fusil.

Le lendemain sa famille le fit chercher; on suivit les bords assez escarpés de la Creuse, où l'on croyait qu'il avait pu se jeter. Bientôt l'attention fut attirée par une forte odeur de poudre qui sortait d'une grotte très profonde, située au dessus de la Creuse. On y entra, la grotte était sombre. D'abord on trouva un sabot, puis on aperçut un pied froid et nu. On tira le cadavre au dehors. C'était Marandon : il s'était tué d'un coup de fusil au cœur.

Dans le moment où le corps fut retrouvé, la

femme Ganthier était absente d'Argenton : elle était allée voir sa mère, qui, depuis le crime, la repoussait, elle voulait tenter une réconciliation. A son retour, on lui dit dans la rue la mort de son amant; elle tomba de cheval. On la releva et on la surveilla attentivement, car elle avait parlé de se tuer. Mais elle échappa à ses gardiens, monta au plus haut de sa maison, et se jeta par une lucarne. Elle tomba d'une hauteur de quarante pieds environ. Elle en fut quitte pour de légères contusions, et survécut pour être amenée devant le jury, sous le poids d'une accusation de complicité. Sur quels faits reposait cette accusation, cela sans doute vous importe peu, messieurs; madame Ganthier a été acquittée, et nous l'avions prévu.

Voici maintenant les causes de l'évènement.

Ganthier avait reconnu Marandon dès le premier moment, et cependant cet homme du peuple, si déloyalement attaqué, eut la force de cacher à sa famille comme à la justice, pendant assez long-temps, le nom du coupable. Il a expliqué ses motifs. Il savait, a-t-il dit, qu'on accusait sa femme de relations adultères avec Marandon; mais il n'y croyait pas. Nommer son assassin, c'eût été donner une force inouie à des soupçons déjà trop répandus. Il prit donc le parti de se taire, jusqu'à ce qu'il pût savoir d'une manière précise quelle était la part que sa femme avait prise à cette tentative. Il lui révéla son courageux mensonge; mais bientôt Ganthier ne put plus conserver de doutes sur son malheur.

Marie Ganthier était observée de près; elle le voyait et ne savait comment apprendre à son amant ce que son mari lui avait confié. Elle essaya de gagner la servante d'un de ses beaux-frères, et la pria de porter une lettre à Marandon. Cette fille hésita, consulta son maître, et celui-ci l'engagea à accepter la lettre, puis à la lui remettre.

« Mon cher homme, disait Marie Ganthier
» (c'est une femme du peuple qui écrit), je ne
» puis rester comme je suis, car je suis la femme
» la plus malheureuse du monde depuis qu'il
» m'a dit que c'était toi qui l'avais assassiné. Il
» m'a dit qu'il voulait te faire prendre... Et de-
» puis ce temps-là je ne peux pas me *reconsoler*;
» et si tu veux finir tes jours avec ta femme, il
» faut que tu me dises la réponse de suite par
» la Marie. Ne crains rien de la Marie; elle aura
» du secret pour nous, et je la récompenserai de
» quelque chose; et tu me marqueras comme il
» faudra nous y prendre pour nous ôter la vie.
» Mon cher bonheur, n'oublie pas ta femme pour
» ça; car le plus tôt sera le meilleur. »

Cette lettre ne fut pas remise à son adresse.

Seulement *la Marie* dit à Marandon, de la part de madame Ganthier, que le mari savait tout et l'avait reconnu. « Je suis un homme perdu, s'é-
» cria-t-il. »

Marie Ganthier, étonnée de ne pas recevoir de réponse, écrivit une seconde lettre qui parvint à Marandon. Celui-ci en avait une toute prête qu'il donna en échange.

« Je te dirai, écrivait-il, que tu dois bien te
» reconsoler pour la chose qui te chagrine tant ;
» car j'ai une certitude de sûreté que ça ne peut
» rien faire à présent. Il faut absolument se
» conformer à nos peines. Plus tard nous pren-
» drons une marche qui pourra nous être avan-
» tageuse..... Si parfois on me prenait pour
» m'interroger, que ça ne t'intimide pas, je suis
» sûr de mon affaire ; mais surtout toi, si on
» t'en faisait autant, tu diras toujours la même
» chose, que tu n'as jamais eu de conférences
» avec moi... *Si ce n'est pour moi, que ce soit pour*
» *mon garçon* (il avait un fils et adorait cet en-
» fant). Et ces deux livres (deux volumes du *Ta-*
» *bleau de l'amour conjugal*), s'ils ne sont pas
» vus, fais-les brûler. Si tu ne peux pas mieux
» faire d'ici quelque temps, tu iras chez ton
» père ; si ça venait en question de cette dona-
» tion, il faut te prêter à la faire rompre, et sois

» tranquille... Je finis en t'embrassant, ma chère
» femme. »

La donation dont parle Marandon gâte un peu cette histoire, je l'avoue; elle avait eu lieu quelques mois auparavant et fournissait à l'accusation un de ses principaux argumens. La femme Ganthier avait sollicité et obtenu de son mari une donation réciproque de l'usufruit de leurs biens.

Ces deux lettres, communiquées au mari, le décidèrent à faire sa déclaration au juge de paix d'Argenton, et vous savez que cette déclaration amena les deux tentatives de suicide, dont une seule fut consommée.

Pendant toute l'instruction, la femme Ganthier a nié, elle a nié jusqu'à l'absurdité; mais elle a montré du moins, dans ce système de défense, une singulière opiniâtreté et une ame que rien ne peut fléchir.

« Les lettres, sauf l'orthographe, dit en finis-
» sant M. le président N., sont transcrites fidèle-
» ment; dans les copies que j'en ai vues, l'ortho-
» graphe avait été rétablie. — La peur de l'enfer,
» ai-je dit, eût empêché ces suicides. »

— Oui, mais toute sa vie avoir peur, n'est-ce pas du malheur?

J'ai rapporté cette histoire de préférence à plusieurs autres également authentiques, qu'on a racontées ce soir, parce que les personnages de celle-ci n'ont pas trop d'*énergie*. La bonne compagnie de l'époque actuelle, seul juge légitime de tout ce que nous imprimons, a une ame de soixante-dix ans ; elle hait l'énergie sous toutes ses formes.

Madame Ranville a d'excellent thé. Vers les onze heures il y a eu collation, après laquelle sont bien vite parties toutes les personnes qui s'en allaient en voiture. Nous sommes restés huit ou dix de la maison et d'un château voisin ; on a parlé de la gaîté d'autrefois, et Ranville est allé chercher une bouteille du *Clos-Vougeot*, authentique et presque unique : il ne lui en reste plus que six de cette année-là (1811). Nous ne sommes remontés dans nos chambres que vers une heure. Nous avons bu cette bouteille entre neuf, nous étions fort gais ; mais j'étais le plus jeune, et j'ai trente-quatre ans. Tous nos jeunes gens du commencement de la soirée sont fort sérieux et font profession de ne trouver aucun plaisir dans la société des femmes. Il y en avait pourtant là de charmantes : ces messieurs ont joué toute la soirée entre eux, et nous ont laissé le champ libre à nous autres vieillards.

J'ai trouvé dans ma chambre un volume de M. de Balzac, c'est *l'Abbé Biroteau*, de Tours. Que j'admire cet auteur ! qu'il a bien su énumérer les malheurs et petitesses de la province! Je voudrais un style plus simple; mais dans ce cas les provinciaux l'achèteraient-ils ? Je suppose qu'il fait ses romans en deux temps, d'abord raisonnablement, puis il les habille en beau style néologique, avec les *patimens* de l'ame, *il neige dans mon cœur*, et autres belles choses.

— De la Bourgogne, le 28 avril.

Nous sommes montés à cheval ce matin. Pour distraire un peu mon malheureux ami, crucifié par sa route qui doit lui donner les moyens d'exploiter sa forêt, nous parlons de galanterie, de vertu et des dames de province.

— Sur six femmes de ce pays, me dit Ranville d'un grand sang-froid, il n'y en a guère qu'une qui ait eu de tendres faiblesses; une seconde peut s'écrier, comme la marquise de Marmontel : *heureusement!* Mais quatre sont dignes de toute notre admiration. J'explique ce phénomène comme la vertu de Londres : si un homme va trois fois de suite dans une maison, tout le voisinage se scandalise, et la femme attaquée est avertie avant d'aimer.

Ranville me donne dix exemples, les meilleurs sont impossibles à rapporter ici; ils renouvelleraient le scandale dans le pays. Sur cette grande question : y a-t-il de l'amour passionné dans la bonne compagnie de Bourgogne? sa réponse est absolument négative.

Toutefois, l'amant d'une des dames de la société lui a tiré ou en a reçu un coup de pistolet, le soir, à onze heures, à la campagne, le mari se trouvant dans une pièce voisine. On suppose que le mari, fort indifférent, ne s'est point levé. L'amant a eu l'esprit de mettre dans ses intérêts une sorte de garde-chasse, qui, le lendemain matin, est venu raconter d'un air penaud que son fusil était parti dans ses mains par hasard, tout près de la fenêtre de madame, et que lui, de peur d'être grondé, s'était enfui dans les bois, où il avait passé une nuit piteuse. Il avait vu des loups s'approcher de lui, et son fusil n'était pas chargé, etc., etc.

Une autre de ces dames, que son mari, procureur et jaloux, faisait toujours voyager avec lui dans un cabriolet d'osier, est tombée malade dans une petite auberge à dix lieues du tribunal où le mari *occupe* presque tous les matins. Elle a eu le courage de rester au lit pendant six semaines. Le procureur allait passer tous ses dimanches dans la mauvaise auberge; il amenait des médecins célèbres, qui, tout naturellement, et par l'effet de leur science, trouvaient la jolie femme fort gravement malade. Devinez la suite. Le procureur a été averti de ce qui se passait par un de ses cliens du pays. Il est fort lié avec deux députés, qui ont obtenu du ministre de la *** que l'officier fût envoyé à ***. Remarquons, en passant, que rien au monde n'égale l'ignorance et l'incurie de certains médecins de province.

A Paris, le véritable amour ne descend guère plus bas que le cinquième étage, d'où quelquefois il se jette par la fenêtre. Il est peut-être un peu moins rare en province ; on le trouve quelquefois dans la bourgeoisie peu riche, parmi les femmes s'entend ; car depuis 1830 l'amour serait le pire des déshonneurs pour un jeune homme.

— Autun, le 29 avril.

En Bourgogne, comme partout, l'objet constant des plaisanteries des jeunes gens, c'est le *mariage d'inclination*. Ils parlent sans cesse de la quantité d'argent qu'ils exigent de la femme qu'ils daigneront épouser. Un des voisins de Ranville, grand olibrius aux favoris noirs et aux façons bruyantes (le *beau* de province), prétendait à vingt-cinq ans qu'il n'épouserait jamais qu'une femme de 300,000 fr. ; à trente ans il s'est réduit à 150,000, et enfin à trente-cinq il vient d'épouser une femme de 80,000 francs seulement.

Les jeunes gens passent leur vie au café, à brûler des cigares et à parler entre eux de projets de fortune ; il la leur faut brillante et rapide. La fortune d'un certain lieutenant d'artillerie a rendu fous tous les Français pour un demi-siècle au moins. Cette année-ci, me dit Ranville, ces jeunes gens qui veulent faire fortune sans travailler commencent à parler beaucoup des élections et des chemins de fer, refusés par la paresse de la chambre. S'il s'élevait un Mirabeau ou un Danton, son éloquence pourrait les conduire aux plus grandes folies; car au fond ils s'ennuient.

— A propos d'ennui, et la littérature?

— Ces messieurs ne peuvent comprendre la passion prétendue effrénée du roman moderne, ils comprennent encore bien moins la tendre exaltation des romans qui nous rendaient fous quand nous étions à leur âge. Personne ne lit plus la *Nouvelle Héloïse*, les romans de madame Cottin, ceux de Maria-Régina Roche, traduits par l'abbé Morelet. La littérature des jeunes gens de 1837 ne s'élève guère au dessus des Mémoires de madame Dubarry, de madame de Pompadour, de la Contemporaine, de Fleury, etc., etc., où l'on voit des gens qui gagnent beaucoup d'argent, et dont la vie s'embellit quelquefois par de jolies soirées libertines. Ils croient à l'existence d'une madame de Créquy. La *Peau de Chagrin*, de M. de Balzac, a fait fureur. Ils trouvent froid tout ce qui est écrit en style simple, et le néologisme est pour eux le comble de l'esprit.

Ce qu'il y a de plus distingué parmi les jeunes gens de café lit le *Mémorial de Sainte-Hélène*, et se montre fou de l'empereur. Ne voit-on pas Napoléon donner une dotation de 80,000 livres de rente au général Marchand, qui s'est bien conduit à Eylau? Au fond, les fortunes rapides élevées par le caprice d'un roi conviennent beaucoup mieux aux espérances folles des républicains actuels, que les fortunes raisonnables qui peuvent se faire dans un gouvernement bien réglé.

Ranville me console un peu en ajoutant : Nous arrivons à un siècle où l'on n'écoutera plus que l'homme qui aura des opinions individuelles. On ne voit déjà plus que les demi-sots, les paresseux ou les timides répéter les opinions à la mode.

Quelle belle solitude que celle d'un jeune homme de Semur ou de Moulins, pour se former une opinion *sienne* sur cinq ou six sujets! Quel homme distingué, rare, considéré dès qu'il aurait parlé, que celui qui à vingt-cinq ans posséderait une opinion à lui sur cinq ou six articles!

A Paris, la distraction est trop continuelle. Même pour le jeune homme de vingt ans qui a le bonheur de ne compter sur aucun héritage, que de moyens de plaisir! que de choses viennent chaque jour assiéger son attention! Quel est à Paris l'homme de vingt ans qui a lu, en cherchant à y trouver des erreurs, les huit volumes de Montesquieu ?

On sent bien que, courant comme je le fais, je n'ai le temps de voir ni la société de province, ni les jeunes gens ; tous ces jugemens me sont donnés par un homme d'un esprit net et profond, qui habite ses terres depuis 1830. Dans presque toutes les villes où je me suis un peu arrêté, Lyon, Marseille, Grenoble, j'ai entrevu des jeunes gens qui me semblent faits pour arriver à tout. Je pense même que les hommes de mérite de l'an 1850 seront pris pour la plupart loin de Paris. Pour faire un homme distingué, il faut à vingt ans cette chaleur d'ame, cette duperie si l'on veut, que l'on ne rencontre guère qu'en province ; il faut aussi cette instruction philosophique et dégagée de toute fausseté que l'on ne trouve que dans les bons collèges de Paris.

Mais la *faculté de vouloir* manque de plus en plus à Paris ; on ne lit pas sérieusement les bons livres : Bayle, Montesquieu, Tocqueville, etc. ; on ne lit que les fadaises modernes, et encore afin de pouvoir en parler à mesure qu'elles paraissent.

Je viens d'écrire tout ceci pour me distraire d'un violent mouvement de colère. En arrivant à Autun, il s'est trouvé que j'avais perdu toutes les clefs des coffres de ma calèche, et j'écris pendant que Joseph essaie des crochets avec un serrurier.

Comme cette opération ne finit pas, je vais raconter l'histoire d'Autun, que j'ai étudiée dans la bibliothèque de M. Ranville.

Tout le monde sait que nous sommes ici dans cette fameuse Bibracte, capitale du pays des Æduens, que Pomponius-Mela appelle les plus illustres des Celtes (ou Gaulois), et dont César parle si souvent [1]. César, qui attaquait les Gaulois avec une bravoure égale à la leur et l'esprit supérieur d'une civilisation plus avancée, chercha à diviser ces peuples enfans. Il excita les jalousies particulières des habitans d'Autun, les attira dans son parti, qui était celui de l'étranger, et les pauvres gens de Bibracte, poussés par le funeste plaisir d'humilier les Allobroges et les *Arvernes*, se réunirent aux Romains. Pour prix de leur sottise, ils

---

[1] Cæsar, VI, XII, et passim. Pour être estimé savant en 1837, il faut croire que les Celtes, ou Gaulois, venaient de l'Asie, et avaient eux-mêmes conquis les Gaules. Les Romains venaient de l'Inde, cela est évident, disent les Allemands, car dix mots indiens se retrouvent dans l'ancien latin. Il y a mieux : toute la civilisation romaine provient d'une grande ville allemande qui existait dans les environs de Capoue trois ou quatre siècles avant la fondation de Rome ; malheureusement l'on ignore son nom, et l'on ne peut indiquer le lieu où elle était située. Ne vaut-il pas mieux faire des chansons, comme Collé ?

reçurent le titre de frères et d'alliés du peuple romain.

Ils possédaient le territoire entre la Loire et la Saône, et avaient de grandes richesses qui firent le bonheur de César. Les gens d'Autun, ayant perdu la liberté, s'avilirent au point de flatter Auguste, et de donner à leur ville le nom latin de *Augustodunum*. Sous Constantin, ils changèrent encore son nom; mais celui qu'elle porte est une abréviation et une mémoire éternelle de sa première flatterie envers le tyran étranger. Douée d'un tel esprit de conduite, elle fit fortune et devint bientôt une des plus belles et des plus importantes cités de la Gaule. Tacite raconte que, dès le temps de Tibère, on y envoyait les jeunes Gaulois pour les faire instruire dans les lettres grecques et latines. Sa splendeur durait encore trois cents ans plus tard, sous Constantin. Elle avait été horriblement saccagée et brûlée à la fin du troisième siècle, lors de la révolte des Bagaudes, mais Constantin l'avait réparée.

Attila s'en empara cent cinquante ans plus tard, et, selon la coutume de son peuple, détruisit tout ce qui offrait quelque apparence de civilisation. Les Bourguignons et les Huns se disputèrent les ruines d'Autun. Enfin parurent Rollon et ses Normands, qui achevèrent de détruire le peu qui subsistait encore.

Malgré tant de malheurs, Autun est l'une des villes les plus curieuses de France. Ses citoyens ont toutes les vertus, mais assurément ils n'aiment point les antiquités. Aussi tard que 1762, ils ont construit un séminaire avec les pierres de leur amphithéâtre. En 1788, ils employèrent ce qui restait des matériaux de ce monument pour réparer leur église de Saint-Martin, détruite depuis peu. Cet amphithéâtre avait peut-être été bâti sous Vespasien.

Autun est situé sur le penchant d'une colline rapide, auprès de la rivière d'Arroux, et au pied de trois monticules qui la couvrent à l'orient et au midi.

En arrivant à Autun, j'ai eu le vif plaisir de marcher sur les pierres d'une voie romaine : la rue est rapide, et les chevaux ont grand'peine à se tenir sur ces blocs de granit.

— Autun, le 30 avril 1837.

Hier j'eus du courage; couvert de poussière et en habit de voyage, j'affrontai la curiosité et les regards hébétés des provinciaux, le tout pour aller voir des antiquités.

La porte *d'Arroux* ou de Sens est un admirable ouvrage des Romains; c'est un arc de triomphe, avec deux grandes arcades, et, à côté, deux plus petites. Au dessus, on voit six arcades plus étroites, formant une sorte de galerie ; il y en avait dix autrefois : quatre ont disparu. Les colonnes engagées entre ces arcades sont d'ordre corinthien.

Si l'on tient à avoir une idée de ce monument simple et grand, il faut en chercher une gravure; il m'est impossible de donner une sensation ; je ne puis me résoudre à me jeter dans les phrases hyperboliques et néologiques, je ne peux qu'expliquer une gravure, non y suppléer.

Ce vénérable reste de l'antiquité romaine a dix-neuf mètres de largeur sur dix-sept de haut : dès que je l'ai aperçu je me suis cru en Italie. Mon cœur, attristé par les églises gothiques, s'est épanoui. Au lieu du souvenir de miracles absurdes et souvent dégradans pour l'Être suprême qu'on prétend honorer, au lieu de têtes de diables mordant des damnés, sculptées aux chapiteaux des colonnes et dans tous les coins des églises chrétiennes, je me suis rappelé le peuple-roi et ses victoires, c'est-à-dire tout ce qu'il y a de plus imposant parmi les hommes. On me rabaissait l'idée de Dieu par l'image saugrenue de toutes les sottises qu'il a permis de faire en son nom ; on relève à mes yeux l'idée de l'homme [1]. L'entablement qui

---

[1] Je suppose que le lecteur s'appelle Darville, et soit extrêmement puissant, que dirait-il s'il apprenait qu'à Lyon il y a un homme qui se prétend Darville, et qui, sous son nom,

couronne les quatre arcades du bas est de la plus haute majesté ; il m'a reporté dans Rome.

La solidité de la construction est bien d'accord avec l'admirable majesté de l'architecture : les pierres ne sont liées par aucun ciment ; les joints ne sont que des traits où il est impossible de faire pénétrer la lame d'un couteau. C'est probablement à cette extrême solidité que ce monument doit d'avoir pu braver la fureur destructive des Huns, des Normands et de tant d'autres Barbares.

Les six arcades supérieures portent *à faux*, c'est-à-dire qu'elles n'ont pas été construites de façon à ce qu'au centre des arcades inférieures corresponde exactement un vide ou un pilastre.

Je suis allé voir la porte Saint-André, également antique et probablement de la même époque. Elle ressemble fort à l'autre, seulement elle est moins haute et plus large. Les colonnes engagées entre les petites arcades sont ioniques. Les quatre passages ne sont pas sur la même ligne comme à la porte d'Arroux ; les deux principaux sont en retraite par rapport aux deux plus petits.

La porte Saint-André a comme celle d'Arroux deux grandes arcades, et sur les côtés deux petites :

se permet les plus étranges friponneries, par exemple, faire brûler des innocens, etc., etc.?

au sommet on voit six petites arcades; il n'en manque qu'une. Cette porte est mieux conservée que l'autre. On ne conçoit pas comment des murs aussi minces ont pu résister à tant de siècles et à tant de Barbares.

Il est encore plus singulier que les citoyens d'Autun n'aient pas détruit ces arcs de triomphe pour bâtir leurs maisons. Ils ont achevé de démolir pour ce noble usage le grand amphithéâtre indiqué ci-dessus, et dont les savans les plus respectables, par exemple Montfaucon, ont publié des dessins *imaginaires*. Ce singulier et audacieux mensonge, emblème parfaitement approprié à la science archéologique, se renouvelle *encore de nos jours*.

Ainsi, dans les ouvrages d'archéologie, les gravures méritent autant de confiance que les raisonnemens.

Après les deux admirables portes ou arcs de triomphe, je suis allé, hors de la ville et au delà de la petite rivière d'Arroux, voir le temple de Janus. C'est un édifice carré du Bas-Empire, et dont il ne reste plus que deux murailles fort élevées, celles du midi et du couchant. On entrait dans ce temple par le côté de l'est. Le paysan auquel appartient le champ se plaint de ce que cette *masure* attire des curieux qui causent des dégâts, et je pense que bientôt il obtiendra des autorités la permission de la démolir.

Dans un village voisin d'Autun, on va voir la pierre de Couhard, monument inexplicable. Quels Barbares l'ont construit? C'est une pyramide qui a encore une cinquantaine de pieds de hauteur; elle est bâtie en pierres assez grosses, irrégulières, liées par un ciment très dur. Les paysans les arrachent pour construire leurs maisons. Il faut voir à Autun une belle mosaïque représentant le combat de Bellérophon contre la Chimère, et les pierres gravées et médailles de la mairie.

L'esprit enflammé par ces nobles restes de l'antiquité, c'est avec peine, je l'avoue, et uniquement pour accomplir le devoir de voyageur, que je suis monté à Saint-Lazare, la cathédrale du pays; elle est située dans un lieu élevé, et de plus on y arrive par un assez grand nombre de marches. De ce point fort bien choisi, on domine la ville et une partie de la campagne. Cette église montre la transition de l'architecture *romane* à la mode nouvelle nommée architecture gothique. La nef est de 1140, et offre le mélange de l'ogive et du plein cintre.

La façade de Saint-Lazare est fort bien. Le sacristain m'a fait remarquer le loup et la cigogne, Androclès et son lion sculptés sur deux chapiteaux à gauche en entrant. Combien cette sculpture attriste l'œil qui vient de jouir des proportions de l'antique ! Quelle laideur, grand Dieu ! Il faut être *bronzé* pour étudier notre architecture ecclésiastique.

J'ai trouvé dans la chapelle du baptistère un assez joli bas-relief représentant la Madeleine et Jésus-Christ. A la vérité il n'y pas d'idéal : la Madeleine est tout bonnement le portrait d'une fort jolie femme, et cette femme est une simple mortelle.

Le cadre de pierre est un chef-d'œuvre de patience ; ce qui me ferait attribuer l'ouvrage entier à quelque artiste allemand.

Comme s'il fallait que tout fût barbare à Autun, on a peint à l'huile ce charmant bas-relief.

Deux chapelles ont des vitraux admirables, c'est-à-dire dont les couleurs sont fort vives : on faisait la couleur rouge avec de l'or, ce qui augmentait sans doute le plaisir que les dévots trouvaient à la regarder [1].

On trouve à Saint-Lazare un tableau de M. Ingres ; quatre ou cinq têtes dans le genre de Raphael sont admirables.

Un effet qui est vraiment étonnant et bien digne de la province, c'est ce qu'on appelle ici

---

[1] J'apprends que, depuis mon passage, on a découvert à Autun, au dessus de la porte d'une église, un bas-relief barbare représentant le jugement dernier.

la *grande trompe*. Dans le vrai, rien n'est plus trompeur. Il s'agit de la flèche de la tour de gauche de la cathédrale de Saint-Lazare. Elle est construite en pierres et entièrement creuse à l'intérieur. Dans la partie basse, les pierres n'ont pas plus de six pouces d'épaisseur : c'est un chef-d'œuvre de hardiesse dû au seizième siècle. Vue à l'intérieur, cette flèche trompe l'œil et paraît d'une immense hauteur; car la forme pyramidale qu'on lui a donnée semble l'effet de l'éloignement.

— Autun, le 1er mai 1837.

La soirée, si aimable à Paris, est la partie pénible des voyages, surtout quand on a le malheur de ne pas aimer la vie de café, et de ne plus trouver le bonheur au fond d'une bouteille de vin de Champagne. J'ai lu César, et je vais copier ce que Napoléon dit de ce grand homme et qui me semble fort judicieux.

César a écrit l'histoire de ses campagnes dans les Gaules, et ses *Commentaires* ont plus fait pour sa gloire que la conquête elle-même.

César, accablé de dettes à Rome, homme de la plus haute naissance, et célèbre dès sa première jeunesse par ses *roueries* et sa hardiesse, commença la guerre avec six légions; le nombre en fut ensuite porté à douze : une légion se composait, si je ne me trompe, de cinq mille cinq cents soldats de toutes armes.

« Il a fait huit campagnes dans les Gaules, dit
» Napoléon, pendant lesquelles deux invasions
» en Angleterre, et deux incursions sur la rive
» droite du Rhin. En Allemagne, il a livré neuf
» grandes batailles, fait trois grands sièges, et
» réduit en province romaine deux cents lieues de
» pays, qui ont enrichi le trésor de huit mil-
» lions de contributions ordinaires », et qui lui ont donné le moyen d'acheter à Rome tous les citoyens qui étaient à vendre, c'est-à-dire l'immense majorité.

En moins de six ans que dura cette guerre César prit d'assaut ou réduisit plus de huit cents villes, il soumit trois cents nations, il défit en différens combats trois millions d'ennemis ; un tiers de ces ennemis fut tué sur le champ de bataille, et un autre tiers réduit en esclavage.

« *Si la gloire de César*, dit Napoléon, *n'était fondée que sur la guerre des Gaules, elle serait problématique.* »

Les Gaulois étaient pleins de feu et montraient une bravoure étonnante; mais, divisés en un grand nombre de nations, ils se détestaient entre eux. Une ville faisait fort souvent la guerre à la ville voisine, uniquement par jalousie. Vifs et emportés, amoureux du danger, rarement ils écoutaient la voix de la prudence.

Leur ignorance de toute discipline, leurs divisions, leur mépris pour la science militaire, l'infériorité de leurs moyens d'attaque et de défense, leur habitude de ne jamais profiter d'une victoire, les rivalités de leurs chefs aussi emportés que vaillans, devaient les livrer successivement à un ennemi aussi brave qu'eux, et en même temps plus habile et plus persévérant.

Un seul Gaulois comprit les avantages de l'union, ce fut Vercingétorix, le jeune chef des Auvergnats.

« Dans les jours de fête, dit Florus, comme
» dans les jours de conseil pour lesquels les Gau-
» lois se réunissaient en foule dans les bois sa-
» crés, ses discours, pleins d'un patriotisme fé-
» roce, les exhortaient à reconquérir leur li-
» berté. »

César comprit le péril : il était alors à Ravenne occupé à faire des levées. Il passe les Alpes encore couvertes de neige : il n'avait avec lui que quelques troupes armées à la légère. Il rassemble les légions en un clin d'œil, et se montre à la tête d'une armée au centre de la Gaule avant que les Gaulois le crussent sur leurs frontières. Il fait deux sièges mémorables et contraint le chef des Gaulois à venir lui demander grâce : ce chef paraît en suppliant dans le camp romain ; il jette aux pieds de César le harnais de son cheval et ses armes.

— *Homme très brave*, lui dit-il, *tu as vaincu* [1].

De nos jours, l'on croit faire de l'histoire, en exagérant les nuances que l'on rencontre dans les auteurs anciens, et l'on a osé écrire *que le nom de Vercingétorix n'était prononcé dans Rome qu'avec épouvante.* Quelque historien de même étoffe, cherchant ce même genre de gloire, dira peut-être dans deux mille ans, en parlant de la France au dix-neuvième siècle, que le nom seul d'Abd-el-Kader faisait pâlir les Parisiens.

L'emploi de la ruse suffit le plus souvent à César contre ces Gaulois si braves, mais si naïfs, et qui s'imaginaient que le courage suffit pour arriver à la victoire. Aux pièges et aux trahisons leur vanité de sauvages déclarait ne vouloir opposer qu'une bravoure invincible. Cette sorte d'ennemis semblait faite à plaisir pour procurer de la gloire au général romain passé maître en toute tromperie.

Aussi César, qui voulait surtout se faire un grand nom dans Rome, employa-t-il contre les simples Gaulois un luxe étonnant d'actions hardies et magnanimes. D'ordinaire il allait lui-même à la découverte, ayant derrière lui un sol-

---

[1] Florus, L. 3, C. 11.

dat qui portait son épée; il faisait au besoin cent milles par jour, franchissait seul à la nage, ou sur des outres remplies d'air, les rivières qu'il rencontrait, et souvent arrivait avant ses courriers. Comme Annibal, il marchait toujours à la tête de ses légions, le plus souvent à pied, et la tête découverte, malgré le soleil ou la pluie. Sa table était frugale, et ce roué digne de notre siècle fit un jour battre de verges, en présence des soldats, un esclave qui lui avait servi du pain meilleur que celui dont l'armée se nourrissait.

Il dormait dans un chariot et se faisait réveiller toutes les heures pour visiter les travaux d'un siège ou d'un camp. Il était toujours environné de secrétaires, et quand il n'avait plus d'ordres militaires à dicter, il composait des ouvrages littéraires. C'est ainsi qu'allant de la Lombardie dans les Gaules il dicta, en passant les Alpes, *un traité sur l'analogie*. Il composa l'Anti-Caton quelque temps avant la bataille de Munda, où, dit-on, il fut sur le point de mettre fin à son rôle, voyant que la victoire allait lui échapper. Suétone nous apprend qu'il écrivit un poème intitulé *Le voyage*, dans les vingt-quatre jours employés à son expédition d'Espagne.

Voici des détails. César s'empara de tout ce que possédaient les Gaulois alors fort riches; mais, après avoir payé ses dettes particulières, qui s'élevaient, dit-on, à trente-huit millions de francs, il prit l'habitude de distribuer à ses soldats tout l'argent qu'il ramassait. Il arriva de là que les soldats de la république devinrent peu à peu les soldats de César.

Voici le portrait que nous a laissé Suétone, sorte de Tallemant des Réaux, bien bas.

César avait la peau blanche et délicate, il était sujet à de fréquens maux de tête et même à des attaques d'épilepsie; il avait un corps frêle et qui n'annonçait point la force. Il était fort bon cavalier et croyait utile de faire parade de son adresse devant les soldats : dans les marches il aimait à lancer son cheval au grand galop et s'en allait tenant les mains jointes derrière le dos.

César n'estimait dans chaque homme que la qualité par laquelle cet homme était utile. Il voulait dans ses soldats le courage et la vigueur du corps, et se souciait peu de leurs mœurs. Après une victoire, il leur permettait une licence effrénée; mais à l'approche de l'ennemi ils étaient ressaisis tout d'un coup par la discipline la plus rigoureuse. Il apostrophait avec de rudes paroles les soldats qui avaient la prétention de deviner ses plans, les tenait dans l'ignorance des routes à suivre et des combats à livrer; il voulait qu'en tout temps, en tout lieu, ils fussent également prêts à marcher et à combattre. Par ces moyens et par d'autres du même genre, César était parvenu à amuser ses légions et à s'en faire craindre; en un mot, il avait su leur inspirer de l'enthousiasme; sur quoi il faut remarquer qu'il fut l'auteur de tout l'enthousiasme qui lui fut utile, tandis que Bonaparte profita pour ses commencemens de l'enthousiasme créé par la révolution. Une des grandes affaires de sa vie fut ensuite d'y substituer un enthousiasme personnel, *pour lui*, et le vil intérêt.

Je suis entré dans ces détails, pour justifier Napoléon des mensonges et autres moyens de succès qui sauvèrent la patrie à Arcole par exemple, et qui maintenant ont le malheur de scandaliser certains écrivains prudes et éminemment moraux, braves gens qui n'ont jamais rien vu ni rien fait qui vaille, et n'en veulent pas moins diriger l'opinion publique en maîtres.

On parle des trois jours de misère et de pluie à la Mascara, qu'eût-il fallu dire après les cinquante-cinq jours sans manger de la retraite de Moscou? Qu'eût dit Napoléon, qu'eût dit l'opinion de 1812, si l'on se fût plaint après huit jours de retraite?

Le hasard a voulu nous montrer, il y a trente-huit ans, une guerre semblable à celle de César contre les Gaulois, c'est la campagne d'Egypte. Les mamelucks avaient la bravoure extrême et inconsidérée de nos ancêtres. Tous les médiocres dangers de l'armée d'Egypte vinrent de ce qu'on était séparé de la patrie ; mais, quand César le jugeait nécessaire, il allait chercher des recrues à Milan et à Ravenne. Vaincu, il aurait trouvé une retraite assurée dans un pays fertile.

Napoléon a donc eu raison; la guerre des Gaules n'était pas faite pour mettre César au rang d'Annibal et d'Alexandre. César apprit la guerre dans la Gaule, y trouva des sommes énormes, y forma ses soldats, et y joua la comédie avec un si rare talent, qu'il ne rentra dans Rome que couvert de gloire et défendu par l'enthousiasme de ses légions.

Ce fut avec ces avantages qu'il aborda la grande guerre, la guerre véritable, Pharsale, Munda, et des soldats qui en savaient autant que les siens.

En 1796, le général Bonaparte, inconnu, d'une naissance obscure, a fait sa plus belle campagne, qui est la première, contre les meilleures troupes de l'Europe, commandées par les généraux les plus célèbres. Il avait contre lui les prêtres et les nobles des pays où il se battait, il devait obéir aux ordres d'un gouvernement imbécile, et avec son armée, toujours inférieure en nombre, il a détruit quatre armées autrichiennes.

— Chaumont, le 3 mai.

Les affaires m'ont conduit rapidement des

forges du Nivernais aux usines des environs de Chaumont. Ce pays est fort riche en fer : mais en vérité il est si laid, que j'aime mieux n'en pas parler ; je passerais pour *mauvais Français*. C'est un reproche que je mérite, dans le sens ridicule que Napoléon donnait à ce mot. Je conviens des désavantages de la France : il me semble que je défendrais avec colère ma patrie attaquée par l'étranger ; mais, du reste, j'aime mieux l'homme d'esprit de Grenade ou de Kœnigsberg que l'homme d'esprit de Paris. Celui-ci, je le sais toujours un peu par cœur. L'*imprévu*, le divin imprévu peut se trouver chez l'autre.

Je ne sens pas du tout chez moi le patriotisme anglais, qui brûlerait avec plaisir toutes les villes de la Belgique pour augmenter la prospérité d'un des faubourgs de Londres.

Chaumont est situé sur un pain de sucre aplati. De la fenêtre de mon auberge, je n'aperçois que des coteaux arides et pelés et trois arbres rabougris, pas davantage, qui ornent ces coteaux. Tout manque à Chaumont, il n'y a pas même d'eau ; on ne peut trouver à acheter ni une volaille ni un pâté chaud. Chaque bourgeois tire ses provisions de sa campagne ; mais il y a si peu d'étrangers qu'un pâtissier y mourrait de faim. Il y a beaucoup de chevreuils, de sangliers et de gibier de toute espèce dans les immenses forêts qui couvrent le sol de ce département; mais tout cela s'envole chez madame Chevet. Il est triste que Chaumont ne soit pas au milieu d'une de ces forêts.

On m'a dit ce matin : L'*assemblée* ce soir est chez madame une telle. A cette assemblée on a beaucoup parlé des procédés sauvages des alliés qui occupèrent Chaumont en 1814, lors de la campagne de France. Décidément ces gens-là sont moins civilisés que nous. En Allemagne, vers 1806 ou 1809, quelques commandans de place, laissés sur les derrières, se faisaient donner quarante francs par jour par la municipalité de la ville où ils commandaient; mais, trois fois la semaine, ils avaient un grand dîner, ils faisaient sans cesse des parties de campagne dans les environs de leur ville, et enfin le jour du départ ils étaient obligés d'emprunter dix louis de quelqu'un de leurs nouveaux amis, et quelques beaux yeux les pleuraient. Un Allemand thésaurise.

Le plus noble patriotisme distingue cette frontière de l'est, de Strasbourg à Besançon et à Grenoble.

La richesse minérale est si grande dans ce département de la Haute-Marne, qu'elle a amené la *division du travail*. Il y a des gens qui nettoient le minerai, et le vendent aux fondeurs. Et partout la nature a mis des forêts sur le minerai.

Voici tout ce que j'ai rencontré de littéraire dans la Haute-Marne. Au dessous d'un petit portrait mal dessiné d'un beau jeune homme qui ne comprend dans la vie que le plaisir de tuer des chevreuils, une femme, que peut-être il néglige, a tracé d'un crayon à peine visible quelques vers de l'antique Voiture :

> Son plaisir est de vaincre, et non pas d'être aimé ;
> Et dans son vain caprice, après une victoire,
> Il méprise le fruit, et n'en veut que la gloire.

Obligé de courir en allant à Chaumont, je ne me suis arrêté qu'une heure à Dijon, le temps qu'il faut pour monter sur la vieille tour de l'ancien palais de ces ducs de Bourgogne que M. de Barante mit à la mode il y a quelques années. Cette tour carrée fut achevée sous Jean-sans-peur. Il la fit considérablement exhausser lors de ses démêlés avec les Orléanais. Il voulait découvrir de loin le plat pays et se garantir des surprises.

On remarque à la clef de la voûte le rabot que ce prince prit pour devise, lorsque le duc d'Orléans (qu'il fit assassiner plus tard) choisit pour la sienne un bâton chargé de nœuds.

L'homme qui me montrait la tour, et qui a de l'esprit comme tous les Dijonnais, m'a offert obligeamment de me faire voir le musée, quoiqu'il ne fût que cinq heures et demie du matin.

Dans ce musée, au milieu de beaucoup de médiocrités, j'ai rencontré soixante-dix petites figures de marbre, hautes tout au plus d'un pied ; ce sont des moines de différens ordres. L'expression de la peur de l'enfer, de la résignation et du mépris pour les choses de la terre y est vraiment admirable. Plusieurs de ces moines ont la tête cachée par leur capuchon rabattu, et les mains dans leurs manches : le nu ne s'aperçoit point, et malgré cela ces figures sont remplies d'une expression grave et vraie. La religion est belle dans ces marbres.

Une telle statue eût bien étonné Périclès. Ces petites figures entouraient les tombeaux des ducs de Bourgogne aux Chartreux de Dijon. Il y a un saint Michel bien curieux par la façon dont il est armé.

J'ai vu rapidement, parmi les tableaux, une *Mort de saint François*, par Augustin Carrache, un *Saint Jérôme*, du Dominiquin, et un paysage de Gaspard Poussin, qui devrait bien enseigner à nos paysagistes à être moins pincés. Un seul, que j'admire, fait reconnaître les arbres qu'il dessine, mais aussi M. Marilhat est allé étudier les palmiers en Arabie.

J'ai remarqué une bonne copie de *l'école d'A-*

thènes, fresque sublime, que nous connaissons à Paris par l'excellente copie que M. Constantin en a faite sur porcelaine.

Voici un évènement d'avant-hier où j'ai été mêlé.

Un riche banquier expédie par une petite diligence de province un groupe contenant cinquante mille francs. Mais, pour diminuer le droit à payer, il ne déclare à la diligence que dix mille francs. Lors de l'arrivée de la voiture à sa destination, le groupe est absent. Le banquier, qui est membre de la Légion-d'Honneur, maire de la ville, fort lié avec le préfet, etc., etc., se rend aussitôt dans le bourg où il a envoyé son groupe. C'est un homme d'une taille énorme, et fort important; il vient faire tapage à la diligence, prétend qu'elle doit lui rendre cinquante mille francs; qu'il va faire un procès, qu'il fera venir un avocat de Paris; que s'il le faut il dépensera une autre somme de cinquante mille francs pour ravoir la première; en un mot il fait l'important de la façon la plus comique. Toutefois il avait raison; il terrifie la diligence.

Il y avait là un postillon italien qui prend à part le domestique de ce banquier terrible.

— Est-il bien vrai, lui dit-il, qu'il y eût cinquante mille francs dans le groupe?

— Certainement, répond le domestique, je les ai vu compter.

— Il était pourtant bien petit.

— C'est qu'il y avait de l'or.

— Eh bien! allez dire à votre maître que s'il veut se désister de toutes poursuites, par un bon écrit passé sur papier timbré chez un notaire, je lui ferai retrouver son argent.

Trois heures après, le gros banquier revit son groupe. Le postillon, prenant prétexte d'un fer qu'un de ses chevaux aurait perdu, avait enterré le groupe au pied d'un arbre, dans un bois que la diligence traversait de nuit.

Cet homme avait bien eu le courage de voler dix mille francs, mais il ne put se faire à l'idée d'en avoir volé en toute sûreté cinquante mille.

— Langres, le 5 mai.

Route de Chaumont à Langres. Comme il ne faut pas regarder la campagne, sous peine de prendre de l'humeur, j'ai envie, par forme d'épisode, de raconter ma vie. Voici sous quel prétexte.

Si j'avais à dire au lecteur quelque aventure d'un grand intérêt, peu lui importerait qui je sois; mais je ne puis présenter que quelques petites remarques fort peu importantes, comme on sait, que quelques nuances plus ou moins vraies, et pour sympathiser un peu avec les assertions du *touriste*, il faut savoir à quel homme on a affaire.

Ma vie aurait dû être des plus simples, et elle a été fort agitée. Jusqu'à seize ans je fus victime du grec et du latin, que je commence seulement à ne plus exécrer. J'entrai dans un bureau de douanes; mon père, membre de la chambre des députés, avait recommandé qu'on m'accablât de travail. Un soir, je chantais une chanson de Béranger, en me promenant dans une prairie avec quelques dames du village où j'étais employé; mon *directeur* m'entendit, et un mois après je reçus un ordre de service pour la Martinique.

Dans ce pays-là, je fus accueilli à bras ouverts; ma qualité de victime des jésuites me valut des amis fort empressés : j'y serais encore, car cette vie singulière me plaisait infiniment. Mais un jour je travaillai au soleil.

Je fus saisi par une inflammation du cerveau ; on m'embarqua pour l'Europe à demi mort : je survécus ; j'étais guéri en arrivant. J'allais repartir, lorsque mon père voulut me marier à la fille d'un riche marchand de fer, qui m'associa à son commerce. J'ai perdu ma femme et suis resté dans les fers. Pendant douze années j'ai travaillé comme jadis au grec et au latin ; j'ai fait fortune presque à mon insu. Maintenant mon père est mon meilleur ami, et je compte, dès que je le pourrai décemment, retourner à la Martinique, non plus pour y gagner ma vie, mais pour en jouir.

Paris est un pays un peu trop compliqué pour moi ; j'aime à faire des visites en chapeau de paille et en veste de nankin.

En ma qualité de commis marchand, je courais chaque année la France, l'Allemagne ou l'Italie ; mais je travaillais en conscience à *ma partie*, je n'osais presque lever les yeux. Cette année, tout en faisant mes affaires, je me suis permis de doubler mes séjours à Lyon, Genève, Marseille, Bordeaux, et j'ai regardé autour de moi.

La France est certainement le pays de la terre où votre voisin vous fait le moins de mal ; ce voisin ne vous demande qu'une chose, c'est de lui témoigner que vous le regardez comme le premier homme du monde. Il est plus ou moins bien élevé ; mais s'il appartient à la bonne compagnie, il est toujours le même : et je voudrais un peu d'*imprévu*.

Pendant les douze années que je fus marchand, je n'ai voyagé que par la malle-poste. Trois jours de Paris à Marseille ! c'est beau ; mais aussi l'homme est réduit à l'*état animal* : on mange du pâté ou l'on dort la moitié de la journée. Je n'eus jamais le temps de m'enquérir, ou pour mieux dire de chercher à deviner comment les gens chez lesquels je passais avaient coutume de s'y prendre pour courir après le bonheur. C'est pourtant là la principale affaire de la vie. C'est du moins le premier objet de ma curiosité.

J'aime les beaux paysages; ils font quelquefois sur mon ame le même effet qu'un archet bien manié sur un violon sonore; ils créent des sensations folles; ils augmentent ma joie et rendent le malheur plus supportable.

Mais, j'y pense, il est ridicule de dire qu'on aime les arts; c'est presque avouer qu'on est comme il faut être. Je crois que la France ne fournit guère à l'admiration du touriste que des milliers d'églises gothiques et quelques beaux restes d'architecture romaine dans le midi. J'avoue que dès mon enfance j'ai été enthousiaste de la jolie église de Saint-Ouen à Rouen.

J'ai toujours partagé la France dans ma pensée en sept ou huit grandes divisions, qui ne se ressemblent pas du tout au fond, et n'ont de commun que les choses qui paraissent à la surface. Je veux parler de ce qui provient de l'action du gouvernement.

Dans tous les départemens, une femme de petit fonctionnaire public se rengorge parce qu'elle a été invitée au bal de M. le préfet, et n'aime presque plus sa bonne amie d'enfance qui a été oubliée. De ce côté-là on a les mêmes mœurs à Vannes et à Digne.

Mais, pour en revenir aux grandes divisions :

Je distingue l'Alsace et la Lorraine, pays *sincères* où l'on a du sérieux dans les affections, et un ardent patriotisme; j'aime la langue allemande parlée en Alsace, quoique horrible.

Vient ensuite Paris, et le vaste cercle d'égoïsme qui l'entoure dans tous les sens, à quarante lieues de distance. A l'exception des gens de la dernière classe, on cherche à tirer parti du gouvernement quel qu'il soit; mais s'exposer pour le défendre ou le changer, passe pour souveraine duperie. Donc il n'y a rien de si différent que l'Alsace et les environs de Paris.

En continuant de s'avancer vers l'ouest, on trouve vers Nantes, Auray, Savenay, Clisson, les Bretons, peuples du quatorzième siècle, dévoués à leur curé, et ne comptant la vie pour rien dès qu'il s'agit de venger Dieu.

Plus au nord paraît le peuple de Normandie, gens fins, rusés, ne faisant jamais de réponse directe à la question qu'on leur adresse. Cette division, si elle n'est pas la plus spirituelle de France, me semble de bien loin la plus civilisée. De Saint-Malo à Avranches, Caen et Cherbourg, ce pays est aussi celui de France qui est le plus orné d'arbres et qui a les plus jolies collines. Le paysage serait tout à fait digne d'admiration, s'il avait de grandes montagnes ou du moins des arbres séculaires : mais en revanche il a la mer, dont la vue jette tant de sérieux dans l'ame; la mer par ses hasards guérit le bourgeois des petites villes d'une bonne moitié de ses petitesses.

Après les cinq divisions du nord, la généreuse Alsace, Paris et son cercle égoïste de quatre-vingts lieues de diamètre, la Bretagne dévote et courageuse, et la Normandie civilisée, nous trouvons au midi la Provence et sa franchise un peu rude. Les partis politiques donnent des assassinats en ce pays : le maréchal Brune, les mamelucks de Marseille en 1815, les massacres de Nîmes.

Nous arrivons à la grande division du Languedoc, que je compte de Beaucaire et du Rhône jusqu'à Perpignan. On a de l'esprit et de la délicatesse en ces contrées ; l'amour n'y est pas remplacé par Barême ; il y a même, vers les Pyrénées, une nuance de galanterie romanesque et d'inclination aux aventures qui annonce la noble Espagne.

A Toulouse, on trouve une véritable disposition pour la musique. J'expose rapidement les sensations que j'ai rencontrées dans mes voyages, et je ne garde pas toutes les avenues contre la critique; je sais, par exemple, que Nîmes est sur la rive droite du Rhône.

En remontant des Pyrénées vers le nord, nous voici à cet heureux pays où les gens se peignent tout en beau, et ne doutent de rien. La Gascogne, de Bayonne à Bordeaux et Périgueux, a fourni à la France les deux tiers des maréchaux et généraux célèbres : Lannes, Soult, Murat, Bernadotte, etc., etc. Je trouve infiniment d'esprit naturel à Villeneuve-d'Agen et à Bordeaux, mais en revanche bien peu d'instruction; ce qui a donné une teinte noire à ces départemens dans la carte de M. le baron Dupin. Le paysan est tout à fait barbare vers Rhodez et Sarlat, mais rien n'égale son génie naturel. Il pourrait lire *Don Quichotte* avec plaisir, tandis que le Normand n'y remarquerait que quelques idées fort judicieuses de Sancho Pança. Dans tous ces pays, le bourgeois est possédé du fanatisme de la propriété. Un homme a-t-il un domaine valant quatre-vingt mille francs, il achète le champ voisin qui en vaut trente mille, et qu'il compte payer sur ses économies, de façon que toute sa vie il manque d'un écu. Mais la gasconnade lui suffit; il appelle sa maison un *castel*, dit à chaque mot qu'il est grand propriétaire, et finit par le croire.

Nous avons laissé au sud-est le pays de l'esprit fin et du patriotisme éclairé, Grenoble qui, le 6 juillet 1815, vingt jours après Waterloo, lorsque toute la France était découragée, et elle abandonnée par les troupes de ligne et le maréchal Suchet qui se retirait sur Lyon, voulut pourtant se défendre. Grenoble combattit généreusement les troupes piémontaises qui n'étaient autres que les excellens régimens levés par l'empereur dans le Piémont. Ce trait de courage civil encore plus que militaire, au milieu de la France abattue par Waterloo, est unique dans l'histoire de notre révolution.

Le gouvernement, en province, c'est le préfet; il est à peu près le même partout : cependant j'aurais beaucoup à dire sur cet article.

Il y a des départemens du midi où le gouvernement n'obtient presque pas d'influence sur le moral des peuples; cela tient à l'état de barbarie ou aux passions des habitans, et aussi au défaut de capacité des préfets. Ces messieurs récompensent au hasard, et d'ailleurs l'on ne manque pas de les changer au bout de trois ou quatre ans, c'est-à-dire dès qu'ils commencent à connaître un peu le pays qu'ils administrent. La plupart, même après plusieurs années, ne se doutent pas de ce qui se passe autour d'eux. Ils agissent presque toujours suivant les passions d'un secrétaire-général, ou d'un conseiller de préfecture qu'ils croient le plus honnête homme du monde, et ce meneur a les vues élevées et le caractère généreux d'un procureur avide et narquois. Ces préfets, avant 1830, ne peuvent pas se flatter de diriger une seule volonté dans leurs départemens ; ils les achètent tout au plus avec des bureaux de tabac et des croix, quand toutefois les députés ne leur enlèvent pas ces moyens et ne s'en servent pas pour leur propre compte.

Si jamais les élections sont plus sincères qu'avant 1830, ces peuplades du midi commenceront à prendre quelque intérêt au gouvernement. Jusqu'en 1830, elles le regardaient comme un ennemi tout puissant, qui exige l'impôt et la conscription, mais avec lequel on fait aussi quelquefois de bien bons marchés, en se faisant payer pour lui envoyer à Paris les députés qu'il demande.

Les peuples furent électrisés par Napoléon. Depuis sa chute et les friponneries électorales et autres qui suivirent son règne, les passions égoïstes et vilaines ont repris tout leur empire : il m'en coûte de le dire, je voudrais me tromper, mais je ne vois plus rien de généreux.

Chacun veut faire fortune, et une fortune énorme, et bien vite, et sans travailler. De là, dans le midi surtout, jalousie extrême envers l'homme qui a su accrocher du gouvernement une place de six mille francs ou même de trois mille; on ne considère point qu'il donne en échange son travail et son temps, qu'il pourrait employer à *gagner de l'argent* par le barreau ou dans le commerce. On regarde tout fonctionnaire public comme un escroc qui s'empare de l'argent du gouvernement.

Ces façons de voir ridicules se rencontrent rarement dans la partie civilisée de la France, que je placerais au nord d'une ligne qui s'étendrait de Dijon à Nantes. Au midi de cette barrière, je ne vois d'exception que Grenoble et Bordeaux; Grenoble s'est un peu élevée au dessus de l'atmosphère de préjugés qui l'environne par la raison profonde, et Bordeaux par les saillies de l'esprit. On sait lire dans la patrie de Montesquieu et dans celle de Barnave.

Mais, même en négligeant l'effet que le gouvernement produit sur les sept ou huit grandes divisions caractéristiques de la France, il faudrait passer un an au moins dans chacune de ces divisions pour les connaître même médiocrement, et encore faudrait-il y être préfet ou procureur-général.

Ce qui rend cette étude infiniment plus difficile pour nous autres habitans de Paris, c'est que rien ne nous prépare ici à ce qui existe en province. Paris est une république. L'homme qui a de quoi vivre et qui ne demande rien ne rencontre jamais le gouvernement. Qui songe parmi nous à s'enquérir du caractère de monsieur le préfet?

Il y a plus : le ministère donne-t-il la croix à un sot bien notoirement inepte, nous rions à Paris ; et il n'y aurait pas à rire si la croix était donnée au mieux méritant : le ministère prend soin de nos plaisirs. En province, on s'indigne à un tel spectacle, on se *désaffectionne* profondément. Le provincial ne sait pas encore que tout en ce monde est une comédie.

— Département de la Haute-Marne, le 6 mai.

Il y a des hommes qui aiment à méditer sur les conclusions morales qu'ils ont tirées d'un fait, mais ils ont le malheur de ne garder aucun souvenir des chiffres, ni des noms propres.

Ces gens-là sont sujets à être arrêtés tout court au milieu d'une discussion animée par un sot qui sait une date. Mais l'on peut avoir une montre à cadran d'émail, et écrire sur ce cadran quelques chiffres nécessaires et surtout faciles à consulter.

Dans un salon peuplé de gens fort distingués, l'on prenait plaisir, hier soir, à me dire beaucoup de mal du gouvernement du roi, sous le rapport économique.

J'ai répondu d'un ton d'oracle :

« Le commerce général de France, c'est-à-dire la valeur de ce qui est sorti de France et de ce qui y est entré, en 1836, s'élève à 1,866 millions. En 1828, 1,216 millions seulement. Différence en faveur du règne de Louis-Philippe, 650 millions.

» Paris a exporté, en 1836, 134 millions ; en 1828, 67 millions seulement ; et pourtant c'est à Paris qu'ont eu lieu les émeutes.

» En 1836, la France agricole a exporté pour 70 millions de vins. La France a envoyé aux Etats-Unis, en 1836, 159 millions et à l'Angleterre 66 millions seulement. Maintenant proclamez la république ou rappelez Henri V, et vous verrez le chiffre de vos douanes. »

— Langres, le 9 mai.

En montant à Langres qui est sur une montagne, le postillon me dit qu'après Briançon c'est la ville de France la plus élevée au dessus de la mer. Je trouve qu'elle ressemble à ce qu'on dit de Constantine.

Je fais arriver ma calèche au pied des tours de l'antique cathédrale. Elle paraît bâtie sur les ruines d'un temple romain. Le péristyle du chœur est d'ordre corinthien, et l'on y voit ces crânes de béliers par lesquels les anciens marquaient qu'un temple était accrédité et qu'on y faisait beaucoup de sacrifices. Le style de la cathédrale est roman avec des parties gothiques. Le portail est un ridicule ouvrage du dix-huitième siècle; le jubé, en forme d'arc de triomphe, date de 1560. La chaire en marbre rouge fait ouvrir de grands yeux aux paysans des environs.

De la cathédrale j'ai fait une fort longue course par un vent très froid, pour arriver au reste d'une porte romaine enclavée dans un mur de fortification. J'ai trouvé quatre pilastres corinthiens construits avec beaucoup de soins, la frise présentait des armures.

Langres fut la patrie de Sabinus et d'Eponine dont la mort nous touchait si vivement au collège. C'est la seule histoire touchante que nos maîtres pédans n'eussent pas proscrite. On ménageait nos mœurs et l'on nous faisait expliquer Ovide.

J'ai vu avec beaucoup de plaisir que l'on complète les fortifications de Langres. En cas de guerre les braves gens de ce pays se chargeraient de défendre leur ville, ils ne demanderaient que quelques artilleurs. Le souvenir des horreurs et des pilleries de 1814 est encore vivant.

J'ai admiré la promenade de Blanche-Fontaine et ses beaux arbres.

La colline sur laquelle Langres est perchée est un contre-fort de la longue chaîne de montagnes qui court nord et sud, de Mézières à Beaune, à Mende et à St-Pons. La vue qu'on a de Langres est d'une immense étendue. Un homme fort poli, qui se promenait à Blanche-Fontaine en même temps que moi, m'indique la montagne où prennent leurs sources quatre rivières, la Marne, la Meuse, la Vingeanne et la Mance, qui portent leurs eaux, les unes à l'Océan, les autres à la Méditerranée.

La position de Langres et son ciel brumeux qui me rappelle les anciens Gaulois augmentent singulièrement l'effet que sa cathédrale produit sur moi. Je relis avec plaisir la description que César donne du caractère de nos aïeux.

Mes affaires terminées, le vent très froid m'a fait chercher un refuge dans la cathédrale; d'abord j'y ai lu César. Quand j'ai été un peu ranimé, j'ai songé à l'art gothique, et à l'*ogive* qui n'est point un caractère exclusif du gothique proprement dit, né en 1200.

De tout temps l'ogive a existé en Egypte. Le pont du Jourdain en Syrie a des arches en ogive. Au dixième siècle, les Arabes apportèrent l'ogive en Sicile.

Ce qui est plus sûr pour moi, parce que je l'ai vu, c'est que la voûte de *l'émissaire* du lac d'Albano, bâtie, dit-on, lors du siège de Véies, est en ogive. Plusieurs constructions antiques de la Sicile présentent la voûte en ogive. Rien de plus naturel; c'est la voûte la plus forte et qui se présente d'abord à l'esprit. Quoi de plus simple que de faire une ogive par *encorbellement* ?

L'architecture romane, puis gothique, est née *peu à peu* parmi des gens ennuyés de l'architecture grecque et de sa sœur cadette l'architecture romaine, ou désespérant de les égaler.

La société du dixième siècle se rapprochait par un côté essentiel du Paris de 1837. Les conquérans du Nord, *énergiques et sauvages*, venaient de faire irruption dans la société romaine élégante (les colonnes ne lui suffisaient plus, elle voulait des colonnes ornées de mosaïques; *voyez* Ravenne); élégante, dis-je, mais énervée, étiolée, n'ayant plus de goût sincère pour rien de ce qui exige de la suite, ne pouvant plus être réveillée que par l'ironie, genre de plaisir qui ne demande à l'esprit qu'une seule minute d'attention.

Sans la presse, qui permet à un ouvrier sauvage tel que J.-J. Rousseau de prendre la parole et de se faire écouter, la bonne compagnie, du temps où le maréchal de Richelieu prenait d'assaut le port Mahon, eût été pour les passions au même degré de totale inhabileté que nous présente à Rome le roman de Pétrone.

Le mélange des Barbares avec la société énervée produisit d'affreuses et longues convulsions, et la totale barbarie du dixième siècle; mais enfin l'amalgame se fit, et l'être social nommé la France naquit.

Aujourd'hui, par l'effet de la révolution, le peuple est énergique, voyez ses suicides, un tiers des gens riches qui louent des loges à l'Opéra seraient peut-être en peine de prouver que leur grand-père savait lire.

De là *l'énergie* qui cherche à se faire jour dans la littérature de 1837, au grand scandale de l'académie et des hommes élégans et doux, nés avant 1780, ou accoutumés aux usages d'alors.

Le *principe énergique* était plus fort que parmi nous dans la société du dixième siècle; le fils du Romain se retirait partout devant le fils du Barbare.

La Sicile, moins dévastée par les gens du Nord, s'ennuya de l'architecture grecque, et peu à peu inventa l'architecture gothique. Puis vinrent les douzième et treizième siècles qui rougirent de leur barbarie, et eurent la passion de bâtir. C'est ce que prouvent les cathédrales de Strasbourg, de Reims, de Rouen, d'Auxerre, de Beauvais, de Paris, et les milliers d'églises gothiques des villages de France.

On sait que pour les ames vaniteuses et froides, *le compliqué, le difficile,* c'est le beau. Or l'architecture gothique fait tout au monde pour se donner l'air hardi. Ceci explique le succès du vers alexandrin dans la tragédie. Les ames faites pour les arts applaudissent :

> Eh quoi ! n'avez-vous pas
> Vous-même ici tantôt ordonné son trépas ?
> ANDROMAQUE.

Elles sont frappées du génie qu'il faut pour trouver une situation si cruelle. On voit bien que Racine avait aimé avec passion, se disent-elles ; et d'ailleurs l'expression leur plaît. Le vulgaire, les gens étiolés, les pédans, admirent la richesse de la rime, et la difficulté qu'il y avait à la trouver ; s'ils l'osaient, ils blâmeraient la pensée comme grossière et trop simple.

La littérature française peut donc espérer une belle époque d'énergie, lorsque arriveront dans le monde les petits-fils des enrichis de la révolution.

Langres est fort jalouse de Chaumont. En courant les rues assez jolies de Langres, et voyant de toutes parts des boutiques de couteliers, je ne pouvais penser qu'à Diderot ; sans doute cet écrivain a de l'emphase, mais combien en 1850 ne paraîtra-t-il pas supérieur à la plupart des *emphatiques* actuels ! Son emphase à lui ne vient pas de pauvreté d'idées, et du besoin de la cacher ! Bien au contraire, il est embarrassé de tout ce que son cœur lui fournit. Il faut arracher six pages à *Jacques le Fataliste* ; mais, cette épuration accomplie, quel ouvrage de notre temps est comparable à celui-là ?

Il ne manqua au talent de Diderot que le bonheur de faire la cour, à vingt ans, à une femme comme il faut, et la hardiesse de paraître dans son salon. Son emphase eût disparu: elle n'est qu'un reste des habitudes de la province.

Peut-être aussi pensait-il, comme Voltaire, qu'il vaut mieux frapper fort que juste; on plaît ainsi à un plus grand nombre de lecteurs, mais en revanche on s'expose à choquer mortellement les ames qui sentent le Corrège et Mozart. Diderot pourrait répondre que ces ames-là étaient fort rares en 1770, mais je répliquerais qu'en 1837 les tragédies de Voltaire nous ennuient à périr. En 1837, on adore Diderot à Madrid et à Pétersbourg; on l'exècre comme un vil débauché à Edimbourg, et d'ici à vingt ans on lui rendra justice même dans la rue Taranne.

— Route de Langres à Dijon, le 10 mai.

Une petite colline couverte de bois, qui n'est *que jolie* vue en sortant de Chaumont, paraît sublime et enchante les regards.

C'est ce qui m'est arrivé aujourd'hui. Quel effet ne ferait pas ici le Mont-Ventoux ou la moindre des montagnes méprisées dans les environs de la fontaine de Vaucluse!

Par malheur il n'y a pas de hautes montagnes auprès de Paris: si le ciel eût donné à ce pays un lac et une montagne passables, la littérature française serait bien autrement pittoresque. Dans les beaux temps de cette littérature, c'est à peine si La Bruyère, qui a parlé de toutes choses, ose dire un mot, en passant, de l'impression profonde qu'une vue, comme celle de Pau ou de Cras, en Dauphiné, laisse dans certaines ames. Par une triste compensation, les plats écrivains de notre siècle parlent sans pudeur et sans mesure de ces choses là et les gâtent autant qu'il est en eux.

Le *pittoresque*, comme les bonnes diligences et les bateaux à vapeur, nous vient d'Angleterre; un beau paysage fait partie de la religion comme de l'aristocratie d'un Anglais; chez lui c'est l'objet d'un sentiment sincère.

La première trace d'attention aux choses de la nature que j'aie trouvée dans les livres qu'on lit, c'est cette rangée de saules sous laquelle se réfugie le duc de Nemours, réduit au désespoir par la belle défense de la princesse de Clèves.

La France est sillonnée par cinq chaînes de montagnes. Les deux chaînes de collines qui servent de contre-forts à la Seine paraissent comme fauchées à une certaine élévation; il faut les voir du fond des petits vallons, aperçues d'une certaine hauteur, rien de plus laid. Le mont Valérien, vu du haut de la jolie colline de Montmorency, ne dit rien à l'ame. Quel dommage qu'une fée bienfaisante ne transporte pas ici quelqu'une de ces terribles montagnes des environs de Grenoble!

Si cette fée avait séparé par des bras de mer de quatre lieues de large la France de l'Espagne et de l'Allemagne, et la pauvre Italie de l'Allemagne, l'Europe serait de deux siècles plus rapprochée du bonheur que peut donner la civilisation; ce qui n'empêche point les gens payés pour cela de nous parler sans cesse de la bonté des fées. Figurez-vous le Rhin, la Vistule, le Pô et l'Ebre, larges de dix lieues jusqu'à leurs sources; comment la Russie pourrait-elle menacer la civilisation et montrer ses cosaques au midi de l'Europe?

Moi, qui l'année passée étais à Kœnigsberg, je sais qu'elle n'a pas vingt millions pour faire faire ce beau voyage à ses troupes, mais que de bourgeois se laissent effrayer par les articles terribles et bien payés que la *Gazette d'Augsbourg* traduit du russe!

Mais il faut revenir à ce triste monde tel qu'il est; voici donc les montagnes de France telles que je les ai étudiées en venant de Langres à Dijon.

Une ligne de collines s'étend de Brest au mont Beuvray,
    Par Corlay,
        Fougères,
        L'Aigle,
        Gien,

Et Clamecy.

Au midi de Bayeux, cette chaîne est traversée par un *croisillon* qui s'étend, nord et sud, du midi de Saint-Lô à Châteaubriant.

Du mont Beuvray, cette chaîne, qui depuis Moulins, au nord de Mortagne, courait au sud-est, se replie vers le nord-est jusqu'à Bourbonne, puis au nord tout à fait, jusqu'à Mézières et Saint-Pol. Cette chaîne est double de La Marche à Verdun, et forme la vallée de la Meuse.

De Remiremont elle va joindre le contre-fort de la vallée du Rhin du côté français, du Ballon d'Alsace à Bitch.

Seconde chaîne.

De Dijon et de la Côte-d'Or, cette chaîne arrive au mont Saint-Vincent, près le canal du centre : là elle devient parallèle au Rhône jusqu'à Chailand, vis à vis de Valence. A ce point elle atteint une grande hauteur, puis se détourne au sud-est vers Florac, Lodève et Saint-Papoul, près Castelnaudary.

Troisième chaîne.

Un petit angle curviligne est dessiné par des montagnes qui, de Cahors, remontent au nord-est jusqu'à Saint-Pourçain, et forment sur leur passage le col de Cabres et le Mont-d'Or. A Mont-Marault, cette chaîne court au sud-ouest jusqu'à Chalus, près Limoges.

Il ne faut pas oublier, si l'on veut se faire une idée complète du sol de la France, une petite chaîne de Châtaigneraie à Civray et à Lousignac, près Saint-Jean-d'Angely. Par de petites collines vers Confolens, elle se lie de Chalus à Mont-Marault, par Saint-Germain-la-Courtine et Montaigu.

Quatrième chaîne.

Une petite chaîne nord et sud va du Poteau, au midi de Bazas, aux Pyrénées, vers Ansizan.

Cinquième chaîne.

Il est inutile de parler du Mont-Jura, qui de Bâle arrive à Belley, et des Alpes, qui, venues de Juderbourg et du Brenner, forment le Mont-Blanc et descendent au midi jusqu'à Vintimille, où elles se perdent dans la mer pour reparaître en Corse. A l'occident, les Alpes remplissent tout le Dauphiné jusqu'au Mont-Ventoux près d'Avignon; à l'orient, au contraire, elles s'abaissent subitement avant Turin. Là, commence cette immense plaine, la plus belle du monde civilisé, que les Gaulois conquirent jadis et semèrent de villes, Milan,

Crémone, etc. Cette plaine s'étend de Turin à Venise et de Brescia à Bologne.

Je demande pardon au lecteur de ces pages sérieuses, mais ce n'est qu'après les avoir écrites pour moi, que j'ai compris le sol de la France.

Je vais maintenant parler de la pluie et du beau temps.

A la suite d'observations ingénieuses, M. de Gasparin, qui avant d'être ministre de l'intérieur avait été long-temps agriculteur habile, a cru voir que la France peut se diviser, sous le rapport des pluies, en deux régions. Dans la région n° 1, il y a des pluies de printemps et d'automne; dans la région n° 2, il y a des pluies d'été. Le n° 2 est au midi, le n° 1 est au nord; mais la ligne qui sépare ces deux grandes divisions est fort différente d'une ligne droite. Elle est excessivement serpentante; c'est ce que l'on comprendra facilement si l'on veut se rappeler que cette ligne dépend beaucoup des montagnes et des différentes hauteurs du sol.

Si l'on veut se figurer qu'une de ces billes rondes de marbre, avec lesquelles jouent les enfans, est suspendue dans un œuf, de façon que le diamètre de la bille qui figure la terre se confond avec le petit diamètre de l'œuf, la coquille de cet œuf marquera le point où les neiges sont éternelles sur le sommet des hautes montagnes. Sous l'équateur, il faut une montagne d'une hauteur énorme, pour que la neige y tienne au mois de juillet.

Sous l'équateur, les neiges ne seront éternelles qu'à quinze mille pieds de haut, c'est ce qui est représenté par les deux pointes de l'œuf. En Suède, au contraire, les neiges seront éternelles à quatre ou cinq mille pieds de hauteur.

Vous voyez donc avec facilité comment des montagnes plus ou moins hautes dérangent la température et la ligne des pluies en France.

Il est évident qu'il faut deux genres de culture différens dans la région n° 1, où il y a des pluies de printemps et d'automne, et dans la région n° 2 (le midi de la France), où il n'y a que des pluies d'été.

La ligne qui sépare les deux régions observées par M. de Gasparin passe près de Paris. De là ce climat trop variable qui contribue à nous rendre imbéciles dès soixante-cinq ans.

Il y a une autre ligne curieuse à observer, et qui passe aussi bien près de Paris, c'est celle des vignes. Elle va à peu près de Nantes à Coblentz. C'est en vain que l'Italie, avec son beau soleil, cherche à faire des vins de France, elle ne peut jamais obtenir que des vins d'Espagne (chargés d'alcool).

— Beaune, le 12 mai.

En repassant par Dijon, j'ai revu le musée en une demi-heure comme la première fois. On prépare une exposition des tableaux du pays, ils seront plus exagérés et plus empesés encore que ceux de Paris. On peut juger de l'art en province par les articles de littérature de la *Revue des deux Bourgognes*, que je viens d'acheter à Dijon. Je n'y ai trouvé de *français* que les lettres du président de Brosses.

Il y a, ce me semble, deux races d'hommes bien distinctes dans les rues de Dijon, les Francs-Comtois, grands, élancés, lents dans leurs mouvemens, à la parole traînante, ce sont des *Kimris*: ils font un contraste parfait avec les *Gaels*, dont j'ai reconnu souvent ici la tête ronde et le regard plein de gaîté.

Heureux les artistes de Dijon s'ils plaisent à la société *parlementaire*, c'est la classe qui en ce pays forme l'aristocratie; on lui accorde beaucoup d'esprit.

J'ai vu en courant la grande salle du parlement de Bourgogne, Saint-Bénigne, dont la voûte est à quatre-vingt-quatre pieds d'élévation et le coq à trois cents pieds. Au portail, on voit un bas-relief de Bouchardon; c'est le martyre de saint Etienne, qui m'a rappelé le portail du midi de

Notre-Dame de Paris. Notre-Dame de Dijon est de 1354; c'est un gothique très orné. J'ai remonté sur la haute tour commencée en 1367 par Philippe-le-Hardi, et achevée par Charles-le-Téméraire. J'ai fini par la maison de Bossuet; était-il de bonne foi?

En courant la poste, j'ai appris des anecdotes curieuses sur M. Riouffe, préfet de la Côte-d'Or vers 1802, et qui fut l'ami de mon père. On connaît son agonie de trente-six heures, il était plein de courage. Ce préfet, d'un esprit si aimable, et que l'on eût dit né seulement pour faire le charme de la meilleure compagnie, osait résister à l'empereur et répondre vertement aux ministres qui lui demandaient des injustices; aussi fut-il à peu près destitué à Dijon : mais, après quelques mois, l'empereur le rappela aux affaires et l'envoya à Nancy.

Un jour il apprend que plusieurs chariots chargés de malades attaqués du typhus sont arrêtés à la porte de l'hôpital, parce que personne ne veut aider les malades à gagner leurs lits. Il y court, transporte plusieurs malades dans ses bras, et trois jours après il était mort. Ce qui scandalisera bien des gens, c'est que M. Riouffe n'avait jamais été ni grave, ni empesé, ni hypocrite. Dijon a été heureuse en préfets; après M. Riouffe elle eut M. Molé.

Dijon, qui pour l'esprit n'a de rivale en France que Grenoble, est une ville composée de jolies maisons bâties en petites pierres carrées, mais elles n'ont guère qu'un premier étage et un petit second. Cela donne l'air village. C'est bien plus commode, plus sain, etc., que des maisons de cinq étages; mais il n'y a plus de *sérieux*, de *style*, on est au village. J'ai voulu revoir les jolis petits moines en marbre de dix pouces de haut; il faut souvent aller chercher leur figure au fond de leur capuchon (comme dans les statues de Notre-Dame de Brou).

Voici de la métaphysique. A Paris, un homme de la société n'a pas besoin de marquer par son esprit pour oser mépriser ouvertement un acteur qui n'a d'autre mérite que de copier les gestes de Vernet (des Variétés), mais il considère fort un sculpteur qui copie platement les statues grecques. C'est que cet homme de la société ne comprend rien à la sculpture, et qu'il est juge excellent du talent de Vernet. Il dirait fort bien à un acteur : Monsieur, il faut copier la nature, et non pas l'*agréable copie de la nature* que Vernet nous présente dans *Prosper et Vincent;* mais dans les statues, l'homme de la société ne voit que la difficulté de trouver à leur sujet des phrases qui semblent agréables aux femmes qu'il conduit à l'exposition.

Et d'ailleurs, le marbre est si dur! quelle difficulté à le travailler! Il ne peut donc que répéter les phrases de son journal.

Je me suis convaincu l'an passé, à Lyon et à Marseille, que, pour un homme occupé toute la journée à spéculer sur le poivre ou sur les soies, un livre écrit en *style simple* est obscur; il a réellement besoin d'en trouver le commentaire et l'explication dans son journal. Il comprend davantage le style emphatique: le *néologisme* l'étonne, l'amuse, et fait beauté pour lui.

Pour juger sainement de la perfection d'une langue, il ne faut pas prendre les chefs-d'œuvre; le génie fait illusion. A mes yeux, la perfection du français se trouve dans les traductions publiées vers 1670 par les solitaires de Port-Royal. Eh bien! c'est justement ce français-là que les négocians de Marseille et de Lyon comprennent le moins; d'ailleurs ils craindraient de se déshonorer en approuvant quelque chose qui, à leurs yeux, a l'air si facile. On rencontre partout le rat de cave de Fielding.

Les hommes que je contrepasse sur les routes, près de Dijon, sont petits, secs, vifs, colorés; on voit que le bon vin gouverne tous ces tempéramens. Or, pour faire un homme supérieur, ce n'est pas assez d'une tête logique, il faut un certain tempérament fougueux.

Dijon, petite ville de trente mille ames, a donné à la France Bossuet, Buffon, Crébillon, Piron, Guiton-Morveau, Rameau, le président de Brosses, auteur des *Lettres sur l'Italie*[1]; et de nos jours madame Ancelot : tandis que Lyon, ville de cent soixante-dix mille habitans, n'a produit que deux hommes : Ampère et Lémontey.

A la sortie de Dijon, je regarde de tous mes yeux cette fameuse Côte-d'Or si célèbre en Europe. Il faut se rappeler le vers :

Les personnes d'esprit sont-elles jamais laides ?

Sans ses vins admirables, je trouverais que rien au monde n'est plus laid que cette fameuse Côte-d'Or. Suivant le système de M. Elie de Beaumont, c'est une des premières chaînes sorties de notre globe, lorsque la croûte commença à se refroidir.

La Côte-d'Or n'est donc qu'une petite montagne bien sèche et bien laide; mais on distingue les vignes avec leurs petits piquets, et à chaque instant on trouve un nom immortel : Chambertin, le Clos-Vougeot, Romané, Saint-Georges,

---

[1] Dont M. Colomb vient de donner une bonne édition, 1836, Levavasseur. Ce consciencieux éditeur est allé en Italie pour corriger sur place le texte du président de Brosses, étrangement défiguré dans la première et incomplète édition de 1797.

Nuits. A l'aide de tant de gloire, on finit par s'accoutumer à la Côte-d'Or.

Le général Bisson, étant colonel, allait à l'armée du Rhin avec son régiment. Passant devant le Clos-Vougeot, il fait faire halte, commande à gauche en bataille, et fait rendre les honneurs militaires.

Comme mon compagnon de voyage me contait cette anecdote honorable, je vois un enclos carré d'environ quatre cents arpens, doucement incliné au midi et clos de murs. Nous arrivons à une porte en bois sur laquelle on lit en gros caractères fort laids : *Clos Vougeot*. Ce nom a été fourni par *la Vouge*, ruisseau qui coule à quelque distance. Ce clos immortel, acquis dernièrement de MM. Tourton et Ravel par M. Aguado, appartenait autrefois aux religieux de l'abbaye de Citeaux. Les bons pères ne vendaient pas leur vin, ils faisaient des cadeaux de ce qu'ils ne consommaient pas. Donc, aucune ruse de marchand.

Ce soir, à Beaune, j'ai eu l'honneur d'assister à une longue discussion : Faut-il vendanger le Clos-Vougeot par bandes transversales et parallèles à la route, ou par bandes verticales allant de la route au sommet du côteau ? On a goûté des vins de 1832 produits d'un de ces systèmes, et des vins de 1834, je crois, donnés par le système opposé.

Chaque année a sa physionomie particulière ou plutôt des physionomies successives; le vin de 1830, par exemple, peut être inférieur au vin de 1829 à l'âge de trois ans, c'est-à-dire goûté en 1833, et lui être supérieur en 1836, lorsqu'il est parvenu à sa sixième année.

A la fin de la séance, qui a duré plus de deux heures, je commençais réellement à entrevoir les différences de certaines qualités. Tout le monde connaît le *vin de la comète,* qui annonça la chute de Napoléon en 1811; il y a ainsi tous les cinq ou six ans une année supérieure.

En général, les vins de ce pays se boivent en Belgique. Le propriétaire du Clos-Vougeot peut tromper ses chalands; il n'aurait qu'à faire répandre sur sa vigne du fumier de cheval, elle produirait beaucoup plus, mais le vin serait d'une qualité inférieure. Une bouteille du Clos-Vougeot, qui se vend dix francs à Paris chez les restaurateurs, ne se vend pas, mais s'obtient sur les lieux, par insigne faveur, au prix de quinze francs. Mais, il faut l'avouer, *rien* ne lui est comparable. Ce vin n'est pas fort agréable la première et souvent la seconde année; aussi les propriétaires ont-ils toujours une réserve de cent mille bouteilles.

La poésie, avec ses exagérations aimables, s'est emparée de ce sujet si cher aux Bourguignons;

et ce soir, dans son enthousiasme, mon correspondant de Beaune m'a promis de me faire boire une bouteille de vin du Clos-Vougeot provenant encore de l'abbaye de Citeaux. Mais comment croire à cette vénérable antiquité, si après douze ou quinze ans ce vin commence à perdre ?

Du temps des moines, fins connaisseurs et qui ne vendaient pas, le clos produisait moins et le vin valait mieux; mais de nos jours comment résister à la tentation de fumer un peu une vigne dont chaque bouteille se vend quinze francs ? Il est bien exact qu'on donne aux vendangeurs d'excellens dîners et surtout des mets auxquels ils ne sont pas accoutumés, afin de leur ôter l'idée de manger du raisin.

Les vins de Nuits sont devenus célèbres depuis la maladie de Louis XIV, en 1680 ; les médecins ordonnèrent au roi le vieux vin de Nuits pour rétablir ses forces. Cette ordonnance de Fagon a créé la petite ville de Nuits.

J'apprends que, exactement parlant, la Côte-d'Or finit à Vosnes. Les aimables vins de ce pays ont un mérite nouveau depuis 1830 : à table, les Bourguignons ne parlent que de leurs mérites comparatifs, de leurs défauts et de leurs qualités, et l'ennuyeuse politique, si impolie en province, est tout à fait laissée de côté.

Beaune est située sur un sol calcaire; on a

planté une jolie promenade le long des remparts, et la *Bourgeoise*, petite rivière fort limpide et pleine de grandes herbes vertes qui flottent avec l'eau, traverse la ville. La cour de l'hôpital offre de jolis restes d'architecture gothique. Nicolas Rollin, chancelier de Philippe duc de Bourgogne, fonda cet hôpital en 1443. Il est bien juste, dit Louis XI, que Rollin, après avoir fait tant de pauvres, construise un hôpital pour les loger.

L'animosité des gens de Chaumont contre ceux de Langres n'est rien si on la compare à celle des habitans de Dijon contre les Beaunois. A en croire les Dijonnais, l'air seul de Beaune est abrutissant, et c'est à qui racontera les simplicités *beaunoises* les plus ridicules. On peut voir le *Voyage à Beaune*, par Piron. Piron, après s'être moqué des Beaunois, pendant deux ans, eut la témérité de venir à Beaune : il pensa lui en coûter cher, ainsi qu'il le dit lui-même[1]. Il alla au spectacle ; il fut reconnu dans le parterre, les jeunes gens montèrent sur le théâtre et l'accablèrent d'injures. On eut bien de la peine à commencer la pièce ; elle allait s'achever sans encombre, lorsqu'un jeune Beaunois, impatienté du bruit que faisait la haine contre Piron, s'avisa de crier : *Paix donc! on n'entend rien.*

[1] Recueil de La Mésangère, t. 1, p. 149.

— *Ce n'est pourtant pas faute d'oreilles!* répliqua Piron. Ce mot n'était pas mal brave. Tous les spectateurs se jettent sur lui : il parvient à sortir de la salle, mais il est poursuivi dans les rues à coups d'épées et de bâtons; et peut-être aurait-il péri, si un Beaunois n'avait eu la grandeur d'ame de lui ouvrir sa porte et de lui donner asile.

Piron composa contre les habitans de cette pauvre ville une foule d'épigrammes, et les Dijonnais ont pris plaisir à l'imiter. Tous les jeux de mots auxquels peut donner lieu la comparaison d'un sot avec un âne ont été employés jusqu'à satiété, et les Beaunois n'ont pas eu l'esprit de faire, ou d'acheter à Paris, une seule bonne épigramme contre Dijon.

Il y a quelques années qu'un écrivain, homme d'esprit, se retira à Beaune. Les gens du pays eurent peur qu'il ne se moquât d'eux, et on dit qu'il a été obligé de vendre son jardin et d'aller se réfugier dix lieues plus loin.

Les Beaunois trouvèrent un jour, vers 1803, dans le lit de la *Bourgeoise*, un grand nombre de médailles d'or; il y en avait, dit-on, pour vingt mille francs. Un amateur proposa de payer l'or au poids; mais les Beaunois répondirent qu'ils aimaient mieux faire fondre les médailles.

Beaune a produit le sénateur Monge. A la vérité il n'avait pas d'esprit; ce n'était qu'un homme de génie avec lequel Napoléon aimait à converser toutes les fois qu'il en trouvait l'occasion. Mon ami de Beaune m'a paru très piqué des plaisanteries que l'on fait contre sa ville. — Que le conseil municipal de Beaune, lui ai-je dit, acquitte de ses deniers une partie des cotes d'impositions de six francs et au dessous, quand l'imposé prouvera que lui ou ses enfans savent lire. Tous les journaux parleront de cette originalité et le renom désagréable s'éteindra peu à peu.

En allant à Chaumont, j'avais passé devant Pomard, Volnay et Meursault; mais j'apprends seulement aujourd'hui la cause secrète de la richesse de ces lieux célèbres : ils produisent un vin blanc qui a la propriété de se mêler aux vins rouges et de leur donner du feu sans les altérer.

On m'avait conseillé d'aller voir la célèbre colonne de Cussy près Nolay, patrie de Carnot; mais il faut prendre la traverse, il n'y a pas de poste, et les habitans du pays passent pour abuser de la position des voyageurs qui sont à leur discrétion. Je me suis abstenu.

Au milieu d'un vallon pittoresque et entouré de montagnes de tous les côtés, on aperçoit la colonne située en plain champ. Ce qui en reste est composé de douze blocs; le chapiteau de la colonne a été transporté à la ferme d'Audenet, on l'a creusé au milieu et l'on en a fait une margelle de puits; sa hauteur est de vingt et un pouces.

La colonne, qui était probablement un monument triomphal, est ornée à sa seconde base de huit figures en bas-relief placées dans des niches légèrement creusées. La première figure est celle d'Hercule : vient ensuite un captif; il est vêtu du *sagum* gaulois (la blouse), ses mains sont enchaînées. On voit, en continuant le tour de la colonne, Minerve, Junon, Jupiter, et à ses côtés Ganymède; la septième figure est fruste, la huitième est une nymphe.

Le style de l'architecture de cette colonne indique le temps de Dioclétien, et, comme le vallon où elle est placée présente lorsqu'on y fouille beaucoup d'ossemens humains, on peut supposer que cette colonne est un monument de victoire et a été élevée sur un champ de bataille. On montre un procès-verbal qui certifie que l'on trouva jadis autour de la colonne un grand nombre de squelettes rangés de façon à ce que tous les crânes touchaient la base de la colonne.

J'ai lieu de me convaincre dans ce voyage que les paysans du moment présent n'ont plus de haine personnelle contre les carlistes; ces messieurs sont venus vivre au milieu d'eux et leur sont utiles. Les femmes du parti légitimiste sont admirables pour les paysans; elles seraient adorées si elles ne soutenaient pas quelquefois les prétentions du curé qui n'est pas toujours un modèle de raison et de modération. Depuis le milliard de M. de Villèle, les paysans n'ont plus peur de la restitution des biens nationaux. Je vérifie que la France recevrait avec reconnaissance une réforme raisonnable du culte catholique. Si M. de La Mennais avait trente ans et une bonne poitrine, il pourrait se créer un rôle flatteur pour l'amour-propre. A l'avenir, chaque curé aurait suivi un petit cours d'agriculture, et le péché de voler le voisin serait plus grand que celui de manquer la messe le dimanche. De Beaune j'ai vu fort bien le Mont-Blanc.

— Châlons-sur-Saône, le 14 mai.

Une affaire de deux heures m'appelait à Autun; mais je me suis donné le plaisir de passer une demi-journée devant ses admirables monumens. Quelle simplicité sublime! L'antique, même du temps de Dioclétien, élève l'ame jusqu'à cette sérénité voisine de la vertu parfaite et qui rend les sacrifices faciles. Mais quelle ame sent le simple aujourd'hui?

S'il se trouve à Paris quelque pauvre jeune homme doué de l'horreur du vaudeville, et de cette disposition intime cousine-germaine de la niaiserie, qui fait que l'on aime la belle architecture, il doit venir à Autun s'il ne peut aller jusqu'à Nîmes. En présence de ces deux arcs de triomphe presque entiers, il trouvera le pourquoi de son horreur pour tous ces édifices gallo-grecs qu'on appelle *magnifiques* dans les publications officielles.

Il y a 30 ans on applaudissait Lainé à l'Opéra, aujourd'hui l'on applaudit M. Duprez; on bâtissait le garde-meuble il y a cinquante ans (cet édifice sera passable lorsqu'il sera en ruines), on bâtit la Madeleine aujourd'hui. Il y a progrès. Faisons un pas de plus; lorsqu'on demandera une petite église, osons copier un temple d'Athènes ou le Panthéon de Rome, ou du moins la Maison-Carrée. Mais elle serait écrasée par la hauteur de nos maisons.

A Autun, quel contraste! Le caractère d'un brave Gaulois furieux contre les Romains de César, et le caractère du bourgeois montant la garde en biset devant la porte d'Arroux!

Et cependant le soixantième ancêtre de ce bourgeois piteux était un Gaulois citoyen de Bibracte! Voilà, il faut en convenir, un résultat bien glorieux de notre civilisation moderne! Elle produit le Diorama et des chemins de fer; on moule admirablement, d'après nature, des oiseaux et des plantes; en vingt et une heure un Parisien verra Marseille; mais quel homme sera ce Parisien?

En nous ôtant les périls de tous les jours, les bons gendarmes nous ôtent la moitié de notre valeur réelle. Dès que l'homme échappe au dur empire des besoins, dès qu'une erreur n'est plus punie de mort, il perd la faculté de raisonner juste et surtout celle de vouloir.

J'ai eu affaire hier à un jeune avocat de Mâcon : il possède une maison qui lui donne cinq mille francs et par son travail il en gagne dix ; il n'a que trente ans ; il espère bien mourir pair de France et millionnaire. Il se plaignait de son sort, je lui ai soutenu qu'il était l'homme le plus heureux de France. Il agit ; il vaudrait mieux si les institutions étaient plus fortes, il serait Fox ou Pitt. Du temps de l'empereur, il eût été conseiller d'état comme M. Chaban, et eût administré la province de Hambourg.

Mais, à moins d'un miracle, qu'est-ce que peut être un jeune homme né avec quatre-vingt mille livres de rente, et, si vous voulez, un titre ? Sous Napoléon il eût du moins été forcé d'être sous-lieutenant ou garde d'honneur.

Autant cette ville d'Autun à laquelle j'ai échappé ce matin est morte, autant Châlons me semble plein d'activité, de jeunesse et de vie. C'est de *l'activité maritime*, un avant-goût de Marseille. La ville est remplie de grands hôtels à quatre étages, où l'on traite avec assez de sans-façon *le poisson une fois qu'il est entré dans le filet;* ce sont les termes dont s'est servi mon voisin de la table d'hôte auquel je faisais mes plaintes.

— Hélas, monsieur, lui ai-je répondu, c'est exactement comme à Paris.

Un cafetier *met dehors* cent mille francs pour décorer son café, mais il n'a pas l'idée de donner quinze cents francs à un Vénitien, élève de *Florian*, qui saurait faire une tasse de café.

Tous ces hôtels de Châlons, où l'on est mal, ont des enseignes immenses.

J'ai vu une jolie colonne antique de granit sur une des places publiques, et la cathédrale gothique de la fin du treizième siècle.

Châlons est une des villes les plus commerçantes de la France. Un homme actif fait rendre le quinze pour cent à ses capitaux sans risques.

Je rencontre à Châlons M. D., un des premiers économistes de France, il arrive de Besançon. De la vie je ne me suis arrêté à Besançon que pour faire des affaires.

Je commençais et finissais mes courses en cette ville par aller dans une certaine église, la cathédrale, où se trouve un excellent Saint Sébastien de Fra Bartolomeo. Vis-à-vis est la *mort de Saphire*, tableau du ferme coloriste Sébastien del Piombo.

Quelquefois Michel-Ange lui fournissait des dessins pour faire pièce aux élèves de Raphael.

Ce grand homme, protégé par son oncle Bramante, intrigant du premier mérite, obtint sur Michel-Ange des avantages piquans pour celui-ci. C'était le vieux Corneille éclipsé par le tendre Racine.

Une partie du pont de Besançon est de construction romaine. Les maisons sont toutes bâties en belles pierres de taille, et j'aimais à visiter le palais *Granvelle*.

Besançon, me dit M. D., est encore espagnole; c'est une ville sérieuse et profondément catholique. Il faut savoir cela pour goûter tout le plaisant d'une anecdote qu'il me raconte. C'est une lutte entre les premières autorités du pays et deux demoiselles trop aimables et bien protégées qui voulaient s'y établir. Cela est bien plaisant, mais trop récent. Besançon adore son préfet, M. Tourangin.

— Sur le bateau à vapeur, le 15 mai.

Je me livre à une action qui me déshonorerait à jamais aux yeux de mon sage beau-père, s'il venait à en avoir connaissance. Ennuyé de mon valet de chambre, pour parler en gentilhomme, je l'expédie pour Lyon dans ma calèche; et moi, je monte sur le bateau à vapeur sans autre équipage que mon manteau et le gros Shakspeare de Baudry. Joseph, malgré le respect dont je ne souffre pas qu'il s'écarte, me fait des yeux bien significatifs ; il ne doute pas que son sage patron n'ait quelque amourette en tête. Plût à Dieu !

Je voudrais être éperdument amoureux et *réaimé* de la plus laide paysanne qui soit sur le bateau ! C'est dire beaucoup.

Mais, hélas ! je ne me suis embarqué que parce que l'on m'a dit (ce correspondant dont je parlais naguère, qui ne possédait pas dix mille francs en 1830, et en a plus de deux cent mille en 1837), que parce que l'on m'a dit que les bords de la Saône rappellent ceux du Guadalquivir, et sont charmans de Trévoux à Lyon.

En fait de *beau*, chaque homme a sa demi-aune : ce qui est beau pour mon voisin est souvent fort plat pour moi ; et ce qui est *beau* pour moi, à ses yeux est extravagant. Je me méfie beaucoup de ce genre de renseignemens, surtout donnés par un Français. On appelle *beau*, parmi nous, ce qui est vanté dans le journal, ou ce qui est fertile et produit beaucoup d'argent.

Après Châlons (le dôme de l'hôpital, bâti en 1528, fait un assez bon effet de loin), le bateau à vapeur glisse au milieu d'immenses prairies trop fréquemment inondées par les eaux de la Saône, rivière qui semble dormir. Ces flots me rappellent l'admirable source du Doubs, où je les ai vus jaillir du rocher.

Mâcon a un joli quai qui sert de promenade au beau monde. Nous y voyons une lionne apprivoisée qu'un jeune officier a ramenée d'Afrique. Cette guerre est admirable, et n'est pas trop payée à vingt millions par an. Elle montre aux cosaques quelles gens nous sommes encore, et désigne à l'estime de la nation des généraux comme MM. Duvivier et Lamoricière.

Mâcon est fière de son gros pont, long, massif, fort utile sans doute, mais peu avenant. Ce pont conduit dans une des contrées les plus arriérées et les plus curieuses de France, le pays de Dombes.

Le paysan y est stupide et a la fièvre six mois de l'année. Pour tirer parti du terrain, on le met en étang sept années de suite, ce qui donne beaucoup de poisson ; puis on fait écouler l'eau, et l'on obtient, sans engrais, trois ou quatre récoltes magnifiques. Dans le pays de Dombes, les cinq sixièmes de la population croient aux sorciers, et tous les trois ou quatre ans on a un beau miracle. Cet état de la basse classe plaît beaucoup à de certaines gens que le lecteur nomme pour moi. Comme je disais assez étourdiment que la France devrait faire cadeau de vingt mille francs par an à ce malheureux pays, pour qu'il eût des maîtres qui enseigneraient à lire et qu'il n'y a point de sorciers :

— Gardons-nous-en bien, monsieur! s'est écrié M. de M. avec l'accent de la passion.

Quant à moi, je juge de la moralité politique d'un homme par son plus ou moins de haine pour l'instruction. Dans les régions élevées, où, pour garder sa place, l'on n'ose plus haïr l'instruction, on hait du moins l'esprit et l'on protége les savans. Seconde imprudence, on dira de moi que je suis un méchant, un homme noir; hélas! je m'aperçois tous les jours du contraire.

Nous passons rapidement devant Tournus, jolie petite ville bâtie sur la rive droite de la Saône.

Ce même M. de M., qui s'est récrié contre l'instruction que je voulais donner aux paysans de Dombes, connaît bien ce pays-ci qui est le sien. C'est un esprit sec, exact, mais très orné, il aime mieux parler des circonstances physiques ou historiques du pays que de ses circonstances morales; il m'apprend que Tournus a, comme Châlons, sa colonne antique pêchée dans la Saône il y a quelques années.

La conversation de M. de M. a une fleur de politesse exquise, qui m'aurait fait deviner l'opinion à laquelle il appartient, quand même elle ne se fût pas trahie par l'exclamation contre les maîtres de lecture. J'évite avec soin de blesser cette opinion, et bientôt je puis me permettre de faire quelques questions sur l'abbaye de Tournus que nous apercevons fort bien du bateau.

— Cette abbaye, qui s'appelle Saint-Philibert, me répond-il, fut fondée au neuvième siècle. Deux fois elle fut détruite, d'abord vers la fin du dixième siècle par les Hongrois, puis en 1006 par un incendie.

Maintenant Saint-Philibert, ajoute l'homme aimable, est une croix latine. L'intérieur n'est remarquable que par d'énormes piliers fort bas, et qui ont jusqu'à huit pieds de diamètre.

— Architecture *romane*.

— Ah! monsieur, vous êtes de cette opinion? Je ne la partage point; mais toutefois je la confirmerai dans votre esprit, en adversaire généreux : j'ajouterai que les fenêtres sont petites, étroites et cintrées par en haut. Il est impossible de rien voir de plus massif, de plus lourd, de plus solide que les parties principales de cette église, dont le chœur a de l'élégance et rappelle l'architecture du douzième siècle.

— Je dirais, dans mon système, que le chœur est gothique et postérieur à l'an 1200.

— C'est sur quoi nous allons disputer fort et ferme, reprend M. de M. en souriant; mais en attendant, pour achever ma description, je vous dirai, monsieur, que le portail est une abomination du dix-huitième siècle.

La discussion a été longue et intéressante. Quand nous nous sommes dit à peu près tout ce que nous savons l'un et l'autre sur les architectures antérieures à la renaissance de 1500, j'entrevois de loin la triste politique, et prenant congé de cet homme poli, je descends dans la chambre. Je lis avec délices en glissant au milieu des prairies, sur cette belle rivière, vingt pages de mon Shakspeare. Il y a des côteaux charmans : ce pays est d'une beauté douce et tendre qui épanouit le cœur. Depuis Paris c'est le premier qui mérite d'être regardé. De grandes filles de dix-huit ans viennent fare la roue sur le rivage.

En passant devant Mâcon, on a raconté à haute voix, sur le bateau, l'aventure de la maîtresse de l'auberge du *Bœuf sauvage* (cet incendie qui brûlait une chambre dans laquelle n'était plus le jeune voyageur). Ensuite est venu le fameux mot qui fait la gloire du pays, et le venge de la prétendue supériorité de Paris : On nommait la *Saône* en présence d'un Parisien qui étalait la simplicité savante de son maintien sur le joli quai de Mâcon.

— A Paris, nous appelons cela la Seine, dit-il en souriant. Le Mâconnais ajoute finement : Le Parisien croyait apparemment qu'il n'existe qu'une seule rivière au monde.

Trévoux, bâti en amphithéâtre sur la rive gauche de la Saône, a un aspect fort agréable ; c'est une de ces petites villes dont parle La Bruyère. Il semble que l'on y passerait six semaines avec plaisir, et les gens qui y sont brûlent d'en sortir. Ici, l'an 197 après Jésus-Christ, le 19 février, une bataille sanglante décida qui serait le maître du monde, du grand et cruel empereur *Septime-Sévère* ou du rebelle Albin : la fortune favorisa le plus digne.

— LYON, le 15 mai 1837.

Je me fais débarquer avant l'île Barbe qu'un pont en fil de fer joint maintenant au rivage. Ma foi, M. S. ne m'a pas trompé. Les rives de la Saône, à deux lieues au dessus de Lyon, sont pittoresques, singulières, fort agréables. Elles me rappellent les plus jolies collines d'Italie, celles de Dezinsano, immortalisées par la bataille que Napoléon osa y livrer au maréchal Wurmser contre l'avis de tous les généraux savans de son armée. Sur ces collines de la Saône les Canus de Lyon ont bâti des maisons de plaisance, ridicules comme les idées qu'ils ont de la beauté. Dans tous les genres ils en sont restés au grand goût du siècle de Louis XV; mais la beauté naturelle du pays l'emporte sur tous les pavillons chinois dont on a prétendu l'embellir. Ce sont de jolis rochers couverts d'arbres qui, précipités pour ainsi dire dans le cours de la Saône, la forcent à des détours rapides.

Un négociant d'une belle figure sans expression, emphatique et chaud patriote, embarqué avec nous, nommait avec complaisance les maisons de campagne devant lesquelles nous passions : la *Sauvagère,* la *Mignonne,* la *Jolivette,* la *Tour de la belle Allemande* (il conte l'anecdote, aujourd'hui si vulgaire, Suicide par amour), la *petite Claire,* la *Paisible,* etc., etc.

C'est, je pense, dans les environs de ce pays-ci, qui probablement s'appelle Neuville, que la femme que je respecte le plus au monde avait un petit domaine. Elle comptait y passer tranquillement le reste de ses jours, quand la révolution appela aux affaires tous les hommes capables, et les ministres comme Rolland remplacèrent les ministres comme M. de Calonne.

J'ai passé deux heures fort agréables, et pourquoi rougir et ne pas dire le mot ? deux heures délicieuses dans les chemins et sentiers le long de la Saône, j'étais absorbé dans la contemplation des temps héroïques où madame Rolland a vécu. Nous étions alors aussi grands que les premiers Romains. En allant à la mort, elle embrassa tous les prisonniers de sa chambrée qui étaient devenus ses amis; l'un d'eux, M. R... qui me l'a raconté, fondait en larmes.

— Eh quoi ! Reboul, lui dit-elle, vous pleurez, mon ami ? quelle faiblesse ! Pour elle, elle était animée, riante, le feu sacré brillait dans ses yeux.

— Eh bien, mon ami, dit-elle à un autre prisonnier, je vais mourir pour la patrie et la liberté ; n'est-ce pas ce que nous avons toujours demandé ?

Il faudra du temps avant de revoir une telle ame !

Après ce grand caractère sont venues les dames de l'empire, qui pleuraient dans leur calèche au retour de Saint-Cloud, quand l'empereur avait trouvé leurs robes de mauvais goût ; ensuite les dames de la restauration qui allaient entendre la messe au Sacré-Cœur pour faire leurs maris préfets ; enfin les dames du juste-milieu, modèles de naturel et d'amabilité. Après madame Rolland, l'histoire ne pourra guère nommer que madame de La Valette et madame la duchesse de Berry.

En suivant ces collines ombragées et charmantes qui bordent la Saône, je montais à tous les bouquets d'arbres qui me semblaient dans une situation pittoresque. Je pensais à la nuit que J.-J. Rousseau passa au *bivouac* en ces lieux, dans l'enfoncement d'une porte de jardin. Après tant d'années que je n'ai lu ce passage des *Confessions*, je me rappelle presque les paroles de cet homme tellement exécré des ames sèches. Il est quelquefois emphatique sans doute, mais c'est quand il n'est pas porté par son sujet; mais les écrivains incapables d'émotions tendres, Voltaire, Buffon, Duclos, auraient mis en vain leur esprit à la torture pour décrire cette nuit passée sur le seuil d'une porte de jardin ombragée par des branches de vigne sauvage; le public ne s'en serait pas souvenu après quinze jours, peut-être même le récit lui eût-il semblé *égotiste*. C'est en suivant ces mêmes sentiers que je parcourais, que J.-J. Rousseau répétait sa cantate de Batistin, qui le lendemain lui valut un bon dîner. Ce fut la dernière fois qu'il manqua de pain.

Enfin j'entre à Lyon à pied, et je m'aperçois que je n'ai pu éviter le mépris même du petit garçon que je paie pour porter mon manteau et mon Shakspeare. J'offense le Dieu du pays, l'argent : j'ai l'air pauvre.

Quand je dis au petit garçon que je vais loger à l'*Hôtel de Jouvence*, à côté de la poste aux lettres:

—Mais, monsieur, reprend-il avec son accent traînant, c'est un hôtel bien cher ! Je crois que, sans mon regard étonné, il aurait achevé sa pensée : *bien cher pour vous.*

J'y suis dans cet hôtel, et j'écris ceci dans une belle chambre tapissée en damas cramoisi avec baguettes dorées; la moitié du pourtour de cette chambre est revêtue d'une boiserie peinte en blanc tirant sur le bleu, et vernissée, ce qui est à la fois triste et d'un aspect sale. Je marche sur un parquet bien ciré, à feuilles carrées et compliquées dont j'ai oublié le nom, et qui crie quand on marche. La tenture de ma chambre est environnée de baguettes dorées (ébréchées, il est vrai, et ternies en vingt endroits); mais, quand je demande qu'on jette sur mon lit une cousinière pour me garantir des cousins qui m'empêchent de dormir, le valet de chambre sourit d'un air de satisfaction intérieure, et me répond, avec toute la hauteur lyonnaise, qu'on ne tient point de telles choses à l'hôtel, et que personne n'en a jamais demandé. Tout ce luxe faux, toute cette civilisation manquant son but, me serre le cœur à force de petitesse et de bêtise inoffensives. Il me semble assister à une discussion de la chambre de Hollande sur les chemins de fer ou sur les douanes.

Il est impossible qu'une ville de 166 mille ames, comme Lyon, ne renferme pas plusieurs hommes d'un vrai mérite, mais je ne les ai jamais rencontrés et je leur demande pardon de tout ce qui suit.

Je suis venu cinq ou six fois à Lyon, toujours en malle-poste; j'étais excessivement occupé d'affaires, je n'avais pas même le temps de monter au musée de la place des Terreaux.

A chaque fois j'ai été reçu, à la descente de la voiture, par M. C***, cousin de mon beau-père : c'est absolument la physionomie de Barême et de Barême mécontent, parce qu'il vient de faire une perte de 20 francs. Il fallait voir avec quelle anxiété ce cousin lyonnais se précipitait au devant de moi, et m'ôtait la parole au moment où je disais à un homme de la poste de prendre ma valise et de la porter chez lui. Il avait peur de me voir payer trop cher ce petit service.

— Et pour cela vous aurez la pièce de douze sous, disait-il à l'homme avec une inquiétude marquée. Sa physionomie devenait plus acariâtre ; l'homme réclamait et lui disait presque des insolences, etc. J'avouerai ma faiblesse ; dès cet instant, mon cœur devenait incapable de goûter aucun plaisir à Lyon, et je n'aspirais qu'au bonheur d'en sortir.

M. C*** m'a dit de prime abord aujourd'hui que les lois somptuaires qui, depuis 1830, ont interdit aux Tunisiens tout luxe dans leurs vêtemens, ont porté un coup fatal à son commerce. Et là-dessus il a fait une mine incroyable. M. C*** est un homme fort estimable, fort honnête, excellent père de famille, payant bien ses impositions, mais, grand Dieu, quelle physionomie ! Ainsi que les négocians ses collègues, il emploie des ouvriers tisseurs en soie qui travaillent chacun dans sa chambre, et qu'on appelle *canus*. Moi j'étends ce nom aux négocians eux-mêmes. Tout ce que le petit commerce, qui exige surtout de la patience, une attention continue aux détails, l'habitude de dépenser moins qu'on ne gagne et la crainte de tout ce qui est extraordinaire, peut produire de niaiserie égoïste, de petitesse et d'aigreur dissimulée par la crainte de ne pas gagner, me semble résumé par le mot *canu*; les Lyonnais eux-mêmes l'appliquent aux basses classes de leur ville. Or, le caractère du bas peuple dans les pays où la vanité ne pose pas une barrière infranchissable, comme à Paris, forme bien vite le caractère des classes élevées. Cet ensemble d'habitudes et de manières de voir qui vous émerveille dans votre enfant, et que vous appelez son caractère, lui est donné d'abord par sa nourrice et ensuite par la société des domestiques. Daignez remarquer que votre enfant est toujours esclave en votre présence; avec les domestiques, il reconquiert l'égalité, que dis-je? il est supérieur. Or, nul être au monde n'aime la supériorité comme un enfant. Aussi, voyez avec quel épanouissement de cœur un gamin de sept ans court à l'antichambre ou à l'écurie dès qu'il a un moment de liberté. Les parens les plus subjugués sont obligés d'en venir à une défense formelle.

La révolution française a élevé le caractère des

domestiques ; beaucoup ont été soldats ou estiment ce noble métier : depuis peu les caisses d'épargne leur donnent des habitudes de raison ; aussi les enfans ne sont-ils plus exposés à entendre toutes les platitudes qui gâtèrent notre enfance il y a vingt-cinq ans. Il m'arrive parfois de retrouver dans ma tête une phrase toute faite représentant une idée bien absurde ; en cherchant, je découvre que cette phrase provient de Barbier, le domestique favori de mon père.

Pour prendre une idée du caractère lyonnais, il faut entendre les négocians jaser entre eux au café. Trouvez quelqu'un de Lyon qui aille faire une partie de domino avec vous.

Les demoiselles de la dernière classe, à Lyon, sont grandes et bien faites, à Paris elles ont quatre pieds de haut.

— Lyon, le 16 mai.

Je suis allé à l'hôpital qui est fort riche, et, à ce qu'on dit, fort bien administré. Là, j'ai vu des salles qui ont trente pieds de haut, et par conséquent pas la moindre odeur. On reçoit tous les malheureux qui se présentent, sans leur demander un certificat d'indigence, comme à l'Hôtel-Dieu de Paris. Il y a des salles où l'on est admis en payant trente sous par jour : j'allais y voir un ancien camarade tombé dans le malheur ; il me dit qu'il est fort bien dans cet hôpital. Les gens qui paient trente sous peuvent sortir quand ils le veulent. La pharmacie est la meilleure de Lyon, et tellement la meilleure que les gens riches malades y envoient prendre des remèdes. Cet hôpital a huit cent mille livres de rente, indépendamment de ce que lui donne la ville. Les chefs de bureaux y font-ils fortune?

Les rues de Lyon ne sont point encombrées de malheureux qui chantent, comme je le craignais : on a renvoyé tous ceux qui n'étaient pas nés dans la ville.

Rappelez-vous les malheurs financiers des Etats-Unis. En 1836, la France avait envoyé à l'Amérique une valeur de 159 millions, dont je ne sais plus combien de millions fournis par Lyon.

M. N.... (assez nigaud) disait hier en ma présence : Vous savez qu'à Paris je ne vais point à pied, eh bien! à Lyon, je n'oserais me montrer dans ma voiture. A-t-il peur?

En général les Lyonnais ont de grands traits assez nobles. Un Lyonnais, qui s'est retiré du commerce avec six mille livres de rente, affecte en marchant des mouvemens majestueux; il porte sa tête avec respect, et jette le regard d'une certaine *façon noble*. Je reconnais les portraits du temps de Louis XV. Avec tout cela, la physionomie est celle d'un homme qui est de mauvaise humeur le soir, parce qu'il a manqué de gagner douze sous le matin. Je rencontre quelquefois des figures de ce genre dans la rue à Paris; je gagerais qu'elles arrivent de Lyon.

Le *genre simple,* qui est l'idéal du Parisien, et que toute sa vie il se donne tant de peine pour attraper, semblerait bas et peu digne au Lyonnais.

Mais, ici comme ailleurs, *noblesse oblige.* La garde nationale de Lyon s'est fait tuer douze cents hommes dans l'admirable défense de cette ville, en 1793 (à Lyon on dit quinze mille). Il est vrai que ces messieurs étaient dirigés par une foule d'officiers émigrés et par le brave **Précy**; les chefs savaient se battre et les soldats avaient de l'enthousiasme. Voilà le beau côté du caractère lyonnais : être susceptible d'un enthousiasme qui peut durer jusqu'à deux mois. Celui de Paris dure six heures, comme on le vit lorsque Napoléon présenta son fils à la garde nationale, dans le grand salon des Tuileries.

La garde nationale de Lyon me semble digne de soutenir la comparaison avec celle de Vienne, en Autriche, qui deux fois, en 1797 et en 1809, a fourni des corps de volontaires que les armées françaises ont été obligées de *tuer en entier* six semaines après qu'ils avaient été formés. Dans la campagne de 1809, sur les bords de la *Traun*, les volontaires de Vienne, en mourant sous la mitraille du maréchal Masséna, étaient tombés les uns en avant, les autres en arrière, mais la ligne ondoyante, formée par leurs chaussures d'uniforme et fort remarquables, n'avait pas plus de huit pieds de largeur. Un homme qui avait un crachat y était caporal, et, qui plus est, s'était fait tuer.

Mes affaires m'ont souvent appelé à Lyon; dès que je suis en cette ville j'ai envie de bâiller, et les plus belles choses ne font plus d'effet sur moi. Il est vrai que j'ai toujours logé chez le fatal cousin, dans la rue *Bât-d'argent*. C'est pour la première fois que j'ose m'établir à l'auberge.

Mais, j'en demande pardon aux gens de mérite de ce pays, l'habitude de m'ennuyer est la plus forte. Je fermerais les yeux volontiers. Tout ce que je vois augmente mon dégoût, qui va jusqu'au dépit; il n'y a pas jusqu'à la forme des balcons de fer qui ne me déplaise, ce sont des lignes tourmentées et lourdes. J'ai besoin de faire effort sur ma disposition intérieure pour admirer le quai Saint-Clair sur le Rhône, encore je ne l'admire pas, je juge qu'il est admirable.

Une fois, dans ma jeunesse, accablé de dégoût et ayant une heure à moi, j'entrai chez un libraire pour acheter un livre; j'étais tellement endormi que je ne savais quoi demander, enfin je nommai au hasard *Jacques le fataliste* ou les romans de Voltaire. Le libraire recula d'un pas, prit un air morose et me fit un sermon sur l'immoralité des ouvrages dont je lui parlais. Il finit par m'offrir le *Spectacle de la nature* de l'abbé Pluche. D'abord je fus irrité de l'impertinence de ce donneur d'avis ; mais en me prêchant il avait l'air si *canu*, si hébété, si important, qu'il finit par m'amuser. Je voulus vérifier s'il agissait par simple instinct de marchand. Peut-être il avait Pluche dans sa boutique, et n'avait pas les romans de Voltaire : il les avait fort bien, le monstre ! mais, comme il me trouvait l'air jeune, il ne voulut pas absolument me les vendre. Le soir je contai ce trait-là à mon cousin C..... ; il devint rouge, prétendit que j'exagérais, en un mot, l'honneur municipal était blessé et il ne m'adressa plus la parole de toute la soirée ; j'entrevis là un des agrémens du caractère lyonnais. Il se pique facilement. Ces gens-là s'imaginent qu'on pense à eux et à les humilier.

Lyon est pavé de petites pierres pointues qui ont la forme d'une poire : il m'est absolument impossible de marcher là-dessus ; j'ai l'air d'un goutteux.

Cette grande ville, la seconde de France, est bâtie au confluent de la Saône et du Rhône, dont le cours forme comme un Y majuscule.

Les Allobroges ayant chassé de Vienne une

partie des citoyens romains qui l'habitaient, le sénat ordonna au proconsul Munatius-Plancus de leur bâtir une ville; celui-ci les établit au village de Lugdunum situé près du confluent du Rhône et de la Saône, sur le penchant d'une colline qui borde la Saône au couchant. C'est sur cette belle colline de Fourvières qu'était bâti le palais d'Auguste, qui fit Lyon colonie militaire.

Lorsque la peur a cessé de régner exclusivement dans le monde, Lyon, comme toutes les villes, est descendue dans la plaine, mais voici le mal : les Lyonnais modernes, au lieu de bâtir leur ville sur le penchant de la colline de la Croix-Rousse qui sépare les deux rivières au milieu de l'Y, l'ont bâtie trois cents toises plus bas, dans la petite plaine marécageuse, qui se rencontre presque toujours au confluent de deux grandes rivières. De là vient que Lyon est le pays de *la boue noire* et des brouillards épais, cent fois plus que Paris, dont le centre pourtant est bâti dans une île, et qui se trouve plus avancé vers le nord de quatre degrés.

A sept lieues de Lyon, Vienne occupe une position charmante sur le Rhône et on la croirait de deux degrés plus au midi. A Lyon, un brouillard épais règne deux fois la semaine pendant six mois : alors tout paraît noir; on n'y voit pas à dix pas de soi au fond de ces rues étroites formées par des maisons de sept étages. Il faut voir la tournure et le costume *canu* des gens qui se démènent dans cette brume fétide; c'est au point que j'accueille l'odeur du charbon de terre comme un parfum agréable.

— Lyon le 18 mai.

L'étranger, s'il peut vaincre le serrement de cœur et l'envie de fermer la fenêtre et d'ouvrir un livre, doit monter à Fourvières, superbe coteau au bas duquel coule la Saône. Là, aux environs du lieu nommé l'Antiquaille, se trouvent quelques ruines romaines. De Fourvières on peut aller au Jardin des plantes, du Jardin des Plantes au Musée ou Palais Saint-Pierre, place des Terreaux; il faut ensuite traverser le lourd Hôtel-de-Ville, et remonter le Rhône jusqu'à une demi-lieue de Lyon. De là, jouissant d'une vue magnifique, on revient à la cathédrale, à Saint-Irénée et à l'église d'Ainay où l'on voit quatre colonnes antiques. Ce soir, en sortant de la bourse, j'ai fait tout cela.

L'ancien nom *Lugdunum* contient la syllabe *Lug* qui suivant les prétendus savans voulait dire, parmi les Gaulois, montagne ou rivière; Leyde et Laon s'appelaient aussi Lugdunum.

Strabon, qui vivait sous Tibère, dit que Lugdunum ne le cédait qu'à Narbonne, pour l'importance et la richesse; Lutèce n'était encore qu'une bourgade ignorée. Auguste, cet homme adroit, séjourna trois ans à Lyon, et en fit la métropole de la Gaule celtique; Claude y naquit. Elle fut réduite en cendres, sous le règne de Néron, par un grand incendie sur lequel Sénèque a fait une phrase; *entre une ville considérable, et point de ville, il n'y eut que l'espace d'une nuit*[1].

Néron se hâta d'envoyer beaucoup d'argent. Trajan, le seul homme de l'antiquité, après Alexandre et César, qui fasse songer à Napoléon, y fit bâtir plusieurs édifices.

Lyon fut dans les Gaules le berceau de la religion chrétienne, et elle est encore, ce me semble, la ville la plus croyante. Ce n'est pas du fanatisme vif, comme à Toulouse, c'est une abnégation de soi-même, et une confiance complète dans le prêtre, qui m'étonne toujours. Je connais vingt particuliers riches qui donnent le 10 p. cent de leur revenu à la bonne cause.

Sous Henri IV et Louis XIV Lyon formait comme un état à part, la famille régnante s'appelait Villeroy[2], et souvent l'archevêque du nom de Villeroy fut en même temps gouverneur. On sait le

---

[1] Una nox fuit inter urbem maximam et nullam. Senec. epist. 31.

[2] *Mémoires de Saint-Simon.* Le Villeroy régnant mettait des impôts *dont il ne rendait compte à personne.*

conte de ce Villeroy, lieutenant-général, qui succédait comme gouverneur de Lyon à son oncle, lequel avait été, à la fois, gouverneur et archevêque. Le nouveau gouverneur, en montant en carrosse le jour de son entrée, se mit à distribuer des bénédictions à droite et à gauche, et comme l'on hasardait quelques représentations : Je l'ai vu faire à mon oncle, répondit-il fièrement, et il continua.

Les Lyonnais, comme toutes les populations dévotes, sont fort charitables, leur pays a besoin de cette vertu. Je ne trouve rien de plus imprudent que d'établir la prospérité d'une ville sur les manufactures. Un gouvernement qui aurait le temps de songer à ses devoirs devrait faire en sorte que le nombre des ouvriers de manufactures n'excédât jamais le vingtième de la population.

Mon honorable ami M. Rubichon, le seul homme d'un grand esprit, je crois, qui ait aimé la restauration, me disait un jour que la quantité d'argent que l'ouvrier en soie de Lyon reçoit pour sa journée représente, en 1837, une quantité de pain et de viande fort inférieure à celle qu'il pouvait acheter, avec sa journée, du temps de Colbert. Les successeurs de ce grand ministre n'ont pas compris que l'Italie qui fournit la soie se mettant à fabriquer de très bonnes soieries, à San Leucio (près de Naples) et à Milan, et l'Angleterre tirant des tissus de soie de la Chine, qui bientôt en fournira aussi à l'Amérique, il fallait, par tous les moyens possibles, détourner les jeunes gens de seize ans de s'appliquer au métier d'ouvrier en soie. Tunis et Maroc préfèrent les soieries légères d'Italie aux nôtres.

Mais depuis 1830, comment des ministres qui tremblent de compromettre leur place en parlant mal à la chambre, pourraient-ils avoir le temps de méditer sur les partis à prendre? Ils acceptent leurs idées administratives de leurs commis, et Dieu sait quelles idées! Comment ces pauvres commis feraient-ils pour avoir une idée? Ainsi l'ouvrier en soie qui vit dans Lyon consomme une viande et un pain qui, à la porte, ont payé un octroi énorme, tandis que l'ouvrier qui tisse la soie à San Leucio, près de Naples, vit dans un village *affranchi* (voir la *charte* accordée à ce village), et sous un climat où le vêtement n'est qu'un luxe.

Quand on présente ces sortes d'idées au commis, sa paresse se révolte et il se dit : voilà un homme dangereux et dont tôt ou tard il faudra proposer le changement à son excellence.

Que serait-ce si j'osais parler des lois de douane? En vertu de ces règlemens surannés la France ne fournit à l'Italie, patrie de la paresse et qui n'est qu'à deux jours de navigation de ses côtes, que des chapeaux de femme, venant de Paris.

Il faudrait dans tous les ministères des chefs de division recevant vingt-cinq mille francs d'appointemens, et cent mille francs de frais de bureaux ; mais ces messieurs ne pourraient jamais devenir ni députés ni conseillers d'état ; n'étant point hommes politiques, ils ne seraient pas sujets à être renvoyés tous les deux ans comme les ministres.

Il faudrait surtout avoir assez de sens pour comprendre qu'un homme ne peut pas donner plus de quarante signatures par jour; à la quarante et unième son cerveau fatigué ne peut plus trouver d'objection à toutes les belles choses que lui débite son commis, et il signe de la meilleure foi du monde toutes les nigauderies que lui présente celui-ci.

Ces chefs de division que je propose travailleraient avec leur ministre comme ce ministre travaille avec le roi, noteraient sur leurs rapports les décisions du ministre, et *signeraient* toutes les lettres écrites en conséquence.

Ils seraient donc responsables des décisions qu'ils auraient fait prendre. Avec des ministres qui changent tous les dix-huit mois, rien n'est commode comme de répondre aux reproches les plus fondés : *Le ministre l'a voulu.*

Quant aux expéditions et copies de chaque division, le chef a cent mille francs pour les faire faire par qui bon lui semble ; s'il est avare, il les fera lui-même. Il n'y a pas de banquier à Paris qui ne sache trouver sept à huit bons commis. En qualité de marchand, j'ai travaillé huit heures par jour pendant la moitié de ma vie.

Il faut savoir que dans le régime actuel, qui, je pense, demande trois ou quatre cents commis pour le seul ministère de l'intérieur, un bureau est occupé par quatre ou cinq employés, la conversation ne cesse jamais, et le bureau s'abonne à un journal. Cette belle conversation empêche de travailler le malheureux qui tiendrait à expédier sa besogne, et d'ailleurs son zèle *le rendrait ridicule*. Deux employés travaillant comme ceux des banquiers expédieraient en six heures le travail mal fait aujourd'hui par cinq personnes.

On ne recrute pas pour les bureaux des jeunes gens suffisamment instruits : peu importe, sans doute, pour la besogne qu'ils font ; mais c'est quand ils ont de l'avancement que leur ignorance coûte cher à l'état. Chaque ministre ou directeur général amène avec lui trois ou quatre petits cousins de la femme qu'il préfère, lesquels, après dix ans, s'ils savent être bien doux, n'avoir pas de volonté, et pénétrer dans les salons influens, deviennent chefs de division. Alors apparaît leur manque total d'instruction : les MM. Boursaint (de la marine) sont rares.

Mais M. Boursaint savait refuser, et osait mécontenter même des solliciteurs qui avaient de jolies femmes.

Il faudrait encore, ce qui est impossible, je l'avoue, que ces chefs de division *signant toutes les lettres* ne pussent être destitués que pour prévarication ou incapacité, et à la suite d'un rapport *inséré au Moniteur;* ces messieurs pourraient même former appel devant la Cour de cassation, laquelle, jugeant comme un jury, dirait ce seul mot : Il convenait ou il ne convenait pas de remercier M. un tel.

Si jamais un patriote comme le maréchal de Vauban arrive au ministère, il essaiera de cette idée. Et je l'écris ici afin qu'alors elle soit moins choquante. La perfection serait que chaque commis eût copié de sa main un volume de Say, et eût travaillé deux ans entiers dans une sous-préfecture à cent lieues de Paris. Il saurait à la fois ce qui se passe, et ce qui devrait se passer.

— Lyon, le 19 mai.

Il y a trois jours qu'un M. Smith, Anglais puritain, établi ici depuis dix ans, a jugé à propos de quitter la vie; il a avalé un flacon contenant une once *d'acide prussique*. Deux heures après il était fort malade, mais ne mourait point, et, pour passer le temps, il se roulait sur son plancher. Son hôte, honnête cordonnier, travaillait dans sa boutique au dessous de la chambre; étonné de ce bruit singulier et craignant qu'on ne gâtât ses meubles, il monte; il frappe, pas de réponse, il entre alors par une porte condamnée, il est effrayé de la position de son Anglais, et envoie chercher M. Travers, chirurgien célèbre, ami du malade. Le chirurgien arrive, médicamente M. Smith et le met bien vite hors de danger, puis il lui dit :

— Mais que diable avez-vous donc bu?

— De l'acide prussique.

— Impossible, six gouttes vous auraient tué en un clin d'œil.

— On m'a bien dit que c'était de *l'acide prussique*.

— Et qui vous l'a vendu?

— Un petit apothicaire du quai de Saône.

— Mais vous vous servez ordinairement chez votre voisin Girard, là, vis-à-vis votre porte, le premier pharmacien de Lyon.

— Il est vrai; mais la dernière fois que j'ai acheté une médecine chez lui, j'ai dans l'idée qu'il me l'a vendue trop cher.

— Lyon le 20 mai.

La promenade sur la montagne de Fourvières est regardée par les Lyonnais dévots comme une sorte de pélerinage ; à chaque pas en effet ce sont des souvenirs des premiers chrétiens et des premiers martyrs de Lyon [1]. Je vois en passant l'église de Saint-Just, rebâtie en 1703. Dans tout ce quartier, jusqu'à la porte Saint-Irenée, on trouve des bancs et des bornes carrées qui proviennent évidemment de l'ancien *Lugdunum*, ce sont des autels, des pierres tumulaires, etc., etc., dont plusieurs ont été repiquées. On se croirait dans une rue de Rome du côté des *Sept salles*. J'ai remarqué dans la rue des Anges une inscription latine dont voici la traduction : « Aux manes » de Camilla Augustilla qui a vécu trente-cinq » ans et cinq jours, et de laquelle aucun des » siens n'a jamais reçu de peine, si ce n'est par » sa mort. Silenius Reginus, son frère, à sa » sœur très chérie, etc. » Saint-Irenée, évêque et même écrivain célèbre [2], souffrit le martyre à

---

[1] Voir l'*Histoire de Lyon* par le P. Colonia. On trouve dans cet ouvrage les gravures de tous les monumens curieux. Voir la carte publiée par M. Artaud. Les caves de Fourvières sont remplies de substructions romaines.

[2] M. Ampère explique fort bien tous les écrivains de ces premiers siècles. Là commence notre littérature.

Lyon, au lieu où nous sommes, avec dix-neuf mille chrétiens. Le sang s'éleva *sur cette montagne* jusqu'au premier étage des maisons, j'en ai vu la marque.

L'église de Saint-Irenée a été si souvent renouvelée et en dernier lieu si impitoyablement badigeonnée, suivant la coutume de l'art en province, qu'elle ne dit rien à l'ame et n'offre aucun intérêt à la curiosité. Oserai-je dire que les dévots, frappés de la prononciation de ce nom, *Sain-Tirené*, n'entrent dans l'église qu'en se tenant le nez pour se préserver de quelque espiéglerie céleste?

Enfin, je suis arrivé aux aqueducs romains, au dessus de la porte Saint-Irenée. On voit d'abord six arcades; il y avait l'aqueduc *Pila* et l'aqueduc du *Mont-d'Or*.

La longueur de l'aqueduc *Pila* était d'environ treize lieues, quoique, à vol d'oiseau, le point de réunion des eaux près de Saint-Chamond ne soit qu'à huit lieues de Lyon. La contrée depuis Saint-Chamond étant coupée par plusieurs vallées profondes, l'architecture romaine, dépourvue de tant de découvertes modernes, a eu lieu de montrer tout son génie. Maintenant, avec quelques machines à vapeur et quelques ponts suspendus, l'architecte résoudrait facilement le problème; mais personne ne serait tenté de l'admirer : le vulgaire s'étonnerait tout au plus de la *grosse somme* qu'on a dépensée.

Les Romains furent obligés de faire remonter l'eau trois fois ; ils se servirent de tuyaux de plomb, en forme de siphon renversé. L'aqueduc suivait la pente d'une colline, jusqu'à ce qu'il fût parvenu assez bas pour qu'on pût bâtir commodément un pont. Arrivée au côté opposé, l'eau remontait. Les Romains ont passé ainsi trois vallons, ceux de Garon, qui est très profond, de Baunan et de Saint-Irenée ; il y avait quatorze ponts-aqueducs. On voit encore soixante-deux arcades d'un de ces ponts qui en avait quatre-vingt-dix.

La maçonnerie est faite avec de petits morceaux de pierres, jetés dans un bain de mortier où la chaux n'était point épargnée. Ainsi que dans la campagne de Rome, ces aquedus, qui sont cependant une chose bien simple, produisent sur l'ame un effet prodigieux. A Rome leurs longues files s'étendent dans une plaine parfaitement nue; ici ils sont accompagnés de coteaux tapissés de la plus fraîche verdure : voir le chemin vers Champonot. Si l'on s'avance de quelques centaines de pas, on a, d'une de ces hauteurs, une vue admirable des montagnes de la Suisse. Les paysans des villages voisins, s'étant aperçus que la pierre de ces arcades résiste au feu, viennent y charger leurs *chars* lorsqu'ils ont des fours à construire.

Le torrent de l'Iseron a renversé une pile, mais elle est tombée tout d'une pièce et ne s'est point brisée; on voit près de là huit arcades.

Cette course est agréable, mais très fatigante. A Rome on peut suivre en calèche les longues files d'arcades, sur la route de Frascati. Si l'on a une ame pour les arts, cette course est la plus belle de toutes celles que présente la ville éternelle.

— Lyon, le 20 mai.

Je suis allé à l'église d'Ainay, bâtie au confluent du Rhône et de la Saône, à peu près sur le lieu où 60 nations gauloises (j'ai regret de le dire) élevèrent en commun un autel à Auguste. Leur justification est dans le mot *soixante*. Que pouvaient soixante nations contre une seule, et celle-là guidée par des chefs aristocrates préservés de la puérilité des seigneurs de Venise par trois cents triomphes? César fut le *roué* par excellence de cette civilisation de Rome.

On vous montrera au musée un bas-relief célèbre qui ornait autrefois la façade de l'église d'Ainay : il représente trois femmes (les déesses mères); celle du milieu tient une corne d'abondance.

Plusieurs pilastres de cette église ont des chapiteaux historiés. On voit à droite de l'autel Adam et Ève tentés par le diable.

Il faut examiner près du sanctuaire les quatre énormes colonnes de granit, qui avant d'être sciées formaient deux colonnes d'environ vingt - cinq pieds de hauteur. Mais ont-elles été sciées? Chaque savant se moque de celui qui l'a précédé, et dit le contraire; et ainsi de suite jusqu'à la fin du monde, ou des académies. Je conseille au lecteur de ne croire *que ce qu'il voit*, le fait matériel; tout le reste change tous les trente ans, suivant la mode qui règne dans la science. Ces colonnes appartenaient, dit-on, à l'autel élevé en l'honneur d'Auguste par les soixante nations; on y sacrifia le 10 août de l'an 742 de Rome, onze ans avant l'ère chrétienne.

Le mélange de ces nobles fragmens de l'antiquité avec le gothique jette toujours mon ame dans la *sensation du mépris*, chose désagréable. Je ne suis pas assez chrétien.

Caligula institua ou rétablit des jeux qui se célébraient auprès de cet autel d'Auguste; et, s'il faut en croire Suétone et Juvénal, il y mit le cachet de sa folie. On distribuait des prix d'éloquence, mais les vaincus étaient obligés de fournir ces prix, et de les présenter au vainqueur. Ils devaient réciter des harangues à la louange de ce vainqueur (quel supplice pour des gens de lettres envieux!); mais ce n'était pas là tout le danger à courir : quand les ouvrages paraissaient trop indignes du concours auquel on avait eu l'audace de les présenter, les malheureux auteurs étaient obligés d'effacer leurs productions *avec la langue,* ou à tout le moins avec une éponge. Ils étaient ensuite fustigés et plongés dans le Rhône.

— Lyon, le 22 mai.

Je traverse tous les jours ce triste hôtel de ville de Lyon, bâti en 1650, qui a l'air si sot, si lourd, tellement insignifiant, et n'en est pas moins fort estimé dans le pays. Ne serait-ce pas que cet édifice est vraiment *romantique?* N'est-ce pas là, à peu près, la physionomie que doit porter un maire de province, pour être respecté de ses administrés, et ne pas leur sembler une mauvaise tête ?

Jules Hardouin-Mansard rétablit la façade de cet hôtel de ville brûlé en 1674 : je voudrais la rétablir de nouveau en copiant la façade d'un des beaux palais de Venise.

Venise est si malheureuse et Lyon si riche, qu'il serait possible d'acheter un palais de Venise, par exemple le palais *Vendramin.* On numéroterait les pierres de la façade et la navigation les amènerait à Lyon.

Sous le vestibule de cet hôtel de ville, et contre

le mur à gauche, on voit le Rhône, statue colossale qui s'appuie sur un lion rugissant et sur une rame. Il a l'air furieux : à ses côtés est un énorme saumon. Il n'y a rien à désirer; cela est parfait.

Vis à vis la grosse statue du Rhône, est une grosse statue de la Saône, également appuyée sur un lion. Ces deux statues, de Guillaume Coustou, décoraient la place Bellecour et feraient bien d'y retourner. Il faut au sculpteur une science profonde et surtout un caractère hardi, pour faire des statues colossales. Faute de quoi, elles ont l'air d'une miniature vue avec une loupe.

Ce qui fait mon désespoir à Lyon, ce sont ces allées obscures et humides qui servent de passage d'une rue à l'autre. Et quelles rues! Jamais les maisons à six étages ne permettent au soleil d'arriver jusqu'au pavé. Essayez de suivre la rue Mercière d'un bout à l'autre.

Pour classer par les yeux tous mes souvenirs de Lyon, dès que mes affaires ont été terminées, je suis monté sur la tour de l'église de Fourvières. C'est de ce point que fut dessiné le premier panorama. La vue est admirable. La Saône paresseuse coule, avec lenteur, sur des rochers au pied de la colline; au delà de la ville, du côté du Dauphiné, on aperçoit le Rhône impétueux qui vient se joindre à la Saône *paresseuse* à l'extrémité de la presqu'île de Perrache (au pont de la Mulatière), et l'entraîne avec lui. Les places, les rues, les quais, les ponts, sont couverts de petits hommes qui se pressent et paraissent dans une grande activité; au delà du Rhône, et d'une plaine de huit ou dix lieues, on aperçoit tout près de terre les sommets les plus élevés des montagnes du Dauphiné, et enfin, beaucoup sur la gauche, quand le temps est serein, et surtout après une pluie d'été, on a la vue du vénérable Mont-Blanc, dont le trapèze blanc s'élève bien au dessus des nuages.

— Lyon, le 23 mai.

Mon devoir m'a conduit à Saint-Jean, la cathédrale de Lyon, commencée à la fin du douzième siècle et terminée par Louis XI. Je n'y ai trouvé de remarquable que la piété des fidèles. C'est un gothique mêlé de *roman*, car il faut observer que les souvenirs de Rome ne périrent jamais entièrement dans le midi de la France, et, pour l'architecture, ce midi commence à Lyon. Les bas-reliefs de la façade de Saint-Jean m'ont rappelé ceux de Notre-Dame de Paris; les guerriers sont revêtus de cottes de mailles. (Voir, à Paris, le joli bas-relief vis-à-vis le n° 6 de la rue du Cloître-Notre-Dame.)

Il faut chercher dans la chapelle de Bourbon des tours de force en sculpture. Ce sont des chardons ciselés avec une patience plus admirable pour le bourgeois que le génie de Michel-Ange. Le vulgaire ne trouve rien dans son cœur qui réponde au génie, et la *patience* est son mérite de tous les jours.

L'église de Saint-Nizier est du quatorzième siècle; le portail, beaucoup plus moderne, est de la renaissance; il a été construit par Philibert de Lorme.

Parmi les dévots qui fréquentaient Saint-Nizier, on remarquait le comte Vida, homme simple, bon, absorbé dans la plus haute piété; chaque jour son valet de chambre mettait un mouchoir dans son habit, et le soir jamais le comte n'avait de mouchoir.

— Mais monsieur, on vous vole vos mouchoirs, disait le valet de chambre.

— Non, mon ami, je les perds, répondait le comte, qui pour rien au monde n'aurait voulu mal penser du prochain.

Un matin le valet de chambre impatienté prend le parti de coudre le mouchoir de son maître à la poche. A peine le comte est-il à vingt pas de son hôtel qu'il sent qu'on tiraille son habit.

— Laissez, laissez, mon ami, dit-il au voleur sans se retourner, aujourd'hui on l'a cousu. Et il court à l'église prier pour la conversion du voleur.

Je suis retourné à Champonot. Je vois beaucoup d'inscriptions : il y a toujours quelque faute d'orthographe dans les inscriptions des tombeaux chrétiens. La religion romaine, qui aujourd'hui réclame avec tant d'onction en faveur du *statu quo*, a commencé par être furieusement radicale. Elle disait à l'esclave étonné qu'il avait une ame tout aussi belle et immortelle que celle de l'empereur lui-même. Mais qui sait ces choses ? qui a lu M. de Potter ? Car le style fort adroit de Fleury ne dit pas ces sortes de vérités, et pourtant ne peut pas être accusé de les cacher.

Je suis allé à l'école vétérinaire qui a immortalisé le nom de Bourgelat, homme raisonnable et patient. Il dut commencer par prouver au pouvoir d'alors qu'il y avait un art vétérinaire ; il obtint ensuite la fondation de l'école.

— Lyon, le 24 mai.

J'ai trouvé mes amis de Lyon dans le chagrin ; ils viennent de perdre *René* (de Marseille), l'ame de toutes leurs parties de plaisir. Je l'ai connu ; c'était peut-être le plus joli homme de France, le plus naturel, le plus gai : de l'esprit sans doute, mais point apprêté, coulant de source ; une sorte d'esprit naïf et charmant, plutôt que brillant, et qui enchantait dès la première vue. On ne pouvait pas ne point l'aimer : aussi était-il aimé, et de deux dames à la fois, dont huit jours avant le dernier il s'est débarrassé d'une façon officielle en quelque sorte.

Malgré ses quarante-huit ans sonnés, madame Saint-Molaret fait encore *la pluie et le beau temps* dans la société d'une des plus grandes villes du midi.

A mon dernier voyage, elle montrait toujours beaucoup de prétentions, et il faut avouer qu'elle avait une maison charmante : presque tous les jours de la musique, des dîners, des soupers, des parties sur l'eau. On ne peut lui refuser beaucoup d'entrain, et de cette sorte de gaîté qui n'est pas bien noble, mais qui se communique : de plus, madame Saint-Molaret n'a jamais d'humeur, et l'on peut dire qu'elle serait fort aimable si elle ne songeait pas toujours à être aimée.

Mais être aimée ! Même, sans parler de l'âge, une femme qui a soixante mille livres de rente ! cela se voit-il de nos jours ? Le pauvre René n'eut pas le courage de résister à cette vie joyeuse et toute de fêtes, lui qui n'avait pour unique fortune qu'une chétive pension de douze cents francs mal payée par son père, et une place de commis dans une maison de commerce.

Il régnait donc sur le cœur de madame Saint-Molaret, lorsque cette vénérable douairière eut l'imprudence de céder aux vœux de son gros mari, et prit chez elle mademoiselle Hortense Sessins.

C'est la nièce du bonhomme, belle comme le jour; elle a des yeux noirs, incroyables d'expression noble, mais si pauvre, que malgré ses vingt ans et sa rare beauté elle ne trouvait point de mari. L'oncle avare pensa qu'à N*** il pourrait la marier sans dot.

Tous les soirs, à onze heures, René quittait le salon de madame Saint-Molaret. Il sortait par la porte cochère de l'hôtel, qui se refermait sur lui à grand bruit : mais cet hôtel avait un jardin et ce jardin un mur; René montait sur ce mur, descendait dans le jardin, se cachait dans un arbre touffu, et attendait que, sur les minuit, une petite lumière parût à la fenêtre de mademoiselle Hortense. Bientôt on lui tendait une échelle de corde, et ce n'était qu'au petit jour qu'il repassait le mur du jardin. Ses amis soupçonnaient son bonheur, mais ne trouvaient pas qu'il en eût l'air assez enchanté. Il lui arriva même de dire une fois que mademoiselle Sessins n'était, après tout, qu'une petite comédienne.

Or, une nuit, tandis que René était caché dans son arbre, il voit tout à coup la tête d'un homme paraître au dessus du mur du jardin; son arbre n'était qu'à six pas du mur. Cette tête tourne de tous les côtés et a l'air d'examiner fort attentivement ce qui se passe.

Cet homme est un rival, pensait René; il le voit

s'élever sur ses poignets, se mettre à cheval sur le mur, et enfin se pendre à une corde et sauter dans le jardin. Tandis que, dans la nuit sombre, René cherche à reconnaître si cet homme est de sa connaissance, un second saute du mur dans le jardin, et ensuite un troisième. C'étaient des voleurs qui se mettent à dévaliser un pavillon où madame Saint-Molaret faisait quelquefois de la musique. Il s'y trouvait une pendule, des flambeaux d'argent et quelques meubles.

René se garda bien de troubler les voleurs; le lendemain on lui aurait dit : « Mais que faisiez-vous là ? »

Le vol de la pendule, arrivée de Paris depuis huit jours seulement, piqua si fort madame Saint-Molaret, qu'elle promit dix louis à un homme de la police de Lyon s'il faisait prendre les voleurs. On les eut bientôt : mais madame Saint-Molaret fut obligée de paraître à la cour d'assises, ce qui ne lui déplut pas. Elle y arriva chargée de tous ses atours; et son mari étant occupé, elle ne manqua pas de se faire donner le bras par le beau René, partie de ses atours.

Un des voleurs ne manquait pas d'esprit. Piqué d'honneur par la gloire de Lacenaire, alors récente, et voyant que, faute de preuves directes, il ne serait pas condamné, il se mit à entreprendre madame Saint-Molaret en pleine audience, et à la tourner en ridicule. Il fit naître des transports de bonheur et des rires fous parmi les femmes présentes en grand nombre. Après avoir bien des fois excité leur joie aux dépens de la dame, il parla des beaux garçons qui, parmi tous les genres de travaux que la société présente à l'activité de la jeunesse, savent choisir ceux qui sont les moins pénibles, *du moins en apparence.*

— Vous êtes trop éloquent et un peu trop impudent, dit tout à coup René d'un grand sangfroid. Vous irez aux galères, et c'est moi qui vais avoir l'honneur de mettre en cage un oiseau si plaisant. Messieurs, dit-il en se tournant vers les juges, j'ai vu ces gens commettre le vol; monsieur a sauté le premier dans le jardin, etc., etc. René raconte toutes les circonstances; les voleurs sont attérés et lui adressent des injures.

Mais peu à peu madame Saint-Molaret, enchantée d'abord, commence à comprendre que ce n'était pas pour elle que René était caché dans un arbre; elle lui adresse des reproches, d'abord à voix basse, mais bientôt tous les voisins sont dans la confidence. Il y a scène publique. René, d'un air fort poli et sans s'émouvoir le moins du monde, reconduit la dame à sa voiture, et oncques depuis n'a revu son hôtel ni prononcé son nom.

Ce pauvre garçon commençait à respirer et on

le voyait plus gai que jamais; mais quelques jours plus tard, il est mort d'une petite fièvre.

Voici des détails de ménage; mais, je le crains, je vais passer pour un monstre.

Les mauvais sujets, amis de René, m'ont dit que M. R......, négociant de Lyon, *passe* deux cents francs par mois à sa femme pour les dépenses du ménage. Cette somme est payable le 15 du mois : quand la femme, d'ailleurs fort aimée de son mari, a besoin de son argent le 1er, elle lui paie un escompte de un pour cent, et ne reçoit que cent quatre-vingt-dix-huit francs. Ces messieurs ont l'infamie d'ajouter que ce négociant a nombre d'imitateurs, mais je n'ai garde de le croire.

M. S***, Anglais, homme d'esprit, qui était présent (nous étions quinze à ce souper, tous étrangers à Lyon), dit qu'il ne trouve rien d'étonnant à cela. M. Tomkimps, riche fournisseur de l'armée anglaise, se détermina tout à coup, l'an passé, à faire un cadeau de vingt mille livres sterling (cinq cent mille francs) à son neveu qui commençait une belle entreprise. Tomkimps compte à ce neveu quinze ou vingt lettres de change acceptées par de bonnes maisons et payables à trois mois de vue.

Tout en le remerciant, le neveu lui dit que de

l'argent comptant lui ferait faire une bien meilleure figure auprès de ses associés.

— Eh bien, reprend l'oncle, je puis vous escompter toutes ces traites au taux fort modéré de un pour cent. Et Tomkimps reprend gravement les traites, et donne en échange à son neveu un bon de quatre cent quatre-vingt-quinze mille francs sur son banquier.

M. S*** me demande quel est le moyen, pour un étranger, de connaître la France.

— Je n'en vois qu'un seul assez peu agréable, lui dis-je; il faut passer six ou huit mois dans une ville de province peu accoutumée à voir des étrangers. Et, ce qui est plus difficile pour un Anglais, il faut être ouvert, *bon enfant*, et n'établir de lutte d'amour-propre avec personne. Si vous voulez connaître la France moderne et civilisée, la France des machines à vapeur, placez votre tente au nord de la ligne de Besançon à Nantes; si c'est la France originale et spirituelle, la France de Montaigne que vous voulez voir, allez au midi de cette ligne.

Je ne vous défends pas de venir tous les deux mois respirer à Paris pendant huit jours; mais ne manquez pas au retour de jurer à vos amis provinciaux que vous préférez de beaucoup à Paris la ville de..... (que vous avez choisie). Ajoutez que vous n'allez à Paris que pour affaires.

En arrivant dans cette petite ville, vous serez fort indisposé et choisirez le médecin le plus beau parleur. Le sublime serait d'avoir un procès avec quelqu'un.

Songez que ce que les sots méprisent sous le nom de *commérage*, est au contraire la seule histoire qui dans ce siècle d'affectation peigne bien un pays. Vous trouverez toutes ces petites villes de dix mille ames, surtout dans les pays pauvres, animées d'une grande haine contre le sous-préfet. Les gens que ce fonctionnaire invite aux deux bals qu'il donne chaque année, méprisent fort les autres, qui les appellent *serviles*; mais il n'y a bataille que tous les quatre ans, lors des élections.

Vous passeriez vingt ans à Paris, que vous ne connaîtriez pas la France : à Paris les bases de tous les récits sont *vagues*; jamais l'on n'est *absolument sûr d'aucun fait* (un peu délicat), d'aucune anecdote. Ce qui passe pour avéré pendant six mois est démenti le semestre suivant. On ne peut observer par soi-même que la chambre des députés et la bourse ; tout le reste on l'apprend à travers le journal. Dans votre petite ville de dix mille ames, au contraire, vous pouvez, si vous êtes adroit, acquérir une certitude *suffisante* à l'égard de la plupart des faits sur lesquels vous devez baser vos jugemens. Comme vous aurez à *réussir*, ce qui n'est pas facile pour un étranger ;

comme vous aurez à dévorer vos nombreux désappointemens, et à ne pas vous fâcher contre les bruits absurdes qu'on fera courir sur votre compte, vous parviendrez à ne pas trop vous ennuyer. Vous pouvez choisir au midi Niort, Limoges, Brives, Le Puy, Tulles, Aurillac, Auch, Montauban ; ou bien au nord, Amiens, Saint-Quentin, Arras, Rennes, Langres, Nancy, Metz, Verdun.

La grande difficulté, c'est de trouver un prétexte plausible au séjour. Beaucoup d'Anglais s'étaient fixés à Avranches par amour pour la pêche.

J'ai honte de ma timidité, j'oserai conter une des histoires du pauvre René. Il y avait à M....., vers 1827, un apothicaire qui fit des spéculations heureuses sur les drogues, devint riche en six mois, et se montra plus fat qu'il n'est permis de l'être, même dans le midi. Il ne marchait plus dans la rue qu'en se donnant toutes les graces d'un tambour-major. Une belle nuit six de ses amis (les amis d'un homme sont toujours les plus indignés de sa fortune ; voyez les gens qui lisent le journal après une promotion), six amis donc pénètrent à deux heures du matin dans la boutique de l'apothicaire, de là ils montent à sa chambre, l'éveillent, l'attachent, le bâillonnent, le portent dans sa boutique, là dansent autour de lui en réjouissance de sa fortune, et finissent, je ne sais si j'oserai le dire, par le prier d'accepter de chacun un remède d'eau tiède. En partant, ils promettent de recommencer s'il continue à faire le *fendant* dans la rue. Ce fait est parfaitement vrai ; c'est la plaisanterie du midi.

Si j'avais quelque anecdote d'amour un peu touchante, comme celle que Bilon vient de raconter, je crois que je ne la placerais pas dans cet ouvrage ; l'amour n'est plus à la mode en France, et les femmes n'obtiennent guère de nos jours qu'une attention de politesse. Tout homme qui se marie autrement que par l'intermédiaire du notaire de sa famille passe pour un sot, ou du moins pour un fou qu'il faut plaindre, et qui pourrait bien vous demander cent louis à emprunter quand il se réveillera de sa folie.

Le premier mérite du petit nombre d'anecdotes qui peuvent faire le saut du manuscrit dans l'imprimé sera donc d'être *exactement vraies*, c'est annoncer qu'elles ne seront pas fort piquantes.

Par suite des chemins de fer, des bateaux à vapeur, et surtout de la liberté de la presse qui donne de l'intérêt aux journaux, dans peu d'années il n'y aura plus de *Languedocien* en France, plus de *Provençal*, plus de *Gascon*, on ne trouvera guère que les *différences de races*, lesquelles dureront plusieurs siècles ; car nous ne verrons plus de conquête, et quelle cause autre que celle-là pourrait renouveler la population d'un village à quarante lieues de Paris? La vertu nommée discrétion m'ayant obligé à dépayser les anecdotes, elles sembleront, et j'en suis fâché, contrarier la règle des races.

Mais, parmi les différences de façons de penser et d'habitudes sociales, inspirées par les passions suite des anciens gouvernemens des provinces, le type *alsacien* (amour de l'indépendance de la patrie, haine de l'étranger), et le type *breton* (dévouement courageux au prêtre), peuvent durer plusieurs siècles encore.

La soirée a fini par une discussion sur les races d'hommes, à propos d'un Dauphinois dont la tête carrée présente à un haut degré de *non-mélange* tous les caractères d'un *Gael*, il s'agit de cette tête ronde et large si fréquente dans les montagnes des Allobroges, et par suite de quoi, peut-être, ils portent tant de constance et de finesse dans l'exécution de leurs desseins. On a quitté tout à coup les propos légers, et, avec un sérieux et une sévérité de discussion bien louables, nous nous sommes mis à vérifier sur nous et nos amis les signalemens
   du Gael,
   du Kymri,
  et de l'Ibère.

Nous rencontrons une infinité de métis, surtout dans les villes ; tandis qu'un village isolé dans les montagnes de la grande Chartreuse, près de Grenoble, ou dans celles du *bourg d'Oysans*, présente très souvent des têtes *pures* comme celle de notre ami R..., présent à l'examen, homme très gai, très bon au fond, c'est-à-dire incapable de toute *méchanceté suivie*, mais qui y voit clair dans les actions du voisin et n'aime pas les hypocrites.

Le Kymri (*qui ne rit* guère, c'est un moyen mnémonique de se rappeler le nom de cette race) a le caractère constant, suivi et peu gai d'un Anglais. Dans le malheur un Kymri est plus affecté, plus profondément malheureux qu'un Gael. Sa timidité aime d'instinct la *protection donnée par un rang* ; de là, les penchans aristocratiques des Anglais, et l'état de folie enfantine où ils tombent à la vue de leur jeune reine qui daigne se promener dans les rues.

Les individus qui peuplent la France peuvent se diviser en *Gaels,* en *Kymris,* en *Ibères* et en *Métis.* (Je ne parle ni des juifs ni de quelques Grecs de Marseille.) Voici des signalemens :

Les Gaels sont les plus nombreux. Ils sont de taille moyenne. Lorsque la race est pure, ils ont la tête ronde, les yeux grands et ouverts, le nez assez droit, un peu large vers la partie inférieure, jamais recourbé vers la bouche comme le nez aquilin. La distance du nez au bas du menton est égale à la longueur du nez, la bouche un peu plus près du nez que de la partie inférieure du visage. Les pommettes, pleines sans être saillantes. En général tous les traits sont arrondis. Les Gaels ont ordinairement les cheveux de couleur foncée. Ils sont bien musclés, pas très grands, et se rapprochent de la forme athlétique [1].

Les Gaels occupaient toute la France, excepté la partie possédée par les *Ibères*, lorsque les Kymris arrivèrent. On les trouve encore en fort grand nombre dans la Bourgogne, le Dauphiné, la Savoie, le Poitou, etc.; ce sont eux qui ont le caractère moral que l'Europe attribue aux Français : gai, brave, moqueur, insouciant de l'avenir. Marot, Montaigne, Rabelais, Montesquieu, sont faits pour plaire aux Gaels. Les aventuriers d'Europe qui abordèrent au Canada vers 1650 eurent des relations avec les femmes du pays. Eh bien, ceux de leurs descendans qui portent des noms français sont remarquables par leurs têtes rondes, leur bravoure, leur gaîté insouciante, et surtout par le manque de talent pour faire de l'argent ; tandis que leur voisin Kymri fait fortune en dix ans.

[1] Voir le lumineux *Essai sur les races d'hommes*, par M. Edwards, membre de l'Institut.

Les Kymris sont d'une haute stature; leurs formes sont élégantes, élancées et vont bien avec l'habit moderne. Ils ont la tête longue et large du haut, le crâne fort développé; de sorte que les yeux sont au milieu de la tête en partant du sommet. Le front est haut et large; la forme des yeux est alongée, le nez est recourbé, mais les ailes du nez se relèvent.

Le menton est saillant, de sorte que, suivant les façons de parler du peuple, souvent les Kymris ont un nez *en bec à corbin* et un menton de *galoche*. Les cheveux Kymris tendent à la couleur blonde, comme ceux des Gaels aux teintes noires.

Vous voyez que cette taille, cette figure, ces cheveux, contrastent singulièrement avec les apparences du Gael. Il en est de même du caractère. Les Kymris portent très loin l'estime d'eux-mêmes; quelquefois cette qualité arrive chez eux jusqu'à la fierté et à l'orgueil. Ils n'ont pas la bonhomie facile du Gael, mais leur caractère est remarquable par une extrême ténacité. Si l'on ne peut pas louer en eux la promptitude et la vivacité de l'esprit, en revanche ils sont pleins d'intelligence, fort réfléchis, et souvent arrivent au génie. Le seul homme mort depuis Napoléon à qui l'on accorde du génie, le célèbre baron Cuvier, avait tous les traits du Kymri, seulement sa taille, quoique élevée, n'était ni assez haute ni assez élancée.

Chose singulière! on ne rencontre guère d'homme de l'une ou de l'autre race au caractère physique pur ou à peu près, qui n'en ait aussi le caractère moral. Le Gael représente le Français; le Kymri l'Anglais et le Breton. Les Kymris occupent le nord de la France, la Normandie surtout, et en Bretagne les côtes du Nord, de Lannilis à Saint-Malo.

La race basque ou *ibère* se rencontre dans la partie méridionale de la France, le long des Pyrénées, et s'étendait, du temps de César, jusqu'à la Garonne. Ils occupaient aussi le littoral de la Méditerranée, mais mêlés au Gaels; on les appelait alors les *Ligures*. La même race possédait la plus grande partie de la côte occidentale de la France. L'un de nous, qui a passé six mois à Brest il y a deux ans, les a reconnus dans le Finistère, avec tous les caractères qui les distinguent. Ils paraissent être venus en ce pays avant les Gaels. Les Ibères ont la tête un peu longue et *étroite* dans toute son étendue, mais surtout vers le bas. L'arcade sourcilière avance en ombrageant l'œil qui est fendu en amende. Le nez est prononcé, recourbé, long; il a les ailes plus relevées que la pointe. Le menton est droit, les pommettes sont saillantes. La taille est un peu au dessus de la moyenne ; ils sont bien proportionnés et fort lestes. Leurs cheveux sont souvent d'un noir bleu. Henri IV donne une idée assez exacte de la race *ibère* au physique comme au moral. Ce caractère se rapproche beaucoup de celui des Français; mais il a des traits qui lui sont propres, par exemple, la place considérable que l'amour prend dans leur vie. Henri IV fit les plus insignes folies pour les femmes, non pas une fois comme Marc-Antoine et à la fin d'une vie rassasiée de succès, mais dans tous les temps, et même dans les momens où il y avait gros à parier qu'il serait empoisonné par la cour catholique de Paris, comme son père. Il était follement épris d'une jeune fille lorsqu'il fut tué, et il avait cinquante-cinq ans; voir sa singulière déclaration à Bassompierre, qui était amoureux de cette jeune personne, depuis princesse de Condé. L'histoire a conservé les noms de cinquante-deux maîtresses de Henri IV.

Les Germains, descendus des Francs, occupent le nord-est de la France, l'*Alsace*, etc. On les rencontre en ce pays avec leurs caractères distinctifs, l'amour de la guerre, la loyauté, etc. Ces Francs sont d'une stature élevée ; ils ont la tête *carrée*, et le nez à peu près droit, sans être recourbé ni en haut ni en bas; la distance du nez au bas du menton tend à être plus grande que la longueur du nez. Les ailes du nez de la race allemande sont grosses et charnues, ce qui fait contraste avec les Ibères. (Voir le portrait de Cervantes.) Les Germains sont blonds en général, et ont les inclinations militaires.

A de grandes distances, dans les familles, on voit les mêmes traits se reproduire d'une façon presque identique. Tel enfant ressemble parfaitement à son grand-père, mort trente ans avant sa naissance, et il n'est pas rare de rencontrer dans les rues de Paris un Gael ou un Kymri de race pure.

Le lecteur me pardonnera-t-il ce compte-rendu d'une soirée? Par forme d'expérience, je l'ai fait parfaitement exact. Nous avions des vins de Bourgogne de huit ou dix sortes différentes; on peut les comparer à des bouquets de fleurs. Mêlés à une conversation intéressante, mais c'est là un *sine quâ non*, ils augmentent l'illusion du moment. Ils rendent l'homme bon et gai pour quelques heures; et c'est une sottise à nous, si peu bons, si peu gais, si envieux de négliger les oracles de *la dive bouteille*.

— Lyon, le 25 mai.

Je ne veux pas entrer dans le sérieux du commerce; cependant je ne crois pas trop ennuyer le lecteur en montrant, en deux mots, comment

Lyon déchoit depuis quelques années. Les négocians de cette ville avaient un moyen de prêter sur gages à dix et douze pour cent l'argent que les particuliers leur confient (car on ne place pas dans la rente en province), et qui ne leur coûte à eux que quatre ou cinq pour cent. Ce moyen s'en va. Après la récolte des cocons à Turin, à Milan, à Parme, etc., ceux des négocians d'Italie qui manquaient de fonds envoyaient leurs soies non travaillées à Lyon, et les y mettaient en dépôt comme gage des sommes qu'ils recevaient en retour. L'intérêt qu'ils payaient, augmenté des droits de magasinage, de la provision, et enfin de tout ce que doit supporter celui qui emprunte dans le commerce, s'élevait à onze ou douze pour cent.

Lorsque les négocians italiens virent l'émeute à Lyon, ils eurent peur pour leurs soies et demandèrent de l'argent à Londres; bientôt ils en trouvèrent même en Italie. On établit des *Monti* qui reçoivent les soies en gage, et prêtent de l'argent à six pour cent à qui apporte de la soie.

Tous les négocians du midi savent que le roi de Sardaigne, Charles Albert, a ouvert deux emprunts depuis son avènement au trône. Le montant du second, dit *emprunt de Sainte-Hélène*, est en entier dans ses coffres, et servirait en cas d'exil.

Un ministre des finances, qui se donne la peine de penser, a proposé au roi de prêter cet argent aux négocians ses sujets, qui donneraient des soies en nantissement.

Les Suisses, dont le bon sens rêve sans cesse au moyen de gagner des *écus neufs*, se sont imposé des droits de douane fort modérés. Les Allemands, moins éclairés, et d'ailleurs encore infatués de leurs chaînes, ont pourtant un certain instinct de nationalité qui les a conduits à l'association pour les douanes; c'est encore un malheur pour les produits de Lyon.

Il faut que cette grande ville renonce peu à peu à fournir des étoffes de soie à l'étranger. La fausse direction commerciale essaiera-t-elle de lutter contre la nécessité? Non, par paresse elle ne fera rien. Le gouvernement doit se borner à donner de l'occupation aux vieux ouvriers en soie qui manquent d'ouvrage, et à décourager les jeunes gens de seize ans, qui à Lyon voudraient se faire ouvriers en soie.

Le journal de Lyon devrait expliquer tous les quinze jours comme quoi, dans tous les coins de l'Europe, on a l'insolence de fabriquer des soieries. Le *très beau* seul restera à Lyon, et encore à la condition de placer les ouvriers dans les villages environnans, hors de la portée de l'octroi, que l'Europe ne veut plus rembourser.

Quand je sens que l'ennui me gagne à Lyon, je prends un cabriolet et m'en vais à Champonot voir les montagnes de la Suisse et les arcades romaines. Ces ruines si insignifiantes élèvent l'ame et la consolent.

— Lyon, le 27 mai.

Mon cousin C..... m'a mené à la maison commune. J'ai remarqué, sur sept à huit grandes tables, une foule de dessins fort bien exécutés, et représentant des coupes de pierre, des voûtes, des ponts, etc., etc. : tout cela est presque aussi bien que les dessins de l'école polytechnique. Je demande d'où viennent ces dessins étonnans, on m'apprend qu'ils sortent de l'école des frères ignorantins.

J'ai supposé d'abord qu'il y avait ici quelque ruse, mais le triomphe de ces messieurs est bien plus réel. Un négociant de Lyon, qui avait le même soupçon que moi, a demandé la copie d'un beau dessin représentant un des ponts suspendus que les frères Séguin viennent de construire sur le Rhône. Un enfant de quatorze ans, élève des frères, a rendu, huit jours après, une copie magnifique, et le dessin original n'a été ni piqué ni calqué. Le fait est qu'il y a ici un frère ignorantin qui enseigne la géométrie descriptive comme on peut le faire dans les meilleurs collèges de Paris.

Pour six mille six cents francs, on a onze frères, qui enseignent onze cents enfans, par conséquent chaque enfant coûte six francs à la ville, et encore souvent les frères fournissent l'encre, le papier, les plumes et les livres aux plus pauvres de ces enfans. (Il doit y avoir des frais énormes.)

L'école d'enseignement mutuel ne saurait lutter contre la passion qui anime les frères, ni à plus forte raison contre les ressources financières qui les soutiennent. Je crois que chaque enfant de l'école mutuelle coûte vingt-cinq francs à la ville. Au reste, il est fort difficile de savoir la vérité sur ces choses-là, et ce n'est point un voyageur, qui passe huit jours dans un pays et qui n'a pas la mine grave, qui peut se flatter d'arriver à ces profonds mystères. Tout ce qui est noble, tout ce qui est dévôt, tout ce qui est enthousiaste des journées de juillet, tout ce qui en a peur, ne parlent des *frères* qu'avec passion.

J'ai trouvé toutes les femmes de Lyon, même celles des négocians les plus libéraux, ennemies passionnées des écoles d'enseignement mutuel. Rien de plus simple, ces dames vont à confesse.

Remarquez que depuis 1830 toutes les jeunes

filles de France, à l'exception des environs de Paris, sont élevées dans des couvens de religieuses. Ici je voudrais bien trouver une expression qui pût rendre ma pensée et ne fût pas odieuse et peu polie; mais enfin ces couvens sont animés du plus violent fanatisme contre *la liberté de la presse*. Sans doute leur chef invisible voit que c'est l'ancre unique à laquelle tiennent toutes nos libertés. La première question que l'on fait à une femme dans un *certain tribunal* est celle-ci : Quelles sont les opinions de votre mari ? On ajoute : Il faut pourtant bien qu'il se convertisse, et votre devoir est de tout employer pour hâter cet heureux moment. Avez-vous des gravures chez vous ? Que représentent-elles ? Avez-vous le portrait du roi ?.. Songez aux droits sacrés des princes... (Je supprime deux pages.) A Marseille, les questions sont bien autrement *incisives*.

Une simple religieuse, madame Per..., qui depuis 1806 s'occupait de l'éducation des jeunes filles, et qui possédait pour toute fortune un mobilier dont la valeur pouvait bien s'élever à vingt louis, a dépensé, depuis 1815, quatre cent mille francs.

Madame Per... a étonné la ville qu'elle habite par la construction d'un couvent fort considérable destiné à l'éducation des jeunes filles. Lorsqu'elle commença à creuser les fondations, elle avait en caisse soixante mille francs. Ses amis furent effrayés, les conseils prudens lui arrivaient de toutes parts ; en effet les fondations ne furent pas arrivées à la hauteur du sol, que les soixante mille francs étaient dépensés. Madame Per... calcula qu'elle avait eu mille élèves. Elle écrivit une circulaire touchante par laquelle elle demandait cinquante francs au mari de chacune de ses élèves. En fort peu de jours cette circulaire lui valut trente-cinq mille francs. Je n'ai pas besoin de dire que le couvent est achevé et magnifique. On m'assure que plusieurs départemens du midi possèdent un grand nombre de couvens payés par la même bourse, et qui font l'éducation des mères de famille de 1850.

Les hommes de cette époque, ne trouvant pas de conversation raisonnable avec leurs femmes, iront au Club, ou choisiront une compagne dans le cercle de quarante lieues de diamètre qui environne Paris. Que penseront-ils des questions que l'on fait à leurs femmes en certain lieu? Ainsi, se diront-ils, toutes mes petites faiblesses sont données en spectacle à un homme souvent jeune et que je rencontre dans la société !

On dit que le principe de cette éducation donnée par des religieuses en 1837 est de ne souffrir jamais *d'amitié intime*, soit entre élèves, soit de maîtresse à élève.

Les jeunes filles ne doivent jamais être seules (la tête fermente), ou être deux (on peut faire des confidences). On s'arrange pour qu'elles se trouvent toujours trois ensemble.

On va plus loin; une élève est toujours obligée de raconter ce qu'a pu lui dire son amie intime, dès que madame la directrice le lui demande. On craint la confiance qu'une élève pourrait avoir dans une autre, et l'amitié passionnée qui peut-être en serait la suite.

On veut, *avant tout*, qu'il n'y ait jamais *d'émotion vive*. On les combat par la défiance.

Qu'on juge du ravage que doit faire le premier serrement de main d'un jeune homme, et d'ailleurs c'est empoisonner les joies de la *pension*, les plus douces de la vie. C'est priver de tout bonheur les pauvres jeunes filles qui meurent avant dix-huit ans; c'est risquer de rendre méchantes pour la vie celles qui survivent. Si à seize ans on ne voit qu'une *espionne* dans une amie intime, quelle sécheresse d'ame n'aura-t-on pas à vingt-cinq, lorsqu'on aura éprouvé de véritables trahisons!

Réponse de mademoiselle Camp...à son amant.

Le réseau des établissemens du *Sacré-Cœur* qui couvre la France est organisé avec une sagesse et un ordre admirables. Une religieuse commet-elle une faute, elle passe dans un couvent à cinquante lieues du premier, et tout est couvert par un silence complet.

L'histoire des établissemens religieux en France de 1830 à 1837 serait belle, mais difficile à écrire. Les personnes qui agissent se sentent en présence du grand ennemi de la religion catholique, *la publicité*, lequel amène après soi cet autre monstre, *l'examen personnel*. Aucune opération ne laisse de traces. Cette nouvelle *Gallia christiana* aurait de beaux traits à citer : cet homme du département du Var qui donne sa fortune entière, sept cent mille francs, à la religion.

Une maison de campagne, près Marseille, convient au Sacré-Cœur ; elle valait quatre-vingt mille francs, on la paie cent vingt sans hésiter.

Il me semble que la révolution de 1830, en permettant à la religion de se parer des couleurs du martyre, lui a été fort utile. Elle n'a plus du moins pour ennemis passionnés tous les libéraux, elle peut faire en paix le bonheur ou du moins l'occupation de toutes les pauvres vieilles filles non mariées.

Quant aux femmes, pour lesquelles cette éducation religieuse de 1837 réussit complétement, et qu'elle envoie dans la société *régner d'un pouvoir absolu et sans appel*, les intérêts du couvent deviennent leur unique occupation, leur seule pensée. Les sentimens tendres ne paraissent, quand ils paraissent, qu'après vingt-cinq ans, lorsque ces ames soupçonneuses sont lasses du despotisme, et souvent à cette soif inextinguible du *pouvoir*, on sacrifie ce sentiment étiolé que par amour-propre, et pour se croire une femme complète, on appelait amour. On croyait aimer un jeune homme courageux, simple, d'un noble caractère ; mais il est lieutenant, et pour avoir la chance de devenir capitaine, il brûle d'aller en Afrique et de planter là sa noble maîtresse.

— Lyon, le 29 mai.

On a établi le musée sur la place des Terreaux, dans le palais de Saint-Pierre ; grand bâtiment sans physionomie, et qui pourtant était admirablement situé pour en avoir une : il imite gauchement l'architecture italienne. Notez qu'au dix-septième siècle, à l'époque où il fut élevé, Lyon était rempli de négocians florentins. Jadis ce lieu fut occupé par un monastère de religieuses, lequel fut rebâti pour la première fois par la reine Teudelinde, au quatrième siècle ; ruiné deux ou trois fois depuis, et enfin reconstruit au dix-septième siècle. La façade, fort incorrecte et surtout fort plate, présente deux ordres d'architecture en pilastres, le dorique et le corinthien, et un troisième en attique. La balustrade qui surmonte l'entablement, et qui se détache sur le ciel, est peut-être ce qu'il y a de mieux; elle fait un tout de ce vaste édifice. Il est imposant par sa *masse*, grande ressource des barbares et des sots en architecture. Il n'en est pas moins vrai que, par une journée de beau soleil comme celle d'aujourd'hui, le palais de Saint-Pierre a ce *sombre* qui me charmait en Italie.

Au milieu de la cour, sarcophage antique dont on a fait une fontaine, saules pleureurs passables. Deux paons se promènent au soleil en faisant la roue. Mais, malgré leur vanité, ils sont exempts de l'affectation provinciale; ils me plaisent et je les regarde long-temps. Champfort revenant de Versailles regardait avec plaisir un chien qui rongeait un os.

Autour de cette cour spacieuse, dont les paons occupent le centre, règne un portique commode. C'est là qu'on voit l'autel et la célèbre inscription du *Taurobole* qui, je le crains, n'intéressera pas le lecteur autant que moi. Le taurobole était un des mystères les plus singuliers du culte païen. Comme vous savez, une religion, pour avoir des succès durables, doit avant tout chasser l'ennui; de là les *Renewals* des Etats-Unis.

En 1705, on trouva sur la montagne de Fourvières, dans l'ancien *Lugdunum*, ce bel autel sur lequel on lit la curieuse inscription relative à un Taurobole, offert, l'an 160 de J.-C., pour la santé de l'empereur Antonin-le-Pieux. Voici ce qui se pratiquait :

On creusait une grande fosse où descendait le prêtre; il avait une robe de soie et une couronne sur la tête. On immolait la victime dont le sang arrosait le prêtre; il devait se retourner pour le recevoir sur toutes les parties du corps. Cela fait, chacun se prosternait devant lui, et ces habits ensanglantés étaient conservés avec un respect religieux. Certaine partie du taureau était placée dans un lieu particulier. Cette cérémonie doit être d'une origine bien ancienne, elle respire, ce me semble, cette énergie féroce qui convient à la religion des peuples jeunes encore; le *Taurobole* était une expiation, une sorte de baptême de sang, que l'on renouvelait tous les vingt ans.

L'autel de Lyon est le plus beau monument de ce genre, c'est ce qui m'a engagé à transcrire ici tout ce que le lecteur vient de lire. Cet autel a trois faces: la principale présente une tête de taureau parée de bandelettes, laquelle partage l'inscription en deux. La seconde face a un crâne de bélier; la troisième l'épée *taurobolique*, faite comme celle de Persée.

Voici l'inscription traduite; c'est comme une formule de prière :

« Pour le taurobole de la grand'mère des
» Dieux, Idéenne, Dindyméenne, qui a été fait

» par l'ordre de la mère divine des Dieux, pour
» la conservation de l'empereur César Titus
» Ælius Hadrien Antonin-le-Pieux, père de la
» patrie, pour celle de ses enfans et de l'état de
» la colonie de Lyon. Lucius Æmilius Carpus,
» Sextumvir Augustal et Dendrophore a recueilli
» les forces du taureau [1], les a transportées du
» Vatican, et a consacré l'autel et le bucrâne à
» ses dépens, sous le sacerdoce de Quintus Sam-
» mius Secundus, orné, par les Quindécimvirs,
» d'un occabe et d'une couronne, auquel le très
» saint ordre de Lyon a décerné le sacerdoce
» perpétuel, sous le consulat d'Appius Annius
» Atilius Bradua et de Titus Clodius Vibius Varus.
» Le lieu a été donné par un décret des Décu-
» rions [2]. »

J'ai remarqué deux inscriptions tumulaires en forme d'autel : on a scié un morceau du marbre

---

[1] Les organes sexuels.

[2] Voir Muratori, Blanchini, Mémoires de Trévoux 1705, pag. 652, Montfaucon, Maffei, Ph. A. Turre, Tassin, Colonia, de Boze, Brossette, Breval, Millin. J'indique ces auteurs pour les personnes qui seraient curieuses de l'histoire ancienne écrite dans les monumens. Muratori, lorsqu'il ne s'agit pas de Dioclétien, ou de Julien, ou des martyrs mis à mort sous les empereurs, dit la vérité; c'est un homme d'un grand sens, qui s'est donné la peine d'étudier, et qui ne se vend point. N'est-ce pas là la perfection de l'historien moderne ?

de la première, ce qui a emporté la fin des lignes; voici la traduction de ce qui reste.

« Aux mânes et à la mémoire éternelle de Vitalinus Félix, vétéran de la légion... Minervienne, homme très sage et très fidèle marchand de papier, renommé dans Lyon par sa probité, qui a vécu... 8 ans cinq mois et dix jours. Il était né le mardi, il partit pour la guerre le mardi, il a obtenu son congé le mardi, et il est mort le mardi. Son fils Vitalinus, très heureux, et son épouse Julia Nice, lui ont fait élever ce tombeau et l'ont dédié sous l'ascia. »

La seconde inscription, qui est entière, porte :

» Aux mânes d'Æmilius Venustus, soldat de la
» trentième légion victorieuse, pieuse, fidèle, et
» *librarius* (fourrier) de la même légion, tué à la
» guerre; Æmilius Gaius et Venusta ses enfans, et
» Æmilia Afrodisia affranchie, leur malheureuse
» mère, ont eu le soin de faire établir ce monu-
» ment de leur vivant, et l'ont dédié sous l'ascia[1].
» Le chemin libre est réservé. »

Cette dernière ligne indique qu'en cédant le terrain où était placé ce tombeau, le vendeur avait excepté le chemin qui y conduit.

---

[1] Sous la hache ou faucille avec laquelle on avait coupé les prémices de l'herbe, au lieu où le monument a été établi.

J'ai beaucoup examiné le *style*[1] d'un curieux fragment de statue antique, c'est une cuisse de cheval en bronze doré; ce fragment a une histoire que voici.

Depuis long-temps les bateliers et les pêcheurs avaient remarqué dans la Saône, du côté du pont d'Aisnay, une sorte de borne qu'ils appelaient le *tupin de fer*, c'est à dire *le pot de fer rompu*. Les pêcheurs l'évitaient pour ne pas déchirer leurs filets, les bateliers au contraire y accrochaient leurs crocs pour s'aider à remonter la rivière.

Le 4 février 1766, les eaux étant très basses et fortement gelées, un constructeur de barques, appelé Laurent, chercha à arracher le *tupin de fer*. Il se fit aider par un de ses amis. Comme ils n'étaient pas assez forts, ils appelèrent plusieurs portefaix; et à la fin, après l'avoir ébranlée à l'aide d'un câble, ils arrachèrent cette jambe de cheval, qui probablement tenait au corps même du cheval. Ils l'offrirent à un bourgeois de Lyon pour dix-huit livres que celui-ci refusa de donner; alors ils l'apportèrent à l'hôtel de ville, et reçurent deux louis du prévôt des marchands.

Il est singulier qu'on n'ait pas eu l'idée de

---

[1] Par le *style* ou la façon de rendre l'attache des muscles, et leur renflement, les veines, etc., on peut souvent déterminer l'époque d'une statue, à cinquante ans près.

fouiller en cet endroit, où souvent l'été la rivière est fort basse. On pourrait employer un bâtardeau et une petite pompe à vapeur.

Le bronze doré de ce fragment peut avoir une ligne d'épaisseur, l'intérieur a été rempli avec du plomb. Le bronze n'est pas jeté d'une seule fonte; il est composé de petites parties qui sont taillées en queue d'aronde et s'emboîtent l'une dans l'autre. C'est ainsi qu'est travaillé le bras colossal et du plus beau style que l'on a trouvé récemment dans la *Darse* de Civita-Vecchia, et qui est à Rome au musée du Vatican.

Mais, avant de m'occuper du Taurobole, j'avais couru à la salle où sont exposées les fameuses tables de bronze qui nous ont transmis le discours de Claude au sénat. Elles sont parfaitement placées. Je les considère long-temps avec un enthousiasme ridicule, j'en conviens. Le but du discours de l'empereur Claude était de faire accorder aux Gaulois le droit d'admission dans le sénat (l'an 48 de J.-C.). Ce discours était gravé sur trois tables; il n'en existe aujourd'hui que deux, qui furent découvertes en 1528, sur la montagne Saint-Sébastien.

Or, il faut savoir que Tacite, dans le onzième livre de ses *Annales*, donne ce discours de Claude. J'avais apporté le volume de Tacite avec moi. Le style de l'empereur Claude (car lui-même faisait ses discours ; à Rome tout prince savait écrire) manque de force. Tacite en a suivi tous les mouvemens, mais, comme on pouvait s'y attendre, il lui a donné de la vigueur et quelques teintes d'une sombre énergie.

Ainsi l'on peut penser que, du temps de Tacite et de Tite-Live, la mode était de chercher à donner les discours *réels* prononcés par les princes et les généraux ; seulement ces grands écrivains les ont embellis et corrigés.

— Lyon, le 31 mai.

J'ai soupé ce soir avec un dandy que j'ai rencontré ce matin, et qu'à Paris je n'appréciais pas assez. Je l'avais jugé sur l'ensemble de son existence, bien vulgaire il est vrai. Paul Brémont a un père en Hollande, je crois, lequel est énormément riche, et paie ses dettes de temps à autre. Ce père lui donne dix mille francs par an, et une tante, plus riche que son père, et qui adore ce neveu, l'a accoutumé à des cadeaux tournés en habitude, qui s'élèvent bien annuellement à vingt-cinq mille francs. Outre tout cela, Paul fait pour dix mille écus de dettes chaque année.

— Vous verrez *Pétrone*, m'a-t-il dit ce matin,

en m'engageant à souper; et nous aurons des femmes agréables, et que nous n'avons pas eu peu de peine à dénicher, je vous jure : les maris mêmes ne sont point trop ennuyeux.

— Et qu'est-ce que Pétrone?

— Vous verrez; c'est un ami que j'ai depuis quelques mois.

En effet j'ai vu Pétrone : c'est bien l'homme le plus commode du monde, c'est l'idéal du valet de chambre. Il se fait appeler le chevalier de Saint-Vernange, nom qu'il a pris sans doute dans quelque vaudeville. Saint-Vernange a trente ans; c'est le plus bel homme qu'on puisse voir : il a accroché la croix dans la garde nationale, je pense; du reste, il est brave, comme si cette chose nommée la mort n'existait pas. Mais, ce qui est drôle, on pense qu'il est comme M. de Caylus : *Il n'a point d'ame.* C'est ce qui le rend impayable. On verra peu après la preuve de cette grande vérité.

L'idéal de la vie pour Saint-Vernange, c'est d'assister à un souper gai, avec du vin de Champagne, des femmes aimables et des hommes d'esprit qui font des contes.

Quand Saint-Vernange obtint la croix, il s'appelait Picardin. Naturellement, il a douze cents francs de rente, et il vivotait avec un petit emploi de cent louis dans les bureaux d'une des municipalités de Paris, quand il rencontra Brémont dans un duel. Ils se plurent. Brémont voulait souper trois ou quatre fois la semaine, Picardin arrangeait les soupers. Ce nom parut ridicule à Brémont, et son ami s'appela Saint-Vernange.

Dans une partie de plaisir à la Malmaison, je crois, un roulier insolent cherche à écorcher la calèche neuve de Brémont. Saint-Vernange saute à terre, esquive les coups de fouet du roulier, et le rosse au point de lui faire demander grace. Saint-Vernange était un admirable professeur de *savate*, et n'en avait jamais parlé. A déjeuner Saint-Vernange avait soin de dire à Brémont : Le soleil se couche ce soir à six heures vingt et une minutes. Comme Brémont a des jugemens, sans une nécessité absolue il ne sort pas avant le coucher du soleil.

Brémont part pour Marseille ; Saint-Vernange quitte emploi, famille, s'il en a, et toute affaire sérieuse, pour suivre Brémont qui l'appelle son *Pétrone*, depuis qu'un jour Saint-Vernange s'est embrouillé en voulant citer Pétrone. Jamais ces deux êtres ne se sont dit un mot sérieux. La position de Saint-Vernange s'est faite peu à peu comme les bonnes constitutions, à mesure des besoins. Il fait faire les malles sous ses yeux par les domestiques, paie les comptes, parle aux postillons, et participe à la vie joyeuse du patron. Brémont lui dit : Pétrone, nous partons demain à une heure, après le déjeuner.

On ne dit plus un mot du départ. Le lendemain, à une heure, le déjeuner est interrompu par le fouet des postillons. Saint-Vernange dit : Ce séjour a coûté trois cent quatre-vingt-deux francs. Brémont ne l'écoute pas ; en montant en voiture, Brémont dit : *A Bagnères de Luchon,* ou *à Dieppe* : et l'on part.

Saint-Vernange est original et brillant dans une partie de plaisir ; il cause et a des saillies ; il conte à ravir les anecdotes les plus gaies. Voit-il que Brémont a envie de parler et de briller lui-même, il n'ouvre plus la bouche.

Un jour de pluie, après déjeuner, Brémont dit : *Je m'ennuie.*

— Vous vous trompez, reprend Saint-Vernange avec vivacité, seulement vous vous amusez sans le savoir. On sort, et Saint-Vernange invente toujours quelque chose. En désespoir de cause, il accroche le tranquille cabriolet d'un campagnard, dont la mine suffisante promet une dispute agréable. Si la discussion tourne au sérieux, Saint-Vernange se bat. L'*unique* de cette association, et que j'ai bien regardé, c'est que jamais Saint-Vernange ne jouit intérieurement de l'embarras du patron, il sent exactement comme son ami.

—Voici qui est incroyable, dit celui-ci; quand je veux savoir ce que je pense, je le demande à Pétrone; et voilà pourquoi il est la moitié de ma vie. Saint-Vernange appelle Brémont *le patron*. Devant le monde comme en particulier, sa manière est absolument la même; Brémont, de son côté, le traite comme un frère cadet.

Saint-Vernange racontait ce soir qu'à ce dernier voyage le *patron* allait rapidement de Rotterdam à Marseille; il ne s'arrêtait que vingt-quatre heures à Paris, et pour cause : plusieurs créanciers avaient des jugemens contre lui.

Comme ils passaient sur le boulevart, Saint-Vernange lui dit : —Voici M. Joyard, le plus récalcitrant de nos usuriers; voulez-vous que je m'en empare?

— Non pas, dit Brémont, il nous a vus, et vous allez convenir que je suis aussi habile que vous.

Brémont va au devant de M. Joyard, lui serre la main avec empressement, et lui dit : Mon père vous a-t-il payé?

Etonnement du Joyard.

— Comment, vous ne savez pas? Mon père s'est réuni à ma tante et paie radicalement toutes mes dettes; grande réconciliation. Mais je réfléchis, c'est quinze mille francs que je vous dois, n'est-ce pas? Je n'ai pas confié à mon père le montant exact de cette dette. Donnez-moi cinq mille francs, et vous vous ferez rembourser vingt mille francs au lieu de quinze.

On entre dans un café; l'usurier compte quatre billets de mille francs, Brémont signe une lettre de change de cinq mille, et on se sépare bons amis. Saint-Vernange était heureux en nous racontant ce beau trait. — Que sont auprès de cela tous les tours plus ou moins plaisans que j'aurais pu jouer à cet homme? Figurez-vous son entrevue avec M. Brémont père qui est venu passer huit jours à Paris pour voir la divine Elssler, et qui ne songe ni à son monstre de fils ni à payer ses dettes.

Rien ne peut désunir Brémont et Saint-Vernange. Dans le voyage en Espagne, Saint-Vernange a eu les bonnes fortunes les plus extraordinaires. Il faut convenir qu'il est admirablement bien fait; grand, leste, hardi, des cheveux blonds, la figure la plus douce et la plus aimable. Qui le croirait un tel monstre? Il ne connaît pas plus la peur que le sentiment.

Quand j'ai l'honneur d'embrasser ces belles dames, disait-il à Brémont, je ne puis penser qu'aux beaux diamans qui forment leurs pendans d'oreilles.

— Dans tout ce voyage d'Espagne, ajoute Brémont, nous faisions la cour à une dame; Pétrone plaisait, et dès le troisième jour, régulièrement, j'étais éconduit; mais il s'arrangeait bientôt pour avoir un rendez-vous dans l'obscurité, et ce n'était pas lui qui s'y présentait.

Dites-nous, Pétrone, combien de fois vous êtes-vous battu en Espagne?

— Trois fois; mais de petits duels à l'épée, peu dangereux.

— Et sur les trois fois, reprend Brémont, il s'est battu deux pour moi; rien de plus commode.

J'ai compris que c'est Saint-Vernange qui tient la bourse. Brémont ne lui permet de lui parler argent que le premier et le quinze de chaque mois; alors, comme ils disent, *on fait la caisse:* c'est un jour malheureux.

[Hélas! depuis le souper de Lyon les choses ont bien changé. Rien n'a jamais troublé la singulière amitié de Saint-Vernange et de Brémont. Celui-ci a enfin hérité de sa tante de Rotterdam; il s'agissait de soixante-dix ou quatre-vingt mille livres de rente. Il prend un passeport pour Paris, donne un admirable souper pour célébrer la bien-venue de l'héritage et prendre congé de ses amis de Hollande. A la fin du souper, il se plaint d'un mal à la tête; deux heures après il n'était plus.

Le pauvre Pétrone désolé a envoyé chercher le juge, a fait mettre le scellé partout et a disparu. On le dit dans un couvent de trappistes, il en sortira bientôt. Le père de Brémont, qui hérite, a trouvé vingt-trois mille francs dans le portefeuille de son fils, et tous ses bijoux à leur place.]

— Lyon, le 1ᵉʳ juin 1837.

Je suis allé à Saint-Etienne par le chemin de fer [1]; mais en vérité je ne puis dire autre chose de cette ville, sinon que j'y ai vendu deux mille cinq cents francs payables en marchandises une créance de quatre mille que je croyais absolument sans valeur.

On vendait les effets d'un pauvre homme qui a fait banqueroute (chose fréquente en 1837, c'est le contre-coup de l'abus des billets de banque en Amérique). J'ai acheté une fort bonne carte des montagnes de France. Système de M. de Gasparin.

Par bonheur, j'ai rencontré à Saint-Etienne un

---

[1] L'imprudence et l'étourderie françaises amènent la mort d'une quantité étonnante de pauvres diables sur ce chemin de fer. Chaque semaine il y a des accidens. Ce serait une addition curieuse à faire.

de mes camarades des colonies; il est sur le point d'épouser à Paris la fille d'un riche d....., qui lui apporte en dot une fort belle place à Melun ou à Beauvais, mais il faut colorer ce brillant avancement par une espèce d'apprentissage, et on l'a envoyé avant le mariage passer six mois à Saint-Etienne.

Cette ville, me dit-il, offre sans doute une collection de gens vertueux, de bons citoyens, d'excellens pères de famille, et surtout de négocians fort actifs; mais au milieu de tant de perfections, j'ai failli être déshonoré pour deux actions graves : j'ai porté des gants jaunes, et une fois, à la promenade, j'avais une rose à ma boutonnière. A la suite de ces deux écarts je m'aperçus d'un refroidissement singulier dans les amitiés que j'avais inspirées.

Pour tout divertissement dans la ville il y a un *cercle;* mais il ferme à huit heures, et à neuf tout le monde est couché. On n'aime point dans la société de Saint-Etienne les hommes non mariés, et, pour être toléré, j'ai dû donner des détails sur mon compte et annoncer mon prochain *établissement.*

— Hé bien! mon ami, ai-je répondu, c'est tout simplement une ville anglaise. Dieu nous préserve de devenir plus industriels que nous ne le sommes. Le commerce nous conduirait aux *mo-*

meries de Genève, puis aux *Renewals* et au fanatisme de Philadelphie. Le Français est excessif en tout. Si d'Aubigné et le duc de Rohan l'eussent emporté sous Henri IV et Louis XIII, nous devenions des fanatiques. Pour une pauvre femme qui s'ennuie en l'absence de son mari, ne vaut-il pas mieux aller au sermon que n'aller nulle part, et avoir peur de l'enfer que faire nicher des canaris?

Nous comprenons qu'à Saint-Etienne on est terriblement jaloux d'une pauvre petite ville, Montbrison, je crois, qui a le préfet, le général, et les autres belles choses qu'entraîne la qualité de capitale du département. Saint-Etienne, qui n'avait que vingt-quatre mille habitans en 1804, en compte trente-quatre mille aujourd'hui, et bientôt arrivera à cinquante, c'est en ce genre la rivale du Havre. Saint-Etienne a été créée par la houille, qu'elle transforme en armes, en *eustaches* et en rubans de soie. Les rues sont larges et noires comme en Angleterre. Un torrent magnifique, nommé Furens (le furieux), traverse la ville, et fait mouvoir cent usines.

Il faudrait, au milieu de la grande rue de Roanne, une belle statue de bronze à laquelle on donnerait le nom de quelque industriel héroïque s'il y en a, ou du brave Etienne, le tambour d'Arcole. Ce serait une belle chose qu'une statue héroïque élevée à un simple tambour; elle parlerait au peuple [1]. Cette statue ferait mieux si elle était nue, en costume héroïque; car ici l'imagination est étouffée par la réalité, et quelle réalité ! Les Génois, les Florentins, les Vénitiens, négocians aussi, faisaient peindre à fresque le devant de leurs maisons. Voir encore aujourd'hui la place des *Fontaines amoureuses* à Gênes.

— Lyon, le 2 juin.

Le voisinage de l'Italie, avec laquelle les Lyonnais ont depuis si long-temps des relations fréquentes à cause de la soie (*voir* les Mémoires de Cellini), n'a point ouvert leur esprit aux choses des beaux-arts. Un accident heureux, un incendie, je crois, les avait débarrassés de leur grand théâtre, énorme et lourd édifice du siècle de Louis XV; il est placé tout contre leur hôtel de ville, qu'il étouffe. C'est un lieu où l'on n'y voit pas clair en plein midi, témoin le cabinet littéraire où je lisais les journaux il n'y a pas une heure Il fut question de bâtir une autre salle de spectacle. On propose des emplacemens fort raisonnables, par exemple celui des Boucheries, vers la Saône. Point : on préfère l'ancienne place, et la ville est à jamais enlaidie.

[1] Etienne, mort à Paris le 1er janvier 1838.

L'Italie, à deux pas de Lyon, offre quatre cents modèles de théâtres tout faits et de toutes grandeurs, depuis le théâtre de Côme jusqu'à celui de Gênes. Cette sorte *d'épure* est préférable à un plan. Mais les bourgeois de Lyon se gardèrent bien d'aller voir le théâtre de la *Fenice*, à Venise, ou le théâtre neuf de Brescia, ou le théâtre de la Scala. Pour comble de ridicule, un homme grave prétendait hier, dans une maison où j'ai passé la soirée, que certaines gens ont beaucoup gagné dans la reconstruction de la salle de spectacle; mais dans le midi on lance cette accusation à propos de toutes les grosses sommes dépensées par le gouvernement ou les villes : c'est encore de l'envie. On a dit ce soir que de 1814 à 1830 les jésuites ont régné à Lyon; ils faisaient rapidement la conquête de tous les fonctionnaires publics, et si quelque imprudent leur résistait, il était bien vite renvoyé.

Je ne connais qu'une chose que l'on fasse très bien à Lyon, on y mange admirablement, et, selon moi, mieux qu'à Paris. Les légumes surtout y sont divinement apprêtés. A Londres, j'ai appris que l'on cultive vingt-deux espèces de pommes de terre; à Lyon, j'ai vu vingt-deux manières différentes de les apprêter, et douze au moins de ces manières sont inconnues à Paris.

A l'un de mes voyages, M. Robert, de Milan,

négociant, ancien officier, homme de cœur et d'esprit, acquit des droits éternels à ma reconnaissance, en me présentant à une société de gens qui savaient dîner. Ces messieurs, au nombre de dix ou douze, se donnaient à dîner quatre fois la semaine, chacun à son tour. Celui qui manquait au dîner payait une amende de douze bouteilles de vin de Bourgogne. Ces messieurs avaient des cuisinières et non des cuisiniers. A ces dîners, point de politique passionnée, point de littérature, aucune prétention à montrer de l'esprit; l'unique affaire était de bien manger. Un plat était-il excellent, on gardait un silence religieux en s'en occupant. Du reste, chaque plat était jugé sévèrement, et sans complaisance aucune pour le maître de la maison. Dans les grandes occasions, on faisait venir la cuisinière pour recevoir les complimens, qui souvent n'étaient pas unanimes. J'ai vu, spectacle touchant, une de ces filles, grosse Maritorne de quarante ans, pleurer de joie à l'occasion d'un canard aux olives; soyez convaincu qu'à Paris nous ne connaissons que la copie de ce plat-là.

Un tel dîner, où tout doit être parfait, n'est pas une petite affaire pour celui qui le donne; il faut être en course dès l'avant-veille: mais aussi rien ne peut donner l'idée d'un pareil repas. Ces messieurs, la plupart riches négocians, font très bien une promenade de quatre-vingts lieues pour aller acheter sur les lieux tel vin célèbre. J'ai appris les noms de trente sortes de vins de Bourgogne, le *vin aristocratique par excellence,* comme disait l'excellent Jacquemont. Ce qu'il y a d'admirable dans ces dîners, c'est qu'une heure après on a la tête aussi fraîche que le matin, après avoir pris une tasse de chocolat.

Lyon abonde en poissons, en gibier de toute espèce, en vins de Bourgogne; avec de l'argent, comme partout, on y a des vins de Bordeaux excellens, et enfin Lyon possède des légumes qui réellement n'ont que le nom de commun avec ces herbes insipides que l'on ose nous servir à Paris.

M. Robert, ancien capitaine de l'armée d'Italie de 1796, ne savait pas seulement faire fortune, il inventait des idées plaisantes; par exemple, en me présentant à ces hommes admirables qui savent si bien vivre au milieu de la morosité actuelle, il me donna un rôle sans m'en avoir prévenu, et sut si bien mentir sur mon compte, que, malgré mon ignorance, je ne déplus pas trop, et je m'amusai comme un fou en soutenant ses mensonges. Il fallait vaincre ou périr.

Plusieurs fois j'eus l'honneur d'être invité. Je dois à ces messieurs de pouvoir louer quelque chose en ce pays, sans restriction.

En général, après dîner on allait voir jouer

à la boule aux Brotteaux; nous longions le quai Saint-Clair. Puisque je nomme de nouveau ce quai, il faut pourtant que je le loue. Le Rhône, fier, rapide, majestueux, peut être large comme deux fois la Seine au Pont-Neuf, mais il a une tout autre tournure. Une ligne de belles maisons à cinq ou six étages, exposées au levant, mais par malheur bâties sous Louis XV, borde la rive droite du fleuve, en laissant toutefois un quai magnifique et garni en beaucoup d'endroits de deux rangées d'arbres; l'autre rive, du côté du Dauphiné, n'a jusqu'ici que quelques petites maisons fort basses, et dont les jardins sont bordés par de grands peupliers d'Italie, arbres sans physionomie. Ces maisons et ces arbres ne gâtent point trop la vue. Au delà on aperçoit une plaine peu fertile, plus loin les sommets des montagnes du Dauphiné, et à quarante lieues, sur la gauche, au milieu des nues, un petit *trapèze* couvert de neige, c'est le Mont-Blanc. On peut juger de la pureté de l'air qu'on respire dans ces maisons, qui ont la vue du Mont-Blanc! On est tout à fait à la campagne, et pourtant au centre de Lyon.

Cette vue du quai Saint-Clair est assurément vaste et imposante. Les trottoirs garnis d'arbres, qui courent le long du Rhône, ont une lieue d'étendue. Pour trouver quelque chose à comparer à ceci, il faut songer à la vue que l'on a des maisons situées, à Bordeaux, sur le quai de la Garonne et dans les environs des allées d'arbres qui ont succédé au château Trompette. Le Rhône est un fleuve trop sauvage pour avoir des bateaux. La Garonne a des vaisseaux arrivant tous les jours de Chine ou d'Amérique avec la marée; et d'ailleurs, à une lieue par delà la rivière, la vue s'arrête sur une colline admirable et couverte d'arbres, dont plusieurs sont forts grands. Nous avons passé en promenant devant un petit hôtel situé sur les bords du Rhône, près de la barrière par laquelle on sort pour aller à Genève.

— Ah! c'est la maison de la pauvre madame Girer de Loche, a dit un de ces messieurs. Curiosité de ma part en remarquant l'air attendri du dîneur qui parlait; questions : voici la longue réponse :

Madame de Loche était une jeune veuve, riche, jolie, aimable. Elle avait perdu à dix-neuf ans un mari qu'elle avait épousé par amour. Elle en avait vingt-cinq et résistait depuis six ans à tous les hommages, lorsqu'elle alla passer l'automne au fameux château d'Uriage, près de Grenoble.

Au retour, elle quitta son magnifique logement rue Lafont, pour venir habiter ce petit hôtel, dans un quartier éloigné, et encore elle ne le loua pas tout entier. Elle ne prit que le premier étage. Un mois après, un jeune Grenoblois, qui avait un procès à suivre à Lyon, cherchait un logement bon marché, et s'accommoda du deuxième étage de la maison dont le premier était occupé par la belle veuve. Il allait souvent à Grenoble: il revint d'un de ces voyages avec deux ou trois domestiques, qui appartenaient, disait-il, à sa mère, et qui avaient l'air fort gauche.

C'étaient des maçons, qui, en trois jours qu'ils passèrent à Lyon dans l'appartement du jeune homme, lui firent un escalier commode masqué par une armoire, et à l'aide duquel il pouvait descendre incognito chez madame Girer. On remarqua que, par une bizarrerie non expliquée, le jeune Dauphinois loua toute la diligence pour ces trois domestiques de sa mère, et les accompagna jusqu'en Dauphiné, il ne revint que le lendemain. Le procès prétendu dura long-temps; ensuite le jeune homme trouva des prétextes pour rester à Lyon. Il prit le goût de la pêche, et pêchait souvent dans le Rhône sous les fenêtres de la maison qu'il habitait.

Pendant les cinq premières années qu'a duré cette intrigue, jamais elle ne fut soupçonnée. La dame était devenue plus jolie, mais en même temps fort dévote; puis elle s'était plainte de sa santé, et vivait beaucoup chez elle. Le monsieur allait présenter ses devoirs à cette belle voisine une fois tous les ans, vers Noël. Lui-même passait pour dévot.

Cependant la dernière année, qui était la sixième de ce genre de vie, on commença à soupçonner qu'il pouvait bien y avoir quelque intelligence entre les deux voisins ; on prétendit, dans la maison, que la dame écrivait souvent au jeune Dauphinois : lui, si rangé autrefois, ne rentrait plus le soir qu'à des heures indues. Vers l'automne, il partit pour Grenoble comme à l'ordinaire; mais il ne revint plus, et l'on apprit qu'il s'était marié. Il avait même épousé la fille d'un riche juif, qui avait un nom si ridicule que je n'ose le répéter.

La dame fit venir des ouvriers de Valence qui exécutèrent de grands changemens dans son appartement. Elle avait l'air fort malade. Elle se fit conseiller l'air du midi, et s'embarqua sur le bateau à vapeur, puis s'établit à la Ciotat; mais un mois environ après son arrivée dans cette petite ville, on la trouva asphyxiée dans sa chambre. Elle avait brûlé son passeport et démarqué son linge.

La justice fit interroger les ouvriers de Valence: ils déclarèrent que la dame les avait employés à détruire un escalier qui montait au second étage de la maison qu'elle habitait, et devant laquelle nous venions de passer.

— Lyon, le 3 juin.

Le soleil est resplendissant, la chaleur accablante ; je consacre cette journée aux tableaux, et j'entre au palais Saint-Pierre.

Je commence par la grande salle : elle est mal éclairée, le jour vient d'en haut et des deux côtés ; on ne sait où se placer. Ces architectes de province sont réellement incompréhensibles, les choses de simple bon sens leur manquent net.

Je demande la permission de donner une simple liste de mes sensations ; si j'entreprenais de les arranger en phrases, elles occuperaient six pages de plus, et, je le crains, déplairaient davantage au lecteur qui sent peut-être d'une manière tout opposée à la mienne. Un de mes voisins de campagne, infiniment plus riche et plus distingué que moi, préfère bien les tableaux de Mignard à ceux de Michel-Ange. Il abhorre le *Jugement dernier;* ce sentiment est sincère et partant respectable.

Je débute par quatre mosaïques antiques d'une belle conservation, découvertes dans les environs de Lyon. — Très-bon buste d'homme, antique, grand caractère, trouvé dans le Rhône.

Plusieurs vastes armoires, remplies de statuettes antiques en bronze, de bustes, d'armes, d'idoles, lampes, boucliers, etc. Plusieurs de ces objets sont fort curieux ; mais le voyageur passe sans connaître leur mérite; l'affiche est nécessaire même ici. On devrait leur passer au cou une petite notice écrite sur une carte à jouer ; il faudrait conserver la plupart du temps la forme dubitative : *Il paraît que, etc., on peut supposer que, etc.*

C'est le hasard *tout seul* qui fait faire des découvertes d'antiquités dans les environs de Lyon, ville si importante pour les Romains, que l'empereur Auguste habita trois ans, etc. Si jamais l'on cherche avec intelligence, sans doute l'on trouvera. Mais ce pays est fait pour s'occuper des métiers à la *Jacquart*.

1° *Adoration des Mages,* par Rubens, tableau capital ; c'est le genre éclatant et plein de verve de la *Descente de Croix* d'Anvers, inférieur à celui-ci pourtant; provient du musée Napoléon.

En 1807, 1808 et années suivantes, le musée Napoléon qui était encombré de tableaux versa son trop plein dans plusieurs musées de province. En 1815, l'ennemi n'eut pas le temps de recueillir les tableaux qui se trouvaient à cent lieues de Paris. Il était pressé; il craignait de voir les Français se réveiller de leur sot étourdissement, et former des guérillas. C'est ainsi que plusieurs des tableaux, fruits des victoires de 1796, sont restés dans les départemens.

Dans ce Rubens, vigueur, coloris brillant, fougue de composition admirables. C'est un des beaux ouvrages du maître.

2° *Adoration des Mages* de *Paul Véronèse*. Beauté des têtes, sérieux du regard sans *fâcherie*, qu'on ne trouve que chez les peintres italiens. Tableau très bien conservé et qui plaît à l'œil; belles couleurs de l'école de Venise; non-fraîcheur quelquefois exagérée de Rubens. Le Flamand donne à une jambe de vieillard le coloris rosé que présente quelquefois le bras d'une jeune fille.

3° *La Circoncision* par le Guerchin; l'un des meilleurs de la collection. Nappe blanche sur la table où l'on pose l'enfant; effet de clair obscur un peu cherché, un peu grossier si l'on veut, mais qui enchante le spectateur badaud. On reste là cinq minutes.

Une telle supériorité d'exécution enlève toutes les objections; j'ai eu un plaisir vif à voir cette nappe. Voilà la supériorité de la couleur et du clair-obscur sur le dessin. Le musée du Louvre ne possède aucun tableau du Guerchin du mérite de celui-ci, il me rappelle le *Saint Bruno* de Bologne. Je ne trouve à lui opposer à Paris que le *Saint Bruno* de madame de ***.

4° Un magnifique Pérugin venant, je crois, de

Foligno, donné par le pape Pie VII à la ville de Lyon,

« *In attestato di grata ricordanza dell' accoglimento
» fatto a Sua Santita, in Lione.* »

Ces mots sont écrits sur le cadre : Lyon, la ville *croyante par excellence*, ne méritait pas moins. En 1815, au retour de Gand, le comte de Damas commandait à Lyon ; jadis, dans les bons jours, ce général avait commandé une des divisions de l'armée napolitaine, celle qui se vantait si haut de délivrer Rome, et qui se fit battre par Championet, ce me semble. Il écrivit au pape pour obtenir ce tableau vivement redemandé par Canova, l'*emballeur* de sa sainteté. Pie VII répondit favorablement, et la phrase ci-dessus se trouve dans la lettre de l'aimable cardinal Consalvi.

Ce Pérugin est un peu pâle, un peu sec. Les anges adorent le Saint-Sacrement. Ces anges, qui ressemblent à de jeunes Allemandes, douces, blondes, un peu fades, sont à genou dans les airs autour de la sainte hostie. Il y a quelques têtes charmantes. C'est l'un des tableaux de ce maître où l'absence de pensée se fait le moins remarquer, donc un de ses chefs-d'œuvre.

5° Autre Pérugin, *Deux saints* peints sur une porte de tabernacle.

6° Plusieurs saints et le Christ au milieu d'eux, belle esquisse ou tableau non terminé (musée Napoléon).

7° *André del Sarto*, le Sacrifice d'Abraham, et

8° *Palma Vecchio*, la Flagellation; deux honnêtes médiocrités. (M. N.)

9° Deux Jouvenet; le Christ chassant les vendeurs du temple passe pour le meilleur ouvrage de ce peintre (M. N.). Cela me fait l'effet d'une esquisse grossière, mais vraie et gaie.

10° Jolie tête de jeune homme attribuée à Rembrandt (à tort, mais agréable).

11° Plusieurs *Stella* passables. Quand on est à Lyon il faut vanter Stella et Camille Jordan.

12° Rubens. Saint Dominique et saint François protègent le genre humain contre Jésus-Christ qui veut le punir. Jésus-Christ presque nu tient la foudre : on le prendrait pour un Jupiter furieux; il va réduire la terre en cendres. La Vierge, belle Flamande, fraîche et dodue, intercède et lui montre assez inutilement le sein qui l'a nourri. Dans un coin du tableau, le père éternel, enveloppé dans un grand manteau rouge, paraît regarder ce qui se passe sans grand intérêt. Un groupe de saints et de saintes s'incline et demande grace. Mais saint François et saint Dominique ne s'abaissent point à de vaines prières, ils étendent, l'un sa robe, l'autre sa main devant la terre, qui est figurée par un beau globe bleu. Ils ont l'air de dire à Jésus-Christ : lance la foudre si tu l'oses ! La donnée est comique. Des saints traiter le bon Dieu comme un enfant en colère ! Mais le sujet était donné par le couvent qui payait le tableau. (C'est ce qu'il faut toujours se rappeler en présence des tableaux antérieurs à 1700.)

Il faut admirer ici la composition, l'harmonie des couleurs, la vérité et la vie de tous les personnages. Les têtes de saint François et de saint Dominique ne manquent pas d'une certaine noblesse de bourgmestre flamand. Il est impossible de voir un tableau plus splendide, plus riche de tons. Il semble avoir été fait à coups de balai; et cependant les étoffes et les chairs sont admirablement rendues.

Ce matin, par un beau soleil, je passais devant une boucherie très proprement tenue, située en plein midi sur la place de Bellecour, des morceaux de viande bien fraîche étaient étalés sur des linges très blancs.

Les couleurs dominantes étaient le rouge pâle, le jaune et le blanc.

Voilà le *ton général* d'un tableau de Rubens, ai-je pensé.

13° Un grand nombre de tableaux de l'école dite de Lyon. Il y a trente ans que ces messieurs se sont avisés d'avoir une école. Laurent, Revoil, Bonnefonds, voilà les fondateurs. M. Bonnefonds, actuellement directeur du musée, l'emporte ce me semble sur ses rivaux. Le style de l'école est dur, sec, froid, sans agrément et surtout maniéré au possible. M. Revoil nous présente toujours la même figure de femme, qui a toute la grace empesée d'une lithographie.

14° Assez bon portrait de M. *Jacquart* par Bonnefonds.

15° Excellent portrait de *Mignard* par lui-même.

16° Guillaume III, roi d'Angleterre, peint par David *Van Heenn*. Bon et curieux ; tête pleine de finesse et de caractère. Digne rival de la nation créée par Richelieu, et non de son chef nominal Louis XIV.

17° Charmant Pierre de Cortone. J. César répudie sa femme *Calpurnia*.

18° Le baptême du Christ *attribué* à Louis *Carrache*. (Médiocre.)

On vient d'ouvrir tout récemment la galerie des *plâtres* et *bustes*.

Le local est fort bien, vaste, convenablement éclairé et décoré. J'y ai vu les plâtres d'un grand nombre de statues antiques. Que de secours pour l'instruction des jeunes gens qui auraient le feu sacré, mais il n'est plus de feu sacré. On a rassemblé en ce lieu les bustes en marbre des hommes les plus remarquables nés à Lyon : Jussieu, Jacquart, Chignard, sculpteur, Stella, Delorme, Grognar. J'ai cherché vainement Ampère et Lémontey. Ce dernier passe peut-être pour indévot, grand crime en cette ville.

On venait de recevoir par le roulage, sans lettre d'avis aucune, une vingtaine de tableaux sans cadres, que l'on avait empilés sur le parquet de cette salle. Ils sont adressés au maire de Lyon; mais par qui et pourquoi? c'est ce que l'on ignore.

Ma curiosité était vivement excitée. J'ai obtenu de voir ces toiles, et il ne m'a pas été difficile de reconnaître de fort bons tableaux des écoles de Bologne et de Venise. Comment a-t-on pu faire un pareil cadeau à la ville de Lyon?

De tous ces tableaux, celui qui m'a le plus frappé est une *Descente de Croix*, que je croirais d'Annibal Carrache.

Le terrible devoir de voyageur m'a conduit à l'exposition que l'on vient d'ouvrir au profit des ouvriers lyonnais. J'y ai revu les admirables *Pêcheurs*, de Léopold Robert; un magnifique tableau sur porcelaine, de Constantin; le *Passage de la Bérésina*, de Charlet. Un de mes voisins n'a pas manqué de s'écrier : Les abbés ne furent jamais favorables à l'empereur. Ce qui a eu beaucoup de succès. Le reste des tableaux m'a semblé encore plus outré, plus loin de la nature, plus emphatique et plus faux que les articles de littérature qui pullulent dans les journaux de province.

Le lendemain de ma visite au musée, j'ai appris que ces tableaux, dont la présence étonnait tout le monde, avaient été envoyés de Rome par M. le cardinal Fesch, toujours archevêque de Lyon et toujours excessivement pieux, comme il l'était avant 1815 à la cour de son neveu. Mais il était digne de lui appartenir par son caractère ferme et inébranlable. Son éminence, qui ne se trouvait pas d'argent comptant lorsqu'elle apprit la misère des ouvriers de Lyon, a fait le sacrifice d'une partie des tableaux de sa collection. Elle désire qu'ils soient vendus, et la valeur distribuée aux ouvriers sans travail. Mais qui diable achètera des tableaux italiens à Lyon ?

— Lyon, le 4 juin.

Une chose m'attriste toujours dans les rues de Lyon, c'est la vue de ces malheureux ouvriers en soie; ils se marient en comptant sur des salaires qui tous les cinq ou six ans manquent tout à coup. Alors ils chantent dans les rues;

c'est une manière honnête de demander l'aumône. Ce genre de pauvres dont j'ai pitié me gâte absolument *la tombée de la nuit*, le moment le plus poétique de la journée ; c'est l'heure à laquelle leur nombre redouble dans les rues. En 1828 et 29, je vis les ouvriers de Lyon aussi bien vêtus que nous, ils ne travaillaient que trois jours par semaine, et passaient gaîment leur temps dans les jeux de boules et les cafés des Brotteaux.

Un gouvernement courageux pourrait exiger du clergé de Lyon de ne pas pousser les ouvriers pauvres au mariage. On agit dans le sens contraire, on ne prêche autre chose au tribunal de la pénitence.

Ces ouvriers de Lyon fabriquent des étoffes admirables d'éclat et de fraîcheur, dans la chambre qu'ils habitent entourés de toute leur pauvre famille. Toute la journée le plus jeune associé des maisons de soieries de Lyon court de chambre en chambre (on compte quinze mille de ces ateliers), et paie ces ouvriers selon le degré d'avancement de leur ouvrage; ce faisant, cet associé gagne six mille francs par an. Lui, sa femme et ses enfans en mangent cinq mille, et ils mettent de côté mille francs, qui, après quarante ans de travail, deviennent cent mille. Alors le père de famille se retire dans quelque maison de campagne, à quatre ou cinq lieues de sa patrie. Mais si au milieu de cette vie si tranquille il survient une émeute, le Lyonnais se bat comme un lion. Cette vie douce, prudente, égale, sans nouveauté aucune, qui me ferait mourir infailliblement au bout d'*une couple d'années*, enchante le Lyonnais. Il est amoureux de sa ville. Il parle avec enthousiasme de tout ce qu'on y voit. C'est ainsi que l'on vient de me conduire à une merveille, c'est une salle située quai Saint-Clair, et où six cents personnes boivent de la bière ensemble tous les dimanches.

Sur la rive gauche du Rhône, Lyon avait en Dauphiné un petit faubourg qui s'appelle la Guillotière, et qui depuis peu est devenu une ville de vingt-quatre mille habitans. Par malheur le Rhône tend à quitter Lyon et à se jeter sur la Guillotière. Il est question depuis vingt ans de faire une digue formidable, mais jusqu'ici l'on n'a pas réussi; sous la restauration les jésuites s'étaient emparés de la direction de cette digue. (Encore les jésuites! s'écrie un de mes amis qui lit le manuscrit. Il a raison, je suis honteux de ces répétitions.) Ces messieurs étaient arrivés à cette affaire comme dirigeant celles de l'hôpital qui a des biens sur l'une et l'autre rive du Rhône. Mais la difficulté dépend de la nature, et l'intrigue n'y pouvait rien, la digue est à faire. On raconte des menées curieuses, mais qui prendraient six pages. Au reste, on m'a dit tant de choses contradictoires et singulières sur l'histoire de la digue du Rhône, que j'aime mieux ne rien spécifier.

La Guillotière s'appuie à de grandes fortifications élevées sur la rive gauche du Rhône vis-à-vis la Croix-Rousse, et la bravoure reconnue des habitans rendrait ce faubourg imprenable, si jamais le roi de Sardaigne venait l'assiéger.

> On ne s'attendait guère
> A voir le nom du roi venir en cette affaire.

Mais croirait-on qu'il y a des gens à Lyon qui veulent faire de ce prince un épouvantail pour leurs concitoyens ?

Anecdote déchirante ce matin.

Le malheur de cette ville le voici : on se marie beaucoup trop à la légère. Le mariage au dix-neuvième siècle est un luxe, et un grand luxe; il faut être fort riche pour se le permettre. Et puis quelle manie de créer des misérables! Car enfin le fils d'un bourgeois, d'un *monsieur,* comme on dit à Lyon, ne se fera jamais menuisier ou bottier. Tant que l'empereur a fait la guerre, on a pu se livrer sans grands inconvéniens à ce goût patriarcal d'avoir des enfans. Mais depuis 1815, donner un état à un jeune homme de seize ans n'est pas une petite affaire, et cet embarras des pères de famille peut fort bien devenir un embarras sérieux pour le gouvernement.

Le plus simple serait d'avoir des prêtres qui fissent un péché de cette manie d'appeler à l'existence des êtres auxquels on ne peut pas donner de pain; mais ces messieurs travaillent dans un sens absolument opposé [1].

Aux États-Unis on se marie imprudemment; mais le jeune Américain a toujours la ressource d'acheter cinquante arpens de forêt avec deux cent cinquante francs, un esclave avec deux mille, des ustensiles de culture et des vivres pour six mois, moyennant mille francs, et après cette petite dépense, lui, sa femme et leurs enfans peuvent aller cacher leur misère dans la forêt vierge qui borde leur pays et en fait toute la singularité. Il est vrai que le défricheur doit être charpentier, menuisier, boucher, et souvent, la première année de son établissement, lui et sa femme couchent à la belle étoile; mais il a la perspective infiniment probable de laisser une belle ferme à chacun de ses enfans.

Comparez à ce sort celui du fils d'un négociant de Lyon, malheureux jeune homme, fort

---

[1] M. l'abbé R. et madame R. à Echir.
Quand on commencera à juger de l'immoralité d'une action *par la quantité de malheur qu'elle produit*, vers 1870, le crédit que cette théorie obtient parmi le peuple, fera horreur.

pieux, sachant le latin, ayant lu Racine, accoutumé à porter un habit de drap fin, et qui à vingt ans, à la mort de son père, se trouve lancé dans le monde avec l'habitude de ce que l'on appelle *les plaisirs* et huit cents livres de rente. Voilà où mène le mariage au dix-neuvième siècle. En France, le paysan seul peut se marier ; sous d'autres noms, il se trouve dans le cas du défricheur américain. Son petit garçon de sept ans gagne déjà quelque chose ; c'est pour cela qu'il ne veut pas qu'on le lui enlève pour lui apprendre à lire.

Mais ces idées sont désolantes.

C'est par une raison semblable que je ne parlerai pas des deux émeutes de 1831 et 1834. Il y eut des erreurs dans l'esprit des Lyonnais, mais ils firent preuve d'une bravoure surhumaine. On m'a prêté par grace spéciale un manuscrit de deux cents pages d'une petite écriture très fine ; c'est une histoire jour par jour et fort détaillée des deux émeutes. Un jour elle paraîtra, tout ce qu'il m'est permis d'en dire c'est qu'elle contredit à peu près tout ce qui a été publié jusqu'ici.

Lorsqu'on se trouve à Lyon avec un homme âgé, *il faut le mettre sur* le fameux siège de 1793. Si les alliés, ennemis de la France, avaient eu l'ombre du talent militaire, ils pouvaient de

Toulon remonter le Rhône, et venir au secours des Lyonnais. Heureusement, à cette époque, les hommes de génie seuls savaient faire la guerre.

Après la prise de Lyon, on conduisait une cinquantaine de Lyonnais attachés par le bras, deux à deux, à la plaine des Brotteaux où on les fusillait. Tout en marchant, un de ces braves gens parvient à délier à moitié son bras droit lié au bras gauche de son compagnon d'infortune.

— Achevez de vous délier, dit-il à voix basse à celui-ci, et à la première rue que nous rencontrerons à droite ou à gauche, sauvons-nous à toutes jambes.

— Que dites-vous là? répond le compagnon indigné, vous allez me compromettre!

Ce mot peint le courage mouton de l'époque, et la petite quantité de présence d'esprit dans les dangers, qu'une civilisation étiolée avait laissée aux Français. Ce n'est point ainsi qu'on en agissait du temps de la Ligue: voir les naïfs et admirables journaux de Henri III et de Henri IV, on dirait un autre peuple.

Ce n'est point ainsi qu'il faudrait en agir si, par impossible, la terreur reparaissait en France. On doit se faire tuer en essayant de tuer l'homme qui vous arrête. Un jeune homme ne se laisserait plus enlever de chez lui et conduire en prison par deux vieux officiers municipaux. Chaque arrestation deviendrait une scène pathétique, les femmes s'en mêleraient ; il y aurait des cris, etc., etc. La mode viendrait de faire sauter la cervelle à qui veut vous arrêter.

Je viens d'entendre ce soir, en me promenant sur les bords de la Saône, un chant provençal, doux, gai, admirable d'originalité. C'étaient deux matelots marseillais qui chantaient en partie, avec une femme de leur pays. Rien ne montre mieux la distance qu'il y a de Paris à Marseille. L'esprit du Français *comprend tout admirablement*, et en musique le porte à exécuter des difficultés ; mais, comme il manque absolument du sentiment musical qui consiste à avoir *horreur de tout ce qui est dur*, et à suivre le rhythme, il se délecte à entendre la musique atroce que je vois applaudir à Lyon.

Un peuple qui peut entendre de telles choses avec plaisir peut se vanter d'occuper une position tout à fait distinguée ; non seulement il ne goûte pas le bon, mais *il aime le mauvais*. En musique le Français n'a d'instinct que pour les contredanses, les valses et les airs militaires. De plus, son esprit le porte à applaudir la difficulté vaincue. Depuis quelques années, il a jugé convenable à sa vanité d'avoir de l'enthousiasme pour Rossini, et ensuite pour Beethoven. J'en conviens, les combinaisons de cette harmonie savante et presque mathématique donnent quelque prise à la *faculté de comprendre*, qui distingue si éminemment le génie français. Il est résulté de là que, deux ou trois ans après avoir affiché un enthousiasme inexprimable pour Beethoven, ce grand compositeur commence réellement à faire quelque plaisir.

Il n'en est pas moins vrai que si les concerts du Conservatoire ou les opéras d'Italie se produisaient *dans une vaste salle*, où tout le monde pourrait trouver une place commode, bientôt il n'y aurait plus de spectateurs.

Le cas est un peu différent pour la peinture; la France a produit Lesueur et Prudhon, et parmi nous Eugène Delacroix : l'on n'y est donc pas totalement privé de quelque lueur de goût naturel pour cet art. On y juge les tableaux un peu par soi-même, quand toutefois l'Académie ne leur ferme pas l'entrée du Louvre. Aussi le *Jugement dernier* de Michel-Ange, tolérablement copié par M. Sigalon, et qu'on a exposé en août 1837, n'a-t-il obtenu aucune espèce de succès. Si le peintre, auteur de la fresque, eût été inconnu, le *Jugement* eût été sifflé. Rien de plus simple; le Français aime les petites miniatures bien léchées et *spirituelles*.

Dans cette même église des Petits-Augustins, où l'on voit un grand homme exposé aux barbares, on a placé, dans un coin, le plâtre d'un buste de Michel-Ange, fait, je pense, vers 1560. Si vous voulez voir la différence des génies français et italien, allez au musée du Louvre ; à six pas de la porte, en entrant, vous trouvez un buste *français* de Michel-Ange. C'est un tambour major qui se fâche. Il est contre le génie des Français de reconnaître l'idée qu'ils se font de Michel-Ange, et *de l'importance qu'il devait se donner,* dans l'homme mélancolique et simple de l'église des Petits-Augustins.

Les Français, qui parlent avec grace de tout ce qu'ils savent et de tant de choses qu'ils ne savent pas, ne tombent dans la sottise que lorsqu'ils font de l'esprit sur la musique. Par un hasard malheureux, c'est au moment où ils dogmatisent le plus hardiment qu'ils donnent les marques les plus claires de leur totale impéritie et insensibilité.

Les Français voient fort bien qu'ils ne *trouvent rien à dire* à la première représentation d'un opéra nouveau ; par vanité ils cherchent à faire leur éducation musicale, mais le sentiment intérieur marque toujours. Les Lyonnais font venir une troupe italienne qui va débuter incessamment. Ils applaudiront les *tenues* trop prolongées de Mme Persiani.

M. de Jo., l'homme de Lyon qui a peut-être la plus grande réputation d'esprit, me disait hier soir d'un air de triomphe : « Je ne conçois pas en vérité la réputation que les Italiens veulent faire à un peintre nommé le Corrège : ça n'est pas dessiné ; toutes ses figures ont le menton long : cela est dans le genre de notre *Boucher*, mais en vérité fort inférieur. »

Tout ce qui était présent applaudit, moi le premier. Ce serait grand dommage de gâter de tels gens de goût, il faut les avoir complets.

Il y a deux absurdités de détail dans les opéras français, même ceux de M. Scribe, cet homme d'esprit. On y parle en *style noble*. Dans le *Philtre* on dit *en ces lieux* pour ici, *il sommeille* pour il dort, avant *le moment nuptial* pour avant le mariage. Ce langage ôte toute sympathie, et tuerait l'effet dramatique, si tant est qu'il y eût quelque chose à tuer. Guillaume Tell est bien pis.

Mais il y a plus, beaucoup de ces malheureux ouvrages sont en vers. Or, comme la musique *répète les mots*, jamais ces vers n'arrivent à l'oreille du spectateur. Ils ne sont là que pour le malheureux Allemand qui lit la pièce. Et d'ailleurs, comment ce que les hommes de lettres appellent *l'harmonie des vers* arriverait-elle à l'oreille à travers *la mélodie* telle quelle de la musique? Que d'absurdités à la fois! C'est un guêpier, et je me perds en osant le dire.

— Lyon, le 7 juin.

Ce matin, je suis allé démontrer les antiquités de Vienne à un officier anglais de mes amis, qui, parce que j'ai vendu du fer en Italie, a la bonté de croire que j'en sais plus que lui. Nous sommes allés fort lestement par le bateau à vapeur, et revenus par la poste.

Dans les voyages, la soirée est le moment pénible ; quand dix heures sonnent, je regrette, je l'avoue, certains salons de Paris où il y a du *naturel*, où *l'argent* et le *crédit auprès des ministres* ne sont pas les dieux uniques (ils sont dieux pourtant). J'ai passé la soirée d'hier fort agréablement avec mon Anglais qui rit quelquefois, c'est le nommer. Les personnes qui le connaissent ne seront point étonnées du respect que j'ai pour ses paroles. Nous avons raisonné sur les guerres futures, qui seront courtes. Après deux campagnes, les chambres des communes, qui paient, ne seront plus en colère, et surtout, quoi qu'on fasse, l'Angleterre ne se mettra jamais en colère contre la France. Quand le sénat de Rome voyait le peuple s'obstiner à demander une réforme raisonnable, il faisait naître une guerre. Les tories voudraient bien imiter cette bonne et vieille tactique ; mais la liberté de la presse dérangerait leurs belles phrases sur l'amour de la patrie, sur le devoir de la venger, etc.

Après ces grandes questions traitées à fond, nous arrivons à de petits détails moins sérieux. « Ce qui nous embarrasse beaucoup en Angleterre, dit mon ami, ce sont les coups de bâton qu'il est d'usage d'administrer aux soldats qui font des fautes.

» Vous savez que les enquêtes parlementaires sont des choses sérieuses parmi nous ; le duc de Wellington, homme dévoué au pouvoir, quel qu'il soit, mais d'un sens profond, et, en son genre, bien meilleur soutien du despotisme que M. de Metternich, a répondu dans l'enquête : « Si vous supprimez les coups de bâton, il faudra faire officiers les soldats qui se conduiront bien, comme cela se pratique en France. Si nos soldats n'ont plus la crainte, il faut leur donner l'espérance, car sans l'un de ces deux mobiles l'homme ne marche pas. »

Jusqu'ici, quand un jeune homme voulait être officier en Angleterre, on lui demandait de prouver qu'il appartenait à l'aristocratie moyenne, en d'autres termes, on lui faisait acheter son grade avec une somme d'argent. Tout le système actuel est détruit de fond en comble, si vous faites officier le soldat qui se distingue. L'armée, chez nous, *ne pense point,* c'est là son premier mérite; elle ne dit donc pas qu'elle a de l'aversion pour les coups de bâton; c'est la nation qui tout à coup s'est mise à haïr les coups de bâton et à s'en scandaliser, comme autrefois elle s'éprit de haine pour l'esclavage.

Avec des coups de bâton dans l'occasion, et une bonne nourriture tous les jours, vous aurez une armée anglaise excellente. La meilleure armée qui ait jamais existé *sans enthousiasme pour rien,* notez ce point, si consolant pour certaines gens, ce fut l'armée anglaise qui se battit à Toulouse. Avec une pareille armée et des millions fournis par les privilégiés de tous les pays, la Russie pourrait *anéantir la liberté en Europe.*

Chaque homme qui se battit à Toulouse avait une entière confiance dans son voisin et un respect sans borne pour son colonel; il y avait dix ans que les soldats combattaient sous les mêmes généraux: de plus ils étaient sûrs des pays qu'ils laissaient derrière eux.

L'armée anglaise de Waterloo ne connaissait pas ses généraux et était bien inférieure à celle de Toulouse. « Toutefois l'armée prussienne
» perdit le quart de son monde en marchant de
» Waterloo à Paris (c'est le duc de Wellington
» qui parle), et l'armée anglaise ne perdit pas
» deux cents hommes. L'armée prussienne fut
» contrainte d'évacuer certains départemens

» de la France, parce qu'elle ne pouvait pas y vi-
» vre; les corps anglais qui remplacèrent les ré-
» gimens prussiens y subsistèrent fort bien,
» grand effet de la discipline, c'est à dire des
» coups de bâton. »

Le maréchal Davoust devait livrer bataille sous Paris; que pouvait-on perdre de plus en perdant la bataille? Mais dans le malheur, le Français le plus brave perd la *netteté de son esprit;* ce courage qui ne consiste pas uniquement à se faire tuer lui manque net.

Anecdote plaisante : dans la rue Lepelletier, M. Napi force un officier étranger à lui céder son cabriolet et à souffrir exactement la même insulte qu'il en avait reçue.

Le colonel Fitz-Clarence est un bon officier, fort brave et souvent blessé; mais enfin il paraît qu'on n'est pas impunément fils naturel d'un roi. Un jour, à la table commune du régiment (*the mess*), un jeune cornette avait entrepris de découper un faisan et s'en tirait fort mal.

— J'ai toujours ouï dire à mon père, dit le colonel, fils d'un roi, et qui parle souvent de son père, qu'on reconnaissait un *gentleman* à sa manière de découper.

— Et je vous prie, colonel, dit le jeune cornette en s'arrêtant tout court, que disait à cela madame votre mère?

En 1814, les soldats anglais de garde à la barrière du Trône ne présentent pas les armes à M. le comte d'Artois, lieutenant-général du royaume, lors de son entrée à Paris, les officiers leur avaient dit de faire ce qu'ils voudraient. Leur plaisante façon de répondre à qui vient les tancer de ce manque d'égards. A cette époque l'armée anglaise n'aimait point les B..... Détail bien autrement curieux sur la confiance extraordinaire qui animait le très prudent duc de Wellington à Waterloo. On dira ces choses en 1850. Les Français et les Anglais unis par une estime profonde (la haine nationale s'est réfugiée chez les sots des deux nations). Les Anglais comprennent toute l'étendue de leur duperie, sous le ministre Pitt; charger leur avenir d'impôts excessifs pour nous faire la guerre de 1803 à 1845 !

Lord Melbourne, homme d'un rare talent, mais d'une paresse plus rare encore, ne se résout à mettre en jeu toutes ses ressources, que quand il est poussé à bout. Il croit qu'il est impossible de gouverner l'Angleterre autrement que par la *démocratie* et il a envie de la gouverner.

En Angleterre chaque entreprise particulière, par exemple le chemin de fer de tel endroit à tel autre, est dirigée par quinze ou vingt directeurs; la plupart ont des fortunes de deux ou trois millions de francs. Ils manquaient toujours aux séances;

depuis qu'ils ont un droit de présence de vingt-cinq ou cinquante francs, on les voit fort assidus : en rentrant à la maison, ils donnent cet argent à leurs enfans qui le réclament à grands cris.

J'ai payé tout cela à mon officier anglais par des anecdotes sur nos ex-ministres : L...... D...... O......, C......, C......, Q......, C......, Vaut, N......, D......, Fiacre, S......, M......, F....... Parlant des péchés de gens moins haut placés : intrigues pour les prix Monthyon. Impossibilité absolue pour le mérite de parvenir sans intriguer; de là infériorité des médecins et des savans français. Deux grandes heures par jour, et les meilleures, doivent être consacrées à se *pousser*. L'homme du plus grand mérite à genou devant un intrigant, dont l'habileté est reconnue.

Le poète de l'Europe, M. Scribe, se fût exposé à cent désagrémens s'il eût donné quelque *réalité contemporaine* à sa profonde comédie de la *Camaraderie*. La comédie vraie, le Tartufe possible sous un despote, la difficulté unique c'est de plaire à Louis XIV. La comédie est de toute impossibilité dans la république moderne; voyez ce qui se passe aux Etats-Unis : on appliquerait la loi de *Linch* au poète comique. Les journaux anglais d'hier disent qu'en Amérique on vient de tuer *la joie* et *l'amour*. Une ville du centre a assassiné un journaliste, nommé *Love Joy*, qui prêchait l'affranchissement des esclaves, qui pourtant, d'après Jésus-Christ, ont une ame comme celle du plus dévot Américain. *Robert-Macaire*, la comédie de l'époque, est prohibée en France. M. le maire de Nantes ne veut pas qu'on joue *Robert-Macaire*, on a peur apparemment que le public ne se moque des fripons et n'apprenne à les reconnaître.

Sottise, *classicisme* de toute comédie qui, en 1837, a pour mobile un mariage; qui songe aux femmes? Elles sont si peu à la mode, qu'on commence à mépriser même les *dots*. La faute en est un peu aux prétentions de ces dames, et à leur excessif amour du pouvoir, qui a succédé à l'amour tout court. Dans un *club*, je dis tout ce qui me passe par la tête, je m'amuse, j'ai de l'esprit. Chez les dames de 1837 [1] il y a toujours un, deux, quatre mensonges gros comme des montagnes et parfaitement étrangers à la galanterie, qu'il faut respecter.

A la vérité cette gêne donne naissance à tout un genre d'esprit que la liberté anéantit en un moment, j'appellerai ce genre *l'inuendo*, ou l'apologue : égratigner avec *décence et imprévu*, la décence ou la religion. Par conséquent un sot est réduit au silence. Au club, un sot saisit hardi-

---

[1] Pardon pour tous ces 1837. Je veux dire que j'espère qu'on sera autrement en 1847.]

ment la parole pour vous prouver que la liberté est utile. On lui tourne le dos, il est vrai, mais il continue à pérorer. M. D. s'endort dans ce cas-là, quand on l'abandonne ; c'est qu'il s'est écouté lui-même, disait Gérard. Mais, tourner le dos ! ce geste est grossier, et froisse la sensibilité même de celui qui est réduit à l'employer.

Un jeune Grenoblois nous disait ce soir : On dit les poètes fort embarrassés pour décrire le paradis; pour moi, je ne demanderais à Dieu que peu de choses : d'abord, ma santé d'aujourd'hui;

2° Oublier tous les ans l'Italie ; chaque année j'irais revoir Milan, Florence, Rome, Naples, etc. ;

3° Oublier tous les mois les Mille et une nuits et D. Quichotte.

Le fameux Sir Robert Walpoole, *le corrupteur*, a acheté le parlement de son temps (1721); mais il a corrompu en faveur de la liberté. La majorité de la nation et du parlement étaient tories; les villes seules voulaient la liberté en ce temps-là, tout le reste était *jacobite*, et même avec passion. Les villes ont fini par tout absorber : en effet, le jeune homme du village, qui se sent de l'activité et de l'intelligence, vient à la ville pour faire fortune; il prend à demi les opinions de la ville, son fils les a tout à fait.

J'évite avec soin, non pas d'écrire, mais de livrer à l'impression les opinions irritantes : mais d'ici à 1847 la mode aura changée peut-être deux fois. Plus la mode est *excessive*, plus vite elle meurt; on comprendra que s'ennuyer, même au nom de *la vanité* et de *nos privilèges*, est un ennui.

Il me semble qu'en France il n'y a que les villes Strasbourg, Dijon, Grenoble, etc., qui veuillent sincèrement *la liberté de la presse*, sans laquelle le jury serait bientôt remplacé par un jury *spécial* nommé par MM. les chefs de bureaux de la préfecture, etc., etc., etc. Bientôt nous en serions aux cours prévôtales et au *poing coupé* sollicité sous Louis XVIII.

Robert Walpoole gouvernait en 1721, on pourrait donc prédire le triomphe de l'esprit libéral des villes en France pour 1920 ; mais l'absence de croyance *véritable*, dans ce que disent sur la morale certains personnages *payés* pour cela, fait qu'au dix-neuvième siècle tout court au dénouement avec une rapidité qui abrège les calculs, et l'on peut avancer qu'en 1860 tout le monde en France pensera comme les villes d'aujourd'hui. Et l'on remarquera peut-être que ma modération ne parle pas du *chapitre des accidens*, qui tous tendent à amener rapidement parmi nous le gouvernement dont l'Angleterre jouit en 1837, et sa gaîté. Je ne voudrais pas, pour tout au monde, que le roi de France de l'année 1860 eût moins de pouvoir que n'en avait Guillaume IV d'Angleterre.

Ce matin, mon Anglais et moi nous sommes allés voir dans un salon de l'Hôtel-de-Ville, et moyennant le prix d'entrée d'un franc, *la Mort de Féraud*, grand et magnifique tableau de M. Court, sifflé à Paris. Il y avait foule, et j'avoue que je suis de l'avis des Lyonnais, je ne partage point l'humeur des Parisiens. Mon Anglais a remarqué des gens de la société de Bellecour, qui amenaient là leurs enfans pour leur inoculer l'horreur de la république. L'idée est fort juste : cette tête coupée et livide peut frapper vivement un enfant et décider pour la vie de ses penchans politiques. L'Anglais s'étonne du peu de succès de ce tableau.

— Vous verrez, lui dis-je, que M. Court n'est d'aucune *camaraderie*.

Ce tableau donne la sensation d'une grande foule, de l'agitation passionnée de cette foule; et quand l'œil frappé de l'aspect de l'ensemble arrive à observer les groupes, chacun d'eux est d'un bel effet et augmente l'impression générale. Les figures de femmes sont fort bien, et pourtant ce ne sont point des copies de statues grecques; ce sont de vraies Françaises. Les représentans sont des hommes indignés et magnanimes; les insurgés des faubourgs sont furieux. On ne peut plus oublier, après l'avoir vue une fois, la joie stupide de l'homme du peuple qui se fait gloire de porter au bout d'une pique la tête de Féraud. Chaque groupe exprime nettement une certaine action. Enfin, chose qui devient de jour en jour plus rare, la forme des corps humains est respectée : ces jambes, ces bras, appartiennent à des gens vigoureusement constitués, et animés en ce moment d'une passion désordonnée. Rien de mesquin ni de pauvre dans les formes, et pourtant rien qui rappelle trop crûment l'imitation des statues. La couleur n'est pas brillante; elle n'est pas une fête pour l'œil charmé, comme celle de Paul Véronèse, mais elle n'est pas choquante : la composition générale est fort bien; enfin, pour suprême louange, les personnages n'ont pas l'air d'acteurs jouant, si bien qu'on veuille le supposer, le drame de la mort de Féraud et du courage de Boissy-d'Anglas.

Il y a un mérite plus invisible au vulgaire, les personnages de ce tableau ne rappellent en rien les figures des grands maîtres qui ont précédé M. Court.

Mais ce mérite, le premier de tous, est le plus

grand crime aux yeux des académies. M. Court trouvera-t-il un ministre qui veuille l'employer sans la recommandation de l'Académie? Il pourrait bien mourir de faim comme Prudhon, cet impertinent qui ne copiait point M. David (alors à la mode). Et nous nous croyons du goût naturel pour la peinture! Sommes-nous injustes, un seul instant, envers un livre agréable? un joli calembourg même a-t-il jamais manqué son succès? Voulez-vous avoir un bon appartement chaud?

Voici vingt-cinq jours que je viens de passer à Lyon, et je n'ai pas osé me présenter tout seul à la société des *Dîneurs*, c'eût été trop évidemment solliciter une invitation; car, à des connaisseurs de ce mérite, il ne peut pas être question d'offrir un ignoble dîner à une auberge quelconque.

Ce qui manque surtout au caractère lyonnais, c'est ce qui aurait pu faire excuser ma démarche gastronomique, c'est l'esprit *osé*, l'imprudence aventureuse, la présence d'esprit, la gaîté du gamin de Paris.

Ce n'est pas que le caractère du gamin de Paris me plaise: cet être, quoique si jeune, a déjà perdu la gentillesse, et surtout la naïveté de l'enfance; il calcule jusqu'à quel point il peut profiter du privilège de sa jeunesse pour se permettre des impertinences. C'est déjà le Parisien de vingt-cinq ans. Il tire parti de sa position avec adresse et sang-froid pour se donner la supériorité sur la personne avec laquelle il traite, et son assurance décroît pour peu qu'il trouve de résistance.

Ce n'est point ma vanité froissée qui abhorre le gamin de Paris, c'est l'amour que j'ai pour les graces de l'enfance qui souffre en la voyant dégradée.

Hazlitt, homme d'esprit, Anglais et misanthrope, prétendait qu'à Paris le naturel n'existe plus même chez l'enfant de huit ans.

A Lyon, on voit encore le gamin; à Marseille, nous sommes en plein *naturel*, l'enfant y est déjà grossier, emporté et bien comme son père, et de plus il a toutes les graces de l'enfance. Le Dauphiné en entier est le pays du naturel chez les enfans.

A Lyon, j'écris ces phrases trop sérieuses devant une fenêtre qui domine la place de Bellecour et la statue de Louis XIV, qu'il faut faire garder par une sentinelle. Je l'avoue, Lyon m'a rendu triste. Des affaires fort essentielles m'y occupent trop peu.

Cette statue de Louis XIV est fort plate, moralement parlant, mais elle est parfaitement ressemblante. C'est bien là le Louis XIV de Voltaire;

c'est tout ce qu'il y a au monde de plus éloigné de la majesté tranquille et naturelle du Marc-Aurèle du Capitole. La chevalerie a passé par là.

Au reste, je vois ici deux métiers bien difficiles : celui de prince et celui de statuaire. Faire de la majesté qui ne soit pas ridicule est une rude affaire aujourd'hui. Vous faites certains gestes, vous relevez la tête, pour me donner l'idée, à moi, maire de petite ville, que vous êtes un prince, vous ne vous donneriez pas la peine de faire ces gestes si vous étiez seul ; il est naturel que je me dise : Est-ce que ce comédien réussit ? est-ce que je le trouve majestueux ? Cette seule question détruit tout sentiment.

Il y a long-temps qu'on ne fait plus de gestes et qu'il n'y a plus de naturel dans la bonne compagnie ; plus la chose que l'on dit est importante pour qui la dit, plus il doit avoir l'air impassible. Comment fera la pauvre sculpture, qui ne vit que de gestes ? Elle ne vivra plus. Si elle veut représenter les actions énergiques des grands hommes du jour, elle est réduite le plus souvent à copier une affectation. Voyez la statue de Casimir Périer au Père-Lachaise, il parle avec affectation, et, pour parler à ses collègues de la chambre, il s'est revêtu de son manteau par dessus son uniforme ; ce qui donnerait l'idée, si cette statue donnait une idée, que le héros craint la pluie à la tribune.

Voyez le geste du *Louis XIII* de M. Ingres au moment où il met son royaume sous la protection de la Sainte-Vierge. Le peintre a voulu faire un geste passionné, et, malgré son grand talent, n'est parvenu qu'à un geste de portefaix. La sublime gravure de M. Calamata n'a pu sauver les défauts de l'original. La madone fait la moue pour être grave et respectueuse. Elle n'est pas grave *malgré elle*, comme les vierges de ce Raphael que M. Ingres imite.

Voyez le Henri IV du Pont-Neuf, c'est un conscrit qui craint de tomber de cheval. Le Louis XIV de la place des Victoires est plus savant : c'est M. Franconi faisant faire des tours à son cheval devant une chambrée complète.

Marc-Aurèle au contraire étend la main pour parler à ses soldats, et n'a nullement l'idée d'être majestueux pour s'en faire respecter.

— Mais, me disait un artiste français, et triomphant de sa remarque, les cuisses du Marc-Aurèle rentrent dans les côtes du cheval.

Je réponds :

—J'ai vu une lettre de l'écriture de Voltaire avec trois fautes d'orthographe.

J'aurais pu donner une vive jouissance à ce brave homme, en lui apprenant que, contrairement aux idées du savant M. Quatremère, la statue de Marc-Aurèle est toute de pièces et de morceaux. Avec quelle vanité n'eût-il pas triomphé de la supériorité des fondeurs actuels ! C'est ainsi que les artistes qui ont fait les statues de l'abbaye du Brou, dans le Bugey, savaient faire une feuille de vigne séparée par une distance de trois pouces du bloc de marbre d'où elle a été tirée.

Le mécanisme de tous les arts se perfectionne: on moule des oiseaux à ravir sur nature ; mais les rois et les grands hommes que nous mettons au milieu de nos places publiques ont l'air de comédiens, et, ce qui est pis, souvent de mauvais comédiens.

Le Louis XIV de la place de Bellecour est un écuyer qui monte fort bien à cheval. Peut-être qu'un ministre de l'intérieur a posé devant le statuaire.

Cette place de Bellecour, si renommée à Lyon, est plutôt dépeuplée que grande. Les *façades* de Bellecour, comme on dit avec emphase dans le pays, sont surtout habitées par la noblesse, qui est fort dévote ici et peu gaie. Rien de plus triste que la place de Bellecour.

Mes amis aimables *soupent le samedi*, et se voient entre eux sur le soir, mais le jour ils sont invisibles. Quand par malheur je n'ai pas affaire, et que je me sens près de me donner au diable, par ennui, s'il fait beau, je vais prendre une *brêche* au quai de la *Feuillée*, sur la Saône.

Le quai de la Saône, bien situé, environné de collines et d'édifices à physionomie, représente l'*été* à Lyon; pour le quai du Rhône, c'est l'insignifiance moderne et l'*hiver*.

Entraîné par ma phrase, j'oubliais de dire qu'on appelle *brêche*, à Lyon, une petite barque couverte d'un cerceau et d'une toile, et menée à deux rames par une jeune fille, dont la grace, l'élégance de propreté et la force presque virile rappellent les fraîches batelières des lacs de la Suisse. On va promener sur la Saône vers l'île Barbe.

Les jours de dimanche et de fête surtout, toutes ces batelières sont assises sur le parapet du quai, rangées en ordre d'arrivée, mais les plus jolies savent bien qu'elles seront choisies les premières par les étrangers. Elles leur adressent hardiment la parole, vantent l'agrément du voyage, décrivent les sites enchanteurs où elles vont vous conduire.

Les eaux de la Saône ont si peu de pente, que souvent il est difficile de deviner le sens dans lequel elles cheminent, et les forces d'une jeune fille suffisent de reste pour conduire une brêche. Il faut choisir deux batelières, les payer un peu plus que d'usage, et établir une sorte de rivalité entre elles.

Ce soir, obligé par les intérêts de la faillite à laquelle je demande 35,000 francs, d'aller dans la société de Bellecour, j'ai trouvé beaucoup d'esprit à un de ces messieurs qui se sont si bien battus sous les ordres de M. de Précy. Il me raconte que la consternation des amis de l'ancienne monarchie commença à la nomination de M. Turgot qui fut fait ministre des finances (contrôleur-général) le 24 août 1774, et mit au service de l'opinion le despotisme ministériel. Quatre ans plus tard, Voltaire vint triompher à Paris du Roi, du parlement et du clergé.

Ce brave officier de M. de Précy réduit les choses actuelles à leur expression la plus simple. Je ne donnerai pas ses objections. Je répondais : Que peut-on regretter ? Souvent, sous le Roi Louis-Philippe, les sept ministres ont été les sept hommes les moins arriérés parmi les Français. A une ou deux exceptions près, n'était-ce pas l'inverse sous Louis XVIII ? Souvent ce prince a choisi des hommes aimables, comme M. l'abbé de Montesquiou qui le fit dater de la dix-neuvième année de son règne; mais quand des hommes raisonnables ? Pour la Charte, elle ressemble fort, ce me semble, à la Bible, base de notre religion, et dans laquelle le plus habile ne peut trouver un mot ni de la messe ni du pape. Un roi qui aurait gagné deux batailles en personne serait adoré des Français, et leur persuaderait bien vite que son gouvernement, quel qu'il fût, est dans la Charte. Nous n'avons réellement acquis que quatre points depuis Barnave, Sièyes et Mirabeau :

1º Le Roi est obligé de choisir pour ministres des hommes qui sachent parler à la tribune, à peu près aussi bien que ceux des députés qui parlent le mieux.

2º Nous avons gagné le *Charivari*, ce pas est immense. Les Français ont pris l'habitude de s'amuser le matin avec le journal; cette habitude serait d'autant plus difficile à faire tomber, qu'ils font de l'esprit toute la journée avec l'esprit de leur journal. Le *Charivari*, à lui seul, rendrait impossible un second Napoléon, eût-il gagné dix batailles d'Arcole. Ses premiers pas vers la dictature, ses premiers airs de supériorité, loin de créer l'enthousiasme, seraient couverts de ridicule.

3º L'Europe se souvient encore avec respect que l'empire français s'étendait de Hambourg à Terracine; voilà ce que la France doit à Napoléon, et Constantine vient de rafraichir cette idée qu'elle n'aurait pas créée.

4º Les peuples de l'Europe, trompés par tant de promesses, savent bien que, si jamais ils accrochent la liberté, elle leur viendra de France; c'est pourquoi ils ne lisent pas les journaux anglais, tandis qu'ils s'arrachent ceux de Paris. A Magdebourg, on me demandait l'an passé de quelle couleur étaient les cheveux de M. Garnier-Pagès.

— Vienne, le 9 juin 1837.

Me voici arrivé à Vienne par une route abominable, toute de montées et de descentes; deux ou trois fois ma pauvre petite calèche a été sur le point d'être brisée par les énormes charrettes à six chevaux venant de Provence. Et, ce qu'il y a de pis pour un grand cœur, je n'aurais pu me venger; le moindre signe d'insurrection de ma part m'aurait valu les coups de fouet de deux ou trois charretiers provençaux, les plus grossiers et les moins endurans du monde. Il est vrai que j'ai des pistolets; mais ces charretiers sont capables de n'en avoir peur qu'après que j'aurais tiré; et quelle affreuse extrémité !

Je ferai la même remarque que dans le Gatinais: pourquoi ne pas placer la grande route de Lyon à Vienne sur la rive droite du Rhône où il n'y a pas de montagnes, elle entrerait à Vienne par le joli pont suspendu sur lequel je viens de me promener. La route pourrait aussi, ce me semble, suivre le bord à gauche.

Un monsieur fort obligeant, que je rencontre

sur la route, m'apprend que l'on est obligé d'en raccommoder sans cesse le pavé. Dix lieues de pavé de cette route coûtent 40,000 fr. d'entretien chaque année, et cela ne suffit pas. Le nombre des chevaux qui périssent sur la route, et dont on voit les tristes débris, est fort considérable. C'est probablement l'endroit de France où l'on voit passer le plus de grosses charrettes. Tous les savons, toutes les huiles, tous les fruits secs, dont le midi approvisionne Paris et le Nord, sillonnent ce chemin. Considérez que la navigation du Rhône n'est presque pas employée; ce fleuve est trop rapide pour le remonter. C'est donc sur ce point de la France qu'il faudrait commencer les chemins de fer.

A vrai dire, c'est le seul chemin de fer que je trouve raisonnable, en d'autres termes, c'est le seul qui puisse payer 6 ou 7 pour cent de rente pour le capital employé. M. Kermaingan estime le chemin de fer de Marseille à la Saône, au dessus de Lyon, 66 millions; il a passé l'été à l'étudier.

Il faudrait un milliard pour faire la grande croix, c'est-à-dire le chemin de fer de Marseille au Hâvre par Lyon et Paris, celui de Strasbourg à Nantes et 3° celui de Paris en Belgique, avec embranchement sur Calais. Mais personne jusqu'ici n'a étudié la question financière. Sera-ce le bon sens qui décidera des chemins de fer ? En vérité je n'en crois rien. La mode, aidée par de jolis cadeaux, nous donnera ces nouveaux chemins. Il est si commode de créer des actions sur lesquelles on gagne 10 pour cent ! qu'importe ce que devient ensuite l'entreprise. Le fondateur, homme de hardiesse, a réalisé son bénéfice. On vient en cinq heures et demie du Hâvre à Rouen par les bateaux à vapeur, à quoi bon un chemin de fer? On pourra, si l'on veut, faire un chemin de fer de Rouen à Paris. Je ne sais si les voyageurs de Calais à Paris sont en assez grand nombre pour payer leur chemin; mais où trouver des gens raisonnables pour discuter ces questions et bien d'autres ? La dernière chambre, si respectable d'ailleurs, a prouvé qu'elle était totalement incapable.

Mon correspondant de Lyon m'a donné une belle étude du chemin de fer de Lyon à Marseille par M. Kermaingan, inspecteur-général des ponts et chaussées : c'est avec la carte fort bien exécutée qui accompagne ce projet que je voyage maintenant.

Pour exprimer avec netteté une idée qui me vient, je suis obligé d'employer quelques noms propres. J'en demande pardon aux intéressés.

Les talens de M. Kermaingan sont aussi incontestables que sa probité; on peut en dire autant de M. Vallée, chargé de l'étude du chemin de fer de Paris à Bruxelles, et de M. Polonceau, qui a étudié le chemin de fer de Paris au Hâvre par les vallées.

On pourrait adjoindre à ces trois ingénieurs trois négocians nommés au scrutin par le commerce de Paris, et un savant du premier ordre, tel que M. Arago. En interrogeant une commission formée de ces sept personnes, on pourrait espérer d'arriver à quelque chose de vrai. Mais que faire, si les réponses de cette commission trop respectable contrarient la mode à laquelle le pouvoir voudrait obéir dans le moment? Le cardinal de Richelieu ne recommande-t-il pas d'employer dans la monarchie le moins d'hommes vertueux qu'il se pourra?

(Je ne change rien à ces lignes écrites avant que le gouvernement s'occupât de cette question.)

Le grand malheur des chemins de fer, c'est qu'ils ne peuvent profiter des lumières que, bon gré, mal gré, la liberté de la presse jette sur tous les sujets.

Celui-ci est trop difficile à *expliquer*. L'exposition de la difficulté à résoudre *ennuie le lecteur*, et le commis qui a un intérêt *triomphe*, et fait signer ce qu'il veut par son ministre.

Je désirerais passionnément que tout ceci ne fût pas exact; la France serait plus civilisée.

Les épigrammes de la presse ne viendront point stimuler la paresse des gens payés pour s'occuper des chemins de fer; le sujet *est trop ennuyeux à expliquer*, et l'esprit amusant des journalistes n'aura jamais la patience d'exposer clairement les diverses friponneries que peut occasionner un chemin de fer. Les gens adroits peuvent donc spéculer en paix sur cet objet important, par exemple créer deux mille actions de 5,000 francs pour un chemin de fer qui peut rendre tout au plus le trois pour cent du prix de construction, faire persuader au public, par les journaux, qu'il va donner le dix pour cent, vendre à 7,000 francs toutes les *actions* créées à 5,000 chacune, et ensuite souhaiter le bonsoir à l'entreprise.

C'est ce qui ne pourrait arriver si l'on mettait à la tête de tous les chemins de fer une commission de savans qui sachent compter et ne se vendent pas.

Que deviendront les capitaux employés en chemins de fer, si l'on trouve le moyen de faire marcher les wagons sur les routes ordinaires?

D'un autre côté, les chemins de fer rendent les guerres impossibles; elles choqueraient trop d'intérêts chez les nations voisines. Mais le maître peut avoir intérêt à la guerre.

— Vienne, le 10 juin.

Les gens de Vienne sont affables et ne craignent nullement de compromettre leur dignité en parlant à un voyageur inconnu; nous sommes à mille lieues de Paris. J'ai été présenté à M. Boissat, notaire, l'homme le plus influent de Vienne, et qui règne par la bonté.

La ville moderne est bien laide, mais en revanche sa position est admirable; j'aime bien mieux cette chance-là qu'une ville bien bâtie et jetée dans un fond, comme le château de Fontainebleau, par exemple.

Vienne, que les Romains appelaient *Pulchra*, existe maintenant moitié sur le penchant des coteaux qui dominent le cours du Rhône, moitié sur une petite langue de terre qui s'étend entre le fleuve et ces coteaux. Elle est entourée de montagnes, les unes pelées, les autres couvertes de bois taillis; leurs profils variés terminent son horizon d'une façon singulière.

Pour prendre une idée générale des montagnes et du cours du Rhône, j'ai eu le courage, malgré la chaleur excessive, de monter jusqu'aux ruines d'un vieux château qui couronne le mont Salomon. De ce point, la vue est étonnante; il semble que le Rhône ait renversé les rochers et les collines pour se frayer un passage. Lorsqu'il arrive à Vienne, le fleuve coule, comme prisonnier, entre de hautes murailles de rochers. Vers le milieu de la ville, la Gère, petite rivière qui descend d'une haute vallée, et fait tourner les roues d'une quantité d'usines et de fabriques de draps, vient se jeter dans le Rhône.

Vienne fut le principal lieu des Allobroges. Ce peuple belliqueux avait pour limites le Rhône, l'Isère et les Alpes; il fut vaincu d'abord par Domitius Ænobarbus, et enfin soumis par César. Après la conquête, Vienne fut la principale ville de la province romaine; Tibère la fit colonie romaine.

Il y a ici quatre choses à voir, et cinq ou six heures suffisent pour cela :

1° Le petit temple antique dont l'évêque Burcard a indignement rogné les colonnes; de plus il a rempli les entre-colonnemens par un vilain mur. On l'appelle le *Prétoire*. C'est maintenant le Musée.

2° L'église gothique de Saint-Maurice, assez commune, mais admirablement située sur une plate-forme à laquelle on monte par vingt-huit degrés.

3° La pyramide hors la ville, ancien tombeau non achevé, et que les habitans appellent *l'Aiguille*.

4° Les restes du théâtre et de la citadelle dans les vignes.

Je suis monté d'abord à Saint-Maurice, la cathédrale, qui domine la rue principale. Cette église est trop courte et sans caractère, mais bien éclairée; commencée en 1502, elle n'a été terminée que vers le milieu du seizième siècle. Le portail et la partie de la nef qui y touche sont de cette dernière époque.

De là je suis allé dans les vignes pour voir ce qui reste d'un théâtre; il est situé en belle vue, comme celui d'Albano près de Rome : les architectes cherchaient toujours un coteau pour appuyer les gradins. J'ai reconnu des murs, des gradins, la demi-circonférence du théâtre qui est encore bien marquée; il ne peut pas y avoir de doute sur ce monument. Au dessus du théâtre, on voit les restes de la citadelle romaine; les murs ont été exhaussés dans le moyen âge. J'ai admiré les ruines colossales des aqueducs romains. Une portion d'aqueduc sert maintenant de magasin à fagots chez un boulanger.

Le guide m'a conduit à ce qu'on appelle ici l'*Aiguille*: c'est une pyramide qui s'élève au milieu d'un champ, à peu de distance des dernières maisons du faubourg du côté de Valence. Ce monument est réellement antique, mais il est bien laid. On distingue d'abord une pyramide à quatre pans, creuse dans une partie de sa hauteur ; elle est posée sur une base carrée, laquelle est soutenue par quatre arcades moins laides que la pyramide elle-même, et sous lesquelles on peut passer. Aux quatre angles sont des colonnes engagées. Le sommet de la pyramide est à soixante-douze pieds de terre.

Comme les chapiteaux des colonnes ne sont qu'ébauchés, je croirais que ce monument, quel qu'il soit, n'a jamais été terminé. On sait que les Romains ciselaient sur place les détails d'architecture. La pyramide de Vienne a du moins le mérite d'être faite avec des pierres énormes et parfaitement jointes. On n'aperçoit aucune trace du ciment; mais on voit dans les pierres, comme au Colysée de Rome, des trous profonds pratiqués par les Barbares, apparemment pour voler des crampons de métal.

Ce monument aura été élevé à quelqu'un de ces empereurs que les prétoriens précipitaient du trône après quelques mois de règne; la mort de l'empereur aura empêché de l'achever.

En rentrant en ville, le cicerone m'a conduit à l'église de l'abbaye de Saint-Pierre; l'entrée est décorée de trois groupes barbares. Il est curieux de voir le point extrême des grandes réputations. Virgile qui, dans le moyen âge, passait pour un grand magicien, est, dit-on, l'auteur de ces figures.

Le schah de Perse, qui régnait en 1809, demandait à M. Morier, ambassadeur anglais, si le fameux général *Bonapour* ou *Bonda-Pour* se battait pour ou contre les Français.

On m'a montré vers le haut de la rue des Serruriers l'arc de triomphe. Cet arc, dont on ne peut reconnaître la destination, est orné, dans l'intérieur, de têtes de Satyres. On a incrusté dans le mur une figure gauloise, qui n'est ni du même temps ni du même style.

Enfin je suis arrivé à ce qu'on appelle le *Prétoire*, ou le temple d'Auguste; ces belles formes antiques, quoique indignement mutilées, réjouissent la vue en élevant l'ame.

Ce temple était d'ordre corinthien; il a 60 pieds de long sur 40 de large; il était ouvert de tous les côtés. Les colonnes sont composées de plusieurs assises; elles ont 25 pieds de hauteur en y comprenant les chapiteaux et les bases qui portent sur un socle. Elles étaient cannelées ces pauvres colonnes, mais la main barbare qui changea ce temple en église brisa les cannelures pour faire rentrer les colonnes dans l'alignement de l'ignoble mur de clôture. Ce fut le bienheureux Burcard, évêque de Vienne, qui, vers 1089, eut la gloire de détruire un temple païen.

Que de belles choses existaient encore au onzième siècle !

Ce temple était *péristyle*, c'est-à-dire entouré de colonnes, et il a un double fronton.

Le peuple croit que Ponce-Pilate rendait des jugemens dans ce *Prétoire*, dont, assez mal à propos, on vient de faire un musée. Dans cinquante ans la municipalité de Vienne fera un pas de plus : par ses ordres, on enlèvera le mur du bienheureux Burcard, et l'on rendra ce temple à sa forme primitive autant qu'il est possible.

Dans ce musée de Vienne, on remarque quelques tronçons de colonnes d'un diamètre énorme, ce qui suppose des monumens de proportion gigantesque : à côté sont déposés des débris de statues colossales. M. Boissat, cet homme riche et aimable, devrait faire des fouilles et enrichir le musée.

En l'an VI de la république, une paysanne nommée Serpolier trouva dans sa vigne un joli groupe parfaitement conservé, et qui fait aujourd'hui l'ornement du prétoire. Ce sont deux enfans presque aussi grands que nature : l'un des deux tient une colombe de la main gauche, l'autre lui mord le bras droit, apparemment pour se faire céder la colombe. La composition de ce groupe est élégante et même un peu maniérée; il y a de l'affectation. La pauvre femme qui l'avait découvert ne voulut pas le vendre à M. Millin qui passait dans le pays. Jamais je ne me séparerai, disait-elle, de ces charmans petits anges que le ciel m'a envoyés pour la protection de ma maison.

Ce groupe a donné lieu à un grand nombre de dissertations, où la pauvre logique est outragée comme à l'envi. Je remarque que les savans venus en dernier lieu ont un avantage notable sur les autres ; ils prouvent agréablement que les suppositions de leurs prédécesseurs sont de toute absurdité.

Le Garofolo, assez bon peintre italien de l'école de Raphael, peignait souvent un œillet dans le coin de ses tableaux. *Garofolo* en italien veut dire *œillet*. C'est peut-être par une raison semblable que le sculpteur du groupe de Vienne a placé un lézard qui saisit un papillon sur le tronc d'arbre voisin de l'enfant qui mord ; il y a un serpent sur le tronc d'arbre à côté de l'enfant qui tient la colombe : peut-être aussi ces animaux ne sont-ils placés là que pour donner quelque intérêt aux troncs d'arbres nécessaires à la solidité du groupe.

En 1773, on trouva dans une vigne, près de Sainte-Colombe, une belle mosaïque, représentant Achille reconnu parmi les filles de Lycomède; mais le propriétaire détruisit la mosaïque pour se débarrasser du grand nombre de curieux qui venaient la voir.

On remarque au musée une épitaphe de l'an 1252 ; c'est un chanoine qui prie pour la rémission des péchés de ceux *qu'il a trompés pendant sa vie*.

Comme il est naturel, on trouve à Vienne, qui fut si long-temps la capitale des possessions romaines dans les Gaules, une foule de fragmens antiques et d'inscriptions. La plus remarquable de ces inscriptions se voit dans le mur d'une maison qui donne sur la rue principale ; elle est composée de lettres qui ont quatre pouces et demi de hauteur, et sont d'ailleurs exécutées avec beaucoup de soin. En voici la traduction :

« D. D., flamine de Vienne, a donné, à ses frais, des dalles de bronze dorées avec des supports, et les ornemens des bases, et les statues de Castor et de Pollux avec des chevaux, et les statues d'Hercule et de Mercure. »

Un beau jour, à dix heures du matin, on voit un grand jeune homme sortir en courant d'une des plus belles maisons de Vienne : il était en chemise et pieds nus ; le sang lui sortait des deux joues.

Heureusement il ne vint à l'idée de personne de le soupçonner d'assassinat. Voici ce que nous avons appris le lendemain. Un mari fort belliqueux avait fait mine de partir pour la chasse, dans le dessein de revenir surprendre sa femme en flagrant délit; il avait été averti par l'autre aide de camp, rival du jeune homme. Arrivé dans les chaumes, près de la ville, le chien fait partir des cailles, et le mari, malgré sa colère, ne résiste pas au plaisir de les tirer.

Il ne rentre qu'à dix heures, enragé contre lui-même, et pensant bien que la surprise serait pour une autre fois. Mais point, il trouve le jeune homme profondément endormi dans son lit, et il n'était pas seul. Le mari furieux lui porte un coup d'épée qui traverse les deux joues. Le dormeur est réveillé par le froid de l'épée qui passait sur sa langue. Une personne intéressée, qui se trouvait tout près, saisit l'épée au moment où l'époux la retirait pour en lancer un second coup mieux dirigé dans la poitrine du coupable. Celui-ci passe sous le bras de l'offensé et arrive à la rue dans le plus simple appareil.

Un autre jeune homme de cette ville du midi a été plus héroïque : pour sauver l'honneur d'une femme qu'il adorait, il a entrepris de descendre d'un cinquième étage à l'aide d'un seul drap de lit; ce qui veut dire qu'il a sauté sur le pavé de la hauteur d'un quatrième : il s'est cassé les deux jambes. Une laitière passait à cinq heures du matin; il lui a donné de l'argent, et s'est fait transporter à cinq cents pas plus loin sous les fenêtres d'une auberge. Le jeune homme est resté extrêmement boiteux; ce qui est singulier, c'est qu'on l'aime encore.

Plusieurs petits villages du Dauphiné, fort laids et situés dans la plus désolée des plaines, ont conservé les noms des pierres milliaires voisines; ce sont *Septème, Oytier, Dièmos*[1].

Je passe le joli pont suspendu, et me voici à Sainte-Colombe, vis-à-vis Vienne : il y a sur le bord du Rhône une vieille tour carrée du moyen âge, qui donne de la physionomie à tout le paysage. Mais ce n'est pas pour cette tour que je suis venu à Sainte-Colombe; je désirais voir les célèbres statues découvertes par madame Michoud. Cette dame est probablement veuve ou parente d'un M. Michoud, célèbre juge de la Cour royale de Grenoble. Cet homme intègre eut un peu de la fermeté du président Mathieu Molé; il osa venir présider vers 1816 la Cour d'assises qui jugeait à Valence Trestaillons, Truphémy, ou quelque autre héros du temps. On devine les lettres ano-

---

[1] Le savant Millin que je devrais citer souvent, écrit mal les noms de ces villages, tome 2, page 25, de son Voyage dans les départements du Midi, où l'on voit déjà la *réaction impériale* en faveur de l'autorité du monde qui s'est le mieux moquée de Napoléon.

nymes et les menaces auxquelles il fut en butte, lui étranger à la ville et arrivé seul.

La première de ces statues de marbre blanc, exécutée apparemment pour être vue de loin, représente une femme couverte d'une longue draperie qui tombe jusqu'à ses pieds. Un serpent roulé autour de son bras peut lui faire donner le nom d'Hygie. Les plis de la draperie sont profondément fouillés, mais non pas finis avec soin.

La seconde statue est admirable, et pourtant la tête, les bras et les pieds n'ont point été retrouvés; c'est une femme agenouillée dans la position de la Vénus à la Tortue. Les parties de nu qui restent sont d'une vérité qui saisit et rappelle le buste du père de Trajan à Rome. Chose rare dans l'antiquité, l'artiste n'a pas voulu idéaliser. Le modèle fut sans doute une femme de vingt-sept à vingt-huit ans, ressemblant déjà un peu trop aux nymphes de Rubens.

Le savant M. D. de Grenoble, maintenant à Vienne, m'a prêté un cahier qu'il a formé de tous les passages des auteurs anciens où il est question de Vienne. Les principaux fragmens que contient ce cahier sont de Jules César, Strabon, Pomponius Mela, Ptolémée, Pline.

Vienne a donné naissance à l'historien du Dauphiné, Chorier, qui a de la naïveté. J'ai trouvé cette ville fort bien décrite dans *l'Album du Dauphiné*, deux jolis volumes avec de bonnes lithographies que j'ai achetés en passant. Il y a des articles de M. Crozet, l'homme de France qui déchiffre le mieux les anciennes écritures. Quelle célébrité s'il habitait Paris !

Il faudrait pouvoir s'arrêter trois jours, et aller d'ici à l'ancienne abbaye de Saint-Antoine, près Saint-Marcellin, et ensuite à Virieu, voir mademoiselle Sophie Laroche, dont tout le monde parle en ce pays (Mademoiselle Laroche dit des choses étonnantes dans le sommeil magnétique, et il ne peut pas être question de fraude); je n'en ai pas le temps. J'éprouve à mon grand regret que je ne suis pas un curieux, mais un marchand. Aussi je comprends mieux que personne ce qui me manque pour oser donner au public un essai de voyage en France.

Il faudrait pouvoir étudier chaque département au moins pendant dix jours, ce qui, pour les trente départemens que je parcours, ferait trois cents jours, ou dix mois ; et je ne puis alonger ma course en France que d'un mois ou deux tout au plus. En second lieu, et c'est là l'essentiel, il faudrait avoir les opinions que *la mode prescrit en ce moment* ; or je suis tout à fait *déficient* de ce côté-là. Je jouis par mes opinions, et je n'aurais aucun plaisir à les échanger contre des jouissances de vanité ou d'argent. Le ciel m'a si peu donné l'instinct du succès, que je suis comme forcé de me rappeler plus souvent une manière de voir, précisément parce que l'on me dit qu'elle n'est pas à la mode. J'ai du plaisir à me prouver *de nouveau* cette vérité dangereuse, à chaque fait duquel on peut la déduire.

— Mais, me dira-t-on, une fois un désavantage si grand bien compris dans toute son étendue, pourquoi s'aviser d'écrire? Je réponds : Il y a huit ans que j'allai à Caen; j'y suis retourné cette année, et j'ai vu que je n'avais gardé aucun souvenir ni du caractère apparent des habitans, ni des deux églises de Guillaume et de Mathilde, et pourtant j'y avais séjourné. Si je retourne aux colonies, j'aurai bien vite oublié les détails caractéristiques de la France actuelle, qui eux-mêmes auront disparu dans dix ans. Voilà le pourquoi de ce journal; c'est parce que la France change vite que j'ai osé l'écrire : mais je n'en imprime qu'une petite moitié. A quoi bon choquer inutilement l'opinion régnante? Ce qui me fait penser que cette opinion ne durera pas, c'est qu'elle n'est *qu'un intérêt*; et le Français n'a pas la *prudence anglaise*, il peut *s'ennuyer même de son intérêt*. Les ames nobles seront les premières à se révolter contre le genre hypocrite et ennuyeux.

Après la révolte, on pourra donner une seconde édition plus complète, si dans l'intervalle personne n'a mieux fait.

Vous rappelez-vous notre enthousiasme pour les Grecs? Qui songe aujourd'hui à ces gens-là? Et de plus nous avons fait de belles choses en leur faveur. Un petit Bavarois dévot fait pendre les braves guerriers de l'insurrection.

On parlait beaucoup hier à Vienne et à Saint-Vallier d'un jeune paysan que la Cour d'assises vient d'acquitter. Berger dans une ferme, il était devenu amoureux d'une fille fort belle, mais qui possédait deux arpens de vignes, et à laquelle il ne pouvait prétendre par cette raison. Elle avait été promise à un autre jeune homme du même pays, plus riche que lui. Un jour, en gardant ses bestiaux, le berger l'attendit et lui tira un coup de fusil dans les jambes. La blessure occasionna une violente hémorrhagie, la jeune fille mourut.

On arrêta le jeune homme qui donnait les signes de la plus vive douleur.

— Vouliez-vous la tuer? lui dit le juge instructeur.

— Eh! non, Monsieur.

— Vouliez-vous exercer sur elle une vengeance cruelle, parce qu'elle vous refusait?

— Non, Monsieur.

— Quels étaient donc vos motifs ?
— Je voulais la nourrir.

Le malheureux avait pensé qu'en estropiant celle qu'il aimait, personne ne voudrait plus se charger d'elle et qu'elle lui appartiendrait! Il est acquitté; les anciens parlemens l'auraient condamné à la roue. La mode actuelle de ne jamais condamner à mort, même pour les assassinats les plus affreux (par exemple, l'empoisonnement réitéré d'un mari par sa femme, 1836), a quelquefois d'heureux résultats, quoique fort absurde.

— Saint-Vallier, le 11 juin.

A Sainte-Colombe, vis-à-vis Vienne, commence cette *Côte-rôtie*, célèbre par ses vins rouges. Chaque hameau de ces environs donne son nom à un vin célèbre. Qui ne connaît, qui ne respecte les vins de l'Ermitage, rouges et blancs; les vins d'Ampuis, de Condrieux, etc. ? Le sol de la rive gauche du Rhône, que suit la grande route de Marseille, est couvert d'une si prodigieuse quantité de cailloux roulés, qu'à peine laissent-ils voir la terre; et cependant, sur la gauche de la route, le pays est planté de mûriers tellement pressés, que les terres ressemblent à un verger, et sous l'ombre de ces arbres le blé croît à merveille. Je suis assourdi par les cigales.

De Vienne jusqu'auprès d'Avignon les paysans se bâtissent des maisons en terre ou *pizay*. La route qui conduit à Grenoble est bordée de bouquets de châtaigniers qui existaient avant la route et qui la rendent très pittoresque.

Ampuis produit peut-être les meilleurs melons du Midi, et ces excellens marrons connus à Paris sous le nom de marrons de Lyon.

Nous apercevons de loin sur la droite un joli pont suspendu qui se dessine au dessus des arbres; c'est le quatrième ou cinquième pont en fil de fer que je vois aujourd'hui sur ce Rhône si rapide et si large. L'impétuosité de son cours fait sentir doublement la victoire que l'homme remporte sur la nature.

Je vais voir la *Roche taillée*; c'est un roc qu'on a ouvert à pic, du haut en bas, pour le passage d'un chemin insignifiant aujourd'hui. Là se trouvent les ruines du château St-Barthélemy.

Pourquoi faut-il que les ponts en fil de fer les plus laids de France soient précisément ceux de Paris? L'esprit des ingénieurs a-t-il été glacé par la crainte du ridicule que les journaux avaient distribué à pleines mains à un premier pont manqué?

Je passe, à cinq lieues de Vienne, sur la célèbre rampe de Revantin, qui autrefois arrêtait les grosses charrettes de Provence pendant plusieurs heures.

Vous savez que, sous Henri IV, toutes les routes de France n'étaient que des chemins à mulets; ce prince et Sully son ministre commencèrent à les élargir, et elles sont appelées encore aujourd'hui routes de Henri IV. Ces routes avaient été établies par les habitans de chaque village pour communiquer avec le village voisin; elles ont des pentes terribles. Que fait la pente à un mulet? Louis XIV et Louis XV les ont élargies. Peu de routes nouvelles ont été faites sous Louis XIV, beaucoup sous Louis XV qui n'eut pas de grandes guerres, et put employer deux hommes de talent, Péronnet et Trésaguet. Les états provinciaux, surtout ceux de Languedoc, de Bretagne et de Bourgogne, firent beaucoup de routes; quant à celles de Flandre, qui sont encore les meilleures, elles sont antérieures à Louis XIV et faites par les municipalités. On sait qu'à la fin du moyen-âge la liberté sembla un instant vouloir s'établir en Flandre. Aussitôt elle produisit ses miracles.

Les infâmes montées que l'on rencontre encore en France sont les restes de ces routes à mulets établies avant Henri IV.

Pour peu que l'administration le veuille, ces

montées peuvent disparaître en sept ou huit ans sur toutes les routes de première classe et sur beaucoup de celles de seconde, sans qu'il en coûte rien au gouvernement.

La rampe de Revantin, que je viens de descendre au trot, offrait une pente de 13 centimètres par mètre et avait 1500 mètres de longueur. Une compagnie a établi cette pente à 4 centimètres, et elle n'a que 1501 mètres de développement : on voit bien que c'est le hasard tout seul qui avait tracé la première route. Le péage par lequel cette compagnie se rembourse ne durera que onze ans et sept mois, après quoi la route sera libre comme toutes les autres. Il me semble que l'on paie six sous par cheval en montant, et trois sous en descendant ; le roulier y gagne, car le péage lui coûte moins que les chevaux de renfort qu'il était obligé de prendre. Voici le degré de notre civilisation en fait de routes : en plaine, en France, un cheval tire maintenant trente quintaux.

— Valence, le 11 juin.

La bonhomie, le naturel que j'avais déjà cru remarquer à Vienne éclatent bien plus encore à Valence ; nous voici tout à fait dans le Midi. Je n'ai jamais pu résister à cette impression de joie.

C'est l'antipode de la politesse de Paris, qui

doit rappeler avant tout le respect que se porte à elle-même la personne qui vous parle et celui qu'elle exige de vous. Chacun ici, en prenant la parole, songe à satisfaire le sentiment qui l'agite, et pas le moins du monde à se construire un noble caractère dans l'esprit de la personne qui écoute, encore moins à rendre les égards qu'il doit à la position sociale de cette personne. C'est bien ici que M. de Talleyrand dirait : *On ne respecte plus rien en France.*

Une certaine joie native serpente dans les actions de ces hommes du Midi, qui sembleraient si grossiers à un jeune homme à demi poitrinaire élevé dans la bonne compagnie de Paris.

J'erre dans cette petite ville sous un soleil ardent. Je monte à la citadelle commencée par François Ier; belle vue. Un vieux caporal me fait remarquer sur l'autre rive du Rhône la côte de Saint-Péray, patrie du bon vin de ce nom. Le polygone, remarquable aujourd'hui par ses beaux platanes, me fait penser à la jeunesse de Bonaparte. La femme la plus distinguée de la ville accueillit avec bonté le jeune lieutenant et devina son génie. Elle consola sa vanité qui souffrait cruellement ; ses camarades avaient des chevaux, des cabriolets, et la petite pension promise par sa famille était mal payée. Toutefois cette famille se décidait au pénible sacrifice de vendre une vigne pour se mettre en état de payer cette pension.

La faiblesse de Napoléon pour l'aristocratie remontait au salon de madame du Colombier (raconté par le général Duroc). C'est là que Napoléon, qui n'avait trouvé qu'une éducation fort imparfaite, quoi qu'on en ait dit, dans les écoles militaires de Brienne et de Paris, puisa la plupart de ses opinions sur les sujets étrangers aux mathématiques ou à l'art militaire. Quelle différence pour la France et pour lui, si à Valence il avait lu Montesquieu! L'empereur ne vit jamais que du désordre, de la sottise ou de la rébellion dans les opérations d'une assemblée délibérante. Son génie *exécutant* n'y vit jamais une source de légitimité pour la loi. Son admirable conseil d'état ne délibérait pas, il *donnait des consultations* sur le meilleur moyen d'exécuter une chose arrêtée dans la tête du premier consul.

Je vois l'église de Saint-Apollinaire rebâtie en 1604, le buste de Pie VI, et le tombeau de la famille Mistral (nom de mauvais augure en ce pays). La maison de M. Orel est un curieux monument de l'architecture du quinzième siècle; le peuple aime beaucoup les quatre énormes têtes de la façade qui représentent les quatre vents.

Je fais librement la conversation avec plusieurs hommes du peuple. Ce qui ailleurs est pour moi une corvée si pénible, cultiver en passant le correspondant de la maison, me manque bien ici.

Cette vie morale du Midi, qui m'entoure depuis quelques heures, me plonge dans une douce quiétude; elle jette comme un voile à demi transparent sur les trois quarts des petits soucis qui, à Paris, me font songer à eux, et l'absence de ces soucis fait le bonheur parfait. Je ne m'inquiète de rien.

Je jouis de la vie; en promenant sur les bords du Rhône, je m'arrête sous un saule magnifique.

Rien n'est de plus mauvais goût, je le sais, que d'expliquer la mode de son vivant, c'est presque ne pas la suivre; mais je ne demande rien à la société de Paris. Bientôt je serai en Amérique, et si l'on me poussait je donnerais cette explication à ce siècle calculateur : à quoi bon flatter les salons puissans, si je ne leur demande rien ?

Mais n'allez pas trop vous effrayer; je ne dirai la vérité ou ce qui me semble tel que sur l'art gothique. Voici les idées qui me sont venues en visitant St-Apollinaire.

L'ogive est triste, tandis que, je ne sais pourquoi, le plein cintre donne l'idée de la force employée à vous défendre.

La couverte horizontale placée entre deux colonnes ne donne pas du tout l'idée de l'ignorance qui n'a pas encore inventé la voûte, mais bien celle de l'élégance, et de l'élégance fondée sur l'absence du danger.

J'engage le lecteur bénévole à interroger son cœur, et à vérifier si par hasard ces idées ne seraient pas vraies.

Pendant cent cinquante ans *gothique* a été synonyme de laid. Il était donc grandement temps de changer d'opinion. Mais la bonne compagnie, que nos mœurs ont constituée *juge de toutes choses* et surtout des livres, est devenue juge et partie.

Elle a peur du retour de 93 : elle applaudit à tous les livres ennuyeux s'ils sont dévots, et de plus a des armoiries dont elle est fière.

Elle s'est figuré, ses chefs invisibles du moins, que l'admiration du gothique amènerait des fidèles aux prêtres qui officient, pour la plupart, dans des édifices gothiques, et que les prêtres, par reconnaissance, feraient remonter le bon peuple de France vers le degré de stupidité et d'amour pour *ses maîtres* qu'il montra en 1744, par exemple, lors de la maladie du roi Louis XV à Metz. Comme si dans les passions l'on pouvait remonter! Amour pour le gouvernement Dubarry!

L'étude du gothique conduit à la vénération pour le *champ de gueule*, et peut ramener la religion en France. Adorons donc le gothique, contemporain et témoin des grands exploits de nos ancêtres, et n'octroyons le nom de *savant* qu'aux écrivains prudens qui savent maudire Voltaire et se passionner pour le gothique. N'avez-vous pas entendu proclamer ce décret vers 1818?

Aux onzième et douzième siècles, les peuples qui habitaient l'Europe se prirent d'horreur pour la barbarie d'où ils sortaient, et furent saisis de la passion de bâtir, les prêtres surtout. Comme nos ancêtres connaissaient la *peur* plus que l'*amour*, ils étaient peu sensibles à la grace; ils ne cherchèrent donc point à faire quelque chose de simple et de sublime comme un temple antique.

Mais les prêtres, disposant de milliers d'ouvriers qu'on payait avec une indulgence, purent faire des édifices plus grands. L'architecture fut d'abord timide en 1050. En 1200, elle chercha à étonner. (C'est en 1200 que le gothique succède au *roman*.)

Quant aux statues à mettre dans ces édifices, ces pauvres Barbares ne pouvaient faire une statue sublime comme le Laocoon, eux qui, ainsi que vous le voyez à Notre-Dame de Paris et à Saint-Denis (porte du nord), donnaient aux têtes de leurs saints une hauteur égale à la moitié de celle de leurs corps. Là encore ils eurent recours à la masse; ne pouvant faire une statue vraiment belle, ils en firent quatre mille, par exemple, qu'ils entassèrent sur les aiguilles et dans tous les recoins du Dôme de Milan.

Ces statues ont dû attendre long-temps l'admiration de la postérité ; mais enfin, par suite de la terreur de 93, il est de mode de s'attendrir sur les graces de ces petits saints hauts de deux pieds, et dont la tête a huit pouces. Cette mode peut bien durer cinquante ans encore ; car enfin où trouver quelque chose de nouveau à dire sur les statues antiques ?

J'avouerai que l'architecture gothique est pour moi comme le son de l'harmonica, lequel produit un effet étonnant les premières fois qu'on l'entend ; mais cet instrument a le défaut d'être toujours le même et de ne pouvoir supporter la médiocrité.

Ainsi l'église de Saint-Ouen à Rouen, le Dôme de Cologne, celui de Milan, produisent sur moi une impression qui a quelque chose de commun avec celle de la Maison carrée à Nimes, ou de Saint-Pierre de Rome. Mais le vulgaire des églises gothiques, par exemple les cathédrales de Lyon, de Nevers ou de Vienne, sont pour moi comme des tableaux médiocres ; et quand je vois un savant se passionner pour elles, il me fait l'effet d'un homme qui veut arriver vite à l'Académie. Sentez-vous ainsi ?

Je ne sens bien l'effet d'une église gothique médiocre que lorsqu'il s'agit d'une pauvre chapelle située au milieu des bois. Il pleut à verse ;

quelques pauvres paysans réunis par la petite cloche viennent prier Dieu en silence; on n'entend d'autre bruit pendant la prière que celui de la pluie qui tombe : mais ceci est un effet de musique, et non d'architecture.

Au milieu de tant de tombeaux, la plupart ridicules et chargés d'inscriptions plus vulgaires qu'eux encore s'il est possible, on rencontre tout à coup dans les hauts du Père-Lachaise un tombeau gothique. *L'effet de tristesse et de sérieux* est sur le champ produit; c'est comme une mesure de la musique de Mozart. L'effet est centuplé si les moulures gothiques sont chargées de neige.

Ce soir, à la table d'hôte de l'auberge de Valence, située dans le faubourg sur la route d'Avignon, mon voisin, gros garçon dont je ne sais pas le nom, et auquel je parlais *de choses et d'autres* (locution de Valence), me dit tout à coup :

— Il faut que vous soyez bien bête, monsieur, de dépenser votre argent à courir la poste d'ici à Avignon! Fourrez-moi votre voiture sur le bateau qui passe ici demain matin à dix heures, et à trois vous êtes *en* Avignon.

Ce gros garçon de trente ans aurait été bien étonné si je lui eusse répondu :

— Gardez, monsieur, les qualifications offensantes pour les choses que vous faites vous-même. Je vous rends grace de vos avis; mais je vous prie de les garder pour vous, ou de me les donner en d'autres termes.

Je me suis fait homme du Midi, et en vérité je n'ai pas eu grand'peine. J'ai dit tout simplement que je profiterais du conseil, et après dîné j'ai offert à mon nouvel ami des cigares tels que personne peut-être n'en eut jamais de semblables à Valence. Il accepte avec joie, mais bientôt il m'avoue qu'ils lui semblent bien faibles.

Tâtez-moi de ceci, m'a-t-il dit, en me mettant sous le nez des cigares de tabac sarde, je crois, et d'une âcreté exécrable.

Il m'a parlé de *Mandrin*. Ce brave contrebandier ne manqua ni d'audace ni d'esprit, et, à ce titre, sa mémoire vit dans le cœur des peuples, *quoique immoral*. C'est que les peuples veulent être amusés pour le moins autant que servis ; voyez la gloire des conquérans. Mandrin eut cent fois plus de talent militaire que tous les généraux de son temps, et finit noblement sur l'échafaud à Valence.

Vous savez qu'avant la révolution il y avait ici un tribunal de sang, grassement payé par les fermiers généraux, et qui se chargeait de faire bonne et prompte justice des contrebandiers. M. Turgot, en cherchant à supprimer les douanes de province à province, malgré les cris des courtisans de Louis XVI et de tous les hommes à argent de l'époque, rendit un service immense à la moralité de la nation. Et je rappelle ce service, un peu hors propos je l'avoue, parce que les peuples sont sujets à oublier leurs bienfaiteurs, quand ceux-ci n'ont pas laissé des successeurs pour les prôner. Charles X et Louis XVIII vantaient Henri IV et vivaient de sa gloire. Mais, quant aux hommes du rang intellectuel de Turgot, plus le service qui détruit un abus est complet, plus vite il est oublié; et même, cinquante ans encore après leur mort, la bonne compagnie cherche à leur donner des ridicules; car elle profitait de l'abus, et craint pour les abus survivans.

— 12 juin.

(Sur le bateau à vapeur, vis à vis Montélimart.)

Je suis dans l'enchantement des rives du Rhône. Le plaisir me donne du courage; je ne sais où trouver des termes prudens pour peindre la prospérité croissante dont la France jouit sous le règne de Louis-Philippe. J'ai peur de passer pour un écrivain payé.

A chaque pas je vois des maçons à l'œuvre: on bâtit une foule de maisons dans les villes, dans les bourgs, dans les villages; partout les rues se redressent. Dans les champs on voit de tous les côtés creuser des fossés d'écoulement, bâtir des murs, planter des haies.

A la vérité, il y a bien vingt-deux ans que nous avons la paix; mais avant 1830, une sorte d'alarme sourde agitait les esprits; on prévoyait des orages. On ne songeait pas, il est vrai, à ce qui est arrivé; ce n'est qu'à Paris qu'on a prévu la culbute. On croyait dans les campagnes que la *charrette verserait de l'autre côté;* on tenait que les biens nationaux seraient repris par les émigrés, qui, quoi qu'en dît le roi, se referaient seigneurs des villages. Le clergé répétait sans cesse qu'on allait lui rendre la dîme (laquelle a été remplacée par de nouveaux impôts perçus par l'état). Il refusait d'enterrer les acquéreurs des biens nationaux, etc. On ne se résignait point, grace aux chansons de Béranger et aux proses de Courier. On sentait qu'il y *aurait combat*, et chacun songeait à avoir un petit trésor.

La prospérité publique n'a pris tout son élan que depuis 1830, et plus particulièrement depuis qu'il est bien clair que le peuple de Paris, le représentant naturel de la France, ne veut plus se mettre en colère. Où sont les abus *crians* qui pourraient l'irriter? Qu'y a-t-il à changer à notre constitution?

On jouit enfin depuis 1830 des réformes introduites par Siéyes, Mirabeau, Carnot et les autres grands hommes de 1792; si la France lisait les calomnies qu'on entasse sur leur mémoire, là se trouverait la seule *cause actuelle* d'inquiétude.

Les conseils généraux donnés à l'élection sont un grand pas; on n'y voit aujourd'hui que des gens fort insoucians, il est vrai; souvent ils n'ont pas la force même de faire et de signer chaque jour les procès-verbaux de leurs séances. Mais bientôt les hommes nés vers 1790 arriveront dans ces assemblées, et tout changera de face.

Je pourrais remplir quatre pages de détails sur la prospérité de la France, et surtout des départemens situés au nord de la ligne de Besançon à Nantes. Le Midi lui-même, si encroûté, commence à se réveiller. Alger renouvelle Marseille. Si cette grande ville vote contre le gouvernement actuel, le mérite en est au tribunal de la pénitence; mais au fond elle n'est point mécontente.

Partout la noblesse économise et améliore ses champs; c'est exactement le contraire de ce qu'elle faisait avant 1789.

Cette prospérité émerveillait un Anglais, homme de sens, avec lequel j'ai pris du thé hier soir; elle peut s'expliquer *à priori*.

Jamais l'histoire n'a présenté le spectacle d'un peuple qui, sur trente-trois millions d'habitans, *compte cinq millions de propriétaires*. Voilà ce qu'aucune contre-révolution ne peut détruire. Une armée russe camperait sur les hauteurs de Montmartre, qu'elle ne pourrait pas changer la distribution de la propriété.

Par la loi démocratique qui partage les successions, le nombre des propriétaires tend à s'augmenter à l'infini. En présence de ce fait, comment craindre le retour de 93 qui alarmerait tous les propriétaires ?

Songez que le paysan qui n'a qu'un arpent, y tient beaucoup plus que le richard son voisin qui a un parc de deux cents arpens.

Quel magnifique présage pour notre pospérité future ! En France, personne ne peut impunément devenir un imbécile. Les quatre fils d'un homme qui a quatre-vingt mille livres de rente savent fort bien que leur fortune ne sera que de vingt mille ; que s'ils ne l'augmentent pas, soit par leurs talens, soit par ce qu'on a la bassesse d'appeler *un beau mariage,* leurs enfans pour vivre devront être avocats, médecins, ou fabricans de draps. (A mes yeux, mais non pas aux leurs, ce sont les façons d'être qui offrent le plus de chances de bonheur.)

Ce qui choque le plus mon Anglais en France, c'est qu'on ne se marie *que pour de l'argent.* Comment osez-vous parler de sentimens délicats ? me dit-il.

— Avignon le 12 juin.

Avant d'arriver au village de Rochemaure sur la rive droite du Rhône, presque vis à vis de Montélimart, mes yeux cherchaient les célèbres aiguilles de basalte. Tout à coup nous les avons aperçues fort distinctement. Elles sont isolées, assez rapprochées les unes des autres et rangées à peu près en ligne droite. Dans le fait, elles sont détachées de la montagne calcaire contre laquelle, de loin, elles semblent collées. Cette montagne est couverte de vignobles et d'oliviers toujours verts; il y a même des prairies dans le bas, et la vue qu'on a de ce lieu est, dit-on, fort agréable. Le magnifique Rhône sur le premier plan et les Alpes du Dauphiné dans le lointain.

La plus élevée de ces aiguilles a trois cents pieds et passe pour inaccessible. La vue de ces beaux produits volcaniques anime tout le paysage. Nous avons vu de loin les deux cratères de Rochemaure et de Chenavari. Plût à Dieu que quelqu'un de ces grands volcans du Vivarais se remît à jeter des flammes!

Le Vésuve fut une fois huit ou dix siècles sans donner signe de vie, il ne recommença, au grand étonnement de tous, qu'en l'an 79 de J.-C., lors de l'éruption qui étouffa Pline.

Voici qui tient du miracle : à trois heures sonnantes, on amarre un peu au dessus des ruines du fameux pont d'Avignon ce bateau qui, ce matin à cinq heures, a quitté Lyon. Cela fait plus de six lieues à l'heure; car l'on compte par terre soixante lieues et demie de Lyon à Avignon. De plus le bateau arrête fort souvent pour prendre et débarquer des voyageurs, et l'on ralentit un peu sa marche au moment où l'on glisse sous une foule de jolis ponts suspendus.

Nous avons eu l'honneur de passer sous le *pont St-Esprit* qui a une fort mauvaise réputation. On dit que trente personnes s'y sont noyées l'an passé; trente, en style provençal, veut dire dix tout au plus: mais c'est encore trop, et le gouvernement devrait faire arracher une pile, au moyen de quoi on aurait une arche marinière assez large; il ne faudrait pour cela que quelques mines sous l'eau, comme je l'ai vu pratiquer aux colonies.

Notre bateau a passé fort rapidement sous ce pont terrible, et immédiatement après on l'a fait dévier à droite en formant un angle de cinquante degrés peut-être avec sa direction première. A un pied de notre bord, pas plus, il y avait un banc de sable s'élevant au dessus de l'eau de quelques pouces seulement; mais du train dont nous allions il nous eût brisés. Ces bancs changent à toutes les grandes crues du fleuve, de là le talent des pilotes.

On me dit que, lorsqu'il y a des dames ou des hommes auxquels la peur donne le courage d'affronter les regards et les plaisanteries de tous les passagers, on débarque les craintifs au dessus du pont pour les reprendre cent pas au dessous.

Il est certain que le Rhône, en cet endroit, court fort vite. Le mouvement du bateau est rapide, et l'on voit très clairement la mort inévitable, si le bateau vient à heurter le moins du monde la pile ou le banc de sable.

Ce pont du St-Esprit fut commencé en 1265, et achevé en 1309 par les habitans de la ville du St-Esprit, qui s'appelait alors *Saint-Saturnin-du-Port*. Le prieur du monastère de Saint-Saturnin, Dom Jean de Tyange, voulut d'abord s'opposer à cette entreprise qu'il regardait comme attentatoire aux droits de son couvent; mais enfin la passion soudaine qui s'était emparée des habitans pour bâtir ce pont fut la plus forte, et le prieur de Tyange en posa lui-même la première pierre. On nomma des recteurs qui achetèrent des carrières à Saint-Andéol; on établit une société religieuse de frères *donnés* et de sœurs *données* qui avaient un habit et des règlemens particuliers. Les uns recueillaient des aumônes, les autres soignaient les ouvriers malades ou blessés; d'autres même partageaient les travaux des maçons.

On voit qu'en 1265 on avait en ce pays une vraie passion pour le bien public. Une bulle du pape Nicolas V, de l'an 1448, nous apprend que ce pont fut construit par un berger qui en avait reçu l'ordre d'un ange ; et pourtant Nicolas V fut un homme de mérite. Mais le métier avant tout, disait un marchand de fer.

La longueur du pont St-Esprit est de deux mille cinq cent vingt pieds ; il est assez étroit, dix pieds dans œuvre et dix-sept hors d'œuvre. J'ai compté vingt-six arches d'inégale largeur, dix-neuf grandes et sept petites. Chaque pile est percée à jour au dessus des éperons, apparemment pour donner passage à l'eau lors des grandes crues. Ce qu'il y a de singulier, disent les savans, c'est que les arches ne sont point *en ogive*, mais en plein cintre comme dans l'architecture romane. Rien de moins singulier à mes yeux : on adopta cette forme par respect pour le pont du Gard [1]. Enfin, pour dernière bizarrerie, le pont St-Esprit n'est point en ligne droite, il forme un angle opposé au courant, ce qui lui donne plus de solidité.

---

[1] L'architecture *romane* ou *solide* était encore à la mode dans le Midi, la mode du gothique *qui cherche à étonner*, ne vint que plus tard.

Une partie est fondée sur le roc et l'autre sur pilotis.

J'ai débuté à Avignon par avoir de l'humeur. Huit ou dix portefaix grossiers se sont jetés sur mes effets et s'en sont emparés malgré moi : j'enrageais, mais ne disais mot. Joseph, plus près de la nature, a donné et reçu quelques bonnes poussées.

En entrant à Avignon, on se croit dans une ville d'Italie. Les hommes du peuple, au regard ardent, au teint basané, la veste jetée sur l'épaule, travaillent à l'ombre ou dorment couchés au milieu de la rue; car, ici comme aux bords du Tibre, on ne connaît pas le ridicule, et si l'on songe au voisin, c'est pour le regarder en ennemi, et non pour craindre une épigramme.

J'ai pris mon logement à l'hôtel du Palais-Royal. J'étais couvert de poussière; le décrotteur, en me rendant ses petits services, a changé toutes mes pensées.

— « Savez-vous, monsieur, que c'est dans cet
» hôtel qu'ils ont tué le maréchal Brune en
» 1815 ? Le maître de la maison ne veut pas
» qu'on en parle ; mais le domestique Jean vous
» fera tout voir, si vous le lui demandez. » J'ai eu cette triste curiosité, je suis monté sur le plancher qui recouvre la salle dans laquelle le maréchal fut tué à coups de fusil ; mais je ne rendrai pas à qui me lit le mauvais service de raconter

en détail ce que j'ai vu. Ce plancher était rempli de puces : oserai-je avouer que cette saleté a augmenté mon horreur pour l'action à laquelle je songeais? Je voyais plus clairement la grossièreté des assassins. Mais qui les payait? L'histoire le dira. Un commis voyageur trouva le corps du maréchal arrêté dans des roseaux, sur le Rhône, vers Arles.

J'ai vu le maréchal Brune exilé par l'empereur, à Méry (en Champagne) : il avait six pieds de haut et des traits fort imposans. Tous les dimanches, il prenait son grand uniforme pour aller à la messe. (Il avait débuté par être républicain et imprimeur.)

En 1797, dans la fameuse campagne d'Italie du général Bonaparte, il montra une bravoure héroïque; il commandait alors une des brigades de la division Masséna. Trois ans plus tard, en 1800, sur le même terrain, il prouva à la bataille du Mincio qu'il manquait de toutes les qualités qui font le général en chef. Quant à sa mort, il est incroyable qu'il soit venu chercher Avignon : il était si simple de passer par Gap et Grenoble, où jamais l'on n'assassina personne.

Afin d'oublier toutes ces noires idées, je me suis fait conduire au musée. Les tableaux sont placés d'une manière charmante, dans de grandes salles qui donnent sur un jardin solitaire, lequel a de grands arbres. Il règne en ce lieu une tranquillité profonde qui m'a rappelé les belles églises d'Italie : l'ame, déjà à demi séparée des vains intérêts du monde, est disposée à sentir la beauté sublime. J'ai trouvé là beaucoup de tableaux de l'école italienne : un Luini, un Caravage, un Dominiquin, un Salvator-Rosa, etc.; mais le public français n'aime guère qu'on lui parle de ces choses-là, qu'il comprend peu. J'ai été séduit par un portrait charmant de madame de Grignan, au fond de la plus grande salle à gauche. Quels yeux divins ! Ses lettres montrent une ame bien vulgaire pour ces yeux-là, une ame de *duchesse*. Peut-être ne disait-elle pas tout dans ces lettres à une mère. Peut-être ce portrait est-il celui d'une jolie femme qui sut aimer et ne s'appelait pas Grignan.

J'ai passé deux heures délicieuses à rêver dans ce musée. Quelle différence avec celui de Lyon ! Avignon gagnerait sans doute à échanger ses tableaux avec ceux du palais Saint-Pierre ; mais à Lyon l'atmosphère *canu* dessèche le cœur. L'imagination, en se montant un peu, craint d'être traîtreusement blessée par quelque laideur ou par quelque propos effroyable; et quand on est au milieu des gens à argent, il faut se faire dur.

Le musée d'Avignon a douze mille médailles : c'est avec une curiosité d'enfant que j'ai considéré la belle collection grand bronze des empereurs de Rome. César, Auguste, Tibère, Vespasien, etc., seront toujours d'autres personnages pour notre pensée que Charles V, Charles VII, Henri II, et tous les rois décolorés de notre histoire.

Après les premiers Césars, l'élection fut militaire; mais enfin c'était l'élection, et l'incapacité était punie de mort. De là cette suite de grands hommes qui menèrent cet empire de cent vingt millions de sujets : Trajan, Adrien, Marc-Aurèle, Septime-Sévère, Dioclétien, Julien.

J'ai admiré : 1° une excellente petite caricature de Caracalla représenté en marchand de petits pâtés; 2° une enseigne romaine en bronze, fort bien ciselée : ce sont deux cercles qui se touchent; et 3° une mosaïque qui représente une vue à *la cavalière* d'une ville ou d'un camp fortifié avec des tours carrées. Ce musée contient aussi quelques bas-reliefs d'un bon style qui ont orné des tombeaux, et un bas-relief de grandeur naturelle exécuté sous la direction du *bon roi* René. Les figures sont fort laides, et m'ont rappelé le style allemand.

J'ai passé le Rhône pour voir Villeneuve et sa belle tour. J'ai trouvé le tombeau gothique d'Innocent VI ; une belle Descente de croix d'un maître italien, un Jugement dernier, et enfin l'admirable portrait de la marquise du Ganges *en pénitente*, par Mignard, cet excellent copiste des peintres d'Italie.

— Avignon, le 14 juin.

J'arrive de la fontaine de Vaucluse, si chère aux gens qui lisent les sonnets de Pétrarque; mais on a fait tant de belles phrases sur ce lieu célèbre, que je n'en dirai rien, si ce n'est que cette course prend dix heures.

En allant à Vaucluse, nous sommes descendus de cabriolet pour visiter l'église *romane* de la jolie petite ville de Thor. La porte orientale de cette église présente tous les ornemens délicats que pouvait réunir la sculpture de la fin du douzième siècle.

J'oubliais de dire que j'ai rencontré à Villeneuve-lez-Avignon un de mes amis du Nivernais, malade de chagrin de ce qu'il ne peut aller voir l'Italie et les ruines de quelque ville antique. M. Bigilion s'est fait de ce plaisir une image exagérée, son imagination lui peint quelque chose de sublime, qui pendant plusieurs jours jette l'ame dans un ravissement continuel. L'an passé, il croyait avoir le loisir de faire un petit voyage à Rome, et dans cet espoir, d'après mes conseils, il avait lu Tite-Live [1]. C'est ce qui fait que je suis touché de ce désespoir qu'ont fait naître mes phrases sur l'Italie.

Le mistral ayant un peu cessé, j'ai sacrifié un jour à mon ami; et, comme il a un cabriolet fort léger, nous avons parcouru sans encombre les chemins affreux qui conduisent à Vaison.

La ville moderne ne nous a guère intéressés; cependant elle est toute bâtie de fragmens antiques, les pierres tumulaires servent de seuil aux portes. Ce qui nous touche, c'est le sol de l'ancienne ville qui était située au delà de l'Ouvèze, rivière rapide et encaissée qui descend en grondant des Alpes du Dauphiné.

Dans les dernières années du douzième siècle, les comtes de Toulouse mirent Vaison à feu et à sang. Les malheureux habitans cherchèrent un asile sur une montagne voisine où ils pouvaient se défendre, et dont le sommet est occupé maintenant par leur cathédrale moderne.

L'enchantement de mon ami a commencé au pont sur la rivière, qui est romain et dont l'arche unique a bien soixante pieds d'ouverture.

---

[1] Malgré certains petits esprits, qui ont mis des échasses à quatre ou cinq idées, que M. de Beaufort publia en 1738, il y a juste un siècle, Tite-Live est encore la meilleure préparation à un voyage en Italie. Je cite de mémoire.

Réellement, ces blocs énormes, immobiles depuis tant de siècles au milieu des fureurs d'un torrent des Alpes, inspirent le respect. Nous sommes descendus sous le pont pour voir le quai également romain.

De là nos regards ont été attirés par une arcade antique qui s'élève isolée au milieu de la plaine aride; c'est un reste vénérable d'un théâtre romain. M. B.... s'arrêtait à tout moment pour mettre dans ses poches de petits cubes noirs et blancs, débris de mosaïques détruites. Avant d'examiner les deux églises, nous sommes allés voir la ferme de *Maraldi*, édifice singulier s'il en fut, élevé au quinzième siècle par un Italien, mais dont la description hérissée de mots techniques prendrait deux pages.

Nous sommes revenus vers deux églises, Saint-Quinin et la cathédrale, qui se trouvent isolées dans la plaine, et assez loin de la ville moderne.

Saint-Quinin n'a qu'une nef, la façade est moderne; mais tout le reste est excessivement curieux. Je n'entrerai pas dans les détails, faute de trouver une langue à laquelle le public soit accoutumé. Il me suffira de dire que *l'apside* [1] est peut-être du huitième siècle, c'est à dire d'une

---

[1] Petit avancement arrondi, au fond de l'église, derrière le maitre-autel.

époque fort antérieure à la grande barbarie du dixième. Je ne sais si jamais j'aurai l'audace de présenter au lecteur l'histoire de l'art gothique : ce sont huit ou dix pages fort arides à parcourir, c'est un désert qu'il faut traverser, mais aussi une petite masure telle que Saint-Quinin, la plus insignifiante du monde pour l'honnête propriétaire des environs, occupe vivement l'attention pendant deux ou trois jours.

La cathédrale est une basilique à trois nefs : celle du milieu est fort large; c'est un trait caractéristique qui me plaît beaucoup dans toutes les églises *romanes* (c'est à dire imitées de l'architecture romaine, lorsque, au onzième siècle, après *la fin du monde*, le clergé fut assez riche pour bâtir); cet amour pour les nefs larges me prouve bien que je n'ai pas le vrai goût du gothique.

Les voûtes et les arcades intérieures de cette cathédrale primitive forment des ogives à base très large. Elle présente un autre des grands caractères de l'architecture *romane* : le toit de la nef principale s'élève peu au dessus du toit des deux nefs ses voisines.

Ce fut probablement vers l'an 910 que cette cathédrale fut fondée, mais elle fut réparée dans les siècles suivans. Nous serions trop heureux d'avoir un édifice *pur* de l'an 910. Avant le onzième siècle, beaucoup d'églises avaient des toits en bois et non pas des voûtes qui semblaient trop difficiles à faire aux barbares de cette époque. C'est à cause de la charpente de son toit que l'église de Saint-Paul, hors des murs, à Rome, a brûlé en 1821.

Dans un cloître ruiné, à gauche de la cathédrale, se trouvent sur un mur quatre vers léonins qui exhortent les moines à prendre patience contre le mistral. Ces vers nous ont vivement touchés, le mistral faisait voltiger nos manteaux et nous glaçait.

Nous avons dû aux ruines de Vaison une journée fort curieuse, et nous avons conquis des souvenirs durables. Voilà le plaisir d'être savant.

— Avignon, le 15 juin.

Ce matin je me promenais sur la route d'Orange avec le jeune comte de Ber... qui a dix-neuf ans à peine. Une jeune fille est venue à passer cheminant sur son âne : un gamin de douze ans a pris l'âne par la queue et a sauté en croupe ; la jeune fille ne s'est pas fâchée. Une grosse charrette occupait le milieu de la route. Le charretier, énorme Provençal grossier, a menacé l'enfant, et, comme l'âne cheminait toujours au petit trot, emportant gaîment son double fardeau, le charretier a lancé un coup de fouet à l'enfant qui a jeté un cri.

Le comte de Ber... a tressailli. Quelle inhumanité! a-t-il dit.

— Je vais t'en donner autant, gringalet, s'est écrié le charretier, en jurant et en s'avançant sur nous.

Le jeune comte, rapide comme un trait, a sauté sur l'énorme Provençal, l'a pris à la gorge et tellement serré, que le charretier a pâli et le sang lui a couvert les lèvres. Quand il a été à vingt pas, le comte lui a jeté son fouet dont il s'était emparé. Toute ma vie j'aimerai ce jeune comte, qui, quoique fort riche, n'est point niais.

Les femmes d'Avignon sont fort belles; comme j'admirais les yeux vraiment orientaux d'une de ces dames qui faisait des emplettes dans les boutiques de la place, on m'a dit qu'elle était israélite.

J'ai trouvé une vue assez étendue du haut du rocher calcaire des *Dons*, sur lequel au quatorzième siècle fut bâti le palais des papes. C'était une forteresse, et bien en prit à l'anti-pape Benoît XIII (Pierre de Luna), qui y soutint un siège fort prolongé contre le maréchal Boucicaut. Ce palais est étrangement ruiné aujourd'hui; il sert de caserne et les soldats détachent du mur et vendent aux bourgeois les têtes peintes à fresques par Giotto. Malgré tant de dégradations, il élève encore ses tours massives à une grande hauteur. Je remarque qu'il est construit avec toute la méfiance italienne, l'intérieur est aussi bien fortifié contre l'ennemi qui aurait pénétré dans les cours, que l'extérieur contre l'ennemi qui occuperait les dehors.

C'est avec le plus vif intérêt que j'ai parcouru tous les étages de cette forteresse singulière. J'ai vu le *pal* (nommé *veille*) sur lequel l'inquisition faisait asseoir l'impie qui ne voulait pas confesser son crime, et les têtes charmantes restes des fresques du Giotto.

Les contours rouges du dessin primitif sont encore visibles sur le mur.

Ce n'est pas un blasphème de penser que si Giotto fût né en 1483 au lieu de 1276, il eût peut-être égalé Raphael. Le foyer intérieur était de la même force; il eût été plus grandiose et moins gracieux.

Vers le sud-est une partie de la ville d'Avignon est appuyée à ce rocher des *Dons*; il est coupé à pic vers l'ouest, où il laisse à peine une route étroite au bord du Rhône. J'ai revu avec un nouveau plaisir la très curieuse cathédrale. Avignon a l'air d'un ville de guerre. On retrouve cette physionomie dans la plupart des bourgs de Provence, et par là ils évitent l'air mesquin et misérable de nos bourgs de Picardie.

Tout le monde sait que Philippe-le-Bel, prince

qui *pouvait vouloir*, fit nommer pape Bertrand de Goth, qui prit le nom de Clément V, et en 1309 transféra le saint-siège à Avignon ; il y resta jusqu'en 1378. La cour des papes, alors la première du monde, civilisa la Provence, qui, grace à Marseille, n'avait jamais été aussi barbare que la Picardie, par exemple.

Jean XXII avait besoin d'argent, il inventa la *daterie*, sorte de budget des *voies et moyens*, qui se composait des droits nommés *annates*, *réservations*, *provisions*, *exemptions*, *expectatives*, tous payés par les royaumes chrétiens. Au moyen de la *daterie*, ce pape laissa un trésor de huit millions de florins d'or (deux cent millions de 1837) et un mobilier estimé sept millions de florins. J'ai vu avec plaisir que le tombeau de cet homme d'esprit a été épargné par la révolution.

Les hommes adroits et puissans qui composaient la cour d'Avignon n'avaient aucun besoin de gêner ou de dissimuler leurs passions : car dans ce siècle-là, on avait des passions. Ce qui, à mes yeux, est une grande justification pour les cruautés et injustices.

De plus, on était bien loin encore des temps de Luther et de Voltaire [1].

---

[1] Voir *de Potter*, histoire du Christianisme, le seul livre de nos jours qui, traitant un sujet si délicat, ose n'être point

Je me suis rappelé ces lettres latines de Pétrarque où il parle à cœur ouvert de ce qui se passait dans le palais d'Avignon aux temps brillans de cette cour. Rien de plus curieux ; mais le latin est obscur. Il faut convenir qu'il s'agit d'actions fort différentes de celles qui occupaient Rome du temps de Cicéron, dont Pétrarque copie le style tant qu'il peut [1].

Nous voyons dans ces lettres un homme d'esprit fort âgé et revêtu d'une éminente dignité, qui, pour achever de séduire une jeune fille de quatorze ans, se met sur la tête une barrette rouge. Malheureusement, rien n'est moins clair et précis que la langue latine, à quoi j'entends les savans répondre que je suis un ignorant. Peut-être avons-nous raison des deux côtés ; mais j'ai un avantage, je ne suis pas payé pour avoir les opinions que j'écris.

Pétrarque s'indigne beaucoup en latin ; mais de quoi s'indigne-t-il ? Rien n'est plus clair au contraire que les admirables contes un peu lestes, intitulés *Il Pecorone*, presque contemporains de Pétrarque. La langue italienne a toujours marché vers le *plat* et le *commun* depuis cette époque

à la mode ; c'est un trésor de vérités mal en ordre. Voir aussi Muratori, qui souvent a peur.

[1] Levati, voyages de Pétrarque. Milan, 1818.

d'énergie ; elle a imité Cicéron, être fort plat. Le bel italien d'aujourd'hui, c'est le style de M. Lémontey, comparé à celui des Mémoires de Daubigné ou de Saint-Simon. Les pensées sont plus élégantes, plus variées, plus savamment enchaînées sans doute ; mais aucune pensée n'est rendue avec la même force ; mais l'on voit un auteur qui tremble pour les hardiesses de son style et qui oublie de penser ; mais le serpent de l'ennui est caché sous ces fleurs [1].

La vue qu'on a du haut du rocher des *Dons* est, sinon très belle, du moins fort étendue : à l'est, on découvre les Alpes de la Provence et du Dauphiné, et le mont Ventoux ; à l'ouest, on suit une grande partie du bassin du Rhône. Je trouve que le cours de ce fleuve donne l'idée de la puissance ; son lit est parsemé d'îles couvertes de saules : cette verdure n'est pas bien noble, mais, au milieu de ce pays sec et pierreux, elle réjouit les yeux.

Au delà du Rhône et des ruines du fameux pont d'Avignon dont il emporta la moitié en 1669, s'élève un coteau que couronnent Villeneuve et la forteresse de Saint-André ; leurs murs sont

---

[1] Le *Français* académique fait un grand pas vers les *abstractions* au nominatif ; ainsi périt la langue latine. Voir la savante histoire de J. J. Ampère, ou lire Ausone et Salvien.

entourés de bois et de vignobles. Le comtat est couvert d'oliviers, de saules et de mûriers tellement serrés, qu'en certaines parties ils font forêt; au travers de ces arbres on entrevoit de loin les jolis remparts de Carpentras.

Un homme de l'âge du siècle ne peut nommer sans sourire le pont d'Avignon; c'est le gai souvenir du *Sourd*, ou de l'Auberge pleine. Ce pont, bâti en 1180, avait vingt-deux arches, dont il ne reste que quatre qui tiennent à la rive gauche. Je suis allé voir la petite chapelle de Saint-Benezet sur le pont; on y remarque le chapiteau d'un pilastre corinthien. Est-ce une copie?

La vue des îles que le Rhône forme dans le voisinage n'est pas mal. A vrai dire, *j'ai jugé* que toutes ces vues étaient agréables, mais je n'en ai point joui; j'étais hors d'état d'avoir aucun plaisir. Un *mistral* furieux a repris depuis ce matin; c'est là le grand *draw-back* de tous les plaisirs que l'on peut rencontrer en Provence.

Strabon appelle ce vent terrible *mélanborée*, bise noire; c'est encore le nom que lui donnent les Dauphinois: mais en Provence on l'appelle mistral. Strabon et Diodore de Sicile assurent que sa violence est telle *qu'il enlève les pierres et renverse les chars*. Il n'y a pas quinze jours, qu'en passant le pont de Beaucaire, la diligence a été obligée de se faire soutenir par huit hommes se pendant à des cordes attachées sur l'impériale. Elle avait la perspective de tomber dans le Rhône.

Le vent du nord rencontre la longue vallée de ce fleuve qui est nord et sud; elle remplit l'office du bout d'un soufflet de cheminée et redouble sa force. Quand le mistral règne en Provence, on ne sait où se réfugier : à la vérité, il fait un beau soleil, mais un vent froid et insupportable pénètre dans les appartemens les mieux fermés, et agace les nerfs de façon à donner de l'humeur sans cause au plus intrépide [1].

N'ayant point de chez moi à Avignon, je me réfugie dans la fort curieuse cathédrale Notre-Dame des Dons (ou des Domns, *de Dominis*). Elle occupe le sommet du rocher de ce nom; l'intérieur a l'air d'une basilique romaine garnie d'ornemens gothiques. La façade fut élevée par Paul V (Borghèse), le même pape qui à Rome eut la gloire de finir Saint-Pierre et de placer son nom sur le frontispice. On monte de la ville à la cathédrale par un long escalier. Le porche est une copie de l'antique, fort singulière et peut-être unique. On peut le supposer élevé avant les invasions des Sar-

---

[1] Dans ces cas-là, je trouve que les anciens prenaient des bains d'huile. Pline, Lib. 29.

razins qui désolèrent la Provence; il présente des détails de construction fort curieux à observer.

Entre le porche et la nef, je me suis longtemps arrêté à voir d'admirables restes de fresques. Quelle franchise ! quel naturel ! Comme cela est l'antipode de nos académies ! Quelle force! Je le dis à regret, c'est le contraire de la peinture actuelle, comme je le faisais observer il n'y a qu'un moment : c'est encore le style de Daubigné et de Saint-Simon, comparé aux phrases à effet de M. de Châteaubriand.

J'oubliais, en écrivant ceci, les batailles d'Eugène Delacroix qui eussent émerveillé Giotto.

Le tombeau de Jean XXII est d'une élégance et d'une légèreté sans égales. Le gothique *fleuri* n'a jamais rien produit de plus joli ni de plus surprenant.

Il a fallu voir l'église des Dominicains, bâtie en 1330, et à demi démolie.

Saint-Pierre, rebâti vers 1358, est gothique; la façade, de 1512, est d'un gothique fleuri très élégant. Les portes offrent de jolis bas-reliefs en bois. La chaire est curieuse.

J'ai vu avec plaisir la façade méridionale de l'église de Saint-Martial. Mais le lecteur se lasse peut-être de tant de détails. Je nomme ces monumens pour qu'il les voie en passant. Ne dût-on s'arrêter qu'une heure dans Avignon, il faut absolument voir les quatre étages du palais des papes et Notre-Dame des *Dons*.

Voici un personnage ridicule que nous devons à la révolution de 1830. Le lecteur me permettra-t-il de raconter l'accident arrivé ces jours-ci à un superbe capitaine de garde nationale ? il fait le chien couchant auprès du préfet, et aspire, dit-on, à la députation. M. Balarot va retirer *publiquement* son abonnement au journal libéral du pays, un jour que le journal a blâmé le préfet, il souffle dans ses joues en marchant, et enfin n'oublie rien de ce qu'il faut pour donner l'envie de se moquer de lui.

A l'occasion d'un évènement politique qui réjouit tous les Français, le capitaine de grenadiers Balarot s'est avisé d'organiser un dîner en pique-nique ; car il veut passer pour plus joyeux qu'un autre, en sa qualité de *vrai patriote*, comme il s'intitule. C'est apparemment à cause de sa joie qu'il a mangé comme quatre à ce dîner (excellent, ma foi, comme dans tout le midi, et qui n'a coûté que six francs par tête ; des vins parfaits : un dîner inférieur à celui-là eût coûté vingt-cinq francs à Paris). Les airs de *faire les honneurs* du pique-nique, que se donnait M. Balarot, ont fait éclater la gaîté dès le potage, et cette gaîté est toujours allée en croissant.

Nous avions retrouvé la joie française d'avant la révolution. Les choses dont on a ri sont incroyables de simplicité. A minuit l'on s'est séparé; mais voici ce qui est arrivé à une heure.

M. Balarot, qui s'était couché, se sentit l'estomac un peu fatigué; il battit le briquet et voulut faire du thé : il avait la théière ; mais il s'aperçut que le flacon contenant le thé était resté dans la chambre de madame Balarot, jeune et belle Provençale qui ne prend point au sérieux toutes les momeries gouvernementales de son mari. M. Balarot s'achemine à pas de loup vers la chambre de sa femme, et sans lumière, pour ne point la réveiller, le voilà qui, sans bruit, cherche le flacon sur la cheminée, puis sur le bureau voisin.

Au milieu de cette recherche discrète, le Balarot est surpris par un ronflement des plus caractérisés; il s'écrie, il croit que sa femme est tombée en apoplexie. Ici, un voile fort épais s'étend sur les infortunes conjugales de ce *vrai patriote*, et en rend le détail plus piquant pour les habitans du pays. Il court à sa chambre pour prendre de la lumière. Comme il revient, une bouche invisible éteint sa bougie; puis on le retourne, on le pousse par les deux épaules dans sa chambre; il entend des rires étouffés, et croit reconnaître la voix d'un de ses amis intimes. A peine l'a-t-on fait entrer dans sa chambre, qu'on l'enferme à double tour.

Le Balarot furieux saute par la fenêtre qui n'est qu'à huit ou dix pieds au dessus du jardin; il sonne à sa porte, éveille tout le monde et même madame Balarot, qui ne comprend rien à l'histoire qu'il lui raconte en jurant, et le prie fort résolument de la laisser dormir, surtout quand il s'est oublié à table.

Le lendemain, dès sept heures, le malheureux époux va conter son cas au vieux général R., son protecteur. A tout ce qu'il peut dire, le général ne répond que par ces huit mots, vingt fois répétés de sa petite voix claire: *Silence, ou l'on va se moquer de toi.* Il paraît qu'il n'a pas suivi ce conseil; car toute la ville se moque de lui avec délices, et l'on parle de donner un second dîner en son honneur.

Dans plusieurs des sous-préfectures que je parcours cette année, je trouve une violente pique d'amour-propre établie entre M. le sous-préfet et ceux qu'il appelle ses administrés. Il vaudrait mieux être juste des deux côtés. Je n'avais rien vu de pareil les années précédentes. La France comprend l'élection, et les conseils généraux et d'arrondissement vont faire des pas de géant. On y verra des discussions *réelles*, et non plus convenues d'avance; et l'on portera à la députation l'homme qui aura montré du caractère dans ces discussions.

Dans un chef-lieu de préfecture, où je me trouvais il y a peu de jours, les quatre chefs des grands services sont de fort honnêtes gens; ce sont :

Le directeur des contributions directes, chef du cadastre;

Le directeur des contributions indirectes;

Le directeur de l'enregistrement et des domaines;

L'ingénieur en chef.

Avec ces quatre hommes et de bonnes manières, le préfet, quelque neuf qu'il soit, peut faire une excellente figure à Paris.

Après ces quatre-là viennent :

Le payeur;

Et le receveur-général, beaucoup moins importans.

Le préfet peut choisir cinq hommes de mérite pour conseillers de préfecture; mais il s'en garde bien. Par jalousie du pouvoir, on ne nomme guère que des incapables.

Un préfet qui oserait sortir un peu de l'ornière pourrait faire gouverner chacun de ses bureaux par un conseiller de préfecture.

En général, une préfecture coûte de 80 à 90,000 fr., savoir:

Appointemens du préfet	24,000 fr.
Abonnement	45,000
Cinq conseillers	6,300
Loyer de la préfecture payé par le département	6,000
Total	81,300

Au lieu de dépenser son revenu particulier, le préfet fait des économies sur ses appointemens. Souvent, un préfet a des filles à marier, et il craint la destitution.

— Avignon, le 16 juin 1837.

Ce fut le pape Innocent VI qui fit construire, en 1358, *les jolis remparts d'Avignon*; il s'agissait de garantir la ville des attaques d'une troupe de brigands qui s'était formée dans le midi.

Ces jolis murs sont bâtis en petites pierres carrées admirablement jointes : les mâchicoulis sont supportés par un rang de petites consoles d'un charmant profil; les créneaux sont d'une régularité parfaite. Toute cette construction annonce la richesse et la sécurité; l'homme qui bâtit est si peu dominé par le sentiment de l'utile et par la peur, qu'il se permet les ornemens. Ces murs sont flanqués de tours carrées placées à distances égales et du plus bel effet. On promène sur leur épaisseur; jolie vue.

Le temps a donné à ces pierres si égales, si bien jointes, d'un si beau poli, une teinte uniforme de feuille sèche qui augmente encore la beauté. C'est l'art d'Italie avec ses charmes, transporté tout à coup au milieu de ces Gaulois si braves, mais qui élèvent des monumens si laids [1].

Je prends une barque et vais courir le Rhône. Sur la Loire on craint de manquer d'eau et de s'engraver, sur le Rhône on a à se méfier d'un courant terrible et puissant. J'aborde à une promenade formée de quelques rangées d'ormes que le pays admire, et qui aura quelque physionomie dans cent ans, quand les arbres seront vieux.

Rabelais appelle Avignon la *Ville sonnante*; on y voit, en effet, une foule de clochers : moi, je l'appellerais plutôt la ville des jolies femmes; on rencontre, à *tout bout de champ*, des yeux dont on n'a pas d'idée dans les environs de Paris. Les rues sont couvertes de toiles à cause de la chaleur; j'aime cet usage et le demi-jour qu'il procure. La badauderie naturelle au voyageur

---

[1] On y voit toujours, quand on a des yeux, la peur de la mort ou de l'enfer. En 1513, Léon X lui-même n'était pas bien sûr de l'enfer.

m'a fait perdre une heure à l'occasion d'un certain crucifix d'ivoire fort vanté et fort médiocre, et pour lequel il faut demander une permission. Une religieuse le montre en cérémonie.

J'ai vu les hôtels de Crillon et de Cambis. On craint toujours de laisser échapper quelque chose de curieux ; mais il faudrait ne pas s'impatienter quand on trouve toutes les laideurs et toutes les odeurs malsaines d'une petite ville.

La comtesse Jeanne, reine de Naples, célèbre par sa beauté et ses aventures, vendit Avignon au pape Clément VI, moyennant quatre-vingt mille florins d'or : les épingles du marché furent une petite absolution pour le meurtre de son premier mari, et la reine oublia de demander au pape les quatre-vingt mille florins d'or.

Louis XIV, qui eut une fermeté admirable envers l'étranger, s'empara deux fois d'Avignon, en 1662 et 1668 ; Louis XV suivit cet exemple un siècle plus tard, en 1768 ; enfin l'Assemblée constituante réunit Avignon à la France en 1790. Les méchans prétendent que le caractère des habitans offre encore quelques traces de la domination italienne : la *Glacière*, le maréchal Brune.

Le seul homme bien vêtu auquel j'aie parlé m'a dit d'un air dolent que, par l'effet de l'*affreuse* révolution française, le pays avait perdu des trésors en tableaux et en monumens : c'est ce que je me garde bien de croire, je me souviens de la description d'Avignon, en 1738, que donne l'aimable président de Brosses[1]; les meilleurs tableaux étaient de Mignard et de Parrocel.

Je rencontre beaucoup de vieux soldats : il y a ici une succursale de l'*Hôtel des Invalides*. Rien de plus judicieux. Le trésor d'un homme de soixante ans, peu riche, n'est-ce pas un beau ciel? On devrait établir les trois quarts des invalides de France à Antibes, à une lieue du Var et de la frontière, que ces braves gens défendraient en cas de besoin.

Le pain, le vin et la viande y sont à meilleur prix qu'*en* Avignon, et le mélanborée de Strabon s'y montre moins terrible.

Un Corse, homme de sens, M. N., me dit: L'histoire de France ne commence qu'à Louis XI. De ce moment-là jusqu'ici il y a suite. Avant Louis XI il y a des anecdotes: Charlemagne, Charles V, la Pucelle d'Orléans. Il faudrait qu'un homme d'esprit comme Vertot traduisît en français le savant Sismondi.

Madame d'Arsac, d'Avignon, disait à ses filles: Mesdemoiselles, il ne faut jamais croire au *très*

---

[1] L'Italie il y a cent ans, tome 1, p. 330, édition de M. Colomb.

[au très beau, au très méchant; il n'y a que du médiocre en ce monde.]

Histoire de la jeune créole : *Moi connaître.*

Au moment où je me croyais sur le point de passer quinze jours à parcourir cette jolie Provence dont je n'ai vu jusqu'ici que le *mistral*, je reçois à la fois des lettres de Marseille qui m'apprennent que nos affaires d'Alger n'exigent point ma présence à Marseille, et d'autres lettres de Paris qui me montrent qu'en mon absence les affaires de la maison sont menées gauchement et timidement. Je repars ce soir pour le Nivernais où sont ces cruelles affaires. Heureux l'homme qui a de quoi vivre, ou du moins qui est sûr de ne pas se repentir de s'être arrêté dans le chemin d'une petite fortune !

C'est par hasard qu'au moment de partir, et les chevaux déjà attelés, je suis allé voir, derrière le théâtre moderne, une suite d'arcades évidemment romaines ; elles se prolongent sous plusieurs maisons. Quelques centaines de francs dépensés en fouilles donneraient probablement de curieux résultats ; mais on est avare dans le midi. Curieux trait d'ignorance d'un préfet de ce pays-ci : il fait recouvrir de terre des ruines antiques découvertes par hasard, sans donner le temps de les dessiner.

Le seul pays de France où l'on s'occupe réellement d'antiquités, c'est la Normandie. Heureuse la province qui peut être étudiée par un savant *réel*, tel que M. de Prévost!

— Nivernais, le 18 juin.

J'ai passé par Clermont, qui m'a donné un vif chagrin, celui de ne pouvoir m'y arrêter. Quelle magnifique position! Quelle admirable cathédrale! Quelle belle chaleur *ventillata*.

La vue que l'on a du Puy-de-Dôme, qui n'est qu'à deux lieues de la ville, élève l'imagination; tandis que l'aspect de la Limagne donne l'idée de la magnificence et de la fertilité. Je n'ai pu donner qu'un quart d'heure à la cathédrale commencée vers 1248, mais non achevée. La voûte est à cent pieds du pavé, la longueur de l'édifice est de trois cents pieds, les piliers du rond-point sont remarquables par leur délicatesse. Ce monument, d'un aspect sévère et imposant, domine toute cette ville sombre, bâtie elle-même sur un monticule. J'ai été surpris et charmé par la vue que l'on a de la terrasse. La très antique église de Notre-Dame-du-Port, qui date de 560 et fut reconstruite en 866, mériterait une description de plusieurs pages. La grande difficulté, comme à l'ordinaire, serait d'être intelligible. En Auvergne, on tire un grand parti de la différence de couleur dans les matériaux des surfaces. Les anciens peignaient les façades de leurs temples. Avant cette découverte assez récente, les savans d'académie maudissaient cette pratique.

Mon correspondant a voulu absolument me conduire au jardin de Mont-Joly, à vingt minutes de la ville ; j'y ai trouvé une magnifique allée de vieux arbres qui, à elle seule, vaudrait un voyage de dix lieues. Et je n'ai pu donner qu'une heure et demie à cette ville de Clermont ! Sa position rappelle les plus jolies villes de la Suisse, avec cette différence, en sa faveur, qu'elle est bâtie en lave, et que la présence d'un volcan, *même éteint*, imprime toujours au paysage quelque chose d'étonnant et de tragique qui empêche l'attention de se lasser. Il me semble que le lecteur est d'avis que rien ne conduit aussi vite au bâillement et à l'*épuisement moral* que la vue d'un fort beau paysage : c'est dans ce cas que la colonne antique la plus insignifiante est d'un prix infini ; elle jette l'ame dans un nouvel ordre de sentimens.

Mon séjour si bref à Clermont a encore eu le temps d'être pollué par des plaintes. J'étais dans le ciel ; cette réclamation d'une maison de *nos amies* contre une autre maison également *amie*, m'a fait tomber dans la boue. Quand serai-je assez riche pour n'avoir plus de rapports forcés avec aucun homme ? La postérité dira : L'*envieux* dix-neuvième siècle ; c'est la triste épithète qu'il mérite en France. Tous les tracas d'aujourd'hui étaient excités par l'envie.

Si j'avais huit jours à moi, il me semble que je les emploierais fort bien dans *les Cantals* aux environs de Saint-Flour. Il y a là des solitudes dignes des ames qui lisent avec plaisir les sonnets de Pétrarque ; mais je ne les indiquerai pas plus distinctement, afin de les soustraire aux phrases toutes faites et aux malheureux superlatifs des faiseurs d'articles dans les revues.

Ce soir, par mes façons de parler franches et imprudentes, j'ai conquis le mépris d'un marchand de fer bien plus considérable que moi, et homme d'esprit, mais de cet esprit rococo qui régnait il y a vingt ans ; il admire la biographie *Michaud*. J'avouerai que depuis que j'ai atteint deux mille écus de rente, je ne songe plus à la prudence ; c'est trop d'ennui pour mon peu d'ambition.

Si l'on veut passer pour capable, il faut dans la France d'aujourd'hui parler d'un air dolent, ne jamais aborder d'idées générales, et traiter avec respect cinq ou six niaiseries qui sont encore les *faux dieux* de chaque carrière. On dirait que n'être pas *important* est une insulte pour tous les *importans*. Je crains bien que d'ici à quatre ou cinq ans, ces *dieux* ne tombent à plat; ce malheur arrivera quand il n'y aura plus dans les affaires que des hommes nés après 1789.

Je prévois une seconde cascade dans un avenir beaucoup plus reculé, d'ici à trente ans, quand arriveront aux affaires les hommes qui avaient quinze ans en 1828, à cette époque fatale où tout ce qui portait des gants osait appliquer le raisonnement aux vieilleries les plus vénérables. Mais alors les fils d'enrichis sauront lire, leur voix comptera en littérature, ce qui fera contre-poids au torrent de l'innovation.

Voici l'accident qui m'arrive : mon attention est empoisonnée pour toute une journée si je l'arrête sur des ames basses, et les ames basses qui se trouvent réunies à beaucoup d'esprit ne font que rendre le poison plus subtil; de là mes imprudences par inattention.

Ecrire ce journal le soir, en rentrant dans ma petite chambre d'auberge, est pour moi un plaisir beaucoup plus *actif* que celui de lire. Cette occupation nettoie admirablement mon imagination de toutes les idées d'argent, de toutes les *sales méfiances* que nous décorons du nom de *prudence*. La prudence! si nécessaire à qui n'est pas né avec une petite fortune, et qui pèse si étrangement et à qui la néglige, et à qui invoque son secours!

I. 21

Jusqu'ici j'ai placé entre des crochets, pour être omis, tous les détails sur la physionomie de chacun des grands monumens gothiques, le seul ornement des paysages de France. Que de choses à dire, par exemple, de la cathédrale de Clermont!

La pluie à verse qu'il fait ce soir (se figure-t-on quelque chose de décourageant comme la pluie à verse qui tombe à grand bruit sur le pavé d'une laide ville de province, à sept heures du soir?) la pluie donc me donne le loisir, et qui plus est l'audace de présenter au lecteur :

1° L'histoire de l'architecture *romane* qui, au onzième siècle, succéda à la romaine et la copia autant que la misère et la barbarie des temps le permettaient.

2° L'histoire de l'*architecture gothique* qui succéda à la *romane* au treizième siècle, et fut remplacée elle-même vers l'an 1500 par *la renaissance.*

Puis est arrivée l'imitation de l'Italie ou le Val-de-Grace, ensuite la ridicule architecture gallo-grecque ou le Panthéon; après quoi nous avons vu paraître Notre-Dame-de-Lorette à qui Dieu fasse paix.

Vous savez qu'on appelle aujourd'hui architecture gothique l'architecture romane et l'architecture gothique proprement dite; celle-ci n'eut jamais rien de commun avec les Goths; personne ne songeait plus à ces barbares en l'an 1200.

L'architecture romane, et après elle l'architecture gothique qui la fit oublier, employèrent un nombre presque infini d'ornemens minutieux; les formes de ces ornemens varièrent à peu près tous les cinquante ans. Ainsi, si l'on veut se donner la peine de se mettre dans la mémoire les formes successives d'une vingtaine d'ornemens prétentieusement baroques et minutieux, on pourra facilement passer pour savant aux yeux du vulgaire. En entrant pour la première fois dans une église, on s'écrie d'un air inspiré :

— Telle partie est du douzième siècle et telle autre du quatorzième ; ces gros piliers ronds, là-bas, sont du onzième. Pour peu qu'on ait de sûreté dans la mémoire, on peut souvent circonscrire la certitude de la date d'une construction dans un intervalle d'une cinquantaine d'années.

La perspective de pouvoir se donner un peu d'importance inspirera-t-elle le courage de lire les détails qui suivent ?

Le problème à résoudre est celui-ci :

En entrant dans une église, pouvoir lancer ces mots d'un air inspiré; ou mieux encore, d'un air grave, modeste et légèrement gémissant : Telle partie est du onzième siècle, telle autre du quatorzième.

1° Remarquez que le plus grand nombre des

églises a été en construction au moins pendant cent cinquante ans.

2° On sait le nom de la province où l'on se trouve, le Poitou, l'Auvergne, la Bretagne, etc.; or, le nom de la province étant connu, les chapiteaux des colonnes donnent la date, à cinquante ans près, car ils sont formés :

Par des bas-reliefs à personnages,

Par des feuilles imaginaires,

Ou par des feuilles de vigne ou autres, fort bien copiées d'après nature.

Perfection du gothique.

A REIMS, cathédrale commencée pendant l'époque de transition du roman au gothique.

A ROUEN, Saint-Ouen, pur gothique fleuri et quelque peu de flamboyant. Le gothique fleuri copie les végétaux *d'après nature*.

Tout édifice nommé *Sainte-Chapelle* (en style ecclésiastique, sorte de collégiale) n'a qu'une nef et présente la forme d'une *cage vitrée*.

Dans le midi de la France, les édifices les plus considérables ont été élevés quand le style *roman* était à la mode, de 1000 à 1200.

Dans le nord, sous le règne du style *gothique*, de 1200 à 1500[1].

---

[1] Voir la chronologie du roman et du gothique, page 50.

Chaque province, en France, a eu *son beau moment*, celui où l'on y faisait de belles choses. Les révolutions successives de l'art ont été *avancées ou reculées* par les circonstances particulières à cette province.

Influence des matériaux : en Poitou, un ouvrier pouvait faire cinquante chapiteaux par an ; avec le granit de Bretagne, il lui eût fallu un an pour un seul chapiteau.

On peut dire que souvent, en France, on a imité Sainte-Sophie de Constantinople avec ses dômes, et l'architecture *bysantine* ou romaine du siècle de Justinien. Mais il me semble qu'à Autun, qu'à Aix, etc., on a imité plus directement encore les grands monumens romains que l'on avait sous les yeux.

Une grande révolution marqua la fin du douzième et le commencement du treizième siècle : la *témérité* s'empara des esprits en fait d'architecture; on méprisa le genre solide, et l'on n'eut plus de goût que pour la *hardiesse;* en d'autres termes, la solidité *romane* se vit remplacée partout par les longues colonnes grêles et par les voûtes placées à cent pieds de terre, triomphe de l'architecture gothique.

Celle-ci s'empara de l'ogive que l'architecture romane employait quelquefois. Comme ce genre de voûte n'a pas de *poussée,* ou du moins très peu, l'art gothique put la placer dans les airs à une prodigieuse élévation et à l'extrémité de ses colonnes excessivement alongées. Voyez Strasbourg, voyez Reims. Cette page serait fort claire si on la lisait dans la fameuse église de Coutances, triomphe de la ligne *verticale*, ou du moins à Saint-Denis.

Comme nous l'avons dit, presque toutes les églises présentent des parties exécutées en des siècles différens.

Les chanoines de Milan recevaient tous les ans des sommes considérables pour terminer leur magnifique église, toute de marbre blanc taillé en filigranes gothiques. Ils eurent l'esprit de laisser le portail dans un état déplorable de non-achèvement. Quoi de plus ridicule que de voir, en face d'une grande place, un mur fort laid percé par une porte dont la voûte était en briques toutes nues? Et cette misérable porte donnait entrée dans une cathédrale magnifique ornée de quatre mille statues, et dont les arcs-boutans sont de marbre blanc artistement ciselé. Pendant deux siècles, cet innocent artifice des chanoines leur valut des millions, et ils avaient le plaisir de se voir dans tous les testamens. Mais Napoléon vint; et, quand il fut roi d'Italie, il leur joua le mauvais tour de faire achever la façade de marbre blanc de leur église; c'est le fameux *Dôme de Milan*. Rien au monde de plus joli.

Souvent, en France, une nef *romane*, et tellement solide qu'elle en est lourde, conduit à un chœur construit avec toute la légèreté et la coquetterie gothiques.

Au milieu de ces deux moitiés, disant *l'une le contraire de l'autre,* quelle est l'impression générale ?

L'habitude couvre tous ces contre-sens de son complaisant manteau. N'est-elle pas toute-puissante sur des Français ? Qui d'entre nous s'avise de *réfléchir l'habitude*[1] ? D'ailleurs, il n'y a pas trente ans peut-être qu'on commence à y voir un peu clair dans ces choses-là. Qu'on en juge par une seule circonstance, *la langue n'est pas encore faite.* L'architecture gothique attend son Lavoisier.

Si le lecteur se trouve encore un peu de patience, après avoir dit ce que c'est que le gothique, je demande la permission d'ajouter six pages pour son histoire.

Histoire du gothique.

Le septième siècle fut déjà bien barbare ; voyez les plaintes de l'historien Frédégaire :

« J'aurais désiré, dit-il dans son décourage-

---

[1] J'ai vu un jour tomber un pont sur lequel je me trouvais ; comme il n'y eut que trois personnes de tuées, aussitôt l'on rendit grace à Dieu de sa bonté.

» ment, qu'il me restât assez de facilité d'écrire,
» pour que je pusse être, même de loin, comme
» tels et tels (il nomme les écrivains qui l'ont
» précédé) ; mais l'on puise difficilement là où
» l'eau ne coule plus tous les jours. Le monde
» devient vieux, et c'est pourquoi la sagacité s'é-
» mousse en nous ; personne, dans ce temps, ne
» peut et n'ose être semblable aux orateurs qui
» ont précédé [1]. »

Charlemagne, ce puissant génie, appela des étrangers savans : un jour il ordonna que tous ses sujets apprendraient à lire. (Les princes, dans ce temps-là, n'avaient pas peur de l'esprit ; la force de leur peuple était la leur.) Il fit mieux que d'ordonner, au milieu de tant de guerres se renouvelant sans cesse, il tint la main à l'exécution de son décret.

Cette volonté ferme porta ses fruits, même pendant les règnes de son faible fils Louis-le-Débonnaire et de Charles-le-Chauve. Mais, sous

[1] Optaveram et ego ut mihi succomberet talis dicendi facundia, ut vel paululum essem ad instar (il nomme ici Grégoire de Tours et les autres écrivains qui l'ont précédé). Sed rarius hauritur ubi non est perennitas aquæ. Mundus jam senescit, ideoque prudentiæ acumen in nobis tepescit, nec quisquam potest hujus temporis, nec præsumit oratoribus præcedentibus esse consimilis. *Scriptores rerum franc.* t. II, p. 414.

Frédégaire, mort vers 658.
Grégoire de Tours, mort vers 595.

des rois dépourvus de la *faculté de vouloir*, et au milieu du désordre croissant, l'action du grand homme couché dans sa tombe s'éteignait peu à peu. Elle cessa tout à fait avec le neuvième siècle, et, au dixième, la France arriva à la barbarie la plus complète. L'état des sauvages les moins avancés, tels qu'on les trouvait encore il y a vingt ans dans l'Amérique du nord [1], est bien préférable ; chez eux, du moins, l'hypocrisie et la trahison sont punies. Au dixième siècle, on les voit récompensées par les places les plus avantageuses de la société.

Le malheur et le désordre général arrivèrent à ce point que la société nuisait plus aux hommes qu'elle ne leur servait. Quelques sages esprits retirés dans les cloîtres s'aperçurent de cet abus.

Ce fut au milieu de ce chaos abominable du dixième siècle que cet *être social*, que nous appelons la France, commença à se former. Ce qui n'empêche point les écrivains monarchiques, qui apparemment travaillent sur des mémoires particuliers, de nous parler sans cesse de notre belle monarchie de quatorze siècles.

Dès le cinquième, bien long-temps avant l'affreuse barbarie du dixième, les évêques étaient à peu près les seuls magistrats. C'est ce que l'on voit

---

[1] Voyage du capitaine Bonneville, par Washington Irving.

dans l'histoire de cet honnête homme si sincère, Grégoire de Tours.

Le rôle des prêtres exigeait alors infiniment d'esprit; il fallait se soutenir, *sans force physique*, au milieu de ces barbares souvent furieux qui ne comprenaient que la force du glaive. Les prêtres, pour établir leur empire, parlaient sans cesse de l'enfer à la partie faible de la société, aux enfans, aux femmes, aux vieillards affaiblis.

La menace vague contenue dans cette grande idée de l'*enfer*, base du christianisme, ne suffisant plus pour contenir les barbares furibonds de la fin du neuvième siècle, les prêtres se concertèrent, et annoncèrent que le monde allait finir en l'an mille. Pour le coup, les barbares prêtèrent l'oreille.

Les dons qu'obtint le clergé furent énormes : un chef barbare donnait des milliers d'arpens au couvent voisin, pour obtenir une petite place dans le ciel. Si le lecteur est en France, il peut se dire que la place sur laquelle il se trouve en lisant ceci a été donnée *trois fois* à l'église. Comme on voit, dans les momens de fureur ou de nécessité, les barbares reprenaient ce que leurs femmes ou eux avaient donné lorsqu'ils voyaient de près l'enfer les menaçant de ses supplices.

« Tout ce que tu auras chevauché sur ton petit âne, dit Dagobert à saint Florent, pendant que je me baignerai et que je mettrai mes habits, tu l'auras en propre. Saint Florent monta en toute hâte sur son âne, et trotta par monts et par vaux, plus rapidement que ne l'aurait fait à cheval le meilleur cavalier. »

Il est évident, d'après ces grandes circonstances de l'histoire générale, qu'avant l'an 1000 on n'a pu élever en France que des édifices misérables.

A Rome même, la décadence avait été d'une si étonnante rapidité, que, dès l'an 300, les architectes qui construisirent l'arc de triomphe de Constantin (que l'on voit encore aujourd'hui près du Colisée) ne trouvèrent rien de mieux que de voler les bas-reliefs et les colonnes de l'arc de triomphe de Trajan; et ces colonnes, ils les placèrent la tête en bas. Chose singulière! c'était précisément pendant que dans Rome l'on en était à ce point de barbarie, que les Gaules arrivaient à leur plus haut point de splendeur littéraire. La langue latine était parlée généralement : Toulouse, Autun, Trèves et Bordeaux étaient des capitales brillantes. Mais les invasions des barbares vinrent tout effacer, et vers l'an 1000, après que les Normands et tant d'autres eurent pillé la France, on ne pourrait se faire d'idée aujourd'hui de la misère de Chartres, de Paris, de Reims, des lieux, en un mot, que le treizième siècle enrichit de ses plus magnifiques édifices.

Au milieu de l'effroyable désordre et du malheur général, les hommes en vinrent à ne plus songer qu'au *moment présent*, toute idée d'avenir autre que celui du paradis s'éteignit dans les cœurs. On ne construisit plus que de misérables maisons en bois pour se mettre à l'abri de la pluie et du froid, et au dixième siècle il n'y eut plus d'architecture. Mais après l'an mille, l'idée habilement répandue de la proximité de la fin du monde avait rassemblé des richesses énormes dans les mains du clergé. Or quel plaisir pouvait se donner un évêque de l'an mille, qui pouvait tout sur les paysans du voisinage, et qui avait réuni beaucoup de livres pesant d'or et d'argent, si ce n'est celui de bâtir une cathédrale? De là la magnifique renaissance de l'architecture au onzième siècle.

Chose étonnante! Nos barbares ancêtres, quoique si forts matériellement, n'eurent point l'idée de bâtir avec d'énormes blocs de pierre. C'est ce qu'avaient fait pourtant ces peuples antiques et à demi sauvages, qui ont laissé à Alba (près de Rome) et en cent endroits de l'Italie ces constructions si imposantes que l'on appelle aujourd'hui *cyclopéennes*.

L'art de bâtir était mort en quelque sorte avec l'empire des Césars, mais les édifices romains subsistaient en partie au onzième siècle : la plupart servaient de forteresse, et les barbares eurent l'idée malheureuse de les copier. C'est là le premier mauvais tour *classique* que l'antiquité nous ait joué. Si nos ancêtres eussent suivi leur instinct naturel, ils eussent du moins entassé d'énormes blocs de pierre, et leurs œuvres seraient imposantes. Ils ont imité, et la postérité les méprise ou les ignore.

Au sortir de ce dixième siècle, qui fut en France l'époque du plus grand abaissement de l'espèce humaine, les chefs barbares, guidés par les évêques qui pour n'être pas détruits cherchaient le plus possible à se mêler aux affaires temporelles, voulurent imiter les lois qui avaient régi dans les Gaules les cités romaines.

Cette idée fort juste conduisit de son côté à l'idée malheureuse de copier les constructions romaines; mais rien de plus pauvre, de plus mesquin, de plus misérable, de plus laid que ces tristes imitations : fort peu subsistent après huit siècles seulement. Les barbares emploient de très petits morceaux de pierre, ils mettent dans leurs murs des rangées horizontales de briques, pour tâcher de rétablir le parallélisme des assises.

Dès le temps de l'empereur Gallien (253 de J.-C.), on voit les briques employées à cet usage, mais seulement dans des constructions d'une importance secondaire. Quelques portions de l'église de Saint-

Martin à Angers, de la cathédrale de Trèves et d'un hospice à Metz[1], montrent que les barbares adoptèrent cet usage pour leurs palais et leurs basiliques. Les barbares, ne sachant pas calculer le poids et la forme des pierres, ne pouvaient les faire tenir ensemble et former des voûtes, ils employaient de préférence les troncs de chêne que leur offraient leurs forêts. C'était donc avec des toits en charpente et non avec des voûtes que leurs églises étaient couvertes. De là les incendies fréquens. (*Voir* l'Histoire de Saint-Ouen.)

La *voix morale* que les vieilles cathédrales ont pour nous, ce qu'elles disent à notre ame lorsque nous les considérons dans un moment de calme et de tranquillité, est l'effet du *style*.

Dix savans peut-être, tous plus ou moins ennemis de la logique, ont espéré se faire un titre de gloire, en imposant un nom au *style* de ces édifices bâtis au onzième siècle avec l'argent qu'avait produit la fin du monde. Ce style s'est appelé *roman*, bysantin, lombard, saxon, etc.; le public, ce me semble, n'a pas encore fait de choix; en attendant sa décision suprême, j'adopterai le mot *roman*, parce qu'il indique le principal caractère des édifices construits au onzième siècle. 1° Ils fu-

---

[1] Mérimée, Essai sur l'architecture religieuse.

rent avant tout l'imitation de l'architecture romaine.[1]

2° On imita aussi l'architecture de l'Orient. Il était naturel qu'un prêtre, qui était allé en pélerinage à la terre sainte, et qui bâtissait une église à son retour, voulût copier le tombeau du Christ qu'il avait vénéré à Jérusalem. En allant à Jérusalem, il avait vu en Grèce les monumens du Bas-Empire, et probablement en Asie quelques uns des édifices que venaient d'élever les conquérans sarrazins; de là les dômes.

Par exemple, un chef puissant de l'Anjou, Foulques Nerra, fit de nombreux voyages en terre sainte; il vénérait les choses qu'il y avait vues, et il dut chercher à les imiter.

3° Les ordres monastiques avaient de grandes richesses, des privilèges, etc., etc.; mais chacun d'eux suivait aussi des pratiques de dévotion particulières, et plus agréables à Dieu que celles du

---

[1] Je dois, ce me semble, ajouter un mot à ma définition du *style*. Notre ame quand elle entend gronder le tonnerre n'est plus *terrifiée*. Pour beaucoup de gens ce son, souvent magnifique par sa plénitude, produit un effet musical. Le plus nuisible des athées, Franklin, a eu l'impiété d'expliquer *la foudre*. Notre ame est donc bien différente de ce qu'était l'ame du Bourguignon en l'an 1200. Les églises romanes ou gothiques nous disent donc, *exactement parlant*, autre chose que ce qu'elles disaient à ces barbares si sûrs de l'enfer.

voisin. Dans les édifices qu'ils élevèrent, ils durent songer à favoriser ces pratiques. La plupart des architectes étaient ecclésiastiques.

4° Le bon sens aurait dû faire songer aux exigences de notre ciel sombre et pluvieux. Notre climat est précisément le contraire de celui de l'Orient qu'on imitait sottement dans son architecture. Nos plus grandes fêtes, Noël et Pâques, se rencontrent souvent avec des temps abominables. Eh bien! cette considération, qui eût été capitale pour des hommes de sens, n'eut presque pas d'influence sur la forme des églises, tant les prêtres avaient pris soin de brouiller nos bons aïeux avec la logique.

Les toits des églises, qui pouvaient avoir à supporter d'énormes quantités de neige, furent longtemps plats comme les toits des heureux climats d'Orient.

Les quatre causes que je viens d'indiquer durent agir d'une façon bien différente, à Paris par exemple, placé si loin de tout grand édifice romain[1], et à Nîmes ou à Aix, environnées de

---

[1] Je ne puis garder toutes les avenues contre la critique; j'ai si peu d'espace. Je sais qu'on peut dire qu'on voyait peut-être à Paris, au XI° siècle, le palais de Julien, à Lillebonne quelques constructions antiques, etc. Mais il serait bien difficile ce me semble de prouver que ces édifices existaient alors; 2° qu'ils étaient comparables à ceux de Nîmes,

magnifiques monumens de l'antiquité. Les cirques d'Arles et de Nîmes, le pont du Gard, la Maison carrée, l'arc de triomphe et le théâtre d'Orange, et d'autres édifices qui peut-être existaient au onzième siècle et ont été détruits depuis cette époque, donnaient des leçons de grandiose aux architectes *romans*. Ils n'ont point employé l'ogive *si solide* pour le pont Saint-Esprit, et le porche de la cathédrale d'Avignon est copié de l'antique.

Par la suite, quand le gothique, méprisant la *solidité romane* et cherchant à étonner par ses imprudences *apparentes*, tenta de pénétrer dans le midi de la France, il trouva dans les cœurs, comme puissance rivale, l'admiration pour le *pont du Gard* et la *Maison carrée*.

Le plus joli *chapiteau historié* que je connaisse se trouve à Issoire. Au premier aspect, je l'aurais cru l'ouvrage de ce grand artiste, mademoiselle de Fauveau. J'en ai vu le dessin *fidèle* chez le savant M.; il représente des vierges ailées et des guerriers endormis revêtus de cottes de mailles.

Ce chapiteau est du onzième ou peut-être du

---

d'Arles et d'Orange. Au XIe siècle, comme de nos jours, l'habitant de Paris qui voulait voir quelque chose d'antique devait aller au moins jusqu'à Autun (dont l'amphithéâtre existait sans doute encore au XIe siècle).

douzième siècle. Au quinzième, la cuirasse remplaça peu à peu la cotte de mailles.

A Brioude on voit de fort jolis chapiteaux ; ils représentent ordinairement le diable qui dévore un damné. Il était bien que les fidèles eussent ces chapiteaux à contempler en attendant l'arrivée du prédicateur. La langue du diable a des formes singulières, et est employée à de drôles d'usages.

On m'a montré à la poste de..... une aquarelle qu'un jeune paysagiste avait laissée en gage. Elle représente les environs de Saint-Nectaire (à sept ou huit lieues de Clermont); on surprend, pour ainsi dire, en flagrant délit l'éruption du volcan. La plaine que représente cette aquarelle est hérissée de petits monticules volcaniques et de cratères; on voit à droite la montagne de granit qui a arrêté la lave lors de la grande éruption.

A Saint-Nectaire les chapiteaux *historiés* de l'église représentent les miracles de ce grand saint. Hors le temps des eaux, il n'y a pas cent personnes à Saint-Nectaire; il n'est pas prudent de s'y hasarder, il faudrait mettre une tente dans son bagage. Plus les chapiteaux sont anciens, moins ils ont de saillie; effet naturel de la malhabileté des ouvriers.

— Nivernais, le 19 juin.

Plût à Dieu que le feu fût aux quatre coins de Paris !

Voilà ce que je viens d'entendre dire ce soir, presque sérieusement, à un beau dîner : c'étaient de riches négocians du midi de la France qui formaient ce vœu charitable. Non seulement on est envieux d'homme à homme dans ce triste dix-neuvième siècle, non seulement tout banquier ou négociant riche exècre M. Laffitte ; mais encore Toulouse, Bordeaux, etc., s'amaigrissent de la prospérité de Paris. On envie à Paris : 1° ses jeux de bourse (un homme, sans qu'on le sache, sans passer pour joueur, peut se donner tous les vifs plaisirs du jeu le plus fou). 2° On envie à Paris sa *rente*. Il y a soixante mille parties prenantes pour la rente à Paris, disent ces messieurs, et pas quatre mille en province. Les terres ne rendent que le deux et demi et avec mille peines, et l'argent placé en rentes à Paris produit quatre trois quarts. — Oui, pourraient répondre les rentiers, mais la terre donne les jouissances de vanité et vous fait capitaine de la garde nationale avec bonnet à poil. 3° Toutes les grandes affaires ne peuvent plus s'organiser qu'à Paris, on ne connaît d'exception que quelques affaires du second ordre arrangées à Lyon.

— A qui la faute? ai-je répondu; aux petites *haines* qui font déserter la province par tout ce qui peut vivre à Paris. Car, pour n'avoir pas l'air de mépriser l'attaque, j'ai été obligé de dire quelques mots assez froids. — Mais, messieurs, c'est la fable des membres révoltés contre l'estomac. Voulez-vous être un pays décousu comme l'Espagne qui n'a point de capitale, etc? J'étais écouté par la haine frémissante. Alors je me suis donné le plaisir de *désoler l'envie*. — Mais, connaissez-vous Paris, messieurs? En 1800, après un dénombrement qui ne donnait que quatre cent soixante mille habitans, le premier consul dit : La capitale de la France doit avoir cinq cent mille ames; et l'on imprima partout cinq cent mille. En 1837, on a compté réellement neuf cent vingt mille habitans, indépendamment des faubourgs, comme Vaugirard, les Batignolles, etc., qui, de tous les côtés, touchent à Paris. Vingt personnes riches de mon département sont venues se réfugier à Paris. C'est qu'à Paris il y a moins de haine et d'*envie* que dans les provinces; quelque bonne disposition que l'on ait, on ne peut pas *haïr un inconnu*.

Ce dîner était excellent, mais ennuyeux ; nouveaux riches fort riches. Un seigneur de fraîche date, fort bel homme, tout garni de chaînes d'or, tout fier d'un ruban dont la rosette date de deux jours, a trouvé bon d'accaparer la parole; il semblait réciter une leçon apprise par cœur.

Notre révolution de 1830, s'écriait-il, avait une mission sublime, elle l'a bien remplie. Honorons, bénissons la mémoire des hommes dont le génie et la vertu ont rendu la France indépendante du caprice des rois voisins, libre et vertueuse à l'intérieur. Mais ne cherchons point à imiter ces hommes sublimes, car ils ne nous ont laissé rien à faire qu'à jouir en paix du fruit de leurs travaux. Gardons-nous de déranger l'équilibre des choses, n'ayons point l'imprudence de réveiller l'esprit d'émulation dans le peuple, là surtout est le danger. Plus d'enseignement mutuel, plus de grandes écoles.... Alors on a ri tout haut, car le monsieur a fait sa fortune par les sciences et par les grandes écoles. Il a été piqué au vif, sa vanité blessée l'a jeté dans des imprudences; les rires ont redoublé, et l'on peut dire qu'il a été hué autant que la politesse le permet. M. N., comme tant d'autres, voudrait jouir de ses places, et en même temps trouver dans les salons cette haute considération, cette bienveillance unanime qu'il y rencontrait jadis. Voilà le tourment de ces messieurs qui ont fait fortune depuis sept ans.

— C'est une véritable maladie européenne, s'est-il écrié avec humeur, que ce besoin des peuples de se mêler des affaires publiques et d'intervenir dans l'exercice du pouvoir souverain. Ce pouvoir, pour faire le bien, ne doit avoir que des barrières *toutes morales*, autrement votre opposition lui donnera des distractions et peut-être même de la colère, et il ne pourra plus se dévouer tout entier à la haute et pénible mission qu'il a reçue du ciel... (J'arrange le style, qui était bien autrement emphatique.)

A ces mots, tout le monde s'est permis de se moquer du grand homme, même les petits jeunes gens qui débutent. Telle a été ma soirée : pas la moindre petite anecdote plaisante.

J'abhorre d'être cru sur parole, croire ainsi est une habitude surannée que je ne voudrais pas contribuer à donner au lecteur. Je parle si souvent (et trop souvent) du genre d'esprit de la province, du *ton provincial*, qui, à trente lieues de Paris, recouvre tout, pénètre partout, et affadit tout, que je songeais à évoquer le génie dramatique et à composer une scène en langage provincial.

Mais on aurait pu me dire comme à M. l'abbé F............ quand il établissait des dialogues à Saint-Sulpice entre lui et l'infame Raynal ou le libertin Diderot : Vous les faites trop plats.

Voici un récit textuellement copié du supplément au *Constitutionnel* du 19 novembre 1837.

Si le lecteur trouve l'exemple un peu long, qu'il daigne songer que, pour avoir l'honneur d'être critiqué par lui, je me suis exposé à ce genre d'esprit deux mois de plus qu'il n'était nécessaire pour mes affaires.

ÉPISODES DE LA VIE D'ATHANASE AUGER.

Publiés par sa nièce.

Le comte de Noé, évêque de Lescars, et son grand-vicaire.

La plus aimable intimité et la plus franche amitié unissaient ces deux grands hommes qui vivaient en l'année 1791; année où des troubles multipliés et de différens partis avaient déjà l'air de porter atteinte aux prérogatives royales de la dynastie capétienne; mais les sciences et les arts fleurissaient, et les nombreux gens de lettres poursuivaient leurs travaux et leurs succès sous le patronage d'un prince éclairé qui les protégeait efficacement et ouvertement.

L'abbé Auger demeurait rue des Fossoyeurs, n. 17, et monseigneur l'évêque de Lescars dans la rue des Canettes, tout près de la première. Comme ils étaient lettrés tous deux et que leur tendre affection était réciproque, un échange continuel de soins d'obligeance découlait tout naturellement de leur union vive et solide; l'abbé corrigeait les épreuves de l'évêque, et la petite Charlotte-

Sophie Auger, nièce de ce dernier, était chargée à sa grande satisfaction de reporter au prélat toutes ses corrections ; c'était ma mère, qui à cette époque avait une dizaine d'années, et était bien la plus jolie petite brune, vive, sémillante et spirituelle qu'on pût voir. M. de Noé adorait cette petite, qui était enchantée, et s'informait toujours de son vénérable oncle s'il y avait quelques épreuves à porter à Monseigneur. Un jour du mois de février, le plus triste et le plus ennuyeux et froid de l'hiver, l'oncle ordonna à sa petite favorite de porter les papiers d'usage ; ma bonne grand'maman l'enveloppa de sa pelisse fourrée, et la voilà partie. Arrivée au pas et au but de course, car la neige commença à tomber terriblement fort, Monseigneur, qui attendait cet envoi, observait de ses fenêtres le charmant messager femelle.

Il l'aperçut qui franchissait le seuil de son hôtel, et descendit lui-même tête nue et sans crainte de se mouiller ; il s'avança dans la cour auprès de l'enfant, l'enleva, et lui ôtant de suite sa pelisse, il l'enveloppa de sa large soutane et la porta ainsi jusque dans son cabinet, où un feu à pleine cheminée brillait de la clarté de la flamme pétillante qui s'en échappait. « Mais, ma chère enfant, lui dit-il, votre oncle vous prend donc pour une petite Lacédémonienne, de vous envoyer par le temps qu'il fait ? — Pas du tout, Monseigneur, lui répondit-elle, il ne tombait pas de neige lorsque je suis partie, et mon oncle et moi ne pouvions pas prévoir que je n'aurais pas le temps d'arriver jusqu'à vous ! — Allons, ma petite nièce (c'est le nom qu'il lui donnait souvent), ôtons ces légers souliers qui sont déjà tout traversés, que je vous asseie dans mon grand fauteuil à la Voltaire, et que ma petite amie se sèche et se réchauffe bien. Avez-vous déjeuné ? — Monseigneur, j'ai pris ce matin, à neuf heures, ma tasse de lait habituelle, avec deux grandes tartines de beurre, et je n'ai pas encore faim. — C'est égal, vous aimez bien mes confitures de Bar, mes bonbons candis, je vais vous en faire servir. — Mais, Monseigneur, vous êtes trop bon, je n'ai besoin de rien ; il n'est encore que midi, et j'ai déjeuné à neuf heures.

Eh bien ! ma jolie brune, vous croyez qu'en trois heures de temps écoulé, après avoir fait une longue course laborieuse, et vous être fait mouiller pour mon service, que vous ne mangerez pas avec plaisir; ah! petite friande, je vois dans vos beaux yeux noirs si malins que vous voudriez déjà voir mes friandises sur mon bureau. Il sonna alors, et donna l'ordre au domestique qui parut de servir une collation sucrée à sa petite nièce si chérie. Ma mère, qui me racontait ce trait, ajouta que dans cette saison on servit par ordre la plus jolie assiettée de belles fraises qu'on pût voir dans toute la primeur de la saison, et que Monseigneur lui demanda si elle les aimait bien sucrées, et s'il en fallait mettre beaucoup. La petite répondit : Non, *treize fraises* et *quatorze sucre*. Enfin, bien réchauffée et séchée, M. de Noé commanda qu'on attelât les chevaux à sa voiture, et il reconduisit lui-même ma mère chez son oncle. Il était deux heures quand ils arrivèrent, et en ce temps-là on soupait le soir et on dînait à cette heure. Monsigneur l'évêque, qui avait apporté dans son carrosse une douzaine de superbes oranges de Malte dont on lui avait fait présent la veille, s'invita à dîner.

Lorsque ce prélat faisait cet honneur à la famille, ce qui arrivait très souvent, madame Auger savait qu'il fallait se procurer un fromage à la crême de Chantilly, dont il était très friand, ce qui fut exécuté par le seul domestique qui servait mes grands parens. Plusieurs fois l'évêque avait insisté, voyant le peu de serviteurs de cette maison, de garder un de ses laquais pour aider la mère et ses deux filles au service, et ce jour-là il insista plus que jamais, parce qu'il s'apercevait que ma bonne maman, prise au dépourvu, se démenait beaucoup; mais l'abbé Auger, mon oncle, le refusait toujours. « Mais, Monseigneur, lui répondit-il, je vous prie, ne faites point attention; par la contrariété qui se manifeste dans vos traits vous nous ôtez tout le bonheur et le plaisir que nous avons de vous recevoir à notre table. Ne savez-vous pas que c'est ici comme du temps d'Homère? les princesses servent à table. Cette saillie lui rendit tout son agrément et sa gaîté; il n'insista pas davantage, et, serrant avec effusion la main de son ami, qui venait de faire un rapprochement si judicieux, ils passèrent dans le cabinet de l'abbé Auger pour s'occuper, en attendant qu'on eût servi le repas, à des choses plus sérieuses. Lorsque tout fut prêt, et, qu'annonçant le dîner, on vint se mettre à table, *la petite Lacédémonienne*, qui avait toujours soin de mettre son couvert entre celui de son oncle et son ami, ne manqua pas de s'y placer. Arrivé au dessert, on s'empressa d'offrir à Monseigneur de la crême, qu'il accepta très volontiers. Quant à l'abbé Auger, il ne pouvait souffrir ce mets, et prétendait qu'il lui donnait la fièvre. Ah! reprit tout à coup Sophie, oui, le fromage de crême fait mal à mon cher oncle : il lui donne des fièvres de lait (laid). Elle voulait et entendait par là faire allusion à la figure du grand oncle, qui était en effet fort laide; et le prélat de rire et d'embrasser la petite espiègle, qui venait de faire là une plaisanterie fine et si satirique. Ah! méchante! dit le grand-vicaire, tu me le paieras, et ta bourse s'en ressentira; le petit jaunet de ton mois qui s'écoule n'entrera pas dedans.

Ah! mademoiselle, vous dites à Monseigneur que je suis laid, vous lui faites apercevoir ce défaut de ma nature, lui qui m'avait toujours cru si beau! — Allons, mon cher abbé, ne vous fàchez pas, si le ciel ne vous a pas réparti la beauté des traits du visage, il a orné votre belle ame de toutes les vertus humaines; mais si j'étais l'oncle de ce petit méchant lutin, je la claquerais d'importance: mais, puisque je ne suis que son vieil ami, je vais l'embrasser pour le plaisir que m'a fait sa saillie si piquante et si vraie. — Ah! Monseigneur, et vous aussi! Oh! c'est mal, très mal, et je ne vous aime plus. C'est de cette manière que ces deux hommes si bien faits pour s'entendre, et malgré les dignités respectives dont ils étaient revêtus tous deux, c'est, comme cela, dis-je, qu'ils ne se refusaient jamais les plaisanteries légères qui ne faisaient que mieux ressortir l'aménité et la simplicité de leurs mœurs irréprochables. (M. le comte de Noé était un homme magnifique, et de taille, et de figure, et de maintien. Sa tournure noble et distinguée lorsqu'il avait revêtu ses habits sacerdotaux provoquait l'admiration de tous ceux qui l'apercevaient; pour son grand-vicaire, il était petit, maigre et fort laid.)

Un dessert chez l'abbé Auger, et danse de rondes de Monseigneur l'évêque de Lescars et de son grand-vicaire.

On arriva au dessert, et les superbes oranges mises avec soin dans une belle corbeille de porcelaine dorée occupaient avec faste le milieu de la table: on en coupa une demi-douzaine en rondelles pour en faire une salade au rhum et au sucre, que mon oncle aimait beaucoup. Excités l'un par l'autre, ces messieurs en avalaient à qui mieux mieux, et l'on jasait d'autant. Sans s'en apercevoir, ils furent pris tous deux, et leurs éclats de rire, les larmes involontaires que ces rires provoquaient, fixèrent l'attention des trois dames, ma bonne mère, ma tante Thérèse, qui était plus âgée que ma mère de neuf années, et enfin la petite étourdie qui, se levant de table, avant que le café fût servi, provoqua sa sœur pour engager sa mère à faire passer au salon, ce qu'elle fit aussitôt.

Arrivés là, Monseigneur comte de Noé, frère d'un ou d'une Polignac, évêque de Lescars, grand abbé, etc., etc., et Athanase Auger, son grand-vicaire, membre de toutes les Académies, etc., etc., se trouvèrent si bien pris tous deux, qu'ils allaient de travers et bavardaient comme des pies ; ce que voyant la maligne Sophie, elle leur prit à chacun une main, et, forçant sa mère et sa sœur de s'emparer des autres mains restées libres, ils dansèrent deux ou trois rondes que Sophie (ma mère), l'espiègle, chanta au mieux et de tout l'éclat d'une des plus jolies voix qu'avait départie la nature en sa faveur. Ces excellens ecclésiastiques se prêtèrent d'autant mieux à cette danse folâtre qu'ils n'étaient gênés par aucun œil indiscret et étranger, et si, en tirant à dessein trop fort son bon oncle, la malicieuse petite ne l'eût fait choir tout de son long sur le tapis, où il ne se fit aucun mal, mais ne voulut plus continuer ce jeu, ils auraient dansé bien plus long-temps. Ainsi se termina cette scène, qui me rappelle par sa bonhomie, à la différence près des temps et des personnes, le bon Henri IV faisant à quatre pattes le tour de sa chambre avec son fils à cheval sur son dos, et recevant, sans se déranger, la visite d'un ambassadeur de cour étrangère. « Avez-vous des enfans, monsieur? lui dit-il.— Oui, prince. — En ce cas je puis continuer le tour de la chambre. »

Proposition tout amicale faite par l'évêque de Lescars à Athanase Auger, qui le refusa net.

Ces deux savans, qui s'entendaient si bien, passaient presque les journées ensemble, qui ne leur paraissaient jamais si bien employées que lorsqu'ils pouvaient, par effusion, se communiquer et leurs pensées et leurs observations réciproques sur leurs travaux littéraires.

Un jour donc, que venant de deviser sur les qualités du cœur et de l'esprit, et qu'à ce sujet ils en vinrent à parler tout naturellement de l'attachement mutuel qu'ils se portaient, M. le comte de Noé dit à son grand-vicaire : « Vous ne savez pas, mon cher Athanase, il me vient une idée charmante, et qui me comblera de joie si vous voulez bien y souscrire. — Quelle est-elle, Monseigneur? répondit l'abbé Auger. — Je vous ai déjà défendu, et cela expressément, de me donner ce titre lorsque nous sommes en particulier ou avec nos amis choisis. Je veux que vous me dénommiez, lorsque je suis chez vous ou avec vous et votre famille, par le nom seul de Noé, sans votre Monseigneur, qui me contrarie toujours venant de votre part, et je ne veux pas non plus de celui de Monsieur; appelez-moi, vous dis-je, Noé ou mon ami; voilà ce que je te permets, entends-tu bien, Athanase? Et il ajoute : Voici la proposition que j'avais à te faire; je veux, j'exige, et je l'ordonne même s'il le faut, qu'à l'avenir tu me tutoies, et plus de vous entre nous, mon très cher. Tu possèdes toute mon amitié jointe à une profonde estime méritée par ta modeste vertu exemplaire; et, aurais-je pour ami intime le roi Louis XVI lui-même, je ne me croirais pas plus honoré que je ne le suis du vrai et beau titre d'ami que je te porte et que tu mérites si bien. — Monseigneur ! répondit Athanase. — Encore... mais je vais me fâcher tout de bon. Vous ne m'entendiez pas donc, monsieur, et m'écoutiez encore moins. — Je vous demande pardon, dit mon oncle, permettez-moi de vous expliquer ma pensée: nous nous aimons beaucoup, j'admets même au delà de toute expression ; veuillez croire, je vous prie, à toute la pureté de mon observation que vous approuverez, je suis sûr, quand vous l'aurez entendue. Je serais honoré et flatté de cette marque extrême d'intérêt ; mais, habitués à nous tutoyer dans le secret de nos familles, pourrions-nous toujours assez nous observer en public? et un *tu* ou *toi* ne viendrait-il pas avec inopportunité et la grande habitude d'être plus souvent ensemble solitairement que dans les cérémonies d'apparat où nous devons nous trouver ensemble? Non, votre simple ami et vicaire ne doit pas se permettre de vous dire *toi*, je ne le pourrais jamais; notre dignité mutuelle s'oppose aussi à ce que vous me fassiez cette faveur tout seul, et, me tutoyant sans que j'osasse le faire pour vous, cher de Noé, ne serait-ce pas m'assimiler à votre domesticité? — Ah ! tu as raison. Eh bien, pour ce soir seulement dis-moi *toi*. — Ah ! je le veux, oui toi, mon bon, mon véritable et sincère ami, reçois de nouveau l'hommage de tous mes sentimens de respect et d'affection durable, sincère et éternel, et sois assuré, quoique ne nous tutoyant pas au delà de la soirée, que tu auras toujours en moi le plus dévoué serviteur.

AMANDA MOULIN.

— Bourges, le 20 juin 1837.

Je vais faire un aveu qui n'est guère *gentleman like*, et qui m'ôtera bien des sympathies : je viens d'avoir le plaisir de me séparer de ma calèche et de mon domestique; un ami que j'ai rencontré aux forges du Nivernais se sert de la calèche jusqu'à Paris.

J'ai été élevé à voyager comme un simple commis du commerce dans les malles-postes et en diligence, et j'éprouve un sentiment dont je soupçonnais l'existence : c'est que parmi les agrémens de la vie, ceux-là seulement dont on jouissait à vingt-cinq ans sont en possession de plaire toujours.

Retournant à Paris, mon ami me conduit à *La Charité*, et c'est là que j'ai le plaisir vif de prendre une place pour Bourges dans la plus modeste des diligences de province.

[1] Je dirai au voyageur tenté de m'imiter, que le sac de nuit le plus léger suffit pour faire la tournée de Tours, Nantes, Vannes, Carnac, Lorient, Rennes, Dol, Saint-Malo, Avranches, Coutance, le Havre et Rouen.

Cette partie de mon voyage, exécutée de diligence en diligence, par bateau à vapeur, et sans

---

[1] Ajouté plus tard, au Havre.

faire de visite à qui que ce soit, attendu que je n'avais point d'*habit* en ma possession, a été de bien loin la plus agréable.

Rencontrant dans les diligences et aux tables d'hôtes des gens actifs occupés à faire leur fortune et de petits propriétaires fort alertes sur leurs intérêts, j'étais beaucoup plus près de la *vérité* sur tous les objets qui excitent leur attention et la mienne. Comme je ne pouvais exposer mes idées qu'après les avoir mises en petite monnaie, mes paroles n'avaient rien d'imprévu pour moi, et jamais je n'ai eu le désagrément de heurter les opinions de mon interlocuteur. J'ai acquis ainsi deux ou trois amis pendant ma vie de diligence, qui certainement me voient avec plus de plaisir que mes amis de Paris que je contredis quelquefois à mon insu. Je ne saurais trop dire combien la partie active de la nation est satisfaite du gouvernement du roi, tout en répétant avec bonheur les phrases du *Charivari*.

Pendant les instants d'ennui qui, parfois le soir, venaient m'assaillir, j'ai été obligé de faire attention à beaucoup de détails auxquels certainement je n'eusse pas songé sans l'isolement qui me forçait à faire flèche de tout bois. On ne se souvient parfaitement que des paysages devant lesquels on s'est un peu ennuyé.

Mais au total, je le répète, je me suis fort bien trouvé de cette solitude absolue d'un mois; sous prétexte de *convenances* et par la vanité que les gens communs mettent à les bien observer, la société se fait tous les jours tellement hypocrite, qu'il est permis de trouver que ses gênes l'emportent sur ses agrémens. *Heurter les convenances* ne serait rien sans le remords qui suit le crime, mais je suis peiné de voir la douleur de vanité que j'inflige à l'homme poli qui causait sans défiance avec moi, et qui reçoit tout à coup une réponse imprévue. Il entrevoit la possibilité de rester court.

L'absence de la peine de faire de la peine, jointe à l'augmentation du nombre et de l'énergie des sensations, fait peut-être tout le charme de la solitude; celle du voyageur est d'ailleurs amusée par le mouvement, par la diversité et la nouveauté des aspects.

La diligence de La Charité s'est arrêtée un instant à Rousselan; c'est une poste consistant en une seule maison au milieu d'un champ environné de grands bois. Peu de sites m'ont donné davantage le sentiment de l'*isolement complet*, j'ai passé là un quart-d'heure à me promener le long du bois, à cent pas de la ferme; j'étais heureux, je voyais à mes pieds tous les chagrins du monde.

Quelques lieues plus avant, cheminant au travers de la plus triste des plaines, avec de malheureux chevaux qui sont obligés de faire une poste de six lieues, j'ai aperçu de loin la tour de la fameuse cathédrale de Bourges. Cette tour, objet de tous mes vœux, a disparu plusieurs fois derrière des plis du terrain. Enfin nous sommes parvenus à de certains petits marais où l'on cultive des choux, et qui entourent immédiatement la ville; les gens du pays trouvent cela beau.

Nous sommes entrés par une rue à la fois large et mesquine, où je n'ai aperçu de figures humaines que celles de quelques canonniers du régiment que les députés du Cher ont obtenu pour leur département.

La diligence m'a laissé dans la meilleure auberge du pays, à gauche en venant de Paris, au milieu d'une grande rue. A peine mon sac de nuit a-t-il été monté dans ma chambre par un valet en bonnet de coton, qui m'a semblé à moitié endormi, que j'ai été saisi d'un serrement de cœur impossible à décrire. L'idée m'est venue d'envoyer chercher un cheval à la poste, et de partir à l'instant même pour Issoudun qui est sur la route de Tours. J'étais étouffé par le sentiment de la *petitesse bourgeoise*.

Pour m'ôter la possibilité de céder à une répugnance aussi ridicule, je me suis précipité hors de la chambre affreuse à voir, mais il y avait une marche insolite au milieu du palier de l'escalier tournant en bois, qui descend sous la grande porte de l'auberge. J'ai failli tomber. Cet escalier est d'une antiquité tellement vénérable, que j'ai craint que la rampe de bois en petites colonnes vermoulues, à laquelle je me suis retenu, ne me restât dans la main.

Je suis sorti de l'auberge, jurant tout haut, je l'avoue, contre les provinciaux. Je voulais aller à la cathédrale; mais je serais mort, je crois, plutôt que de demander à un de ces braves gens quel chemin je devais suivre : je sentais qu'une réponse un peu trop ridicule me ferait tourner net dans une rue à gauche, où j'avais remarqué en arrivant la poste aux chevaux.

J'ai pensé que les gens du treizième siècle faisaient preuve d'un rare bon sens toutes les fois que ledit bon sens n'était pas éclipsé par la religion. Voulant bâtir une métropole célèbre au milieu d'une vaste plaine, ils auront choisi le point le plus élevé de la ville. Je me suis donc mis à remonter le cours des ruisseaux, au milieu de ces tristes rues formées tantôt par des murs de jardin, tantôt par de mesquines maisons à deux petits étages. Au bout de cinq minutes, je me suis trouvé au pied de la tour carrée de la cathédrale. Vue de près, cette tour ne fait pas un bon effet;

c'est que le contour qui se détache sur le ciel est raboteux. Ce grave inconvénient est produit par des figures de saints qui font saillie et sont protégées par des dais en ogives plaqués contre la tour.

Par bonheur, la porte de la cathédrale était encore ouverte. On est en train de restaurer ce grand portail gothique, et fort bien. (J'ai su le lendemain que ce travail très remarquable est dû à un homme de sens et de talent, qui, depuis quinze ou vingt ans, s'occupe avec passion des réparations à faire à ce grand édifice : M. Julien, architecte de la ville de Bourges.)

Il était presque nuit; je me suis hâté d'entrer dans l'église de peur qu'on ne la fermât; en effet, comme j'entrais, on allumait deux ou trois petites lampes dans ce vide immense. Je l'avoue, j'ai éprouvé une sensation singulière: j'étais chrétien, je pensais comme saint Jérôme que je lisais hier. Pendant une heure, mon ame n'a plus senti tout ce qui la martyrisait à coups d'épingle depuis mon arrivée à Bourges.

J'éprouve l'impossibilité complète de donner une idée de cette église, que pourtant je n'oublierai jamais. Elle n'a qu'une tour, elle a la forme d'une carte à jouer, elle est divisée en cinq nefs par quatre rangées d'énormes piliers figurant des faisceaux de colonnes grêles et excessivement alongées. Commencée vers 845, elle est pourtant gothique. Les deux magnifiques portails au nord et au midi, dont je ne puis me lasser d'admirer l'architecture, me semblent d'une époque antérieure. Remarquez la porte en bois vers le midi, couverte d'R majuscules.

Voilà tout ce que je puis dire de clair. Tant que le public n'aura pas adopté un petit dictionnaire contenant les noms des cent principales parties d'une église gothique, il sera tout à fait impossible de faire comprendre ce qu'on a vu par de simples paroles; une gravure est indispensable.

Rien de plus simple que l'architecture des temples grecs; le compliqué, l'*étonnant*, le minutieux, font au contraire le mérite principal du gothique.

Tout ce que je puis dire de l'intérieur de cette vaste cathédrale, c'est qu'elle remplit parfaitement son objet. Le voyageur qui erre entre ses immenses piliers est saisi de respect : il sent le néant de l'homme en présence de la divinité. S'il n'y avait pas l'hypocrisie qui révolte, et la *fin* politique cachée sous la parole pieuse, ce sentiment durerait plusieurs jours.

J'avais le bonheur d'être presque seul, et le jour tombait rapidement. Au bout d'un certain temps, j'ai vu le portier décrire de grands cercles autour de moi : voyant enfin que je ne comprenais pas, il s'est avancé à ma rencontre d'un air résolu, qui n'était peut-être que de la timidité, et il m'a dit *qu'il fallait sortir.*

J'ai conquis subitement son amitié par mes façons généreuses ; il m'a donné une foule de détails qui dans le moment m'ont vivement intéressé ; il m'a dit que sous le chœur il y a une église souterraine (ou crypte).

Puisqu'il est hors de mon pouvoir de donner ici une description intelligible, je vais me rejeter sur l'historique, comme font tous les jours ces écrivains élégans et sans idées qui ont à rendre compte d'un opéra ou d'un tableau.

Saint-Etienne, c'est le nom de cette cathédrale, l'une des plus belles de France, fut commencée en 845, à l'époque de cette lueur de prospérité que les arts durent à Charlemagne ; elle n'a été terminée qu'après plusieurs siècles. Le portail de l'église, auquel on arrive par un perron de douze marches, a cent soixante-neuf pieds de largeur. Le bas-relief au dessus de la porte principale représente le *jugement dernier.* Pendant les guerres de religion du seizième siècle, les protestans cassèrent la tête à la plupart des saints de la façade.

La nef principale a cent quatorze pieds de

hauteur sous clef et trente-huit pieds de large; la longueur totale de l'édifice est de trois cent quarante-huit pieds. La hauteur moyenne des colonnes est de cinquante-deux pieds. La grande rosace, ornée de ces vitraux aux vives couleurs fabriqués au douzième siècle, n'a pas moins de vingt-sept pieds de diamètre.

A mon instante prière, le portier est allé prendre une lanterne, et je suis descendu avec lui dans la *crypte* (ou église souterraine). Là, j'ai vu le tombeau de Jean Ier, duc de Berri; sa grosse tête a l'air orgueilleux et méchant. Parlerai-je du plaisir que j'avais à parcourir cet immense édifice, éclairé seulement par deux petites lampes devant les autels et par notre lanterne? J'ai goûté avec délice cette joie d'enfant.

J'ai pris rendez-vous pour demain matin à huit heures avec le bon portier.

Il a poussé la complaisance jusqu'à me conduire au café à la mode : il est vrai que, comme je lui disais *café à la mode*, il n'a pas compris; je lui ai demandé alors le café dont le maître gagnait le plus d'argent, celui où il allait le plus de monde, enfin le café des officiers. A ce mot, la figure inquiète du portier s'est déridée, et nous nous sommes mis en marche.

Ce café n'est pas beau, mais il était plein de

monde, mais on y parlait très haut, mais il y avait des officiers d'artillerie en brillant uniforme, et qui, jouant à l'écarté avec tout le feu de la jeunesse, s'*exclamaient* sur chaque coup. Tout cela m'a ranimé. J'ai donné audience au bon sens, qui me criait depuis une heure qu'il fallait absolument passer à Bourges toute la journée de demain. Quoi de plus ridicule que de quitter une des grandes villes de l'intérieur, où certes je ne reviendrai jamais, sans examiner ses monumens? Sans doute il doit y avoir ici quelque église fondée par Jacques Cœur, *argentier* de Charles VII, et le premier grand ministre des finances, je crois, dont notre histoire puisse se vanter. Autant que je puis m'en souvenir, il fut cruellement persécuté, exilé et ruiné, et il alla mourir dans l'île de Chio (vers 1456).

Pour couronner mes infortunes, ce soir, après avoir pris mon café de chicorée, je prétendais revenir du café à l'auberge dans l'espérance de souper, je me suis complètement perdu. Il était l'heure indue de dix heures, et il n'y avait absolument personne dans une quantité de petites rues, toutes en lignes courbes et formant des labyrinthes. A chaque instant j'arrivais à une petite place plantée d'arbres. Enfin j'ai trouvé un ivrogne le plus singulier du monde, profondément ivre, mais qui parlait encore assez bien, et s'offensait de ce que je lui adressais la parole. Il me répondait toujours :

— Hé! qu'est-ce que ça me fait à moi, que vous soyez arrivé en ville il y a deux heures, et que vous ne sachiez pas où est votre hôtel ?

Il était vraiment drôle, lorsque quelquefois, par charité et avec un dédain profond, il me nommait des rues que je ne connaissais pas. Voyant que je ne bougeais et que je continuais à le questionner :

— Allez par là, m'a-t-il dit en gouaillant, vous trouverez *la poste* qui vous mènera où vous voudrez.

Il a beaucoup ri de ce trait d'esprit, et s'en allait en le répétant et battant les murs.

Moi, je marchais rapidement, j'avais remarqué la poste en arrivant à Bourges. Tout m'a réussi; en cinq minutes j'ai retrouvé mon auberge, où une grosse servante m'a mis à la main une chandelle puante dans un chandelier sale; et j'écris ceci sur ma commode.

— Bourges, le 24 juin.

J'ai oublié de dire qu'hier, à mon hôtel, après m'avoir fait attendre une heure, on m'avait servi dans ma chambre un souper tellement exécrable, que pour n'être pas malade j'ai été obligé de demander du vin de Champagne.

Heureusement il fait chaud, et je puis tenir la fenêtre ouverte. Qu'on juge de ce que serait une telle auberge, si j'étais obligé d'allumer du feu dans une infâme petite cheminée située à côté de la fenêtre, et au fond de laquelle il y a un trou à passer le poing qui communique avec un autre tuyau de cheminée. Grand Dieu ! quelle différence avec le midi de la France ! Que ne suis-je en Languedoc !

Ce matin, en me levant, j'ai pris un guide, et suis retourné fièrement à mon grand café, ne comprenant pas comment j'avais pu tant me tromper la veille.

J'ai vérifié que, fussé-je arrivé en poste, je n'aurais pas pu me loger dans un autre hôtel, le mien passe pour le meilleur de la ville. Le maire devrait appeler un étranger pour tenir l'auberge.

Après avoir pris force café au lait, toujours à la chicorée, je me suis hâté de retourner à la cathédrale, pour les beaux yeux de laquelle je subis toutes ces peines.

Elle a achevé ma conquête. Jadis, comme les voûtes menaçaient ruine, on a bâti, du côté opposé à la tour, à la droite du spectateur, un gros arc-boutant fort solide, mais fort laid.

Il serait possible de lui enlever une grande partie de cette laideur, en gravant dessus, et à six pouces de profondeur, des ornemens gothiques, ogives, pilastres, etc., correspondant à peu près aux ornemens de la tour.

Comme j'étais à admirer la façade de l'église, j'ai vu que l'on donnait une couleur au grand portail gothique, récemment restauré. Cette couleur, destinée à le mettre en rapport avec ce qui l'environne, me semble un peu trop bleue.

J'ai retrouvé le portier, et avec lui je me suis couvert d'une noble poussière en montant dans les galeries de l'église et à la tour. La triste plaine que l'on aperçoit de là-haut est à peine variée par quelques ondulations couvertes de bois, au milieu desquels j'ai reconnu la ligne blanche de la grande route de La Charité et la brèche qu'elle forme dans les arbres.

Je suis descendu de nouveau dans l'église souterraine. Mais combien n'était-elle pas plus belle hier soir, à la lueur de notre unique lampe! J'y ai vu quelques sculptures médiocres; les draperies sont moins laides que les parties nues. La magnifique sacristie a été bâtie par Jacques Cœur.

Rien n'est plus curieux, et j'oserai même dire *plus joli* que les deux portes latérales de l'église. Celle qui est du côté de l'archevêché, c'est-à-dire au midi, a des figures dont les draperies seraient dignes d'une statue romaine. M. Julien, l'habile architecte de la cathédrale, en a restauré les arcs-boutans avec toute la grace possible. Il a placé sur le toit une balustrade en pierre, dont je ne me lassais pas d'admirer l'élégance. C'est surtout vue du jardin de l'archevêque qu'elle produit un effet charmant.

La découverte de ce jardin, où l'on trouve des ombrages sombres par une journée de soleil éclatant, a été un véritable bonheur pour moi. Après trois heures passées à étudier et admirer la cathédrale, le repos sous ces vieux arbres était délicieux. Peut-être ce jardin ne me semble si beau qu'à cause de la laideur amère des plaines que je viens de traverser. J'y ai trouvé un monument élevé à un grand citoyen qui a perfectionné les moutons.

Ce jardin a des bancs fort commodes, à dossier comme ceux de Londres, ce qui a commencé à me donner un grand respect pour le maire de la ville. A l'aide d'un de ces bancs, j'ai lu presque tout le Roméo de Shakespeare. Je me suis aperçu qu'un grand mur, situé à vingt pas de moi, était criblé de balles. Voici un des inconvéniens du voyage que je fais en dehors de la société et des savans de province, je n'ai pu savoir qui avait tiré ces balles ; malgré toutes mes graces, aucun des rares promeneurs, d'ailleurs fort polis, n'a pu me l'apprendre ; je reste donc avec ma conjecture : ces balles auront été lancées dans les guerres de religion. Mais sont-elles protestantes ou catholiques ?

J'entends au bout du jardin une marche militaire ; j'approche de la balustrade, je vois des canonniers qui s'exercent autour d'un petit parc de douze ou quinze pièces. Je descends auprès des canons, et je découvre une tour ronde dont la base formée de gros blocs est évidemment un ouvrage des Romains; à l'instant mon profond dégoût pour la ville a diminué de moitié. Je ne dis pas que ce sentiment soit juste, seulement il en est ainsi. En effet, six cent quinze ans avant l'ère chrétienne, Bourges était l'une des capitales des Gaulois. Bourges est l'ancienne Avaricum dont César fit le siège.

Je suis retourné rapidement à la cathédrale; le portier, mon ami, m'a donné un guide de quinze ans que j'avais refusé plusieurs fois, et même avec humeur, et qui, malgré sa jeunesse, s'est fort bien acquitté de ses fonctions. Il sait par cœur les noms des cinq ou six choses à voir.

Il m'a conduit à la cour royale, établie dans l'hôtel de Jacques Cœur : rien n'est plus curieux. C'est un charmant ouvrage de la renaissance; la cour, de forme très alongée, est la plus jolie et la moins régulière du monde. A l'exception de quelques croisillons ou *meneaux*, qui ont été ôtés des fenêtres, on dirait que Jacques Cœur n'a quitté son palais que de la veille. Partout on voit ses armes parlantes, des cœurs comme ceux d'un *dix de cœur*. La chapelle surtout, ménagée au dessus de la porte, et dont la fenêtre gothique figure une grande fleur de lis, est tout ce qu'on peut voir de plus joli dans ce genre contourné. On l'a coupée en deux par un plancher, pour le service des bureaux de la cour d'assises qui est aussi chez Jacques Cœur. A la voûte en ogive, un peintre italien a peint à fresque des figures d'anges qui semblent d'une miraculeuse beauté au milieu des atroces figures que le gothique donne à la race humaine; c'est le style de l'école de Bologne.

Je me suis amusé à lire les étiquettes d'une trentaine de mauvais fusils qui ont commis des crimes et qui sont déposés en ce lieu par la cour d'assises. Le cabinet du président de ladite cour a été très spirituellement arrangé, toujours par M. Julien, et sans gâter en aucune façon la charmante architecture de la renaissance. Le portier m'a fait observer que, pour les ornemens en plomb qui sont sur les toits, on dirait qu'on a employé du plomb de deux couleurs. J'ai monté à une galerie qui donne sur la rue; mais là se trouve le défaut de ce genre d'architecture où tout est pour l'ornement, on peut à peine entrer dans cette galerie tant elle est étroite: cette maison charmante date de 1443.

Au milieu de cette délicatesse noble du quinzième siècle, éclate toute la grossièreté du nôtre. On m'a conduit à la salle d'audience de la cour d'assises. Je m'attendais à quelque chose de semblable à la salle de Lancastre (Angleterre); j'ai trouvé un grand vilain salon carré, tapissé d'un papier gros bleu avec bordure tricolore; sur les enroulemens de cette bordure, on lit à tout moment : 27, 28 et 29 *juillet.* Hélas ! le conseil général n'a pas voulu donner d'argent pour faire mieux, et les ministres des finances qui font fortune, de nos jours, ne songent qu'à *la bien cacher* et ne bâtissent plus de palais.

Mon jeune guide m'a conduit à la maison des *Enfans bleus*, récemment achetée par la ville pour y placer les religieuses de la doctrine chrétienne. Cette maison est plus jolie encore que celle de Jacques Cœur ; c'est un charmant petit chef-d'œuvre, c'est l'architecture de la renaissance dans toute sa grace. Jamais je ne me serais pardonné d'avoir quitté Bourges sans la voir, ou plutôt je n'aurais jamais cru les récits qu'on m'en aurait faits. C'est le beau idéal de la chevalerie.

Il y a surtout un escalier tournant, au coin de la petite cour, que je n'oublierai point; seulement on dirait qu'il a été fait pour des hommes de quatre pieds de haut, tant il est exigu. Les pierres qui le forment n'ont pas six pouces d'épaisseur, je ne conçois pas comment tout cela tient.

La petite porte d'entrée de cet escalier en miniature est couronnée par un médaillon de fort peu de saillie, qui représente un roi imaginaire, *Francus*, je crois, roi des Francs. Il y a une inscription. Au dessus des portes du corps de logis principal, on voit deux têtes sortant d'une espèce d'œil de bœuf, comme à ces jolis tombeaux de la *renaissance* de l'église de la Minerve à Rome. Une de ces têtes ressemble à Napoléon.

Une *sœur* fort timide envers nous, mais fort absolue envers les petites filles du peuple réunies en ce lieu, nous a permis de monter l'escalier. Une autre jeune religieuse, portant aussi une croix d'argent et un habit de gros drap bleu, a ouvert la porte, et nous avons pu examiner, au grand étonnement de toutes les petites filles, une vaste cheminée du moyen-âge.

Cette dame a eu la bonté de me conduire à la chapelle; cette pièce, qui peut avoir dix pieds de large et vingt-cinq de longueur, serait un modèle admirable pour le plus charmant boudoir. Je ne crois pas que le style de la renaissance ait jamais trouvé rien de plus joli, mais je ne veux point exagérer, il n'y a aucun génie dans tout cela, rien qui *aille à l'ame*. Ce style n'en convient que mieux à un boudoir : je ne conçois pas comment l'on n'a pas encore copié celui-ci à Paris; probablement il est inconnu.

Ce que c'est que des yeux papelards; anecdote de cette religieuse si belle, s'enfermant si bien à clef, mariée depuis à un ébéniste.

Mon jeune guide allait trottant devant moi, et répétant à demi-voix la liste de toutes les belles choses que doit voir l'étranger qui visite Bourges. Nous sommes arrivés à la maison de Cujas, rue des Arènes. Cela est charmant, c'est le mot. Comment n'en avons-nous pas une copie à Paris? J'y ai lu les restes d'une inscription singulière.

Ensuite nous sommes allés à la porte *Romane* de Saint-Ursin, voisine du parc de l'artillerie. Sur le mur à droite, à huit ou dix pieds d'élévation, le guide m'a indiqué un bas-relief qui représente chacun des mois de l'année par ceux des travaux de la campagne dont on s'occupe dans ce mois. Le travail est extrêmement barbare, et pourtant l'on est bien aise d'avoir vu ces bas-reliefs; ce qui prouve, selon moi, que l'auteur avait un vrai talent. La barbarie de son siècle l'a seule empêché d'arriver à la gloire. Cet homme était comme Giotto. Nous voyons l'inverse tous les jours, des gens excessivement médiocres qui, poussés par leur siècle, font assez bien. Par exemple, quel talent avait Marmontel, et tous les Marmontels de la peinture que je ne veux pas nommer? J'ai vu les substructions du palais du duc Jean de Berry; c'est tout ce qu'il en reste. Cela est fort bien construit: l'architecte était peut-être venu d'Italie. La ville avait loué cette suite de caves à un fabricant de salpêtre; et c'est sur une partie de ces caves que le département, aidé par l'état, va faire construire un *Palais de justice*.

Ce nouveau bâtiment prendra les formes grecques; mais, comme il n'aura qu'un rez-de-chaussée, il ne saurait être imposant. *Le conseil des bâtimens civils*, fidèle au budget le plus grand ennemi du beau (je parle du budget), a rayé des plans de l'architecte tout ce qui n'était pas directement utile, et je crains bien que le palais de justice de Bourges ne soit un plat édifice. Il fallait le bâtir en style gothique. J'ai vu à Oxfort des bâtimens gothiques assez jolis, quoique fort petits.

Je suis allé au Marché-neuf, qui fait beaucoup d'honneur à M. Julien, l'architecte de la ville qui a osé l'élever sans fondations, et à l'activité du maire.

J'ai fini par le musée: ce sont trois petites chambres bien modestes, où l'on a rassemblé, comme dans une boutique de bric-à-brac, tout ce qui a rapport aux arts. Le conseil général berrichon frémirait à l'idée de donner quelque argent pour un objet futile. Toutefois on trouve même à Bourges un savant qui s'occupe de numismatique avec zèle et science, c'est M. Mater (je crois, premier président de la Cour royale).

Dans ce pauvre petit musée, j'ai considéré long-temps et avec respect le portrait de Jacques Cœur; il se trouve là pêle-mêle avec des cardinaux qui se donnèrent la peine de naître. Si jamais les habitans du Berry arrivent à cet excès de dépravation de dépenser *de l'argent* pour quelque chose qui ne rend aucun revenu, ils élèveront deux statues de bronze, l'une à Jacques Cœur, l'autre à Louis XI, tous deux nés à Bourges et gens de talent.

J'oubliais la bibliothèque, qui est fort mal placée dans quelques salles humides de l'archevêché. Heureusement, monseigneur ne veut point de ce voisinage, immonde. Du reste ce sage prélat ne devrait point s'effrayer du progrès des lumières : j'ai trouvé *trois lecteurs* au milieu de tous ces vieux bouquins, plus propres à arrêter l'essor de l'esprit humain qu'à lui donner des ailes. Il est évident que les bibliothèques des petites villes devraient se composer uniquement, de la collection de tous les auteurs célèbres qu'on appelle *le Panthéon*, et qui ne coûte pas 1,500 fr. M. Guizot, à qui l'on ne peut refuser le mérite d'avoir fondé en France l'instruction publique, a donc eu raison de souscrire au *Panthéon* pour une somme de cent mille francs.

Le bibliothécaire de Bourges est un homme fort capable, autant qu'en peut juger mon ignorance ; je n'ai pas osé lui demander son nom. Il a fait une fort bonne copie du compte des dépenses occasionnées par la représentation d'un mystère. Remontons plus haut : rien n'était plus gai que les villes de France au cinquième siècle. Voyez les injures que le prêtre Salvien adresse à cette gaieté qui fait oublier l'enfer.

Au lieu de dîner dans ma triste auberge, comme aurait fait un voyageur vulgaire, je suis allé passer les deux dernières heures de mon séjour à Bourges à la cathédrale, et dans le joli jardin de l'archevêché qui l'avoisine. J'ai appris que monseigneur voudrait bien fermer ce jardin au public, sous prétexte qu'autrefois les archevêques seuls en avaient la jouissance.

— Tours, le 22 juin.

A neuf heures du soir je me suis embarqué dans une diligence qui ressemblait fort à l'arche de Noé : l'impériale était occupée par des chiens de chasse, qui semblaient fort mécontens de leur position et le témoignaient hautement ; ce qui ne m'a point empêché de souper d'abord, et de dormir fort bien jusqu'à Issoudun. Vers le minuit, j'ai fait une centaine de pas sur la grande place de cette petite ville que l'on dit fort jolie. Nous sommes arrivés à cinq heures, c'est à dire au jour, à Châteauroux dont j'ai été fort content. Il y avait une toile tendue au dessus de la cour de la grande auberge, qui est un bâtiment neuf et fort propre. Je me suis cru en Provence, je me rappelais les toiles tendues sur les rues d'Avignon.

Comme cinq heures un quart sonnaient, je suis allé achever de réveiller un brave cafetier, qui ouvrait sa boutique précédée d'une petite allée de jeunes arbres : il m'a dit que le lait n'arriverait qu'à six heures ; alors je lui ai appris comme quoi de savantes religieuses avaient trouvé qu'on peut le remplacer par un jaune d'œuf. Ce grand arcane n'avait point encore pénétré jusqu'à Châteauroux. Le bon cafetier m'a donné un œuf, de la cassonade, puis m'a regardé faire fort attentivement.

Le château qui a donné son nom à la ville, et que Raoul-le-Large fit bâtir en 940, subsiste encore, perché sur une colline d'où ses tourelles dominent l'Indre ; j'ai admiré la belle vue. La ville est entourée de jolies prairies : les maisons sont anciennes, il est vrai, mais pleines de physionomie ; elles n'ont pas l'air misérable comme les maisons de Troyes. Je me suis fait ouvrir l'église de Saint-Landry ; mais le bedeau de Saint-

Martin a fait la sourde oreille; puis, j'ai couru bien vite à l'auberge neuve. Les cinquante minutes que le conducteur m'avait données expiraient, mais rien n'était prêt pour le départ; deux ou trois bourgeois de Châteauroux venaient seulement de s'apercevoir, à cinq heures trois quarts, qu'ils avaient envie d'aller à Tours. Du haut de mon coupé, j'ai assisté à l'embarquement de leurs malles et à leur anxiété pour leur salut; c'était un spectacle pitoyable. Un fat est survenu en chantonnant, qui a pris place à mes côtés. Il m'a amusé jusqu'à un village à six lieues de là, sur la route de Tours; il se donnait des peines infinies pour m'apprendre, *sans faire semblant de rien*, qu'il avait des chevaux, et que, de plus, ces chevaux allaient venir le chercher, et moi je ne comprenais pas. Quand nous sommes arrivés dans ce village dont j'ai oublié le nom, il n'y avait point de chevaux; le fat a disparu comme un trait. J'ai lu César jusqu'à Châtillon. Je faisais querelle dans mon esprit, à Georges Sand qui nous a fait de si belles descriptions des bords de l'Indre. C'est un ruisseau pitoyable, qui peut avoir vingt-cinq pieds de large et quatre de profondeur; il serpente au milieu d'une plaine assez plate, bordée à l'horizon par des coteaux fort bas, sur lesquels croissent des noyers de vingt pieds de haut. Je cherchais de tous mes regards la belle

Touraine, dont parlent avec emphase les auteurs qui écrivaient il y a cent ans, et ceux qui de nos jours les copient. J'étais destiné à ne pas la trouver, cette belle Touraine n'existe pas.

La diligence s'arrêtant deux heures à Châtillon-sur-Indre, j'ai couru à la fameuse tour. Au milieu des énormes pans de muraille de l'ancien château s'élève un rocher, et sur ce rocher une énorme tour ronde de trente pieds de haut, et sur cette tour une seconde qui a soixante pieds d'élévation. Tout cela est revêtu de lierres magnifiques. Mais il faisait tellement chaud que je ne me suis pas senti le courage de monter sur les tours. Après avoir examiné la vue que l'on a du château, j'ai regagné avec empressement l'auberge, où j'avais remarqué une salle à manger sombre, si ce n'est fraîche.

Je me disposais à lire en déjeûnant, lorsque j'ai aperçu vis à vis de moi, un grand homme sec. Il avait le nez aquilin, des favoris blancs et la figure la plus noble. Je ne me serais pas représenté sous des traits plus imposans un des braves chevaliers, compagnons de Henri IV. Les manières simples de mon compagnon de table répondaient parfaitement à la noblesse de ses traits; le ton de sa voix était rempli de mesure, et les choses qu'il disait sages et intéressantes. Nous parlions de ce qui peut intéresser un voyageur, et, par exemple, des habitudes sociales des Français actuels comparées avec les usages qui régnaient il y a une trentaine d'années.

Ce monsieur aux traits si nobles est sans doute l'homme le plus remarquable que j'aie rencontré dans mon voyage. Il m'a dit, sur la fin du déjeûner, qu'il est marchand colporteur de tissus de soie, son quartier-général est à Lyon, où il va passer six semaines toutes les années. Pendant le reste du temps, il parcourt les petites villes et bourgs de France avec une charrette attelée de deux chevaux et chargée de soieries. En effet, en sortant, j'ai vu son écriteau en toile accroché devant la porte d'une sorte de bûcher faisant boutique au besoin, qu'il m'a dit que les aubergistes tiennent à la disposition des marchands forains tels que lui.

Avant 1814, ajoutait-il, un bourgeois de petite ville, venait voir mes marchandises avec sa femme ou sa maîtresse, marchandait deux minutes et m'achetait un objet de trois cents francs ; maintenant il faut parler un gros quart-d'heure pour vendre un article de vingt-cinq francs : je ne place rapidement et beaucoup que des écharpes de cinq ou six francs ; les Français sont devenus *égoïstes*. Ce mot est le premier terme impropre dont se soit servi mon compagnon de déjeûner pendant une conversation que j'ai fait durer une heure et demie. Il me dit qu'il y a maintenant *plus de marchands que d'acheteurs.* (C'est là le grand inconvénient de la civilisation actuelle : plus de médecins que de malades, plus d'avocats que de procès, etc.)

J'ai quitté cet homme si distingué le plus tard que j'ai pu. Le pays devient plus fertile à mesure que l'on s'avance vers Loche; les bords de l'Indre se couvrent de petits noyers mesquins de quinze pieds de haut. La grande route ne s'éloigne jamais beaucoup de ce ruisseau dont les eaux font croître dans les prairies voisines des saules et quelques peupliers.

J'aperçois tout à coup, au-delà d'un coteau à gauche, deux tours élevées réunies par un mur, et le tout est coupé net horizontalement, comme par un coup de sabre; c'est la tour de Loches. Là, périt, après douze ans de captivité infligée par Louis XII, cet homme si distingué, Louis-le-Maure, duc de Milan, l'ami et le protecteur de Léonard de Vinci. Il avait trouvé le secret de rassembler à sa petite cour la plupart des hommes remarquables de son temps, et il avait avec eux ce qu'il appelait des *duels d'esprit* : on discutait librement et à toute outrance sur toutes sortes de sujets. Quelle cour peut en dire autant aujourd'hui? Je me souviens encore de son aimable physionomie, et de sa statue en marbre que j'ai vue à la Chartreuse, près de Pavie. Il est vrai que c'était un coquin; mais c'était à peu près le malheur de tous les souverains de son siècle; il fit empoisonner son neveu pour lui succéder, mais il ne fit pas brûler vifs deux mille de ses sujets, comme notre brillant François Ier, dans l'espoir de se ménager l'alliance d'un souverain étranger.

Notre diligence a relayé au bord de l'Indre dans le faubourg de Loches, et je n'ai pas eu le temps de monter sur la petite colline que couronne la prison de Louis-le-Maure. Ce faubourg est une rue très large formée de maisons neuves. Tous ces faubourgs bâtis depuis quinze ans se ressemblent; rien de moins pittoresque, mais rien de plus commode, et ils valent beaucoup mieux que leurs villes. Les maisons sont barbouillées d'enseignes dont les lettres ont dix-huit pouces de haut. Trois prêtres en soutane, fort égayés par un bon dîner, sont montés en diligence; deux ont pris place à mes côtés, et tout aussitôt ont tenu de singuliers propos. La gaieté de ces messieurs me rappelle toujours un peu les contes de Vergier; la conversation de mes deux compagnons valait bien mieux sans doute que celle de deux gros marchands qui auraient pu m'échoir. Bientôt nous avons été fort bien ensemble. Je leur demandais toujours où était la *belle Touraine*, ils me répondaient que je verrais les bords de la Loire; et quand j'ai été aux bords de la Loire et que je me suis plaint des rangées de saules et de peupliers qui en font tout l'ornement, on m'a parlé de l'incomparable beauté des plaines arrosées par l'Indre et par le Cher que je venais de parcourir. Il est bien vrai que la fertilité augmente à mesure qu'on s'avance de Loches vers Cormery, mais il n'y a rien de beau dans tout cela.

Nous avons rencontré enfin quelques grands arbres, au point où la route descend le contrefort méridional du Cher, vis à vis Tours. Du Cher à la Loire, le pays n'est qu'un marais fertile où l'on trouve des *blancs de Hollande* d'une belle venue. Bientôt après le pont du Cher, nous sommes entrés dans la magnifique rue de Tours. Elle est aussi large, ce me semble, que la rue de la Paix, ce qui produit un effet étonnant en province ou le *mesquin bourgeois* vous étouffe. Cette rue conduit en droite ligne au fameux pont sur la Loire.

Je me suis logé au grand hôtel de la Caille, que le spirituel T. m'avait recommandé. Ma chambre est bien; mais j'ai failli mourir de faim au maigre dîner de la table d'hôte. Il y avait là deux ou trois Anglais pensionnaires qui prenaient leur mal en patience; ce qui me prouve que le dîner est ordinairement de cette magnificence; il n'en dure pas moins une heure et demie. Je m'enfuis avant le dessert pour aller voir le pont qui fait l'orgueil de Tours. Il a quarante-sept pieds de large, et chacune de ses quinze arches à soixante-quinze pieds de diamètre.

Comme tout ce qu'on fait en France depuis cinquante ans, ce pont est fort commode et manque absolument de physionomie. Il faut être journaliste payé ou rédacteur d'un annuaire départemental, pour avoir le front *d'appeler cela beau.* Le plus exigu des centaines de ponts que Napoléon a fait construire en Lombardie donne le vif sentiment de la grace ou de la beauté; mais ces gens-là ne prennent pas Constantine d'assaut comme nous.

Réduit aux beautés de la nature, car je savais qu'il n'existe plus aucun vestige de la fameuse église de St-Martin de Tours, j'ai parcouru avec intérêt la colline au nord du pont; elle est dans la plus belle exposition du monde, en plein midi avec la vue d'une grande rivière et d'un pays fertile. C'est là que le plus honnête homme de France, et peut-être le plus grand poète du siècle, a choisi sa modeste retraite. Quelle différence de cette vie pure à ces vies d'intrigans, qui, à Paris, conduisent à tout! J'ai demandé à un paysan où était la *Grenadière.*

— Ha! la maison de M. Béranger! s'est-il

écrié, comme un homme qui connaît bien ce nom et qui l'aime. La voilà au dessus de ces grottes creusées dans le rocher. J'y suis monté aussitôt.

Mais, au moment de frapper à la porte, la vertu nommée discrétion m'est apparue. Quel plaisir d'avoir sur tout ce qui se passe le mot d'un homme aussi judicieux! Mais, me suis-je dit, si tous les voyageurs qui l'aiment et l'admirent vont frapper à la porte de la *Grenadière*, autant aurait valu ne pas quitter Passy. Et j'ai eu la vertu de revenir à la grande route qui descend au pont. La roche tendre contre laquelle elle passe est percée d'une infinité de grottes qui sont habitées par les paysans.

Il était nuit close comme je rentrais à Tours; je suis allé voir les prétendus restes de la fameuse église de St-Martin.

Ce sont deux tours carrées, séparées l'une de l'autre par de petites maisons bien commodes et bien plates. Le manque absolu de physionomie me paraît être le triste défaut de tout ce qu'on rencontre à Tours.

Il y a ici des centaines d'Anglais moins rogues qu'ailleurs. Ils ont trouvé dans les vieux voyages en France que l'on parlait mieux le français à Tours qu'à Paris.

J'étais mort de fatigue; je suis monté au cabinet littéraire qui occupe un premier étage dans la belle rue. De toute l'année je n'ai ressenti un froid si cruel ; il faisait un vent du nord exécrable, et les lecteurs tourengeaux jugeaient à propos de tenir les fenêtres ouvertes. J'ai résisté courageusement au besoin de demander qu'on les fermât, je craignais quelque sotte réponse.

Je suis revenu à mon auberge grelottant et mourant de peur de m'être enrhumé: c'est le seul malheur que je redoute ; il donne de l'humeur le soir pendant trois semaines. Et que reste-t-il au pauvre voyageur solitaire, s'il perd sa bonne humeur?

J'ai demandé de l'eau bouillante, j'ai pris moi-même une théière à la cuisine, et suis monté chez moi préparer mon thé.

Pourra-t-on croire que ces monstres de provinciaux m'ont apporté trois fois de suite de l'eau qui n'était pas même tiède ! et à la fin la servante s'est fâchée contre moi. J'étais gelé et j'enrageais; j'entrevoyais que j'avais eu tort de me séparer du fidèle Joseph. Par bonheur, j'ai compris que j'étais une dupe d'avoir des façons polies au milieu des barbares qui m'environnent. J'ai sonné à casser toutes les sonnettes, j'ai fait tapage comme un Anglais, j'ai demandé du feu, j'en ai eu, c'est à dire que ma chambre s'est remplie de fumée, et une heure et demie après avoir demandé de l'eau chaude j'ai pu faire du thé.

Guéri de mon froid et de mon malaise, mais non de ma colère, je suis allé brûler des cigares sur les trottoirs de la belle rue, comme un vrai soldat. Je me suis fait une verte morale sur cette facilité à me mettre en colère, je me suis dit : *Ira furor brevis.* Si cette disposition augmente avec l'âge, je serai bientôt un vieux célibataire insociable, etc., etc. Rien n'y a fait, j'étais en colère de m'être mis en colère.

J'ai passé par hasard devant un marchand de fer: *Et mon paquet de livres! me suis-je dit.* Cette idée a tout changé : à deux cents pas de là, chez l'obligeant M. D..., j'ai trouvé un paquet de douze volumes arrivé de la veille seulement.

Dix minutes après j'étais le plus gai des hommes, établi chez moi devant un bon feu, et coupant le bel exemplaire de Grégoire de Tours que vient de publier la société de l'histoire de France. Les abominables chandelles de la province me rappelaient encore le lieu où j'étais. Je suis descendu à la cuisine, j'ai pris à part le dernier des marmitons, je lui ai fait cadeau de dix sous, après quoi je l'ai prié bien humblement de m'aller acheter une livre de bougies. Il s'est acquitté le mieux du monde de sa petite commission, et enfin, à deux heures du matin, j'ai eu besoin de l'exercice de toute ma raison pour prendre sur moi de me coucher. De ma vie la lecture de Grégoire de Tours ne m'a donné autant d'idées. Quelle candeur ! et c'était un évêque ! Quel contraste avec nos historiens alambiqués, qui prétendent à des vues nouvelles et de génie, et que tout le monde sait vendus à l'espoir d'une place à l'académie, ou d'un avantage d'argent !

— Tours le 23 juin.

A dix heures je suis allé au café, je me suis trouvé au milieu d'une trentaine d'officiers en grande tenue. J'avais apporté mon thé, ce qui a fait faire la mine à la maîtresse du logis; mais peu m'importe, tout est rompu entre les provinciaux et moi. J'ai presque été obligé de me fâcher pour avoir de l'eau bouillante. La mauvaise humeur de la mégère du café ne m'a point empêché de goûter l'excellence de mon thé; il y a dix ans mon cœur eût été rongé de colère.

J'avais Quentin Durward dans ma poche; je suis allé à pied en lisant, au village de *Riche*, à vingt minutes de Tours, où l'on voit encore quelques restes du château de Plessis-lez-Tours. Il était bâti en briques; sur la fin, la peur de Louis XI en avait fait une forteresse: le donjon est tout ce qui reste du viel édifice.

Caché dans ce palais, ce mélancolique Louis XI faisait pendre aux arbres voisins tous ceux dont il avait peur. Là il mourut en 1483, tremblant et soupirant devant l'idée de la mort, comme le dernier des hommes, enrichissant son médecin et appelant un saint du fond de la Calabre. Ce roi me semble Tibère, plus la peur de l'enfer; je me rappelle l'excellent portrait que l'on voit au Palais-Royal, et la statue de M. Jalley. J'ai vu de loin les ruines de la fameuse et opulente abbaye de Marmoutiers de l'ordre de St-Benoit, connue des hommes d'aujourd'hui par le *Comte Ory*; elle fut détruite en 1793.

A mon retour en ville je suis allé voir la cathédrale que l'on m'avait beaucoup trop vantée. Après avoir été deux fois détruite par des incendies, on commença à la reconstruire vers la fin du douzième siècle; mais on dirait que le pays manquait de piété, car elle ne fut achevée qu'en 1550. On admire la rosace au dessus du portail et les deux tours assez élevées. Les chanoines, gens de goût, ont fait revêtir de boiseries la base des piliers gothiques du chœur. Le bedeau m'a montré le tombeau en marbre blanc des enfans de Charles VIII. J'ai appris là qu'on appelle Tour de Charlemagne cette tour carrée que l'on donne ici pour un reste de l'ancienne église de St-Martin. J'ai vu la Bibliothèque, le Musée chétif. En sortant de la cathédrale, j'ai trouvé une assez jolie rue; mais les maisons sont trop basses pour avoir du *style*, pour dire autre chose au passant, sinon : Vous êtes au village. Cette rue m'a conduit dans la partie de la ville située au couchant de la belle rue ; cet ancien Tours est fort mal bâti.

Je m'étais arrêté une heure chez un bouquiniste à côté de la cathédrale ; je laisserai ses bouquins dans les auberges à mesure que je les aurai lus. Lire au lieu de regarder, c'est sans doute mal faire le métier de voyageur ; mais que devenir pourtant dans les momens où les petitesses de la province font mal au cœur ?

Comme je voyais que Tours commençait à me déplaire excessivement, j'ai pris une petite voiture et suis allé errer dans la campagne ; le cocher a pris la route de Luynes. J'ai aperçu de tous les côtés beaucoup de fertilité, beaucoup de bonne et sage culture ; mais en vérité rien de *beau*. Quelle différence avec les bords *inconnus* de l'Isère !

Je suis revenu pour le dîner à table d'hôte, ce n'était pas la peine ; dîner infame s'il en fut jamais, plus mauvais encore que celui d'hier ; nous avions une alose et des poulets trop avancés. Mais la salle à manger est vaste, les fenêtres sont bien drapées et les demoiselles servantes sont assez *drôles* ; elles étaient en conversation suivie avec les pensionnaires. Deux ou trois de ces messieurs ont des mines précieuses : l'un d'eux, jeune homme de cinquante-cinq ans, avec des cheveux gris infiniment trop prolongés, les porte coquettement arrangés de façon à bien marquer la raie de chair. J'ai dîné là avec quatre ou cinq Anglais qui ont l'air bien minables : ils ne se fâchent de rien.

Après le dîner, comme il n'y avait point de spectacle, je suis monté tristement au cabinet littéraire, et comme hier j'y ai eu grand froid. De dépit j'ai entamé la conversation avec mon voisin; c'était un sous-lieutenant que j'ai trouvé plein de bon sens et même d'esprit. Nous parlions des uniformes, et je vantais à l'étourdie un uniforme commode et peu cher, mais non pas beau.

— Nous nous battons une fois par an, et le soldat est misérable et sans le sou dans sa poche six fois par mois. Qui le consolera dans son malheur, si ce n'est l'amour du beau sexe que lui vaut son uniforme ? Faites-le donc aussi brillant que possible, c'est une partie de sa paie. D'où vient que le quatrième de hussards a six cents engagés volontaires ?

Comme je m'ennuie à Tours, ce que j'écris doit être bien pâle. Combien ne serait-il pas plus agréable et plus facile d'écrire un voyage en Italie! Ce beau pays a ses paysages sublimes, ses lacs de Lombardie, son Vésuve, les tableaux de Raphael et la musique. Il a le moral de ses habitans. En Italie, mon ame admirerait sans cesse. Là rien de sec.

On trouve à chaque instant, chez le paysan d'Italie, au lieu de la niaiserie champenoise et berrichone, ce bon sens profond, conséquence des républiques du moyen âge et des admirables coquineries par lesquelles une trentaine de familles puissantes parvinrent à dépouiller le peuple de l'autorité : les Médicis, les Malatesta, les Baglione, etc., etc.

De plus, ce qui a fait naître la musique, la nature, y a mis dans tous les cœurs l'amour de l'amour. Ailleurs l'amour n'est qu'une occasion de plaisirs de vanité pour la moitié des habitans. Le paysan des Etats du pape a du pain blanc, de la viande et du vin à tous ses repas.

Les arts naquirent en Italie vers l'an 1400; ils héritèrent du feu que les républiques du moyen âge venaient de laisser dans les cœurs. Ce feu sacré, cette générosité passionnée, respirent dans le poème du Dante, commencé l'an 1300, et qui forma l'ame et l'esprit de Michel-Ange.

Que trouve-t-on en France en l'an 1300, en l'an 1400? de petits tyrans qui se font gloire de ne pas savoir lire et des serfs hébétés. Voyez-en la conséquence dans l'état moral des paysans du Berry, du pays de Dombes, etc. Ils croient aux sorciers, et ne lisent pas de journaux.

Il eût fallu que les arts naquissent en France en même temps que le Cid. Les guerres de religion avaient enflammé les ames étiolées par la longue et ignoble féodalité ; les intrigues de la Fronde avaient aiguisé les esprits, les Français eussent fait de belles choses. Mais, en dépit de la sottise exprimée par ces mots : *Siècle de Louis XIV*, ce prince éteignit bien vite le feu sacré qui lui faisait peur. Cette passion folle qui adore la patrie et tout ce qui est grand enflammait Corneille, et ce n'était plus qu'une vue de l'esprit pour l'élégant Racine. La dernière dupe de cette générosité désormais ridicule fut le maréchal de Vauban.

La Bruyère, il est vrai, protégé par Bossuet, nous montre la disparition totale de cette noble duperie, de ce feu sacré dont plusieurs genres de littérature peuvent se passer, mais qui est indispensable dans les beaux arts. La *Peste de Jaffa* n'est le meilleur tableau de ces derniers temps que parce que le peintre était enthousiaste des actions comme celle que représente son tableau. En 1796 il était à Milan, quartier général de l'armée d'Italie, et passait pour le plus fou des Français ; ses amours pour Mme P., sa mort a bien prouvé que ce n'était point un homme d'académie.

La France de 1837 n'a pour elle qu'une supériorité immense à la vérité, elle est la *Reine de la pensée* au milieu de cette pauvre Europe encore *censurée*.

L'Italie elle-même n'est qu'une de ses sujettes. Dès qu'un imprimeur de Bruxelles apprend de Paris qu'un ouvrage a du succès dans les cabinets de lecture, il l'imprime, et, en dépit de toutes les polices, cet ouvrage est lu avec avidité à Pétersbourg comme à Naples. Demandez aux contrefacteurs belges la liste des ouvrages qui leur ont été le plus utiles, et vous verrez que la France est la reine de la pensée, précisément par les ouvrages que honnit l'Académie française. Quelle tragédie de ces Messieurs a été jouée depuis dix ans à Londres et à Vienne?

— De la Touraine, le 23 juin.

Ce n'est qu'aujourd'hui, et par hasard, que j'ai appris la suite d'une aventure qui m'intéresse fort. Un vieil agent d'affaires est venu me compter 220 fr. qui m'étaient dus par une jeune veuve, jolie et fort riche, presque mon amie, et à laquelle j'avais l'honneur d'envoyer de Paris des robes et des chapeaux. Madame Saint-Chély était blonde et *faite à peindre*, comme on dit ici. Elle avait des bras devant lesquels Canova se fût extasié. Pour moi, j'admirais surtout une délicatesse d'ame qui devient plus rare tous les jours. Madame Saint-Chély avait la bonté de croire que je devinais ce qui pouvait convenir à une femme de vingt-neuf ou trente ans, blonde, et peut-être un peu trop grande (ce sont ses paroles dans une de ses lettres).

Je la trouvai préoccupée, il y a dix mois, à mon dernier passage. Depuis, après avoir vendu la moitié de ses propriétés, elle est partie brusquement pour l'Espagne; et son homme d'affaires n'a reçu depuis son départ que deux lettres portant la date de Cadix, mais qui arrivent par l'Angleterre.

J'avais vu chez madame Saint-Chély un M. Mass***, grand escogriffe, montant fort bien à cheval, dansant, faisant des armes, grand chasseur, grand hableur, et au total le plus grossier des hommes. Je m'étonnais qu'une personne douée d'une ame si noble, d'une délicatesse si réelle et si rare, pût supporter cet être qui, aux yeux de nous autres hommes, eût fait tache, même à une table d'hôte passablement composée. Quand je vis la jolie veuve pour la dernière fois, sa préoccupation n'était que trop naturelle. Par surprise, et même, on peut le dire, en employant la force, le Mass*** venait de conquérir ce qu'autrement il n'eût jamais obtenu. Ce n'est pas tout : avec une effronterie choquante et bien digne de lui, le Mass*** a fait confidence des détails les plus intimes de cette étrange aventure à un de ses compagnons de chasse, assez bon diable, qui m'a tout raconté. Il lui disait : « Actuellement que je suis aimé d'une femme immensément riche, et *sur l'âge*, mon » affaire est *des bonnes.* » Ce monstre-là appelait *sur l'âge* une femme qui n'a pas trente ans, et qui d'ailleurs est charmante.

Une fois que le guet-à-pens de Mass*** eut réussi, il paraît que cette pauvre femme essaya de l'aimer : mais elle ne put y parvenir. Elle éloignait le plus possible les rendez-vous. Qu'est-ce que ça me fait, à moi, disait Mass*** (je demande pardon du jargon), qu'est-ce que ça me fait, à moi, pourvu qu'elle *crache au bassinet* (qu'elle donne de l'argent).

Il arriva qu'un insolent fort riche, qui habitait une ville voisine, insulta un de ses compagnons de débauche ; mais la chose faite, il ne trouva plus en lui le courage de se battre. L'insolent a fait offrir à M. Mass*** 3,000 fr. pour chercher querelle à son adversaire et se battre avec lui, et 6,000 fr. de *prime* s'il le tuait. Mass*** a demandé de plus un habillement complet du plus beau drap de Louviers; ce qui a été accordé.

Il s'est mis à fréquenter un billard où cet homme venait quelquefois, a joué plusieurs fois avec lui, et enfin, un beau jour, s'est fait chercher querelle. Le combat s'est fort bien passé, et Mass*** a tué son homme.

Madame Saint-Chély tomba dans un évanouissement profond, quand le juge de paix, qui autrefois lui avait fait la cour, vint lui conter cette affaire avec un malin plaisir, et en insistant surtout sur l'habit complet de drap de Louviers.

Une cousine de madame Saint-Chély, qui habite une petite ville dans les environs de Paris, lui a procuré un passeport pour l'Espagne et l'Amérique, et c'est sous un faux nom, qui n'est pas même celui de cette cousine, que cette femme si douce et si bonne est allée se réfugier dans l'un de ces deux pays. Le vieux Bray, son agent, l'homme le plus sec, avait les larmes aux yeux en comptant les 220 fr. et me donnant des détails. Le grand Mass*** est dans une ville à dix lieues de celle où vivait madame Saint-Chély, et fait *flores* avec son habit de drap de Louviers.

J'envie l'être heureux qui consolera madame Saint-Chély. Elle n'aurait peut-être jamais eu d'amant sans le guet-à-pens de M. Mass***; mais ce qu'il y a de cruel dans cette aventure donnera des forces à l'imagination qui finira par l'emporter sur la raison. L'amour seul peut la consoler. Madame Saint-Chély avait toute la délicatesse qu'une grande fortune permet d'atteindre, et aucune des petitesses d'amour-propre et de despotisme auxquelles elle conduit trop souvent.

Vous savez que c'est dans les petites villes qu'il faut aller étudier les gouvernemens ; là tout se sait, et surtout *tout se vérifie.* L'exemple qui suit est sérieux, et, je le crains bien, un peu ennuyeux; je prie les dames de sauter cinq ou six pages. Les voleries difficiles à raconter survivront à toutes les autres; on craint d'ennuyer en cherchant à soulever contre elles l'opinion publique.

Tout le monde parle des bénéfices qui se font sur les adjudications des grands ouvrages que le gouvernement fait exécuter; mais peu de personnes ont des idées nettes sur cet objet. On croit ou on ne croit pas aux voleries, suivant qu'on est ami ou ennemi du gouvernement. Quant à moi, je me tiens pour ami très sincère du gouvernement du roi, et je crois très sincèrement aussi aux voleries sans nombre. Ce n'est pas l'argent que je regrette, c'est l'habitude de la friponnerie.

Comme je ne veux pas parler de ce qui se passe en France, je vais raconter ce qui a eu lieu dernièrement dans un état voisin.

En avant d'un bourg nommé Givry, il y avait

une montée abominable, maudite de tous les voyageurs. Le fonctionnaire, que nous appellerions en France *ingénieur en chef*, fit un projet de rectification : la dépense fut approuvée par l'autorité centrale ; elle s'élevait à 70,000 fr., et l'on devait mettre la main à l'œuvre au commencement de 1836.

En septembre 1835, on s'occupa de l'adjudication des travaux, qui devaient avoir lieu six mois plus tard. Le préfet était en congé et remplacé par *M. Volf*, le secrétaire général. *M. Ragois*, ingénieur en chef et honnête homme, était en tournée sur ses routes, à trente lieues du chef-lieu de préfecture où devait se faire l'adjudication ; mais, comme il y voit clair et qu'il craignait quelque tentative de friponnerie, il s'était fait remplacer par M. Wambrée, ingénieur ordinaire et parfaitement honnête homme. Les ingénieurs croyaient qu'il y aurait un rabais de 8 ou 10 pour cent sur les prix qu'ils avaient indiqués, et comme de coutume l'entreprise devait être adjugée au soumissionnaire qui ferait le rabais le plus fort.

Le 13 septembre, le conseil de préfecture se rassemble ; la séance est ouverte sous la présidence de M. *Volf* (le secrétaire général faisant fonctions de préfet). On introduit les soumissionnaires au nombre de quatre, et le candide

M. Wambrée est bien étonné de voir que leurs soumissions ne portent que des rabais insignifians de 1/2, 1/4, 1/2 et 1 p. 0/0 ; toutefois le conseil de préfecture adjuge le travail au sieur Dabo, dont la soumission offrait un rabais de 1 p. 0/0.

Ce même soir, l'ingénieur Wambrée retourna à sa besogne ordinaire ; mais, surpris par une averse, il s'arrêta pour coucher à Lambin, village voisin de Givry.

L'hôte lui dit :

— Eh bien ! monsieur Wambrée, vous avez été joliment volé à l'adjudication de ce matin ?

— Il n'y a eu qu'un faible rabais, il est vrai, mais je ne vois pas de vol.

— Vous autres *messieurs* vous ne savez jamais rien, reprend l'hôte. Apprenez donc que tout le mic-mac s'est passé ici à mon auberge. Aujourd'hui, après l'adjudication, les quatre personnes que vous y avez vues sont venues dîner là, à la table où vous êtes. Mais, ce qu'il y a de plus drôle, c'est que dix personnes qui voulaient prendre part à l'adjudication se trouvaient ici dimanche dernier. Après avoir long-temps disputé la chose entre eux, M. Brun, que vous connaissez le plus fin matois de la troupe, s'écria : Nous sommes de fières bêtes de prêter ainsi à rire aux ingénieurs et au préfet ; faisons entre nous une adjudication préparatoire, et donnons-nous parole d'honneur de céder l'affaire à qui fera le rabais le plus fort. Outre la parole d'honneur, Brun signa et leur fit signer un dédit de je ne sais pas quelle somme, et enfin, sur cette table où vous dînez, ils firent leur adjudication bien en règle.

Quand on ouvrit les billets, il se trouva que Dabo avait fait un rabais de sept pour cent, les autres faisaient des rabais inférieurs; la route de Givry fut donc adjugée à Dabo. Il fut convenu qu'il se présenterait à la préfecture avec un rabais de un pour cent; que, pour la forme, deux ou trois des autres paraîtraient aussi à la séance, mais avec des rabais inférieurs, et qu'enfin Dabo, s'il obtenait l'adjudication, partagerait également avec les neuf autres le six pour cent de bénéfice sur le prix de la nouvelle route de Givry.

Le pauvre ingénieur Wambrée est encore jeune et honnête, il est indigné. Dès le lendemain matin, à cinq heures, il prend un cheval meilleur que le sien et court au chef-lieu. Il y arrive à dix heures du matin. Aussitôt il écrit à M. Volf, faisant fonctions de préfet, tout ce qu'il vient d'apprendre; il le supplie de ne pas soumettre l'adjudication de la veille à l'approbation de M. le directeur général des ponts et chaussées, résidant dans la capitale.

Remarquez que, d'après la loi, toutes ces adjudications ne sont un *engagement* envers les adjudicataires que lorsqu'elles sont revêtues de l'approbation du directeur général. Le 14 septembre, à midi, le pauvre Wambrée envoie sa lettre à M. Volf; le 15, M. Volf lui répond que les choses dont il lui donne avis *sont bien vagues*; que ce sont peut-être des *propos d'envieux* que sa longue expérience administrative (à lui Volf) lui a appris à mépriser; mais qu'au reste il ne soumettra l'adjudication de Givry à l'approbation de M. le directeur général qu'après avoir reçu un second rapport détaillé de lui Wambrée.

Cette lettre était bien signée de M. Volf, mais elle avait été faite par M. Limon, homme prudent, depuis dix ans chef du bureau des ponts et chaussées à la préfecture, et qui ne s'appauvrit pas.

Ce même jour, 14 septembre, M. Wambrée reçoit la visite de Dabo, l'adjudicataire, qui le prie instamment de lui tracer cette route de soixante-dix mille francs, qu'il vient d'obtenir à un pour cent de rabais.

— Mais vous n'avez donc pas lu l'affiche? lui répond M. Wambrée. Vous y auriez vu que ce travail n'est exécutoire qu'au mois de mars prochain; alors seulement nous aurons des fonds.

— N'importe! reprend Dabo. j'exécuterai par avance.

— Prenez garde, reprend Wambrée, le rabais que vous avez proposé n'est pas suffisant, et je ferai tout ce qui dépendra de moi pour que M. le directeur général n'approuve pas cette adjudication.

M. l'ingénieur en chef Ragois, averti de ce qui se passait au chef-lieu, se hâte de revenir. Il y arrive le 22 septembre.

— Voilà six à sept mille francs qu'on nous vole, dit-il à Wambrée; et, comme cette somme est partagée entre tous, il sera bien difficile de nous faire faire justice.

Le même jour, 22 septembre, M. Ragois rencontre à la promenade, M. Volf, secrétaire général, faisant fonctions de préfet.

— A propos, lui dit celui-ci, l'adjudication de Givry est approuvée.

— Qu'est-ce que vous me dites donc? reprend M. Ragois tout surpris, une adjudication faite le 13, et dont vous avez l'approbation le 22! Mais j'ai deux cents lettres de vous, relatives à tout autant d'adjudications qui de mon temps ont été faites en ce pays, et jamais vous ne les soumettez à l'approbation qu'après huit ou dix jours.

— Si vous voulez avoir la bonté de passer demain à la préfecture sur les dix heures, répond M. Volf, nous appellerons M. Limon, et sans doute tout vous paraîtra clair *comme eau de roche.*

Le lendemain, à dix heures, M. Ragois était à la préfecture avec toutes les lettres qu'il pouvait être utile de voir pour éclaircir l'affaire.

— Quoi! dit-il à M. Limon, vous écrivez le 15 à M. Wambrée que vous attendrez un rapport de lui avant de soumettre l'adjudication de Givry à l'approbation du directeur général, et dès le 14 vous aviez écrit à la capitale!

— Eh bien! monsieur, c'est un oubli, reprend M. Limon en ricanant. Et vous, monsieur l'ingénieur en chef, qui êtes homme de bureau, ne vous arrive-t-il jamais d'avoir une distraction? Eh bien! moi, je l'avoue franchement, j'avais oublié le 15 ce que j'avais écrit le 14. Que voulez-vous, l'adjudication de Givry tiendra.

— Je ne crois pas, répond froidement M. Ragois. Et, sans ajouter un mot, il plante là le préfet provisoire et son chef de bureau.

Il se hâte d'écrire à M. le directeur général. La première adjudication est cassée, et, dans une seconde, on obtient un rabais de sept mille francs, c'est-à-dire *de dix pour cent,* sur la mise à prix de soixante-dix mille francs.

La liberté de la presse ne peut servir à réprimer les abus de cette espèce; le récit de la chose est trop ennuyeux, comme on vient de le voir. Dans ces sortes d'histoires, l'*exposition*, cette partie si nécessaire du drame, est trop difficile, et d'ailleurs le journaliste ne comprend pas le mécanisme de ces sortes d'affaires. Je doute même que nos députés d'avant 1830, tels que je les connais, voulussent comprendre mon récit.

Il y aurait un moyen bien simple pour avoir en Hollande des hommes irréprochables dans les bureaux de préfectures. Il faut que les chefs et sous-chefs soient fonctionnaires publics payés par l'état, il faut que les bureaux de préfectures soient l'école des sous-préfets et des secrétaires généraux, sur le champ on aura des parangons de vertu. Avec l'ambition qui brûle tous les cœurs, le gouvernement obtiendrait des miracles.

Il faut rétablir les *secrétaires généraux*, qui étaient la tradition vivante des préfectures ; c'est une dépense de deux cent soixante mille francs qui fera éviter pour deux millions de folles dépenses.

Il faut dans chaque bureau de préfecture un chef et un sous-chef; le préfet travaillera indifféremment avec l'un ou avec l'autre. Le sous-chef devra se tenir au courant de tout et être prêt à remplacer le chef. Cet arrangement coûterait cinq cent seize mille francs.

L'ancienne chambre des députés était bien loin de comprendre la nécessité de ces sortes de dépenses, elle répugnait aux examens sévères et qui peuvent mettre au jour des vérités désagréables.

En général, sur quatre chefs de bureaux des préfectures de Hollande, trois s'enrichissent.

J'ai traité une affaire il y a six mois dans une préfecture de France, j'ai appris à cette occasion qu'en 1815 l'abonnement des frais de bureaux était de cinquante mille francs; en 1837, *les affaires ont triplé,* mais aussi l'abonnement n'est plus que de quarante-cinq mille francs. C'est ce que nous autres négocians appelons une fausse économie. Quand nous voyons un correspondant agir ainsi, nous diminuons nos affaires avec lui.

Et toutefois, les préfets qui n'ont pas de fortune économisent dix mille francs par an sur leur traitement ou sur leurs frais de bureaux.

J'ai vingt histoires comme celle-ci, que je n'imprime pas, de peur de tomber dans le genre ennuyeux, et peut-être envieux aux yeux des nigauds. Je supplie le lecteur de penser un peu sérieusement à ce qui se passe à la préfecture de son département, et ensuite de répondre comme juré: — Le récit précédent peint-il les choses en noir ?

Si le lecteur habite Paris, il n'est pas juge compétent. Sur quel fait administratif sait-on la vérité à Paris? Un homme qui donne des dîners n'a-t-il pas toujours deux cents amis dans la société, qui nit tout ce qui est défavorable? De là, la passion de pouvoir donner des dîners, qui travaille le petit bourgeois de Paris.

Voici un dialogue qui n'a pas quinze jours de date, entre un député arrivant d'Amsterdam et un préfet.

Le député. — .... Du reste, vous allez recevoir les nominations de cinq percepteurs.

Le préfet. — Ah tant mieux! je les attendais avec impatience, le canton de Pin est bien mauvais; depuis la loi d'apanage les républicains y fourmillent. Mais ces nouveaux percepteurs que j'ai choisis avec soin sont des gens remuans qui prennent la parole dans les cafés et avec eux j'espère bien reprendre le dessus. Tout va bien.

— Mais, mon cher préfet, les percepteurs dont je vous annonce la nomination ne sont pas ceux que vous avez demandés; les nouveaux percepteurs sont messieurs Durand pour Rochefort, Pierret pour Souvigny, etc., etc.

— Hé mon Dieu! qu'est-il donc arrivé?

— Rien que de bien simple : c'est moi qui ai demandé ces places, et mes candidats ont été préférés aux vôtres.

— Eh! grand Dieu! qui a pu vous porter à une telle démarche?

— Chacun de ces nouveaux percepteurs me procurera au moins cinq voix et, ce qui vaut mieux encore, c'est que ce sont vingt-cinq voix que j'enlève à mon rival, M. Dufrêne.

Le préfet se laissant tomber sur un fauteuil avec tous les signes du découragement.

— Et l'on veut que j'administre! Prenez donc la préfecture, mon cher ami. On m'ordonne de marcher, et on me coupe les jambes. Comment voulez-vous que je dirige les volontés, que j'administr?

Savez-vous que M. Dorais, homme d'esprit, qui était préfet ici avant 1830, n'a travaillé pendant cinq ans que dans un seul but : *les élections*. Il avait un homme à lui dans chaque canton, qu'il *comblait*; aussi ses élections furent-elles parfaites.

Voici le résumé de cinquante faits trop *caractéristiques* pour que je puisse les raconter, ce serait nommer les masques, et faire du scandale ce qui me semble *grossier*.

Si j'avais l'honneur d'être gouvernement, je regarderais comme la plus grande de toutes les sottises d'avoir un journal à moi. Le Français étant encore à mille lieues du génie gouvernemental, ne comprend rien à une grande mesure, ne sait que dire sur cette mesure, et bientôt n'y pense plus, à moins toutefois qu'elle ne lui soit expliquée par quelque nigaud payé qui en fait l'apologie; alors il se met à croire exactement tout le contraire de ce que l'*homme payé* veut lui persuader. Il se croirait dupe de croire.

Malgré la triste perspective de donner de l'humeur à la moitié juste des lecteurs en parlant politique, je veux me hasarder à noter ce que je vois. Je me rappelle toujours le plaisir vif que j'eus à Londres, en découvrant dans un magnifique in-4° les fragmens du voyage que Loke fit en France vers 1670. Peut-être, dans cinquante ans seulement, personne ne pourra comprendre qu'il ait pu exister une absurdité aussi forte que celle des journaux de préfecture. MM. les préfets font exactement le contraire de ce qu'ils croient faire. J'ai vu cette drôle de bévue dans dix départemens au moins. Par des excitations plus ou moins adroites, les préfets forcent les communes de leurs départemens à s'abonner à un journal fait par un homme à eux, qui tous les matins vient à l'ordre à la préfecture. Ce pauvre garçon est sans doute le modèle de toutes les vertus, mais quelquefois il y joint de la gaucherie. Littérairement parlant, il fait de vains efforts pour sortir de l'insipidité la plus nauséabonde. C'est tout simple. Sur toutes les questions, il a peur d'en dire trop ou trop peu; il tremble devant son préfet qui lui-même tremble tous les matins en ouvrant son *Moniteur*. J'ai vu dans les plus petites communes le moment où le piéton apporte ce journal de la préfecture; les gros propriétaires, payant cent francs d'impositions, sont réunis au café, et se croient obligés de croire exactement le contraire de ce que leur fait prêcher M. le préfet. Je racontais dans un bourg du Nivernais un fait qui s'était passé sous mes yeux deux mois auparavant à Langres. On m'a objecté fort sérieusement que ma version de ce fait se trouvait imprimée dans le journal de la préfecture de l'avant-veille. A ce mot tous les yeux, même des yeux du *juste-milieu*, m'ont regardé avec méfiance; je n'ai eu pour moi que les gens qui me connaissent de Paris.

Le gouvernement pourrait demander à tous ses agens à l'extérieur de lui écrire des nouvelles les 1er, 10 et 20 de chaque mois; ces rapports seraient divisés en trois colonnes : faits sûrs; choses probables; simples on dit.

Par ce simple moyen, et avec cent mille fr. de ports de lettres, on réunirait une masse de faits non moins vrais que variés, à l'aide desquels il serait possible de remplir, d'une manière amusante, les trois premières pages d'un journal. La quatrième serait occupée par les ordonnances du Roi, et des nouvelles qu'il faudrait toujours raconter sans le moindre adjectif de louange ou de blâme. Jamais, bien entendu, aucun démenti malhonnête donné aux autres journaux; jamais aucune apologie des mesures du gouvernement.

On donnerait les discussions des chambres, rédigées de façon à ce que chacun des douze ou quinze parleurs distingués par le public obtînt un nombre de lignes exactement proportionnel au nombre de minutes qu'il a passées à la tribune. Pour toute hostilité, on se permettrait de faire des procès en contrefaçon aux écrivains qui, avant un délai de huit jours, s'empareraient des faits énoncés dans les trois premières pages du journal du gouvernement. S'ils prétendaient avoir reçu la même nouvelle, on leur demanderait la lettre timbrée à la poste.

Je croyais d'abord que c'était le zèle tout seul, ou le désir de l'avancement qui portait MM. les préfets à donner des ridicules au gouvernement par leur malheureux journal. Pas du tout; M. C... vient de m'apprendre que les préfets sont tenus de faire imprimer à leurs frais une quantité d'avis qu'ils doivent distribuer à toutes les communes de leurs départemens. Ces messieurs trouvent fort ingénieux de faire payer aux communes, sous prétexte d'abonnement, les dépenses qu'eux-mêmes devraient acquitter de leur bourse.

Le commis doué de toutes les vertus, qui fait des phrases en l'honneur de M. le préfet et du ministère reçoit 3,000 francs d'appointemens, et se croit destiné à une magnifique sous-préfecture. Le pauvre diable qui rédige le journal de l'opposition gagne à peine douze cents fr.; mais il n'y a pas de bonne fête chez les libéraux du pays où il ne soit des premiers invités. Tandis que la conversation habituelle des amis les plus chauds du préfet et du gouvernement, consiste à se moquer des stupidités qu'ils ont lues le matin dans le journal de la préfecture. On se donne par là un air d'indépendance et de supériorité, on croit faire entendre qu'on sait les *vraies* raisons des choses et les dessous de carte.

Si le gouvernement adopte jamais l'idée d'envoyer dans les départemens, au prix de quarante fr. pour les particuliers et de vingt fr. pour les communes, trois pages *amusantes,* il fera tomber les trois quarts des journaux de province. Ce serait un grand mal, selon moi.

Un provincial est toujours un peu moins arriéré et un peu moins envieux au moment où il vient de lire un journal; c'est le contraire du Parisien que le journal hébète. Je ne me suis donc laissé aller à l'idée d'écrire cette rêverie, que bien convaincu qu'aucun gouvernement ne renoncera jamais au plaisir de lire, imprimées tous les matins, les louanges des ordres qu'il a signés la veille. Il se figure que d'autres que lui les lisent, il ne voit pas qu'il alimente par là les journaux de l'opposition. Sans ses pologies *explicatives*, ceux-ci seraient obligés de faire eux-mêmes *l'exposition* de la pièce à jouer devant le public. Or, toute *exposition exacte* est horriblement difficile avec les Français actuels. La dose d'attention que les lecteurs accordent à une phrase imprimée a bien diminué depuis que les auteurs ne relisent plus les phrases qu'ils envoient à l'impression.

J'avais bien recommandé à l'hôtel qu'on m'éveillât à quatre heures et demie du matin afin de ne pas manquer le bateau à vapeur qui part pour Nantes. J'étais effrayé par l'histoire lamentable de toute une famille qui, la veille avait dîné à table d'hôte, et qui racontait que le matin elle était arrivée sur le rivage une heure juste après le départ de la *vapeur*.

Par bonheur je me suis éveillé à quatre heures et j'ai été obligé d'aller tirer par le bras le portier qui, la veille, avait sollicité avec bassesse la faveur de porter mon sac de nuit au bateau. Il m'a trouvé fort indiscret de troubler ainsi son repos, et a marqué beaucoup d'humeur, même quand je l'ai payé.

A cinq heures et demie, les roues du bateau se sont mises en mouvement; mais ce mouvement n'a pas duré. Au bout de dix minutes, nous nous sommes bravement arrêtés sur un banc de sable qui continue l'île de la Loire, laquelle commence au dessous du beau pont. Le chef du bateau s'est mis à jurer horriblement contre ses subordonnés, leur disant qu'ils devaient bien savoir qu'on ne devait pas passer en ce lieu, que la veille au soir encore le bateau arrivant d'*en bas* avait été obligé de passer le long de la rive droite.

Le plaisant, c'est que lui-même était à bord au moment du départ; il est vrai qu'il était occupé à faire le gros-dos et à donner des ordres d'un air d'empereur romain pour le placement des équipages. Le triste, c'est que nous avons passé deux heures et demie immobiles sur ce banc de sable, et au milieu d'une humidité insupportable; car, au bout de dix minutes, il est survenu un brouillard tellement épais, que nous ne voyions plus les bords de la Loire. Nous étions pénétrés de froid, les dames avaient peur. Notre machine a failli se briser, parce qu'on a voulu faire tourner les roues, dont une était prise dans le sable. Le désordre le plus complet régnait parmi les mariniers : tous juraient à la fois; aucun ne se donnait le temps de penser à ce qu'il fallait faire. Le plus jeune, le moins élevé en grade, ce me semble, s'est jeté à l'eau, et nous avons vu avec effroi que l'eau ne lui arrivait pas à la ceinture. On a tenté plusieurs essais qui n'ont pas réussi; on voulait mettre le bateau en travers, afin que le courant l'enlevât. Mais comment le faire pivoter sur le banc de sable de cinq ou six pieds de large sur lequel il s'était placé? Pour alléger le bâtiment, on nous a fait descendre tous (les hommes s'entend) dans la nacelle ; mais cette nacelle, peu accoutumée à un tel poids, faisait eau de toutes parts. Nous avions de l'eau jusqu'à la cheville; j'ai vu le moment où elle allait couler à fond sur la pointe du banc de sable. A la vérité il n'y avait pas grand péril; nous aurions plongé dans l'eau jusqu'aux genoux.

A force de crier comme des énergumènes depuis une heure et demie, nos matelots n'avaient plus de voix ; ils ne pouvaient répondre aux plaisanteries des bateaux à rames qui descendaient rapidement le grand courant de la Loire et se moquaient d'eux en passant. Ils demandaient à ce bateau à vapeur, qui d'ordinaire les devance avec tant d'insolence, s'il voulait leur donner ses paquets pour Nantes.

J'avais grande envie d'appeler un de ces bateaux pour mon propre compte ; j'éprouvais encore un froid plus vif que l'avant-veille au cabinet littéraire. Enfin le comptable du bateau à vapeur s'est décidé à héler un grand bateau monté par un enfant de quinze ans; nous nous sommes tous transvasés dans ce bateau qui était sec. De ce moment tout mon chagrin a cessé. Ce bateau chargé a failli partir tout seul: nouveau redoublement de cris. On l'a attaché solidement au bâtiment à vapeur ; les mariniers sont venus ramer sur le bateau, ils l'ont exposé au courant d'une certaine façon, et enfin notre malheureux navire a repris un peu de mouvement. On sentait qu'il râclait le banc de sable.

A ce moment de grands cris se sont fait entendre sur le devant du bateau ; les mariniers se sont remis à jurer de plus belle ; le grand garçon qui s'était jeté à l'eau ne se possédait plus de colère : nous courions un danger. Un grand bateau qui remontait la Loire rapidement, remorqué par huit chevaux au trot, venait droit sur nous et allait nous choquer. Les cris et le désordre ont été au comble ; les chefs du bateau s'injuriaient entre eux, le petit comptable était pâle comme la mort ; enfin on a essayé de faire jouer la machine, au risque de briser une des roues toujours engagée dans le banc de sable. Le bâtiment a fait un mouvement de côté et s'est éloigné d'environ six pieds de son ancienne position. Les gens du bateau remorqué criaient de leur côté comme des perdus après les conducteurs de leurs chevaux ; enfin ceux-ci ont compris, et le bateau remontant s'est arrêté à dix ou douze pieds du nôtre.

Mais par l'effet de notre mouvement de côté,

je ne crois pas qu'il nous eût touchés, même quand il n'aurait pas arrêté ses chevaux.

Il faut que les Français soient bien braves, me disais-je, pour pouvoir gagner des batailles avec un tel désordre dans les momens de danger. C'est peut-être à cause du reste de pesanteur allemande qui les garantit de ce désordre, que les Anglais nous battent presque toujours sur terre. A Fontenoy, qui est peut-être la seule bataille gagnée par nous, l'armée française était commandée par un Allemand (le maréchal de Saxe), qui méprisait parfaitement tous les généraux qui l'entouraient et ne les écoutait pas.

Une fois en mouvement, il ne nous est resté de notre accident qu'un accès de bavardage insupportable, qui a bien duré jusque vers l'embouchure de l'Indre. Dans leurs commentaires, les femmes avaient complètement altéré la vérité; mais les dames des *premières* ayant eu beaucoup plus de peur encore que les paysannes, leurs récits étaient bien plus romanesques.

Le lecteur me croira-t-il, si je jure que ce n'est point *par égotisme* que j'ai raconté ce petit malheur avec tant de paroles? Mon but secret serait d'engager ce lecteur malévole, qui me blâme injustement et qui voyage, à ne pas prendre *au tragique* les accidens de passeport, de quarantaine et de versades qui viennent souvent contrarier les plus jolies courses. On gagne à s'étudier soi-même : on arrive à éviter la mauvaise humeur en voyage, comme *une folie*, comme une cause d'éclipse pour les choses curieuses qui vous environnent peut-être, et au milieu desquelles on ne repassera jamais.

Vu notre position non insulaire et le penchant au désordre, qui est peut-être inné chez les Français, il me semble qu'en 1837 du moins, le gouvernement royal est préférable à la meilleure des républiques. Nous tomberions sous le plus mauvais des rois, sous un Ferdinand VII d'Espagne par exemple, que je l'aimerais mieux que les républicains au pouvoir. Ils y arriveraient, je le crois, avec des intentions raisonnables ; mais bientôt ils se mettraient en colère, et voudraient *régénérer*.

Si la révolution de 89 a réussi, c'est que tous les plébéiens qui avaient un peu de cœur étaient animés d'une haine profonde pour des abus atroces. Où sont aujourd'hui les abus atroces ?

Tout à coup, et comme par miracle, accoururent au secours de la révolution sept à huit grands hommes, dont chacun tracera la liste suivant les passions ou les préjugés de sa famille. Ces grands hommes eurent tant d'énergie, qu'aujourd'hui, après quarante ans, la pusillanimité que nous devons à leurs victoires et à la position tranquille que nous ont faite ces victoires n'est pas encore accoutumée à regarder en face cette énergie.

Ils furent secondés par une centaine d'hommes supérieurs : les Prieur, les Pétiet, les Daru, les Crétet, les Defermon, les Merlin.

Des milliers de Français, en 1789, aimaient la patrie avec enthousiasme. Qui nous annonce cette réunion de miracles dans une nouvelle lutte avec l'Europe? La peur des étrangers, qui voient leurs sujets prêts à nous imiter leur a enseigné à être unis. Sachons donc goûter notre bonheur présent et attendre. L'avenir ne peut que nous être favorable si nous ne le violentons pas. Offrons à tous les *tiers-états* de l'Europe le spectacle de notre bonheur, et, pour faire éclater cette félicité dans toute sa splendeur, n'ayons pas d'émeutes et doublons nos richesses.

Le brouillard et le froid pénétrant ont duré jusqu'à l'embouchure de la Vienne. Les bords de la Loire sont monotones, toujours la pâle verdure des saules et des peupliers. Je me disais, pour exciter un peu mon esprit et ne pas trop m'ennuyer, que nous passions vis à vis de Chinon, de Richelieu, de Moncontour; je cherchais à me remplir la tête des souvenirs de l'histoire de France sous les derniers Valois et les deux premiers Bourbons. On m'assurait sur le bateau que la Touraine conserve encore des traces de la corruption morale qu'y a laissée le séjour prolongé de la cour. C'était l'opinion de Paul-Louis Courier (assassiné près des lieux que je parcours).

Mes regards cherchaient avec avidité ces aspects tellement vantés des bords de la Loire; je ne voyais que de petits peupliers et des saules, pas un arbre de soixante pieds de haut, pas un de ces beaux chênes de la vallée de l'Arno, pas une colline singulière. Des prairies fertiles toujours, et une foule d'îles à fleur d'eau, couvertes d'une forêt de jeunes saules de douze pieds de haut, dont les branches fort minces et pendantes se baignent dans le fleuve. C'est entre ces îles verdoyantes, mais non pittoresques, que le bateau à vapeur cherchait sa route. Nous apercevions assez souvent les tourelles de quelque château de la renaissance, situé à cinq cents pas du fleuve, par exemple le château de Luynes, patrie de Courier. Le peuple de cette petite ville habite dans des grottes creusées dans le rocher. On veut me persuader que je vois les piliers d'un aqueduc fort ancien, situé près de Luynes. On parle beaucoup sur le bateau du château de la Poissonnière, où Ronsard naquit en 1524. On lit encore au dessus de la porte : *Voluptati et gratiis.* Près du château coule toujours la fontaine de la belle Iris, appelée dans le pays : *Fontaine de la Bel-*

lerie. J'ai eu grand tort de ne pas aller à Chenonceaux, qui n'est qu'à sept lieues de Tours. Comme on sait le fameux château de ce nom est construit sur un pont qui traverse le Cher, et c'est dans les premières piles qui sont creuses que l'on a pratiqué les cuisines. Ce château est habité et parfaitement conservé ; on fait remonter son origine au treizième siècle : ce fut sans doute une sorte de tête de pont qui favorisait les excursions du seigneur sur les deux rives du Cher.

En suivant de l'œil les rivages de la Loire, je lisais avec plaisir l'histoire de l'art gothique par M. de Caumont. Ce petit volume de trois cents pages me semble extrait des ouvrages anglais, il a des lithographies amusantes, mais pas toujours fort exactes. On voit que M. de Caumont n'a pas voyagé, et les auteurs anglais qu'il suit ne connaissent pas le midi de la France. C'est en Angleterre, et il n'y a pas cinquante ans, que l'on s'est avisé d'étudier l'art gothique. Cette étude va bien à la folie aristocratique qui domine ce pays[1].

A quatre lieues et demie de Tours, on a la bonté de m'indiquer la Pile-Cinq-Mars ; c'est un pilier quadrangulaire de quatre-vingt-six pieds de haut, et chacune des quatre faces a douze

---

[1] Qu'est-ce que coûte l'œil d'un médecin ? disait dernièrement le comte ***.

pieds et demi de largeur. Cette pile est un massif plein qui n'a ni escalier ni fenêtres. Elle est bâtie en briques et couronnée par quatre piliers de huit pieds de hauteur. Ce monument est-il romain? A Langeais on voit un château gothique, et c'est dans une vaste salle de ce château qui n'est plus aujourd'hui qu'une écurie, que fut célébré, en 1491, le mariage de la riche héritière Anne de Bretagne avec Charles VIII.

Nous avons aperçu le donjon et les maisons blanches de Saumur, qui de loin font un assez bel effet. Vingt minutes avant d'y arriver, cette ville a quelque chose de grandiose; elle couronne une jolie colline. Comme nous longions le quai à portée de pistolet, nous avons trouvé que les boutiques sont fort bien.

Le château ou donjon que nous apercevions depuis long-temps, fut bâti à plusieurs reprises et achevé seulement au treizième siècle. C'était une prison d'état avant 1789, et en 1793 il fut pris par l'armée vendéenne. L'église de Saint-Pierre est du treizième siècle; c'est, dit-on, un beau gothique avec des parties *romanes* (c'est-à-dire antérieures à la mode du gothique ou du *hardi*, qui ne parut dans le monde que vers 1200). La curieuse église de Nantilly a la prétention d'avoir précédé la grande barbarie de l'an mille. Mon cicérone la croit du commencement du douzième siècle. On y voit, dit-on, de grandes tapisseries du quinzième siècle, que je regrette infiniment de ne pouvoir examiner. Je ne me fais une idée nette des apparences extérieures de la société au moyen âge, que depuis que j'ai vu les bas-reliefs de l'hôtel de Bourgderoule, à Rouen.

Notre-Dame-des-Ardilliers est de 1553. Saint-Jean, qui sert d'écurie maintenant, est de la fin du douzième siècle.

Quelques personnes instruites, qui se trouvent sur le bateau, parlent de deux *dolmens* (ou tables druidiques) des environs de Saumur. Celui de Bagneux a sept pieds sous la table, cinquante-huit pieds de longueur et vingt et un de large; celui de Riou, voisin du premier, est moins considérable; mais il est au sommet d'un coteau, on l'appelle la *Pierre couverte*. Le musée de Saumur a une trompette antique de cinq pieds de long.

Je n'ai pu rien voir de tout cela à mon grand regret, le bateau m'emportait. Nous avons passé sans difficulté sous une des belles arches du nouveau pont, après quoi nous sont apparus les grands bâtimens de l'école de cavalerie, et à l'instant a commencé une interminable discussion sur la condamnation récente d'un jeune officier. Un homme âgé, qui habite Saumur, nous a dit:
« Il peut être coupable de quelques petits péchés
» de sous-lieutenant; mais le récit que les jurés

» ont admis implicitement, en prononçant leur
» verdict, est absurde et impossible. Dans tous
» les cas, on pouvait solliciter sa grace; un exil
» d'un an aux Etats-Unis était une peine plus
» que suffisante. » Ce qu'il y a de piquant dans
cette affaire, c'est qu'on voit que le jury, comme
tout le monde en France, ne *sait pas résister à la
mode;* c'est proprement là le péché gaulois.

Ce n'est qu'après la jonction de la Mayenne,
qu'ont cessé tout à fait les craintes d'un nouvel
engravement, qui agitaient toujours les dames du
bateau. J'ai remarqué sur la rive gauche, un village à vingt pas de la Loire qui a au moins une demi lieue de long. En cet endroit, le fleuve coule tout à fait au pied du rocher qui le contient au midi.

Un monsieur d'un certain âge, mis avec beaucoup de recherche, et que j'ai su plus tard, être un préfet destitué, m'a demandé de lui prêter un des volumes du roman sérieux intitulé : *Histoire de la guerre de la Vendée, par Beauchamp.* Bientôt il me l'a rendu : — Cela est intolérable, m'a-t-il dit, pour un homme du pays qui sait la vérité. Nous nous sommes mis à causer, je ne demandais pas mieux. Ce préfet, homme d'esprit, qui s'ennuyait comme moi, m'a conté fort en détail tout ce qui s'est passé dans les environs de la Loire, à l'occasion de la courageuse entreprise de madame la duchesse de Berry. Quoique tous deux du parti populaire, nous admirons le courage d'une jeune femme, d'autant plus singulier, qu'elle avait reçu la plate éducation des cours. Si le comte d'Artois en eût fait autant en 1794, nous n'aurions pas ce code civil qui prohibe les grandes fortunes héréditaires, sans lesquelles point de monarchie pure.

Il paraît que mon nouvel ami a vu Naples, il me conte des anecdotes trop bouffonnes pour être répétées ici [1]. C'est bien pour le coup qu'on dirait que je suis un jacobin. Le cardinal Rufo encourageait les lazaroni qui allaient insulter les patriotes emprisonnés dans de sales bateaux, amarrés dans le port de Naples sous le soleil du mois d'août.

— Canailles que vous êtes, s'écriaient les lazaroni, quel mal vous avait fait *l'impôt sur la farine* pour le supprimer? Une autre fois, on faisait voler aux libéraux leurs chapeaux; ce qui n'est pas un petit malheur sous ce soleil brûlant [2].

[1] On plaisante un jeune abbé de 12 ans qui passe dans la rue à Naples. — Monsignor, dove ha cellebrato questa matina. — A capella di sora ta.

[2] Les détails les plus originaux et les plus vrais sur Naples et la Sicile, nous ont été donnés par M. Palmieri Micichè. La conversation des pensionnaires des couvens de Palerme dans les airs et par dessus les maisons, qu'il découvrit un jour

Nous passons de là au *carcere duro* de M. de Metternich et à la cuisse coupée de M. Maroncelli. Ce sont les rois, me disait le préfet, qui par leurs maladresses nous amèneront cette république qui dérangera notre vie pour dix ans. Les véritables révolutionnaires ne sont pas les fous qui appellent les révolutions, mais bien ceux qui les rendent inévitables. — Est-ce par calcul que M. Pellico a écrit un ouvrage qui est si bien entré dans les oreilles parisiennes? — Non, par hasard il s'est trouvé à la hauteur de l'affectation à la mode dans les salons du faubourg Saint-Germain. — Ce livre restera, c'est un pendant à l'*Imitation de J.-C.*

Notre conversation a été interrompue par le passage du pont d'Ancenis, qui n'est pas une petite affaire. Les roues de notre bateau ont passé des deux côtés à trois pouces des piles, qui heureusement sont en bois. On avait abaissé la cheminée de tôle, et, malgré sa position horizontale, son bord inférieur a ratissé les poutres vermoulues du pont, et nous avons été couverts de petits éclats de bois. Pour peu que la Loire soit haute, le bateau à vapeur ne peut plus passer sous ce pont suranné dont il faudrait supprimer une pile.

que son père l'avait mis en prison au grenier, est un morceau charmant.

Quand l'épisode du pont a été terminé : Il n'est pas, m'a dit l'ancien préfet, que vous n'ayez entendu parler de madame Ostrolenka, cette princesse russe de tant d'esprit; elle est encore fort bien, mais altière comme un démon. Elle avait auprès d'elle une personne fort bien aussi de toutes façons, et qui l'appelait *ma tante*. Tout à coup, à Naples, elle a eu la fantaisie de la marier au fils du fameux apothicaire Arcone. La princesse est fort redoutée dans sa maison; à mesure qu'elle s'éloigne de la première jeunesse, elle devient l'être le plus aristocratique peut-être de tous les royaumes du Nord.

Jamais sa pauvre nièce n'a trouvé le courage de lui dire qu'elle ne voulait pas du fils de l'apothicaire. Les bans ont été publiés, et toutes les ouvrières de Naples ont été mises en réquisition pour un trousseau magnifique.

La veille du mariage, le fils de l'apothicaire a eu l'idée d'apporter un énorme bouquet à sa prétendue; il l'a long-temps entretenue en particulier sur la terrasse du jardin, à dix pas de la princesse. Mais son attention n'a pas eu de succès. Sa figure d'apothicaire passionnée a su inspirer un courage de répugnance qui s'est trouvé plus fort que la terreur que l'altière princesse sème autour d'elle. La jeune personne n'a pas osé lui parler, mais elle est allée pleurer chez le majordome napolitain, personnage énorme et jovial, sur lequel l'extrême respect que les gens du Nord éprouvent pour leurs princes n'a qu'une influence modérée. La jeune nièce lui a déclaré qu'elle aimait mieux mourir que d'épouser l'apothicaire, que sa répugnance était trop invincible, etc., etc.

— Mais pourquoi ne pas le dire plus tôt? répétait le Napolitain, voilà une belle communication à faire à son Altesse!

Comme les pleurs de la jeune personne redoublaient; le cœur du Napolitain a été touché. La sensibilité italienne n'est pas encore desséchée, même par le métier de courtisan.

— Eh bien! je parlerai, a dit enfin le majordome, et il s'est fait annoncer chez la princesse. Mais, une fois en présence de ces yeux scintillans et si beaux d'orgueil, il ne trouvait plus rien à dire. Il lui est venu à l'esprit une bouffonnerie, comme il arrive aux Napolitains lorsqu'ils sont embarrassés. Quand il a vu rire la princesse, il a entamé un récit bouffon : tout à coup il s'est interrompu.

— Je ne sais pas en vérité comment je puis rire, s'est-il écrié, moi qui ai une nouvelle si désagréable à annoncer à votre Altesse. Ce beau meuble que notre correspondant de Londres a fait exécuter avec tant de soins et qu'il s'est fait payer d'avance quarante mille francs, eh bien! il est noyé, abîmé, entièrement perdu; le navire qui l'apportait a fait une voie d'eau, et l'on avait eu la gaucherie de placer les caisses de meubles à fond de cale.

Comme la princesse éclatait en gémissemens,

— Observez ceci, Madame, lui a-t-il dit: le ciel, qui connaît mon dévoûment sans borne pour votre Altesse, m'a donné le pouvoir de faire un miracle, et de changer ce malheur-là contre un autre fort désagréable aussi, j'en conviens, mais qui ne vous coûte pas un sou. Votre beau meuble est arrivé hier soir, je viens de le faire déballer; j'ai trouvé toutes choses dans le meilleur état possible, et demain matin votre Altesse pourra en passer la revue dans l'orangerie, si elle daigne aller jusque-là.

— Mais l'autre malheur? s'écriait la princesse avec impatience.

— Hélas! c'est mademoiselle Mélanie, qui, dans son profond respect pour votre altesse, n'a jamais osé lui déclarer qu'elle aimait mieux mourir que d'épouser l'apothicaire.

La princesse a rougi, et, malgré son indolence incroyable, elle s'est mise à se promener dans le salon, pendant que le majordome achevait son plaidoyer.

— Vous êtes un sot et un impertinent, lui a-t-elle dit, d'avoir mêlé le conte relatif au meuble à ce que vous aviez à m'apprendre.

La princesse a sonné avec fureur.

— Qu'on appelle mademoiselle Mélanie et mon cocher.

En un instant ils ont été devant elle. La princesse dit au cocher, qui est cet homme avec une barbe de dix-huit pouces que tout Naples admire :

— Regardez mademoiselle Mélanie.

Le cocher se prenant la barbe avec les deux mains a déclaré qu'il n'osait pas.

— Regardez-la, a répété la princesse d'un ton à faire trembler ; dites-moi si elle vous plaît. Nouvelles protestations de respect de la part du cocher.

— Eh bien ! vous l'épouserez demain.

Le cocher s'est mis à faire une quantité de signes de croix, et a fini par dire tout bas qu'il était marié.

— Retirez-vous, vous n'êtes qu'un sot, a repris la princesse. Que mademoiselle Mélanie se retire aussi, et ne reparaisse jamais devant mes yeux.

Le lendemain la princesse a dit au majordome de chercher un couvent, où l'on déposerait la malheureuse Mélanie en payant d'avance sa pension pour dix ans.

Trois jours après, comme la princesse demandait au majordome le nom du couvent qu'il avait choisi, celui-ci a répondu d'un air politique.

— Cette aventure ferait anecdote en ce pays. Les grandes dames de Naples s'occupent beaucoup de ce qui se passe dans l'intérieur des couvens, où la plupart ont été élevées et conservent des relations. Tout le monde voudra voir la jeune personne exilée. Qui sait? On ira peut-être jusqu'à prononcer le mot ridicule de jalousie. Dans mon zèle extrême pour le service de son Altesse, j'ai trouvé un jeune négociant français qui épouserait bien mademoiselle Mélanie.

— Comment s'appelle-t-il ?

— Achard.

— Son nom commence-t-il par un H ou par un A ?

— Ces Français fourrent des H partout; en vérité, je n'en sais rien.

— Vous n'êtes qu'un sot; allez vous en informer, et qu'on m'en rende compte avant que je sorte pour le spectacle.

— Il s'appelle Achard sans H, est venu dire le Majordome.

—Je consens au mariage, a repris la princesse; le même trousseau servira. Il ne faudra pas changer la marque [1].

La conversation est arrivée ensuite à des choses plus graves.

L'ancien préfet et moi nous touchons à un sujet bien autrement *scabreux* que tout ce qui a été dit jusqu'ici. Nous pensons qu'un homme à qui ses terres rapportent 50,000 livres de rentes doit payer plus que deux cents petits propriétaires qui ont chacun 250 francs de rente (et cela afin de ne pas nourrir des bouches inutiles).

La somme de trois ou quatre millions, qu'on obtiendrait par cette surimposition des terres payant un impôt de plus de 2,000 francs, devrait être portée en diminution sur les côtes au dessous de 5 francs; voici comment :

Un paysan qui paie 6 francs d'impôt foncier ne paierait que 5 francs, s'il prouvait que lui ou un de ses enfans sait lire, que 3 francs s'il prouvait que lui et deux de ses enfans savent lire. La lecture prouvée pourrait réduire toutes les côtes au dessous de 5 francs à une somme qui serait fixée chaque année par un article du budget, basé sur la somme produite par l'impôt progressif.

[1] Je ne me serais pas permis de raconter cette histoire si je ne l'avais trouvée dans *la Presse* du 30 novembre 1837.

Diminuer par l'impôt le revenu d'un père de famille qui a 250 francs de rente et cinq enfans, c'est nuire à la population. L'imprudence et un préjugé religieux font créer des enfans qui, avant sept ou huit ans, meurent faute de nourriture suffisante. Ils seraient sauvés s'ils pouvaient manger de la viande une fois par semaine.

Or, la consommation totale de quatre enfans, qui meurent de misère à huit ans et qui ont été inutiles à la société (qui n'ont augmenté la valeur de rien par leur travail), équivaut à la consommation d'un robuste jeune homme de vingt ans qui est fort utile.

Toute humanité à part, il est de l'intérêt de la société qu'aucun enfant ne meure. Or, sur cent enfans qui succombent dans les campagnes, c'est au manque de nourriture suffisante qu'il faut attribuer la mort de quatre-vingts ; les maladies ne sont qu'une vaine apparence.

La nation perd la nourriture de ces quatre-vingts enfans. L'impôt progressif réduirait le nombre des enfans morts faute de viande de 40 pour cent peut-être. Mais, dans la chambre de Hollande, y avait-il en 1836 cent députés qui eussent lu Smith et Malthus, ou bien réfléchi à ces questions? Il faut ajourner toutes les questions difficiles à l'époque où les députés seront payés, alors on aura des hommes accoutumés au travail. Nous avons dit bien d'autres sottises. Les amendes ne sont une punition que pour le pauvre, les gens riches s'en moquent fort. On devrait condamner le maître de toute voiture qui écrase un être humain dans Paris, non seulement à une amende de 150 francs, mais encore à une somme égale au double des impositions que l'écrasant a payées l'année précédente.

Un homme a 36,000 francs de rente ou 100 francs par jour, un autre a 4,000 livres de rente ou 11 francs par jour. Osera-t-on dire qu'une amende de 500 francs est la même chose pour ces deux coupables? Toute la partie de nos lois relative aux punitions par l'argent est donc à refaire. L'arrêt du destin est conçu en ces termes : Les riches devront bientôt chercher leur sécurité dans l'absence du désespoir chez le pauvre.

Un ouvrier est accusé, on le met en prison : cette arrestation préventive dure un mois ou deux : pendant ce temps sa femme et ses enfans meurent de faim ou volent. Un homme aisé est mis en prison, il ne perd que sa liberté.

Faites comprendre ces questions à des gens qui n'ont jamais lu, je ne dirai pas Bentham, mais seulement Montesquieu, dont le style est une fête pour l'esprit. Un jour un législateur se moquait de moi parce que j'avais lu Delolme (sur le gouvernement anglais).

Le Français, qui veut se donner le plaisir d'habiter une ville de neuf-cent mille habitans, disions-nous, doit faire le sacrifice d'une partie de sa liberté. C'est ce qu'un ministre devrait dire à la Chambre, en présentant une loi qui porterait prohibition à tous les forçats libérés et à tous les repris de justice d'habiter le département de la Seine. Un forçat ne pourrait habiter ce département que sur le dépôt d'un cautionnement de 5,000 francs, lequel serait admis par ordonnance royale. Les coquins deviennent de trop habiles gens, voyez Lacenaire.

Tout petit voleur repris de justice avant seize ans, serait transféré dans une maison de travail établie à Toulon, et ne pourrait reparaître dans le département de la Seine. On pourrait les employer sur mer. Si l'on se refuse à ces mesures, on aura à foison des assassinats *Maës* dont l'auteur est resté inconnu.

La police est fort bien faite; mais, vu l'habileté des voleurs, bientôt elle deviendra impossible.

Les habitans de la rue Richelieu pourraient payer deux gardiens choisis parmi des soldats *blessés* (condition qui écarterait les ex-laquais de gens puissans). Ces gardiens, armés de pistolets et d'une lance, se promèneraient dans la rue Richelieu de onze heures du soir jusqu'au moment du lever du soleil, et bientôt en connaîtraient tous les habitans. L'Angleterre, l'Allemagne et l'Espagne ont de tels gardiens.

Un vieux général encore vert, un ancien préfet habitant la rue Richelieu, serait nommé *Edile* par le suffrage de tous les propriétaires ou locataires payant plus de 100 francs d'impôts et habitant cette rue. Il surveillerait les gardiens, et ne connaîtrait que des vols ou attentats aux personnes, jamais rien de politique.

Nous devisions ainsi dans le salon du bateau à vapeur; car bientôt après Ancenis, le froid nous avait obligé d'y chercher un refuge. Le temps commençait à nous sembler long, lorsque nous avons aperçu les lumières de Nantes.

FIN DU PREMIER VOLUME.

MÉMOIRES

D'UN

TOURISTE.

Impr. et fond. de F. LOCQUIN et C., 16, rue N.-D. des Victoires.

MÉMOIRES

D'UN

TOURISTE

PAR L'AUTEUR

de Rouge et Noir.

(Beylé).

2

PARIS.

AMBROISE DUPONT, ÉDITEUR

des Mémoires du Diable, par Frédéric Soulié.

7, RUE VIVIENNE.

1838

— Nantes, le 25 juin 1837.

Rien de plus désagréable en France que le moment où le bateau à vapeur arrive ; chacun veut saisir sa malle ou ses paquets, et renverse sans miséricorde la montagne d'effets de tous genres élevée sur le pont. Tout le monde a de l'humeur, et tout le monde est grossier.

Ma pauvreté m'a sauvé de cet embarras : j'ai pris mon sac de nuit sous le bras, et j'ai été un des premiers à passer la planche qui m'a mis sur le pavé de Nantes. Je n'avais pas fait vingt pas à la suite de l'homme qui portait ma valise, que j'ai reconnu une grande ville. Nous côtoyions une belle grille qui sert de clôture au jardin situé sur le quai, devant la Bourse. Nous avons monté la rue qui conduit à la salle de spectacle. Les boutiques, quoique fermées pour la plupart, à neuf heures qu'il était alors, ont la plus belle apparence; quelques boutiques de bijouterie encore éclairées rappellent les beaux magasins de la rue Vivienne. Quelle différence, grand Dieu! avec les sales chandelles qui éclairent les sales boutiques de Tours, de Bourges, et de la plupart des villes de l'intérieur! Ce retour dans le monde civilisé me rend toute ma philosophie, un peu altérée, je l'avoue, par le froid au mois de juin, et par le bain forcé de deux heures auquel j'ai été soumis ce matin. D'ailleurs le plaisir des yeux ne m'a point distrait des maux du corps. Je m'attendais à quelque chose de comparable, sinon aux bords du Rhin à Coblentz, du moins à ces collines boisées des environs de Villequier ou de la Meilleraye sur la Seine. Je n'ai trouvé que des îles verdoyantes et de vastes prairies entourées de saules. La réputation qu'on a faite à la Loire montre bien le manque de goût pour les beautés de la nature, qui caractérise le Français de l'ancien régime, l'homme d'esprit comme Voltaire ou La Bruyère. Ce n'est guère que dans l'émigration, à Hartwell ou à Dresde, qu'on a ouvert les yeux aux beautés de ce genre. J'ai ouï M. le duc de M*** parler fort bien de la manière d'arranger Compiègne.

Je suis logé dans un hôtel magnifique, et j'ai une belle chambre qui donne sur la place Gralin, où se trouve aussi la salle de spectacle. Cinq ou six rues arrivent à cette jolie petite place, qui serait remarquable même à Paris.

Je cours au spectacle, j'arrive au moment où Bouffé finissait le *Pauvre Diable*. En voyant Bouffé j'ai cru être de retour à Paris; Bouffé de bien loin, à mes yeux, le premier acteur de notre théâtre. Il est l'homme de ses rôles, et ses rôles ne sont pas lui. Vernet a sans doute du naturel et de la vérité, mais c'est toujours le même nigaud naïf qui nous intéresse à lui par son caractère ouvert et par sa franchise. A mesure que ces qualités deviennent plus impossibles dans le monde, on aime davantage à les retrouver au théâtre.

Le *Pauvre Diable* est une bien pauvre pièce; mais ce soir, dans le dialogue du père avec la fille, je trouvais le motif d'un duo que Pergolèse aurait pu écrire; il écraserait tous les compositeurs actuels, même Rossini. Il faudrait quelque chose de plus profond que le quartetto de *Bianca e Falieri* (c'est le chef-d'œuvre d'un homme d'esprit faisant de la sensibilité). Les acteurs des Français, quand ils marchent sur les planches, me font l'effet de gens de fort bonne compagnie et de manières très distinguées, mais que le hasard a entièrement privés d'esprit. Chez eux, l'on se sent envahi peu à peu par un secret ennui que l'on ne sait d'abord à quoi attribuer. En y réfléchissant, on s'aperçoit que mademoiselle Mars, leur modèle à tous, ne saurait exprimer aucun mouvement un peu vif de l'ame; il ne lui est possible que de vous donner la vision d'une femme de très bonne compagnie. Par momens, elle veut bien faire les gestes d'une folle, mais en ayant soin de vous avertir, par un petit regard fin, qu'elle ne veut point perdre à vos yeux toute sa supériorité personnelle sur le rôle qu'elle joue.

Quelle dose de vérité faut-il admettre dans les beaux arts? Grande question. La cour de Louis XV nous avait portés à échanger la vérité contre l'élégance, ou plutôt contre la distinction : nous sommes arrivés à l'abbé Delille, le tiers des mots de la langue ne pouvaient plus être prononcés au théâtre; de là nous avons sauté à Walter Scott et à Béranger.

Si Amalia Bettini et Domeniconi, ces grands acteurs de l'Italie, pouvaient jouer en français, Paris serait bien étonné. Je pense que, pour se venger, il les sifflerait. Puis quelqu'un découvrirait que l'on reonnait à chaque pas dans les salons les caractères qu'ils ont représentés au théâtre.

J'étais tellement captivé par la façon dont Bouffé faisait valoir cette méchante pièce du *Pauvre Diable*, que j'ai oublié de regarder l'apparence de la société bretonne. La salle était comble.

Ce n'est qu'en sortant que je me suis rappelé la physionomie de mademoiselle de Saint-Yves de l'*Ingénu*: une jeune Bretonne aux yex noirs et à l'air, non pas résolu, mais courageux, qui sortait d'une loge de rez-de-chaussée et a donné le bras à son père, a représenté à mes yeux les héroïnes de la Vendée. Je déteste l'action de se réunir à l'étranger pour faire triompher son parti; mais cette erreur est pardonnable chez des paysans, et quand elle dure peu. J'admire de toute mon ame plusieurs traits de dévoùment et de courage qui illustrèrent la Vendée. J'admire ces pauvres paysans versant leur sang pour qu'il y eût à Paris des abbés commendataires, jouissant du revenu de trois ou quatre grosses abbayes situées dans leur province, tandis qu'eux mangeaient des galettes de *sarrazin*.

On pense bien que je n'ai pas écrit hier soir toutes ces pages de mon journal, j'étais mort de fatigue en revenant du spectacle et du café à minuit et demi.

Ce matin, dès six heures, j'ai été réveillé par tous les habits de la maison que les domestiques battaient devant ma porte à grands coups de baguette, et en sifflant à tue-tête. Je m'étais cependant logé au second, dans l'espoir d'éviter le tapage. Mais les provinciaux sont toujours les mêmes; c'est en vain qu'on espère leur échapper. Ma chambre a des meubles magnifiques, je la paie trois francs par jour; mais, dès six heures du matin, on m'éveille de la façon la plus barbare. Comme en sortant je disais au premier valet de chambre, d'un air fort doux, que peut-être l'on pourrait avoir une pièce au rez-de-chaussée pour battre les habits, il m'a fait des yeux atroces et n'a pas répondu; et, en vrai Français, il m'en voudra toute sa vie de ce qu'il n'a rien trouvé à me dire.

Heureusement notre correspondant de cette ville est un ancien Vendéen; c'est encore un soldat, et ce n'est point un marchand. Il a vu le brave Cathelineau, pour lequel j'avoue que j'ai un faible; il m'a dit que le portrait lithographié que je venais d'acheter ne lui ressemble en aucune façon. C'est avec beaucoup de plaisir que j'ai accepté son invitation à dîner pour ce soir.

Plein de ces idées de guerre civile, à peine mes affaires expédiées, je suis allé voir la cachette de madame la duchesse de Berri : c'est dans une maison près de la citadelle. Il est étonnant qu'on n'ait pas trouvé plus tôt l'héroïque princesse; il suffisait de mesurer la maison par dehors et par dedans, comme les soldats français le faisaient à Moscou pour trouver les cachettes. Sur plusieurs parties de la forteresse, j'ai remarqué des croix de Lorraine.

Je suis monté à la promenade qui est tout près, et qui domine la citadelle et le cours de la Loire. Le coup d'œil est assez bien. Assis sur un banc voisin du grand escalier qui descend vers la Loire, je me rappelais les incidens de la longue prison que subit en ce lieu le fameux cardinal de Retz, l'homme de France qui, à tout prendre, a eu le plus d'esprit. On ne sent pas comme chez Voltaire des idées courtes, et il ose dire les choses difficiles à exprimer.

Je me rappelais son projet d'enlever sa cousine, la belle Marguerite de Retz: il voulait passer avec elle en Hollande, qui était alors le lieu de refuge contre le pouvoir absolu du roi de France.

« Mademoiselle de Retz avait les plus beaux
» yeux du monde, dit le cardinal [1]; mais ils n'é-
» taient jamais si beaux que quand ils mou-
» raient, et je n'en ai jamais vu à qui la lan-
» gueur donnât tant de graces. Un jour que nous

[1] Page 17, édition Michaud, 1837.

» dînions ensemble chez une dame du pays, en
» se regardant dans un miroir qui était dans la
» ruelle, elle montra tout ce que le morbidezza
» des Italiennes a de plus tendre, de plus animé
» et de plus touchant. Mais par malheur elle ne
» prit pas garde que Palluau, qui a été depuis
» le maréchal de Clérambaut, était au point de
» vue du miroir, etc. »

Ce regard si tendre observé par un homme d'esprit donna des soupçons si décisifs, *car ce regard ne pouvait pas être un original,* que le père du futur cardinal se hâta de l'enlever et le ramena à Paris.

J'ai passé deux heures sur cette colline. Il y a là plusieurs rangs d'arbres et des statues au dessous de la critique. Dans le bas, vers la Loire, j'ai remarqué deux ou trois maisons qu'une ville aussi riche et aussi belle que Nantes n'aurait pas dû laisser bâtir. Mais les échevins qui administrent nos villes ne sont pas forts pour le *beau*; voyez ce qu'ils laissent faire sur le boulevart à Paris! En Allemagne, les plus petites villes présentent des aspects charmans; elles sont ornées de façon à faire envie au meilleur architecte, et cela sans murs, sans constructions, sans dépenses extraordinaires, uniquement avec du soleil et des arbres : c'est que les Allemands ont de l'ame. Leur peinture par M. Cornélius n'est pas bonne, mais ils la sentent avec enthousiasme; pour nous, nous tâchons de comprendre la nôtre à grand renfort d'esprit.

Les arbres de la promenade de Nantes sont chétifs; on voit que la terre ne vaut rien. Je vais écrire une idée qui ferait une belle horreur aux échevins de Nantes, si jamais elle passait sous leurs yeux. Ouvrir de grandes tranchées de dix pieds de profondeur dans les contre-allées de leur promenade, et les remplir avec d'excellent terreau noir que l'on irait chercher sur les bords de la Loire.

Le long de cette promenade, au levant, règne une file de maisons qui pourraient bien être tout à fait à la mode pour l'aristocratie du pays : elles réunissent les deux grandes conditions, elles sont nobles et tristes. Elles ont d'ailleurs le meilleur air dans le sens physique du mot. J'ai suivi l'allée d'arbres jusqu'à l'extrémité opposée à la Loire, je suis arrivé à une petite rivière large comme la main, sur laquelle il y avait un bateau à vapeur en fonction. On m'a dit que cette rivière s'appelait l'*Erdre* : j'en suis ravi; voilà une rime pour le mot *perdre,* que l'on nous disait au collège n'en point avoir.

En suivant jusqu'à la Loire les bords de cette rivière au nom dur, j'ai vu sur la gauche un grand bâtiment gallo-grec, d'une architecture nigaude comme l'Ecole de médecine à Paris : c'est la préfecture. Sur l'Erdre, j'ai trouvé des écluses et des ponts. On remplace à force les mauvaises maisons en bois du seizième siècle par de forts beaux édifices en pierre et à trois étages. Il y a ici un autre ruisseau : la *Sèvre-Nantaise.*

Arrivé sur le quai de la Loire, d'ailleurs fort large et fort animé, j'ai trouvé pour tout ornement une seule file de vieux ormes de soixante pieds de haut plantés au bord de la rivière, vis-à-vis des maisons. Cela est du plus grand effet. La forme singulière de chaque arbre intéresse l'imagination, et plusieurs des maisons ont quelque style et surtout une bonne couleur.

J'ai vu arriver un joli bateau à vapeur; il vient de Saint-Nazaire, c'est-à-dire de la mer, à huit lieues d'ici. Je compte bien en profiter un de ces jours.

Ce beau quai, si bien orné et à si peu de frais, est parcouru en tous sens par des gens affairés ; c'est toute l'activité d'une grande ville de commerce. Il y a deux omnibus : l'un blanc et l'autre jaune; les conducteurs sont de jeunes paysannes de dix-huit ans; le prix est trois sous.

Je suis monté dans l'omnibus, et ne me suis arrêté que là où il s'arrêtait lui-même. Le caractère de la jeune fille conducteur est mis à l'épreuve à chaque instant par des plaisanteries ou des affaires. C'est plaisant. On arrête tout près d'une suite de chantiers. J'ai suivi des gamins qui couraient : on était sur le point de lancer dans le fleuve un navire de soixante tonneaux ; l'opération a réussi. J'ai eu du regret de ne pas avoir demandé à monter dans le bâtiment, j'aurais accroché une sensation; peut-être un peu de peur au moment où le navire plonge le bec dans l'eau. Je l'ai vu glisser majestueusement sur ses pièces de bois, et ensuite entrer dans les flots pour le reste de ses jours. J'étais environné de jeunes mères de famille, dont chacune avait quatre ou cinq marmots qui tous semblaient du même âge; j'ai cherché à lier conversation avec un vieux douanier, mon camarade, spectateur comme moi, mais il n'avait pas d'idées.

Le bonheur de Nantes c'est qu'elle est située en partie sur un coteau, qui, prenant naissance au bord de la Loire, sur la rive droite, et au nord, s'en éloigne de plus en plus en formant avec le fleuve un angle de trente degrés peut-être. Les chantiers où je suis, occupent la première petite plaine qui se trouve entre la Loire et le coteau. Mais cette Loire n'est point large comme le Rhône à Lyon; Nantes est placée sur un bras fort étroit : ce fleuve, là comme ailleurs, est toujours gâté par des îles. Vis-à-vis des chantiers, ce bras de la Loire est rejoint par un autre beaucoup plus large. J'ai pris une barque pour le remonter, mais j'avais du malheur aujourd'hui. Pour toute conversation, mon vieux matelot m'a demandé dix sous pour boire une bouteille de vin, ce qui ne lui était pas arrivé, dit-il, depuis quinze jours. C'est sans doute un mensonge, le litre de vin coûtant cinq centimes à Marseille, doit revenir à quinze centimes tout au plus sur les côtes de Bretagne; mais peut-être l'impôt est-il excessif. Nos lois de douane sont si absurdes!

J'ai trouvé le second bras de la Loire obstrué par des piquets qui sortent de l'eau, et forment comme de grands V majuscules, la pointe tournée vers la mer, ce sont des filets pour prendre des aloses.

En remontant ce second bras de la Loire, je suis arrivé à un pont, je me suis hâté de quitter mon bateau, et de monter sur ce pont qui est fort laid et peut-être élevé de quarante pieds au dessus de l'eau. Un omnibus trottait, s'éloignant de Nantes; j'y suis entré, et bientôt nous avons passé sur une troisième branche du fleuve. De ma vie je n'ai été si cruellement cahoté : la rue qui unit les trois ponts sur la Loire est horriblement pavée. J'en conclus que Nantes n'a pas un maire comme celui de Bourges.

Je me suis hâté de venir m'habiller; il fallait aller dîner chez M. R. Comme Bouffé ne jouait pas, je suis resté dans le salon jusqu'à neuf heures et demie, et je crois que quand même mon ami Bouffé eût joué, j'aurais tenu bon chez mon hôte jusqu'à ce qu'on m'eût chassé. J'étais affamé de parler, voici bien huit jours que je vis en dehors de la société, comme un misanthrope, ne lui demandant que les avantages matériels qu'elle procure : les spectacles, les bateaux à vapeur et la vue de son activité. C'est ainsi que j'ai quelque idée de vivre à Paris, s'il m'arrive de vieillir en Europe. La comédie de tous les momens que représentent les Français actuels me donne mal à la tête.

Au reste, quand même je n'eusse pas eu cette rage de parler, j'aurais été charmé des cinq ou six braves Bretons avec lesquels mon correspondant m'a fait faire connaissance.

Sa femme et sa jeune fille de quatorze ans, encore enfant, ont fait ma conquête tout d'abord : ce sont des êtres *naturels*, la fille peu jolie, mais charmante, est un peu volontaire, comme un enfant gâté. A dîner, elle voulait avoir toutes les écrevisses du pâté chaud obligé, sous prétexte qu'on les lui donne quand la famille est seule. Madame R. serait encore fort bien de mise si elle le voulait ; mais elle commence à voir les choses du côté philosophique, c'est-à-dire triste, comme il convient à une femme de trente-six ans, fort honnête sans doute, mais qui n'est plus amoureuse de son mari. Quant à moi, dans mes idées perverses, je lui conseillerais fort de prendre un petit amant, cela ne ferait de mal à personne, et retarderait de dix ans peut-être l'arrivée de la méchanceté et le départ des idées gaies de la jeunesse. C'est une maison où j'irais tous les jours si je devais rester à Nantes.

Je serais un grand fou, si je donnais ici au lecteur toutes les anecdotes curieuses et caractéristiques qui ont amusé la soirée; je publierai cela dans dix ans. Elles montrent la société sous un drôle de jour; et c'est bien pour le coup, si je succombais à la tentation de les hasarder devant le public, que je serais tout à la fois un légitimiste, un républicain farouche et un jésuite.

Un de ces récits montre sous le plus beau jour le caractère juste du brave général Aubert Dubayet de Grenoble, qui vint en Vendée avec la garnison de Mayence; il fut ami intime de mon père.

J'ai d'ailleurs de grandes objections contre les anecdotes qui n'arrivent pas bien vite à un mot plaisant, et qui s'avisent de peindre le cœur humain comme les anecdotes des Italiens ou de Plutarque; racontées, elles ne semblent pas trop longues: imprimées, elles occupent cinq ou six pages, et j'en ai honte.

Du temps de Machiavel, ministre secrétaire d'état de la pauvre république de Florence, minée par l'argent du pape, on voulut envoyer un ambassadeur à Rome, sur quoi Machiavel leur dit :

— *S'io vo chi sta? S'io sto chi va* [1] ?

Notre féodalité contemporaine a-t-elle un mot comparable? La liberté a donné de l'esprit aux Italiens dès le dixième siècle [2].

— Nantes, le 26 juin.

Il m'a fallu voir les cinq hôpitaux de Nantes; mais comme, grâce au ciel, le présent voyage n'a aucune prétention à la statistique et à la science, j'en ferai grâce au lecteur, ainsi que dans les autres villes. Je saute aussi des idées que j'ai eues sur le *paupérisme*. La marine et l'armée devraient absorber tous les pauvres enfans de dix ans qui meurent faute d'un bifteck [3]. J'explique l'*association* de Fourier aux personnes qui me faisaient

---

[1] Si j'y vais qui reste ici ? Si je reste qui y va ?

[2] N'en croyez sur l'Italie que les Annales de Muratori et ses lumineuses dissertations.

[3] La France a autant d'habitans qu'elle peut produire ou acheter de fois quatre quintaux de blé. Il naît toujours dans un pays plus d'enfans qu'il n'en peut nourrir. La société perd la nourriture de tous les enfans qui meurent avant de pouvoir travailler. Le lecteur admet-il ces idées, qui à Rhodez sembleraient de l'hébreu ?

voir un de ces hôpitaux—leur étonnement naïf. Le mérite non prôné par les prix Monthyon ou par les journaux reste inconnu à la province. De là, nécessité pour l'homme de mérite de venir à Paris, autrement il s'expose à réinventer ce qui est déjà trouvé.

Saint-Pierre, la cathédrale de Nantes, fut construit pour la première fois en 555 et par Saint-Félix ; rien ne prouve ces deux assertions. Des fouilles récentes ont montré qu'une partie de l'église s'appuie sur un mur romain ; mais, dans l'église même, je n'ai rien vu d'antérieur au onzième siècle. Le chœur a été arrangé au dix-huitième, c'est tout dire pour le ridicule. Le féroce Carrier, scandalisé du sujet religieux qui était peint à la coupole, la fit couvrir d'une couche de peinture à l'huile que dernièrement l'on a essayé d'enlever.

Le bedeau m'a fait voir une petite chapelle dont les parois ressemblent tout à fait à un ouvrage romain, ce sont des pierres cubiques bien taillées.

La nef actuelle de Saint-Pierre fut bâtie vers 1434, et remplaça la nef *romane* qui menaçait ruine ; mais les travaux s'arrêtèrent vers la fin du quinzième siècle, ce qui a produit l'accident le plus bizarre. La partie gothique de l'église étant infiniment plus élevée que le chœur qui est resté *roman* et timide, le clocher de l'ancienne église est dans la nouvelle. Mais n'importe ; rien de plus noble, de plus imposant que cette grande nef. Il faut la voir surtout à la chute du jour et seul ; immobile sur mon banc, j'avais presque la tentation de me laisser enfermer dans l'église. La révolution a ôté au caractère des bas-côtés en détruisant les croisillons des fenêtres.

Ce qui m'a le plus intéressé, et de bien loin, à Nantes, c'est le tombeau du dernier duc de Bretagne, François II, et de sa femme Marguerite de Foix, que l'on voit dans le transsept méridional de la cathédrale. Il fut exécuté en 1507 par Michel Colomb, et c'est un des plus beaux monumens de la renaissance. Il n'est peut-être pas assez élevé.. On ne connaît que cet ouvrage de ce grand sculpteur, né à Saint-Pol-de-Léon.

Les statues du prince et de sa femme sont en marbre blanc, et couchées sur une table de marbre noir ; effet dur, mais qui par là est bien d'accord avec l'idée de la mort telle que l'a faite la religion chrétienne. La mort n'est souvent qu'un passage à l'enfer. Quatre grandes figures allégoriques entourent le mausolée : la Force étrangle un dragon qu'elle tire d'une tour ; la Justice tient une épée ; un mors et une lanterne annoncent la Prudence ; la Sagesse a un miroir et un compas, et le derrière de sa tête représente le visage d'un vieillard.

Une grace naïve, une simplicité touchante, caractérisent ces charmantes statues ; surtout elles ne sont point des copies d'un modèle idéal toujours le même et toujours froid. C'est là le grand défaut des têtes de Canova. Le Guide, le premier, s'avisa, vers 1570, de copier les têtes de la Niobé et de ses filles. La beauté produisit son effet et enchanta tous les cœurs ; on y voyait l'annonce des habitudes de l'ame que les Grecs aimaient à rencontrer. Dans le premier moment de transport, on ne s'aperçut pas que toutes les têtes du Guide se ressemblaient, et qu'elles ne présentaient pas les habitudes de l'ame qu'on eût aimées en 1570. Depuis ce peintre aimable, nous n'avons que des copies de copies, et rien de plus froid que ces grandes têtes prétendues grecques qui ont envahi la sculpture. Les draperies des statues de Nantes sont rendues avec une rare perfection. En France, je ne sais pourquoi, on s'est toujours bien tiré des draperies. Le lecteur se rappelle peut-être les draperies des statues placées à Bourges au portail méridional de la cathédrale.

Quelle différence pour les plaisirs que nous devons à la littérature et aux beaux arts, si l'on n'eût découvert l'Apollon, le Laocoon et les manuscrits de Virgile et de Cicéron qu'au dix-septième siècle, quand le feu primitif donné à la civilisation par *l'infusion des barbares* commençait à manquer.

Les quatre figures de Michel Colomb sont belles, et toutefois on observe chez elles, comme dans les madones de Raphael, fort antérieures à l'invention du Guide, une individualité frappante.

Un de mes amis d'hier, qui avait la bonté de me servir de cicérone, me donne sa parole d'honneur, avec tout le feu d'un vrai Breton, que la statue de la Justice reproduit les traits de la reine Anne adorée en Bretagne; les autres statues seraient également des portraits, je le croirais sans peine.

Ce qu'il y a de sûr, c'est que l'expression de ces têtes a une teinte de moquerie assez piquante, et surtout bien française. Voici le mécanisme à l'aide duquel Michel Colomb a obtenu cet effet. Les yeux sont relevés vers l'angle externe, et la paupière inférieure est légèrement convexe à la chinoise.

Ce n'est pas tout; ce mausolée est peuplé d'une quantité de petites statues en marbre blanc qui représentent les douze apôtres, Charlemagne, saint Louis, etc. La plupart de ces figurines sont admirables par la naïveté des poses et la vérité : un seul mot peindra leur mérite; elles sont absolument le contraire de la plupart des statues du temps présent. Le *guindé* fait jusqu'ici le caractère du dix-neuvième siècle.

J'ai remarqué de petites pleureuses dont la tête est en partie couverte d'un capuchon. Les mains et les têtes sont en marbre blanc, les draperies en marbre grisâtre.

Tous les soirs, pendant le reste de mon séjour à Nantes, lorsque mes affaires me l'ont permis, je n'ai pas manqué de venir passer une demi-heure devant cet admirable monument. Outre sa beauté directe, je pensais qu'il est pour la sculpture à peu près ce que Clément Marot et Montaigne sont pour la pensée écrite. (Il faut que je garde une avenue contre la critique, elle ne manquerait pas de s'écrier que Montaigne cite sans cesse les auteurs anciens; je parle, moi, de ce qu'il y a de vraiment français et d'individuel dans les idées et le style de Montaigne.)

Hier soir, en rêvant devant les statues de Michel Colomb, je m'amusais à deviner par la pensée ce que nous eussions été si nous n'avions jamais eu ni peintre comme Charles Lebrun, ni guide littéraire comme La Harpe.

Toutes ces médiocrités, qui sont les dieux des

gens médiocres, nous eussent manqué si Virgile, Tacite, Cicéron et l'Apollon du Belvédère ne nous eussent été connus qu'en l'année 1700. Nous n'aurions point le Louis XIV de la Porte Saint-Martin nu, orné de sa perruque et tenant la massue d'Hercule; nous n'aurions pas même le Louis XIV de la place des Victoires, montant à cheval les jambes nues et en perruque; nous n'aurions point toutes les tragédies pointues de Voltaire et de ses imitateurs, fabriquées, ce qui est incroyable, à la prétendue imitation du théâtre grec, souvent un peu terne à force de simplicité. Notre théâtre ressemblerait à celui de Lope de Vega et d'Alarcon, qui eurent l'audace de peindre des cœurs espagnols. On appelle *romantiques* leurs pièces bonnes ou mauvaises, parce qu'ils cherchent *directement* à plaire à leurs contemporains, sans songer le moins du monde à imiter ce qui jadis fut trouvé bon par un peuple si différent de celui qui les entoure [1].

---

[1] Voir *Racine et Shakespeare*, brochure de 1824. Depuis on a abandonné le mot *romantisme*, mais la question n'a pas fait un pas, et ce n'est pas la faute du *romantisme* si jusqu'ici il n'a rien paru qui vaille le *Cid* ou *Andromaque*. Chaque civilisation n'a qu'un moment *dans sa vie* pour produire ses chefs-d'œuvre, et nous commençons à peine une civilisation nouvelle. Je vois une exception à ce que dessus : *Caligula*, tragédie, fait connaître ce fou couronné, et les fous qui le souffraient.

Un prêtre de Nantes, homme de caractère, a eu l'idée hardie d'achever la cathédrale; on va démolir le chœur actuel qui est *roman*, et on en fera un nouveau, en copiant avec une exactitude servile l'architecture de la nef.

J'aime la hardiesse de cette entreprise; mais cependant, toujours copier ce qui plaisait jadis à une civilisation morte et enterrée! Nous sommes si pauvres de volonté, si timides, que nous n'osons pas nous faire cette simple question: Mais qu'est-ce qui me plairait à moi?

On meurt de faim à la table d'hôte de mon hôtel, si fier de son grand escalier de pierre et de sa belle architecture de Louis XV. Il y a des Anglais qui se servent avec une grossièreté déplaisante. Mais j'ai découvert un restaurateur fort passable vis à vis le théâtre; la maîtresse de la maison, jeune femme avenante, et d'un air simple et bon, vous donne des conseils sur le menu du dîner. Elle me raconte que mon grand hôtel fut fondé avec un capital réuni par des actions qui furent mises en tontine, il y a de cela une vingtaine d'années, et les survivans ne touchent encore que le cinq pour cent.

Le grand café, à côté des huit grandes colonnes disgracieuses qui font la façade du théâtre, me plaît beaucoup; c'est le centre de la civilisation gaie et de la société des jeunes gens du pays, comme les cafés d'Italie. Je commence à y entrevoir l'excellente crême de Bretagne. J'y déjeune longuement, lisant le journal, et mon esprit est rallégré par les propos et les rires des petites tables voisines, déjà bien moins dignes qu'à Paris.

Mais je serais injuste envers les jeunes gens de la haute société de Nantes, si je ne me hâtais d'ajouter que ces messieurs portent la tête avec toute la raideur convenable, et cette tête est ornée d'une raie de chair trop marquée; mais ils ne viennent pas au café, ce qui est correct. Avant 1789, me disait le comte de T., un jeune homme bien né pour rien au monde n'aurait voulu paraître dans un café. Quoi de plus triste de nos jours que le déjeuner à la maison, avec les grands parens, et la table entourée de domestiques auxquels on donne des ordres et que l'on gronde tout en mangeant? Pour moi, je ne m'ennuie jamais au café; mais aussi il a de l'imprévu, il n'est point à mes ordres.

Ce matin à six heures, comme j'allais prendre le bateau à vapeur pour Paimbœuf et Saint-Nazaire, ce café sur lequel j'avais compté m'a présenté ses portes hermétiquement fermées.

L'embarquement a été fort gai : le bateau à vapeur était arrêté au pied de cette ligne de vieux ormeaux qui donne tant de physionomie au quai de Nantes. Nous avions sept ou huit prêtres en grand costume, soutane et petit collet ; mais ces messieurs, plus sûrs des respects, sont déjà bien loin de la dignité revêche qu'ils montrent à Paris. A Nantes, personne ne fait de plaisanteries à la Voltaire ; lit-on Voltaire ? Les abbés de ce matin parlaient avec une grande liberté des avantages et des inconvéniens de leur état pour la commodité de la vie.

Les environs de la Loire, au sortir de Nantes, sont agréables : on suit des yeux pendant longtemps encore la colline sur laquelle une partie de la ville a l'honneur d'être bâtie ; elle s'étend en ligne droite toujours couverte d'arbres et s'éloignant du fleuve. Ces environs fourmillent de maisons de campagne ; l'une d'elles, construite depuis peu sur un coteau au midi de la Loire, par un homme riche arrivant de Paris, fait contraste avec tout ce qui l'entoure. Ce doit être une copie d'une des maisons des rives de la Brenta ; il y a du Palladio dans la disposition des fenêtres.

L'arsenal d'*Indret*, où la marine fait de grandes constructions, donne l'idée de l'*utile*, mais n'a rien de beau. On aperçoit en passant de grands magasins oblongs, assez bas et couverts d'ardoises, et force bateaux à vapeur dans leurs chantiers ; on voit s'élever en tourbillonnant d'énormes masses de fumée noire. Il y a là un homme d'un vrai mérite, M. Gingembre ; mais, comme

M. Amoros à Paris, il doit dévorer bien des contrariétés.

Au total, ce trajet sur la Loire ne peut soutenir l'ombre de la comparaison avec l'admirable voyage de Rouen au Havre. En partant de Nantes, nous avions un joli petit vent point désagréable : à quelques lieues de Paimbœuf il a fraîchi considérablement ; le ciel s'est voilé, le froid est survenu, et avec lui tous les désagrémens de la navigation. La mer était très houleuse et très sale vis à vis Paimbœuf. Pour essayer de voir la pleine mer, j'ai continué jusqu'à Saint-Nazaire.

C'est un lieu où mon courage n'a guère brillé ; il faisait froid, il pleuvait un peu, le vent était violent. A peine avions-nous jeté l'ancre, que nous avons vu arriver à nous, de derrière une jetée neuve tenant à un mauvais village garni d'un clocher pointu, une foule de petites barques faisant des sauts périlleux sur le sommet des vagues. A tous momens la pointe écumeuse des lames, qui se brisaient contre les bords, entrait dans ces bateaux. Je me suis représenté que puisqu'il pleuvait je n'aurais à Saint-Nazaire, pour ressource unique, que quelque petit café borgne, sentant l'humide et la pipe de la veille. Impossible de promener, même avec un parapluie. Ce raisonnement était bon, mais il avait le défaut de ressembler à la peur ; ce dont je ne me suis pas aperçu. J'ai répondu au capitaine, qui m'offrait le meilleur bateau, que je ne descendrais pas ; ma considération a baissé rapidement, d'autant plus rapidement que j'avais fait des questions savantes à ce capitaine, qui m'avait pris pour un homme de quelque valeur.

Plusieurs femmes, mourant de peur, se décidaient successivement à s'embarquer, et enfin je suis resté seul avec un vieux curé et sa gouvernante. Le curé était tellement effrayé, qu'il s'est fâché tout rouge contre le capitaine, qui cherchait à lui prouver qu'il n'y avait pas de danger à descendre dans un bateau pour débarquer. J'avoue que le rôle que je jouais pendant cette discussion n'était pas brillant. J'ai passé là une heure sur le pont, à regarder la pleine mer avec ma lorgnette, ayant froid, et tenant avec grand' peine mon parapluie ouvert, appuyé contre des cordages. Le bâtiment dansait ferme, et donnait de temps à autre de grands coups sur le câble qui le retenait. La mer, les rivages plats et les nuages, tout était gris et triste. Je lisais, quand j'étais las de regarder, un petit volume in-32, le *Prince de Machiavel*.

Enfin les passagers sont venus se rembarquer ; le jeune vicaire du curé effrayé avait sauté des premiers dans une barque pour descendre à Saint-Nazaire, ne doutant pas d'être suivi par son patron. Il fallait voir sa figure au retour : la barque qui le ramenait était encore à quarante pas du bateau à vapeur, que déjà il faisait des gestes d'excuse mêlés de gestes de *surprise* les plus plaisans du monde. Il voulait dire qu'il avait été surpris de ne pas voir arriver son curé, et qu'il ne s'était embarqué que dans la conviction d'être suivi par lui. Au moment où le petit vicaire s'épuisait en gestes, une lame s'est brisée contre sa barque, et a rempli d'eau son chapeau tricorne qu'il tenait à la main. Je me suis rapproché pour être témoin de l'entrevue. Le vieux curé était fort rouge, et s'est écrié au moment où le vicaire allait parler : *Certainement je n'ai pas eu peur*, etc. Ce mot a décidé de la couleur du dialogue : c'était le curé qui s'excusait ; la figure du vicaire s'est éclaircie aussitôt.

Nous sommes revenus vis à vis de Paimbœuf. Comme le bateau s'arrêtait quelques minutes, je suis descendu et j'ai couru la ville ; j'avais toutes les peines du monde à maintenir mon parapluie contre le vent. Cette ville est composée de petites maisons en miniature, fort basses, fort propres, et qui ont à peine un premier étage : on se croirait dans un des bourgs situés sur la Tamise, de Ramsgate à Londres.

Je suis rentré bien mouillé dans le bateau ; je me suis consolé avec du café. Une heure après le temps s'est éclairci, les nuages ont pris une belle teinte de rouge, et nous avons eu une soirée superbe pour notre retour à Nantes. J'ai trouvé les maisons de campagne beaucoup plus belles que le matin. J'ai remarqué un costume national parmi les paysannes qui étaient aux secondes places. Les paysans sont vêtus de bleu, et portent de larges culottes et de grands cheveux coupés en rond à la hauteur de l'oreille, ce qui leur donne un air dévot.

Un monsieur fort âgé, qui s'est embarqué à Paimbœuf, et qui parle fort bien de la Vendée, me raconte que le 29 juin 1793 cinquante mille Vendéens, sous les ordres de Cathelineau qu'ils venaient d'élire général en chef pour apaiser les jalousies des véritables généraux, attaquèrent Nantes, où commandaient Canclaux et Beysser. L'attaque eut lieu par la rive droite de la Loire; le combat commença sur neuf points à la fois, il y eut de part et d'autre des prodiges de valeur. Enfin l'artillerie républicaine, que les canonniers vendéens, simples paysans, ne surent pas démonter, fit un ravage horrible dans les rangs de ces braves gens : repoussés de toutes parts, ils opérèrent leur retraite emportant avec eux leur général en chef, Cathelineau, blessé à mort. Dans cet assaut, la garde nationale de Nantes se montra très ferme. La guerre civile dura encore assez long-temps dans ces environs, et ne finit que le 29 mars 1795, jour où Charrette fut fusillé à Nantes; il y eut d'étranges trahisons que je ne veux pas raconter, et que d'ailleurs je connais depuis trois jours.

J'écoutais ce récit avec d'autant plus d'intérêt, que, quoi que ce monsieur voulût dire, il était évident pour moi, par plusieurs particularités, que j'avais affaire à un témoin oculaire. Je ne lui ai point caché qu'un des meneurs de la Convention, qui venait souvent chez mon père, nous avait dit plusieurs fois qu'à deux époques différentes, et dont il donnait la date précise, la Vendée avait pu marcher sur Paris et anéantir la république. Il ne manqua à ce parti qu'un prince français, qui se mît franchement à sa tête en imitant d'avance madame la duchesse de Berry.

— Nantes, le 28 juin.

Hier vers les quatre heures, par une soirée superbe, comme le bateau, remontant rapidement la Loire, passait en revue les maisons de campagne et les longues files de saules et d'acacias monotones qui peuplent les environs du fleuve, on arrête la machine pour donner audience à un petit bateau qui amène des voyageurs. Le premier qui paraît sur le pont est un prêtre en petit collet; ensuite viennent deux femmes plus ou moins âgées, la quatrième personne était une jeune fille de vingt ans avec un chapeau vert.

Je suis resté immobile et ébahi à regarder; ce n'était rien moins qu'une des plus belles têtes que j'aie rencontrées de ma vie : si elle ressemble à quelque *parangon* de beauté déjà connu, c'est à la plus touchante des *vertus* dont Michel Colomb a orné le tombeau du duc François à la cathédrale de Nantes.

J'ai jeté mon cigare dans la Loire, apparemment avec un mouvement ridicule de respect, car les femmes âgées m'ont regardé. Leur étonnement me rapelle à la prudence et je m'arrange de façon à pouvoir contempler la vertu de Michel Colomb sans être contrarié par le regard méchant des êtres communs. Mon admiration s'est constamment accrue tout le temps qu'elle a passé dans le bateau. Le naturel, la noble aisance, provenant évidemment de la force du caractère et non de l'habitude d'un rang élevé, l'assurance décente, ne peuvent assez se louer.

Cette figure est à mille lieues de la petite affectation des nobles demoiselles du faubourg Saint-Germain, dont la tête change d'axe vertical à tous momens. Elle est encore plus loin de la beauté des formes grecques. Les traits de cette belle Bretonne au chapeau vert sont au contraire profondément français. Quel charme divin! n'être la copie de rien au monde! donner aux yeux une sensation absolument neuve! Aussi mon admiration ne lui a pas manqué; j'étais absolument fou. Les deux heures que cette jeune fille a passées dans le bateau m'ont semblé dix minutes.

A peine ai-je pu former ce raisonnement : mon admiration est fondée sur la nouveauté. Je n'ai pu avoir d'autre sensation que l'admiration la plus vive mêlée d'un profond étonnement, jusqu'au moment où cette demoiselle, accompagnée des deux femmes âgées et du prêtre, est débarquée à Nantes avec tout le monde.

En vain ma raison me disait qu'il fallait parler de la première chose venue à l'ecclésiastique, et que bientôt je me trouverais en conversation réglée avec les dames; je n'en ai pas eu le courage. Il eût fallu me distraire de la douce admiration qui échauffait mon cœur, pour songer aux balivernes polies qu'il convenait d'adresser au prêtre.

J'avoue qu'au moment du débarquement j'ai eu à me faire violence pour ne pas suivre ces dames de loin, ne fût-ce que pour voir quelques instants de plus les rubans verts du chapeau. Le fait est que pendant deux heures je n'ai pu trouver un défaut à cette figure céleste, ni dans ce qu'elle disait, et que j'entendais fort bien, une raison pour la moins aimer.

Elle consolait la plupart du temps la plus âgée des deux dames, dont le fils ou le neveu venait de manquer une élection (peut-être pour une municipalité).

« Les choses qu'il aurait dû faire par le devoir
» de sa place auraient peut-être blessé la façon
» de penser de quelques uns de ses amis », disait l'adorable Carliste, car en Bretagne la couleur du chapeau ne pouvait guère laisser de doute. Cependant je n'ai eu cette idée que long-temps après. Un rare bon sens, et cependant jamais un mot, ni une seule pensée qui eût pu *convenir à un homme*. Voilà la femme parfaite telle qu'on la trouve si rarement en France. Celle-ci est assez grande, admirablement bien faite, mais peut-être avec le temps prendra-t-elle un peu trop d'embonpoint.

Il me semblait, et je crois vrai, que les qualités de son ame étaient bien différentes de celles que l'on trouve ordinairement chez les femmes remarquables par la beauté. Ses sentimens, quoique énergiques, ne paraissaient qu'autant que la plus parfaite retenue féminine pouvait le permettre, et l'on ne sentait jamais l'effort de la retenue. Le naturel le plus parfait recouvrait toutes ses paroles. Il fallait y songer pour deviner la force de ses sentimens; un homme même doué d'assez de tact eût fort bien pu ne pas les voir.

Le motif souverain qui à tort ou à raison m'a détourné de l'idée de suivre un peu ces dames, c'est que je voyais très bien que la demoiselle au chapeau vert s'était aperçue de l'extrême attention que je cherchais pourtant à cacher autant qu'il était en moi : tôt ou tard il eût fallu s'en séparer, et sans son estime.

Les traits de la Vénus de Milo expriment une certaine confiance noble et sérieuse qui annonce bien une ame élevée, mais peut s'allier avec l'absence de finesse dans l'esprit. Il n'en était pas ainsi chez ma compagne de voyage : on voyait que l'ironie était possible dans ce caractère, et c'est, je crois, ce qui me donna tout de suite l'idée d'une des statues de Michel Colomb. Cette possibilité de voir le ridicule, qui manque à toutes les héroïnes de roman, n'ajoutait-elle pas un prix infini aux mouvemens d'une grande ame, tels que la conversation ordinaire peut les exprimer ? Cette physionomie renvoyait bien loin le reproche de niaiserie, ou du moins d'inaptitude à comprendre, que fort souvent la *beauté grecque* ne s'occupe pas assez de chasser de l'esprit du spectateur.

C'est là, selon moi, le grand reproche auquel la suite des siècles l'a exposée. A quoi elle pourrait répondre qu'elle a voulu plaire aux Grecs de Périclès, et non pas à ces Français qui ont lu les romans de Crébillon. Mais moi, qui naviguais sur la Loire, j'ai lu ces romans, et avec le plus vif plaisir.

Après cette rencontre d'un instant, et les illusions dont malgré moi mon imagination l'a embellie, il n'était plus au pouvoir de rien, à Nantes, de me sembler vulgaire ou insipide.

Voici le résultat d'une longue soirée : tout ce qui est *lieu commun* à Paris fait les beaux jours de la conversation de province, et encore elle exagère. Un artiste célèbre de Paris a cinq enfans, le provincial lui en donne huit, et se montre fier d'être aussi bien instruit. Un ministre a-t-il économisé 500 mille francs sur ses appointemens, le provincial dit deux millions. C'est ce que j'ai bien vu ce soir dans les conversations amenées par le spectacle. On donnait la première représentation à Nantes de la *Camaraderie*. J'étais dans une loge avec des personnes de ma connaissance, profond étonnement de ces provinciaux. Quoi ! l'on ose parler ainsi d'une *chambre des députés !* de cette chambre, qui avant 1830 distribuait tous les petits emplois de mille francs, et les enlevait barbarement aux vingt années de service qui n'ont pas un vote à donner ! Après la stupéfaction, qui d'abord prenait bien une grande minute, on applaudissait avec folie aux épigrammes si naïves de M. Scribe. Sans se l'avouer, ces pauvres provinciaux sont bien las de ce qu'ils louent avec le plus d'emphase, les pièces taillées sur l'ancien patron, et qui ne se lassent pas d'imiter Destouches et le *Tyran domestique*. Ils admirent, mais ils ne louent pas encore le seul homme de ce siècle qui ait eu l'audace de peindre, en esquisses il est vrai, les mœurs qu'il rencontre dans le monde, et de ne pas toujours imiter uniquement Destouches et Marivaux. On reprochait ce soir à la *Camaraderie* de faire faire une élection en 24 heures, c'est blâmer l'auteur, en d'autres termes, de ne s'être pas exposé à dix affaires désagréables, dont la première eût été décisive; la police eût arrêté la pièce tout court.

Certes elle n'eût pas laissé représenter *exactement*, le mécanisme des élections avant 1830. (Songez à celle de votre département, que vous connaissez peut-être.)

Du temps de Molière, les bourgeois osaient affronter le ridicule. Louis XIV voulut que personne ne pensât sans sa permission, et Molière lui fut utile. Il a inoculé la timidité aux bourgeois; mais depuis qu'ils s'exagèrent le pouvoir du *ridicule*, la comédie n'a plus de liberté. Les calicots, sous Louis XVIII je crois, voulurent battre Brunet, et il y eut une charge de cavalerie dans le passage des Panoramas. Nous sommes fort en arrière de ce que Louis XIV permettait. Un détail va prouver ma thèse : n'est-il pas vrai qu'il y aurait bien moins de gens offensés par la peinture exacte, et même satirique si l'on veut, des tours de passe-passe, qui avant 1830 escamotaient une élection, que par les faits et gestes du *Tartufe,* qui sous Louis XIV, dévoilaient et gênaient les petites affaires de toute une classe de la société ? classe nombreuse, qui comptait des duchesses et des portières. *Tartufe* fut si dangereux, et frappa si juste le moyen de fortune des gens de ce parti, que le célèbre Bourdaloue se mit en colère, et La Bruyère, pour plaire à son protecteur Bossuet, fut obligé de blâmer Molière, du moins sous le rapport littéraire.

Aujourd'hui, il n'y a qu'une voix dans la société pour se moquer des friponneries électorales antérieures à 1830 ; mais M. Scribe ne jouit pas, pour les montrer en action sur le théâtre, de la moitié de la liberté que Molière avait pour se moquer des faux dévôts.

Ainsi, chose singulière ! et qui eût bien étonné d'Alembert et Diderot, il faut un despote pour avoir la liberté dans la comédie, comme il faut une cour, pour avoir des ridicules bien comiques et bien clairs. En d'autres termes, dès qu'il n'y a plus pour chaque état, un *modèle* mis en avant par le roi ¹, et que tout le monde veut suivre, on ne peut plus montrer au public des gens qui se trompent plaisamment, en croyant suivre le ton parfait. Tout se réunit donc contre le pauvre *rire*, même les cris des demi-paysans qui se scandalisent de l'*invraisemblance*. Une élection improvisée en douze heures! et par un journal! Hé! messieurs, il ne faut que six mois à un journal de huit mille abonnés pour faire un grand homme!

Voici textuellement ce que m'a dit ce soir un vieil officier républicain blessé à la bataille du Mans, et aujourd'hui marchand quincailler.

« Par soi, le vulgaire ne peut comprendre que
» les choses basses. Il ne commence à se douter
» qu'un homme est grand qu'en voyant qu'au
» bout d'un siècle ou deux il n'a point de succes-
» seur. Ainsi fait pour Molière. Ce que les an-
» nées 1836 et 1837 ont vu faire d'efforts inutiles
» en Espagne, commence à faire penser au petit
» bourgeois, qu'après tout Carnot et Danton va-
» laient peut-être quelque chose, quoique non
» titrés. »

Je lui réponds :

L'énergie semée par les exploits qui vous ont coûté un bras, ne dépasse guère pour le moment la fortune de quinze cents livres de rente. Au

---

[1] C'est en ce sens que Molière fut un écrivain gouvernemental, aussi mourut-il avec 60 mille livres de rente.

dessus, on a encore horreur de tout ce qui est fort ; mais le code civil arrive rapidement à tous les millionnaires, il divise les fortunes, et force tout le monde à valoir quelque chose et à vénérer l'énergie.

Avant-hier on m'a fait dîner avec un homme aux formes herculéennes, riche cultivateur des environs de la Nouvelle-Orléans ; ce monsieur est comme l'*ingénu*, il va à la chasse aux grives, et leur emporte la tête avec une balle *pour ne pas gâter le gibier*, dit-il. Je n'ai pas cru un mot de ce conte, moi qui me pique de bien tirer. L'Américain s'en est aperçu, et ce matin nous sommes sortis ensemble ; il a tué sept moineaux ou pinçons, toujours à balle franche. Il a enlevé la tête à deux merles ; mais comme les balles vont loin et qu'il fallait prendre de grandes précautions, nous avons regretté de n'être pas dans une forêt du nouveau monde, et mon nouvel ami a quitté sa carabine. Le canon est fort long et les balles de très petit calibre ; on charge assez rapidement. Avec un fusil et du petit plomb l'Américain a tué toutes les bécassines qui se sont présentées ; je ne lui ai pas vu manquer un seul coup.

M. Jam** avait 17 ans en 1814, lors de la fameuse bataille de la Nouvelle-Orléans, où cinq mille hommes de garde nationale mirent en déroute une armée de dix mille Anglais, les meilleurs soldats du monde, et qui venaient de se battre pendant plusieurs années contre les Français de Napoléon.

— Nous nous mettions en tirailleurs, dit M. Jam**, et en moins d'une heure tous les officiers anglais étaient tués. Les Anglais, toujours pédans, disaient que ce genre de guerre était *immoral*. Le fait est qu'ils n'ont jamais eu la peine de relever une sentinelle, on les frappait toutes pendant leur faction. Mais nos gens, pour arriver à portée des sentinelles, étaient obligés de marcher à quatre pattes dans la boue; et les Anglais, non contens du reproche d'immoralité, nous appelaient encore *chemises sales.*

Le jour de la bataille, un seul homme de l'armée anglaise (M. le colonel Régnier, né en France) put arriver jusqu'au retranchement. Il se retournait pour appeler ses soldats lorsqu'il tomba raide mort. Le soir, la bataille gagnée, deux de nos gardes nationaux se disputaient la gloire d'avoir abattu cet homme courageux.

— Parbleu! s'écria Lambert, il y a un moyen fort simple de vérifier la chose; je tirais au cœur.

— Et moi je tirais à l'œil, dit Nibelet.

On alla sur le champ de bataille avec des lanternes, le colonel Régnier était frappé au cœur et à l'œil.

Trait hardi du général Jakson, qui prend sur

lui de faire fusiller deux Anglais qui venaient d'être acquittés par un conseil de guerre. On dit que ces messieurs, sous prétexte de faire le commerce des pelleteries, conduisaient les sauvages au combat contre les Américains. Le fait est que dès le lendemain tous les Anglais quittent les sauvages qui n'osent plus se montrer devant les troupes américaines.

Le jour de la bataille de la Nouvelle-Orléans, le général Jakson ose donner le commandement de toute son artillerie au brave Lafitte, pirate français, lequel demande à se battre lui et ses cinq cents flibustiers, par rancune de ce qu'il avait souffert sur les pontons anglais. La tête de Lafitte avait été mise à prix par le gouvernement américain. S'il eût trahi Jakson, celui-ci n'avait d'autre ressource que de se brûler la cervelle. Il le dit franchement à Lafitte en lui remettant son artillerie.

Mon camarade de chasse m'a donné bien d'autres détails que j'écoute avec le plus vif intérêt. Je vais les écrire au brave R..., mon ami, qui est de Lausanne. C'est avec ces longues carabines que la Suisse doit se défendre, si jamais elle est attaquée par quelque armée à la Xerxès. Mais où trouver en Suisse un homme qui *sache vouloir!* Y-a-t-il encore en Europe des hommes à la Jakson ? On trouverait sans doute des Robert-Macaire très braves, et beaux parleurs. Mais, dans les circonstances difficiles l'homme *sans conscience* manque de forces tout à coup; c'est un mauvais cheval qui s'abat sur la glace, et ne veut plus se relever.

— Nantes le 30 juin 1837.

J'avais remarqué le musée; c'est un bâtiment neuf qui s'élève près de la rive droite de l'Erdre. Mais je redoutais d'entrer dans ce lieu-là; c'est une journée sacrifiée, et souvent en pure perte. Le rez-de-chaussée sert pour je ne sais quel marché.

Notre beau temps, si brillant hier à la chasse, s'est gâté cette nuit : le ciel est gris de fer; tout paraît lourd et terne, et je suis un peu *évêque d'Avranches*; mauvaise disposition pour voir des tableaux.

Nous traversons ce boulevart que j'aime tant; place charmante, paisible, retirée; au milieu de la ville, à deux pas du théâtre, et cependant habitée par des centaines d'oiseaux. Jolies maisons à façades régulières : belle plantation de jeunes ormes; ils viennent à merveille : il y a ici ce qui favorise toute végétation, de la chaleur et de l'humidité.

Le musée est un joli bâtiment moderne, sur la petite place des halles; si je connaissais moins la province, je supposerais que ces grandes salles (il y en a sept), d'une hauteur convenable, ont été construites tout exprès pour leur destination actuelle. Mais comment supposer que MM. les échevins auraient gaspillé les fonds de l'octroi pour une babiole aussi complètement improductive qu'une collection de tableaux? Il est infiniment plus probable que le bâtiment était destiné à un *grenier d'abondance*.

Les provinciaux sont jaloux de Paris, ils le calomnient. On nous traite comme des Paria, s'écrient-ils ! Mais ils imitent toujours cette ville jalousée. Or, depuis quelques années, on a renoncé à Paris à la vieille sagesse administrative qui consistait à entasser dans des magasins d'énormes quantités de blés, pour parer, disait-on, aux chances de la *disette* L'administration s'est aperçue, quarante ans après que les livres le lui criaient, que cette belle invention produisait un effet contraire à celui qu'on en attendait. Elle a fait cette découverte quand des hommes, qui avaient écrit sur l'économie politique, ont été appelés aux places par la révolution de juillet.

On a dû renoncer à Paris à l'*accaparement* des blés fait pour un *bon motif*; les *greniers* construits sous l'empire, et spirituellement placés entre les faubourgs St-Antoine et St-Marceau, sont restés inachevés.

Des *greniers d'abondance* nous avons fait un *hôpital*, à l'époque du *choléra*, et les Nantais auront changé les leurs en musée. Si l'on avait voulu bâtir un musée, au lieu de dales de pierre, n'aurait-on pas mis un plancher en bois ? Il se peut fort bien que je me trompe ; mais je n'ai pas voulu faire de questions, m'attendant à un mensonge patriotique. Le genre de construction, la forme de l'édifice m'auront induit en erreur, peu importe !

Je parcours les salles, elles sont vastes et claires; il est facile de *trouver son jour* : on y verrait fort bien de bons tableaux, s'il y en avait. Mais le premier coup d'œil est peu favorable ; je n'aperçois que des *croûtes* ou des *copies*. Il ne faut pas se décourager, examinons avec soin. Je remarque :

1° Une belle tête du Christ, couronnée d'épines, attribuée à *Sebastiano del Piombo*. Il se pourrait bien que ce fût un *original*. Il y a vérité, expression, couleur, dessin. Manière *grandiose* (l'opposé de Mignard, ou de Jouvenet, ou de Girodet). Mais je crois me rappeler que j'ai vu cette même tête dans la galerie Corsini, à Florence. Il est peu probable que l'on ait ici un *original* dont le prince Corsini aurait la copie. Il faudrait employer une heure à examiner ce tableau au grand jour.

Sebastiano, auquel un pape ami des arts avait donné l'office de sceller en *plomb* certaines bulles, est d'une grande ressource pour les marchands de tableaux de Rome, de Florence, de Venise, etc. Ce peintre est grand coloriste. Michel-Ange lui fournissait des dessins pour faire pièce à Raphael et à son école. Il a de l'expression, un faire grandiose; il a l'estime des connaisseurs, et frappe même les gens qui se sont plus occupés d'argent ou d'ambition que de beaux arts. Les marchands de tableaux, dont la vanité voyageante fait la fortune, accablent les princes russes et les riches Anglais de Sébastiens del Piombo. Ces messieurs achètent pour cinquante, pour cent louis une *copie* fort passable qui devient un *original* à *Moscou*. Il faut frapper fort ces cœurs du Nord. Les gens du Nord ne préfèrent-ils pas le tapage allemand aux douces cantilènes du *Matrimonio secreto* qui leur semblent nues ?

2° Portrait d'un Vénitien à barbe rouge, attribué au *Giorgion* : c'est le plus beau tableau *terminé* de ce musée; toutefois il n'est pas du Giorgion.

3° Le Portement de croix, attribué à Léonard de Vinci. Les figures à mi-corps sont d'une vérité d'expression remarquable. La tête du Christ a de la grandeur. La teinte générale est fort sombre; tableau non terminé. On dirait que le peintre n'a fait usage que de *glacis*. Il faudrait voir de près ce tableau qui est peut-être original; mais c'est un grand peut-être. S'il est original, il est sans prix.

4° Le livret dit que cette tête fade et blême, peinte durement, et cependant *sans énergie*, est du Tintoret, et de plus le portrait de Fra *Paolo Sarpi*, c'est-à-dire du plus grand philosophe pratique qu'aient produit les temps modernes [1].

5° Deux *Canaleto* : la place Navone à Rome; je n'avais jamais vu que des vues de Venise par le Canaleto : l'autre est l'église de la Salute; admirable lumière, grande exactitude; mais *toujours le même tableau*.

6° Portrait de femme habillée en noir. Tête pleine de pensée, d'expression, de vérité, attribuée à Philippe de *Champagne*. Ce costume n'est-il pas beaucoup plus moderne?

7° Fort jolie tête de *sainte*, que l'on dit d'Annibal *Carrache*. Tableau gracieux de l'école de Bologne, peut-être d'Elisabeth *Sirani*, l'élève du Guide. J'ai vu quelque chose de semblable dans la galerie Rossi, à Bologne.

8° Un *saint* meurt ayant les bras en croix.

---

[1] Voir l'admirable histoire de sa vie par le moine son compagnon, qui lui succéda dans la place de théologien de la république de Venise.

C'est hideux, vrai, un peu dur, au total, ressemblant au Guerchin, par conséquent école espagnole.

Comme je donnais mon avis insolemment à haute voix, parlant à mon nouvel ami le Vendéen et à sa femme, nous sommes abordés familièrement par un monsieur tout gris, sec et pincé. Ce personnage m'amuse, il ne manque ni d'esprit, ni de connaissances en peinture, ni même d'opiniâtreté. Il me prend pour un connaisseur, et nous voilà en conversation réglée pendant deux grandes heures.

« J'apprends que *son* musée est l'un des plus
» *recommandables* de France : tel tableau a été
» infiniment loué par le directeur de la galerie
» de Dresde; tel autre par le directeur de Berlin,
» et par M. E..., savant bien connu, jeune
» homme grave qui ne *parle pas tous les jours*, réflé-
» chit beaucoup et ne fait connaître son opinion
» qu'après mûre réflexion. (Ceci était sans doute
» une épigramme à mon adresse. Comme le
» Vendéen me plaît, nous bavardions beaucoup,
» nous nous appelions d'un bout des salles à
» l'autre.) Nous avons ici, a continué l'homme
» pincé, près de quarante tableaux provenant de
» l'ancien musée Napoléon; puis la ville a acheté
» à la vente de M. *Cacault*, Nantais et ancien

» ambassadeur à Rome, une grande quantité de
» tableaux de sa *magnifique* collection. »

« N° 9. Voyez cette tête d'un chevalier *croisé*
» par le célèbre *Canova!* Qu'en pensez-vous? —
» Je la trouve au dessous du médiocre; c'est
» mou, fade, sans expression, de la vraie pein-
» ture de demoiselle. Les traits du visage sont
» beaux, la *couleur* rappelle que *Canova* est né à
» *Venise* et non à Florence; mais à tout prendre,
» il n'y a de bon sur cette toile que le nom du
» grand sculpteur qui est écrit au bas. » Ce tableau provient de la galerie *Cacault*, et on y lit :
*offerto all Illustrissimo ed Ornatissimo sig. Cacault,
Ambasciatore di Francia in Roma, dal suo umilissimo servo ed amico Canòva* (authographe). Canova sur ses vieux jours, lassé de l'admiration
que toute l'Europe (à l'exception de la France)
accordait à ses statues, eut le travers de vouloir
être peintre; et, comme à Rome le ridicule *ne peut
atteindre* un homme du talent de Canova, ce
grand artiste ne cacha pas cette faiblesse.

N° 10. *Voici un original de Raphael!* s'écrie
l'homme sec. Et je vois une Madone connue, gra-
vée vingt fois; ceci est une copie détestable,
croûte au premier chef. — Comment, lui dis-je,
vous croyez cela original? — Oui, sans doute,
reprend le monsieur en redoublant de gravité;
c'est l'avis de tous les connaisseurs.

N° 11. « Cette copie de la vierge aux rochers
» de Léonard de Vinci, dit le monsieur, est par-
» faite; elle est plus agréable à voir que l'*original*
» enfumé qui est au Louvre. » — Sachez, mon-
» sieur, qu'au Louvre il n'y a rien d'enfumé;
» nous grattons les tableaux jusqu'au vif et sa-
» vons les vernir à fond. »

J'avoue que je voudrais bien avoir une galerie composée d'aussi charmantes copies; elles me rappelleraient certains originaux que j'aime tendrement, mais auxquels je ne puis atteindre: c'est là leur unique défaut, et non d'être enfumés. A travers les injures du temps, l'œil ami des arts voit les tableaux tels qu'ils étaient en sortant de l'atelier du maître.

N° 12. Autre copie de *Léonard :* L'incrédulité de Saint-Thomas. L'original est à Milan, à l'*Ambrosiana*. Copie moins agréable que la précédente, mais bien encore.

N° 13. Sainte famille, par *Otto Veuwus* (vivant en 1540). Ceci est original, et provient du musée Napoléon; un peu sec, mais naïf, vrai. Cet Allemand a vu Raphael ou ses élèves : je ne puis croire qu'il ait deviné ce style.

N° 14. Eruption du Vésuve, par je ne sais quel Italien du dix-huitième siècle. Cela est peint comme une décoration de théâtre; aussi y a-t-il de l'effet, cette ressource des ignorans : effet de mélodrame.

N° 15. *Elisabeth*, reine d'Angleterre ; excellent portrait flamand. Expression de physionomie fine, aigre, méchante; lèvres pincées, nez pointu. Femme non mariée, et parlant de sa vertu. Sa façon de jouer avec sa chaîne d'or est admirable. Je voudrais pour beaucoup que ce portrait fût reconnu ressemblant. Il représente admirablement cette reine qui battait ses ministres lorsqu'elle était contrariée dans ses desseins. Mais qu'importent ses faiblesses ? Elle sut régner.

N° 16. Portrait de femme assez laide, *extrêmement loué par M. E, dit mon interlocuteur. C'est un tableau espagnol, peut-être de Murillo.* M. E. aura voulu faire la cour à ce brave homme; et, comme on est accoutumé en France à la laideur des lignes, à la fausseté de la couleur, et à l'absurdité ou à l'absence du clair-obscur, ce portrait de femme passera bientôt pour un chef-d'œuvre à Nantes.

N° 17. Vieillard jouant de la *vielle*. Ignoble et effroyable vérité; tableau espagnol attribué à *Murillo*. Il n'est pas sans mérite. Coloris sage, expression vraie. Il provient du musée *Napoléon*. Peut-être est-il de Vélasquez, qui, à son début, s'essaya dans des sujets vulgaires.

N° 18. Belle copie en marbre du vase de *Warwick*.

N° 19. L'éducation de la Vierge, par Krayer.

N° 20. Jeune fille qui va se faire religieuse. La beauté du sujet soutient le peintre. Elle est vêtue de bleu ; elle a quatorze ans ; elle est maladive, languissante, exaltée. Figure à la Sainte-Thérèse. Attribué à un peintre Italien ou à un Espagnol, dit l'homme sec qui, après ce tableau, nous a délivrés de son esprit.

Arrivé à cette question qu'il faut toujours se faire : Que prendre si on me laissait le choix dans ce musée ?

D'abord, et avant tout, le *Portement de croix*, qui peut être de Léonard. Un si grand *peut être* est au dessus de tout. Ensuite, et à tout hasard, le *Sebastiano del Piombo* ; 3° la demi-figure attribuée au Giorgion ; 4° le portrait d'*Elisabeth* ; 5° la copie de la Vierge aux rochers de *Léonard de Vinci*.

Près de la porte d'entrée, je trouve des fragmens de sculpture du moyen-âge, fort curieux. Y a-t-il là quelque chose de gaulois, ou seulement du huitième siècle, comme ce que j'ai vu à La Charité, chez M. Grasset ? On a placé au dessus de la porte le grand tableau d'Athalie, faisant massacrer sous ses yeux les cinquante fils de je ne sais quel roi d'Israel, par feu Sigalon. Le musée de Nantes pourrait en accommoder celui de Nîmes.

Je sors perdu de fatigue. J'ai des nerfs, comme dit M. de S... Promenade en bateau sur l'Erdre. J'ai beau faire, le reste de la journée est perdu. Au total, j'ai été trop sévère envers ce musée. (Et tout cet article est à refaire, si jamais je repasse à Nantes. Apporter une loupe, examiner la façon dont les ongles et les cheveux sont traités dans le prétendu Portement de croix de Léonard.)

Un sous-préfet destitué, et par conséquent philosophe, me disait hier : La méfiance et le raisonnement sévère, qui font la base du gouvernement des deux chambres, achèvent de tuer en France la chevalerie. L'homme qui ne vit que pour donner aux femmes une suprême estime pour son élégance va devenir fort rare parmi nous.

En Angleterre, au contraire, MM. Brummel et Do ont essayé de faire revivre la loi par un amendement: la *Fashion*.

Durant la vie de l'esprit chevaleresque, la France n'a pas eu d'artiste capable de créer le *beau idéal* de la société qui l'entourait, *d'exprimer cette société* par du marbre ou de la peinture. Rien n'est plus Bentham que le beau idéal de Raphael. Canova, dans le *Persée*, bannit la force, et, en ce sens, se rapproche du sentiment qui préfère de beaucoup l'élégance à la force, et l'esprit à la justice. La chevalerie a éclipsé le bon sens de la Rome antique, et le bon sens des deux chambres bannit la chevalerie. Tout cela va donner plusieurs genres de beau aux gens de goût.

Ce soir j'ai rencontré M. Charles, le *père-noble* de la troupe qui joue ici. Grande reconnaissance : je l'ai beaucoup connu sous-officier d'artillerie à la Martinique. C'est un homme de cœur et d'un rare bon sens. Quel aide-de-camp pour un ministre ?

M. C. a cela de particulier qu'il n'est dupe d'aucune apparence; la position plutôt inférieure qu'il occupe dans la vie n'a aucune influence sur sa façon de voir les choses.

L'art de jouer la comédie ne se relèvera en France, me dit-il, que lorsque l'on cessera d'imiter le grand *seigneur de cour*, dont la réalité n'existe plus. Rien de plus profondément bourgeois que les manières et les figures des huit ou dix personnages estimables les plus haut placés dans l'almanach royal. Une ou deux exceptions tout au plus. Les derniers grands seigneurs ont été M. de Narbonne, mort à Wittemberg, et M. de T.

Eh bien ! reprend M. C., dès que le bourgeois de Nantes, devant qui l'on joue la comédie, voit le mot Clitandre dans la liste des personnages, il veut qu'on lui donne une copie des manières *qu'il se figure* qu'avait autrefois le maréchal de Richelieu. Figurez-vous, si vous pouvez, ce qu'il se figure.

On ne verra des acteurs passables, poursuit le sous-officier, que quand les enfans de douze ans qui ont joué la comédie à Paris, sur le théâtre de l'Odéon et au passage de l'Opéra, en auront vingt-cinq. En arrivant à l'âge des passions, il ne sera plus question pour eux ni de timidité, ni de mémoire, ni de gestes, etc. Ils pourront ne plus donner leur attention au mécanisme de l'art, et la concentrer tout entière sur la chose à imiter et à idéaliser. Si la nature leur a donné des yeux pour reconnaître quelle est l'apparence extérieure d'un jeune homme né avec quarante mille livres de rente, ils pourront en donner l'imitation dans le rôle de Clitandre. Alors, autre malheur; on remarquera que les paroles de ce rôle jurent avec les manières vraies du dix-neuvième siècle.

La sagesse des plus jolies actrices du théâtre Français est exemplaire ; elles refusent à Londres des offres singulières. Ces dames pourront donc représenter la femme française de notre siècle qui est *sage et impérieuse* avant tout.

— Rien de pitoyable comme les comédiens actuels, poursuit M. C...; ces pauvres gens n'ont rien à eux, pas même leur nom. Plusieurs ne manquent pas de véritables dispositions : mais le provincial ne veut pas laisser faire dans l'art de jouer la comédie la révolution qui s'est opérée dans l'art de l'écrire. Il en est toujours aux copies de Fleury.

« Belle révolution! disent-ils. Une emphase
» abominable; rien de naturel; la peur continue
» d'être simple, des personnages qui récitent des
» odes. Beaux effets du *romantisme!* »

— Le romantisme ou la déroute des *trois unités* était une chose de *bon sens*; profiter de la chute de ce tyran absurde pour faire de belles pièces est une chose *de génie*, et le génie français se porte maintenant vers l'Académie des sciences ou vers la tribune. Si M. Thiers ne parlait pas, il écrirait.

En 1837, l'Allemagne, et surtout l'Italie, ont de bien meilleurs acteurs que la France. Où est notre Domeniconi, notre Amalia Bettini, qui a la bonté de se croire inférieure à mademoiselle Mars? Ce sont les villes où elle joue qui sont inférieures à Paris. Les troupes en Italie changent de résidence tous les quatre mois, et le plus grand talent doit faire de *nouveaux efforts* pour réussir. Bologne aurait grand plaisir à siffler ce que Florence vient d'applaudir. Quel pair noble de Paris l'emporte sur Lablache?

— Nantes, le 1ᵉʳ juillet 1837.

Cette journée a été consacrée à la revue des

monumens publics. C'est une des pires corvées imposées au pauvre voyageur arrivant pour la première fois dans un pays.

Les plus beaux quartiers de Nantes sont contemporains des beaux quartiers de Marseille ; c'est à la fin du siècle passé que M. Graslin, riche financier, fit construire la place qui porte son nom, les rues environnantes, la place royale, etc.

Le château du Bouffay est de la fin du dixième siècle. La tour polygone fort élevée où l'on a placé l'horloge principale de la ville ne remonte qu'à 1662.

Le château, bâti par Allain Barbe-Torte en 938, est flanqué de tours rondes, probablement du quatorzième siècle. C'est le duc de Mercœur qui le fit rétablir du temps des guerres civiles : de là, les croix de Lorraine que j'ai remarquées au bastion près de la Loire.

Les fenêtres du bâtiment, à droite de l'entrée principale, ont des chambranles décorés avec grace.

Une grande salle gothique, située vers la Loire, contient quelques barils de poudre ; c'est pour cette raison que nous n'avons pu que l'entrevoir, encore a-t-il fallu tout le crédit de mon aimable ciécrone. La voûte est ornée de nervures élégantes.

C'est en sortant de cette salle que nous avons passé par hasard dans la rue de *Biesse*, près du pont de la Madeleine. « Là fut pendu le maré» chal de Retz, m'a dit mon nouvel ami; il n'a» vait que quarante-quatre ans : c'est l'original » du *Barbe-bleue* des enfans. Cet homme extraor» dinaire était maréchal de France, et jouissait » de douze cent mille francs de rente. » Ce Don Juan finit par la corde le 25 octobre 1440.

Il mettait sa gloire à braver tout ce qu'on respecte, et ce n'était qu'après avoir satisfait à ce premier sentiment de son cœur qu'il trouvait le bonheur auprès des femmes. C'est le caractère du fameux François Cenci de Rome, qui avait un million de rente, et fut tué par deux brigands que sa jeune fille Béatrix, dont il abusait, fit entrer dans sa chambre. Pour ce crime elle fut décapitée à seize ans, le 13 septembre 1599.

L'*utilité* régnait seule dans les temps héroïques et nous revenons à l'utilité. Puis vint la chevalerie, qui eut l'idée singulière de prendre les femmes pour juges de son mérite.

Le Don Juan pousse ce système jusqu' l'excès; il adore les femmes, et veut leur plaire en leur faisant voir jusqu'à quel point il se moque des hommes. Cette idée sur ce curieux effet de la chevalerie, fille de la religion, m'a occupé toute la soirée; j'ai lu des livres dont voici l'extrait.

Remarquez qu'il n'y a jamais de Don Juan sans un penchant invincible pour les femmes. Ce penchant *est l'imagination elle-même*; il n'y a donc rien de singulier à ce que un Don Juan finisse par croire à la magie, à la pierre philosophale, à toutes les folies. Heureux quand il meurt avant la vieillesse qui, pour ce caractère, est horrible!

Gilles de Retz était fort brave. Né en 1396, il fut maréchal de France en 1429, au sacre de Charles VII à Reims. En 1427, il avait emporté d'assaut le château de Lude dont il tua le commandant. En 1429 il fut un des généraux qui aidèrent Jeanne-d'Arc, cet être incompris, à faire entrer des vivres dans Orléans. Devenu maréchal à trente-trois ans, il eut de beaux commandemens dans l'armée du Roi de France. Un poème de Voltaire a fait connaître cette guerre entremêlée de voluptés.

A vingt-quatre ans, Gilles de Retz avait épousé Catherine de Thouars, riche héritière; en 1432, il hérita de son aïeul maternel Jean de Craon. Il eut alors trois cent mille livres de rentes (douze cent mille francs de 1837).

Se voir à trente-six ans à la tête d'une aussi belle fortune, avec le premier grade de l'armée et une belle réputation militaire, c'était un fardeau trop fort pour une imagination ardente.

Le jeune maréchal ne s'occupa plus de guerre;

que pouvait-elle lui offrir de neuf? Il chercha à conquérir des femmes, et à se présenter à elles couvert du respect et de l'admiration des hommes, ses contemporains.

Par son faste, il prétendit éclipser celui des souverains; mais à ce métier il mangea bien vite cette fortune de douze cent mille francs de rente. Les historiens racontent qu'il avait une garde de deux cents hommes, des pages, des chapelains, des enfans de chœur, des musiciens. La plupart de ces gens-là étaient agens ou complices de son affreux libertinage. Bientôt, lassé des voluptés ordinaires, il prétendit les rendre plus piquantes par un mélange de crimes.

J'ai trouvé d'autres détails sur sa magnificence. En sa qualité d'homme à imagination, la religion jouait un grand rôle dans sa vie. Sa chapelle était tapissée de drap d'or et de soie (*de soie*, alors plus précieuse que l'or : on se rappelle l'histoire de la paire de bas de soie de François Ier, un siècle plus tard).

Les vases sacrés, les ornemens de cette chapelle, étaient d'or et enrichis de pierreries. Il était fou de musique, et avait un jeu d'orgue qui lui plaisait tellement qu'il le faisait porter avec lui dans tous ses voyages.

J'étudie le caractère du maréchal de Retz, parce que cet homme singulier fut le premier de cette espèce. François Cenci de Rome, ne parut qu'en 1560. Il faut, pour que le caractère de Don Juan éclate, la réunion d'une grande fortune, d'une bravoure extraordinaire, de beaucoup d'imagination et d'un amour effréné pour les femmes. Il faut de plus naître dans un siècle qui ait eu l'idée de prendre les femmes pour juges du mérite. Du temps d'Homère, les femmes n'étaient que des servantes ; Achille si brillant ne songe pas du tout au suffrage de Briséis ; il lui préfère celui de Patrocle.

Les chapelains du maréchal de Retz, vêtus d'écarlate doublée de menu vair et de petit gris, portaient les titres de doyen, de chantre, d'archidiacre et même d'évêque. Pour dernière folie de ce genre, il députa au pape afin d'obtenir la permission de se faire précéder par un porte-croix.

Un des grands moyens que le jeune maréchal employait pour conquérir l'enthousiasme des habitans des villes où l'amour effréné du plaisir le conduisait, c'était de donner, à grands frais, des représentations de *mystères*. C'était le seul spectacle connu à cette époque; et, par sa nouveauté, au sortir de la barbarie, il exerçait un pouvoir incroyable sur les cœurs. Les femmes surtout fondaient en larmes et étaient comme ravies en extase.

Dès 1434, après deux années de cette joyeuse vie, le maréchal avait tellement abrégé sa fortune, qu'il fut obligé de vendre à Jean V, duc de Bretagne, un grand nombre de places et de terres. La famille du prodigue voulut empêcher l'effet de ces marchés ; mais le maréchal parvint à écarter les obstacles, et en 1437 il toucha les prix de vente.

Bientôt toutes les ressources humaines furent épuisées. Ici paraît l'homme d'imagination : Gilles de Retz, fort savant pour son temps, chercha le grand œuvre [1]. La transmutation des métaux ne s'opérant pas, il eut recours à la magie, et prit à son service l'Italien François Prelati. Ses ennemis prétendent qu'il promit tout au diable, excepté son ame et sa vie. Mais, par une bizarrerie bien digne d'une ame passionnée, tandis qu'il cherchait à établir des rapports avec cet être tout-puissant, ennemi du vrai Dieu, il continuait ses exercices pieux avec ses chapelains.

Voici un des premiers crimes de Gilles de Retz, autant que l'on peut deviner l'histoire à travers les phrases emphatiques si chères aux juges de toutes les époques.

Le maréchal voyageait vers les confins de la Bretagne, sous le nom d'un de ses chantres ; il

---

[1] Il est possible que la chimie fasse bientôt du diamant.

était amoureux de la femme d'un fabricant de bateaux. Cette femme l'aimait trop; elle avait une belle-sœur qui se montrait irritée de sa conduite légère et de ses imprudences. Gilles de Retz devint éperdument amoureux de celle-ci; on lui opposa la plus vive résistance. Quand enfin la belle-sœur craignit de céder, elle disparut tout à coup; elle s'était refugiée chez son mari, riche meunier, établi sur les bords de la Vilaine, vers Fougerai. Le maréchal parut bientôt dans le pays; mais il était connu du meunier, et il lui devint fort difficile de voir sa femme. Après une longue poursuite qui le porta à faire plusieurs voyages de Nantes à Fougerai, il fut heureux. Mais, à la suite d'un des rendez-vous, le mari ayant eu des soupçons poignarda sa femme : le maréchal furieux alla chez lui et le tua, ainsi que ses deux domestiques.

J'ai regret d'arriver à la partie atroce de cette vie singulière. La recherche de plaisirs affreux, ou les exigences de la magie, conduisirent le maréchal à immoler des enfans. Pour découvrir quel fut son motif, il faudrait obtenir la communication d'un des nombreux manuscrits de son procès. Je n'ai point assez de crédit pour cela.

Il paraît que, indépendamment de plaisirs horribles, certains charmes, destinés à plaire au diable et à l'attirer devant l'homme qui veut le voir, exigent le sang, le cœur, ou quelque autre partie du corps d'un enfant. Le diable exige un grand sacrifice moral de qui veut le voir. Le motif des meurtres est resté douteux ; ce qui est malheureusement trop prouvé, c'est que les gens du maréchal attiraient dans ses châteaux, par l'appât de quelques friandises, de jeunes filles, mais surtout de jeunes garçons ; et on ne les revoyait plus. Dans ses tournées en Bretagne, ses agens s'attachaient aux artisans pauvres qui avaient de beaux enfans, et leur persuadaient de les confier au maréchal, qui les admettrait parmi ses pages et se chargerait de leur fortune. Des amis du maréchal, un Prinçay, un Gilles de Sillé, un Roger de Braqueville, compagnons de ses plaisirs, semblent avoir partagé ce rôle infame. Ils procuraient des victimes à leur puissant ami, ou étaient employés à menacer les parens et à étouffer leurs plaintes.

Les récits de ces crimes atroces agitèrent longtemps la Bretagne ; enfin le scandale l'emporta sur le pouvoir et le crédit de Gilles de Retz. Au mois de septembre 1440, il fut appréhendé, enfermé dans le château de Nantes, et le duc de Bretagne ordonna que son procès fût commencé. On a bien vu à la sécheresse du récit qui précède que nous ne connaissons la vie de ce premier des Don Juans que par les phrases emphatiques de petits juges hébétés. Quels furent les motifs, quelles furent les nuances, non seulement de ses actions atroces, mais de toutes les actions de sa vie qui ne furent pas incriminées ? nous l'ignorons. Nous sommes donc bien loin d'avoir un portrait véritable de cet être extraordinaire.

Avec Gilles de Retz on avait arrêté deux de ses agens, Henri et Etienne Corillaut, dit *Poitou* ; le magicien Prelati ne vivait plus. Confronté avec ses deux complices, le maréchal les désavoua pour ses serviteurs : Jamais, disait-il, il n'avait eu que d'honnêtes gens à son service. Mais, plus tard, la torture fit peur à cet être esclave de son imagination, il avoua tous ses crimes et confirma les déclarations de Henri et d'Etienne Corillaut.

Ici je me dispenserai de répéter les détails atroces ou obscènes de ce procès. C'est toujours un libertinage ardent, mais qui ne peut s'assouvir qu'après avoir bravé tout ce que les hommes respectent. Le Don Juan se procure tous les plaisirs de l'orgueil, et ces jouissances le disposent à d'autres. Toujours on le voit obéir à une imagination bizarre et singulièrement puissante dans ses écarts.

Il existe huit manuscrits de ce procès à la Bibliothèque Royale de Paris, et un neuvième au château de Nantes. Gilles de Retz avait immolé un grand nombre d'enfans et de jeunes gens de tout âge, depuis huit ans jusqu'à dix-huit. Ces sacrifices humains avaient eu lieu dans les châteaux de Machecoul, de Chantocé, de Tiffauges, appartenant au maréchal; dans son hôtel de La Suze à Nantes, et dans la plupart des villes où il promenait sa cour. Il avoua que ces sanglantes voluptés avaient duré huit ans; un de ses complices dit quatorze. Dans ses châteaux, on brûlait les restes des victimes afin d'anéantir toutes les traces du crime.

Le défaut de cette histoire, tirée ainsi d'un procès criminel, c'est de ressembler à un roman à la fois atroce et froid. Pour trouver le courage de lire jusqu'à la fin, on sent le besoin de se rappeler qu'il s'agit ici de faits prouvés en justice et contre un grand seigneur, homme d'esprit, riche et puissant : la calomnie n'est donc pas probable. Malgré les précautions prudentes indiquées ci-dessus, on trouva quarante-six cadavres ou squelettes à Chantocé, et quatre-vingts à Machecoul.

Le maréchal avait vendu au duc de Bretagne son souverain la place de Saint-Etienne de Malemort, et il s'en remit en possession en menaçant le gouverneur d'égorger son frère qui était en son pouvoir, s'il ne la lui livrait pas. Le besoin d'argent, qui se fit sentir vers la fin de sa courte carrière forçait le maréchal à ces sortes d'actions, bien plus dangereuses pour lui que les crimes privés. Il fut condamné à mort, ainsi que ses deux complices, par un tribunal dont Pierre de L'Hôpital, sénéchal de Bretagne, était président.

Pour satisfaire, avant de mourir, un de ses goûts favoris, celui des processions, le maréchal obtint d'être conduit jusqu'au lieu du supplice par l'évêque de Nantes et son clergé. Il rendit la cérémonie complète en se montrant plein de repentir, et en prêchant; il exhorta ses complices à la mort, leur dit adieu, et promit de les rejoindre bientôt *en Paradis*. Il eut le malheur d'être pendu, au milieu des vastes prairies de Biesse, le 28 octobre 1440; il n'avait que quarante-quatre ans[1].

Il y aurait du danger à publier le procès de cet homme singulier. Dans ce siècle ennuyé et avide de distinctions, il trouverait peut-être des imitateurs.

Mais du reste ce procès arrangé en récit rappellerait les mémoires de Benvenuto Cellini, et ferait mieux connaître les mœurs du temps que tant de déclamations savantes qui conduisent au sommeil. Remarquez que les considérations gé-

[1] On peut trouver d'autres détails, tome 8, des Mélanges tirés d'une grande bibliothèque et dans Monstrelet.

nérales sont toujours comprises par le lecteur, suivant *les habitudes de son propre siècle*. Ce procès offre des faits énoncés clairement, et qu'il n'est point possible de comprendre de travers [1].

A la bibliothèque de Nantes, on a bien voulu me montrer, à moi ignorant, un manuscrit de la *Cité de Dieu* de saint Augustin, traduite par Raoul de Praesles, en 1375. Une miniature fort bien exécutée représente deux dames et un chevalier *jouant aux cartes*. Sur quoi, j'ai dit au bibliothécaire, d'un petit air pédant : « Les cartes inventées, je crois, en Chine, ne portaient pas d'abord les figures que nous leur connaissons, et dont l'Europe leur fit cadeau vers la fin du quatorzième siècle. Les noms rassemblés de toutes les époques : Hector, David, Lancelot, Charlemagne, montrent la confusion de souvenirs et d'idées qui régnait à la fin du moyen âge. »

Un grand nombre de documens relatifs aux guerres de la Vendée sont déposés aux archives de la préfecture. Si la Restauration avait eu le moindre talent gouvernemental, elle eût envoyé à Nantes quelques officiers d'état-major nés dans

---

[1] J'y joindrais les *lois et usages* passés en règlement de Boileau, le prévôt de Paris sous Louis IX. Cela est difficile à lire, j'en conviens, mais en apprend plus que vingt volumes composés de nos jours. Les notes des histoires de M. Capefigue indiquent de curieux originaux.

le pays. Ces messieurs auraient trouvé dans les papiers de la préfecture deux volumes vrais et intéressans; et tant de héros royalistes ne seraient pas restés inconnus, *carent quia vate sacro.*

Au dix-huitième siècle, le génie individuel et la passion n'ont éclaté nulle part avec plus de pittoresque, que parmi ces simples paysans qui croyaient venger Dieu.

L'alliance de tant de courage et de tant d'astuce militaire, avec l'impossibilité complète de comprendre les choses écrites, ne s'est jamais présentée à un tel degré dans l'histoire. Mon cicérone donna des soins pendant quelques heures, dans sa maison de campagne, à un Vendéen blessé à mort, qui lui dit que, à son avis, tous les prêtres se ressemblaient, et qu'il ne s'était nullement battu pour plaire à son curé; mais qu'il ne pouvait souffrir que, par sa loi sur le divorce, la Convention nationale prétendit l'obliger à quitter sa femme qu'il adorait, et que parbleu *il ne voulait céder à personne.*

Nantes est pour moi le pays des rencontres : j'ai trouvé à la Bourse un capitaine de navire, jadis mon compagnon de croisière douanière à la Martinique. Il vient de passer trois ans dans la Baltique et à Saint-Pétersbourg.

— Serons-nous cosaqués, lui dis-je?

— L'empereur N***, me répond-il, est homme

d'esprit, et serait fort distingué comme simple particulier. Ce souverain, le plus bel homme de son empire, en est aussi l'un des plus braves ; mais il est comme le lièvre de La Fontaine, la crainte le ronge. Dans tout homme d'esprit, et il y en a beaucoup à Pétersbourg, il voit un ennemi ; tant il est difficile d'avoir assez de force de caractère pour résister à la possession du pouvoir absolu.

1° Le czar est furieux contre la France ; la liberté de la presse lui donne des convulsions, et il n'a pas vingt millions de francs au service de sa colère. Le ministre des finances Kankrin est homme de talent, et c'est à peine s'il parvient à joindre les deux bouts, et en faisant jeter les hauts cris à tout le monde.

2° L'empereur ne veut pas qu'il y ait en Russie des *maris trompés*. Un jeune officier voit-il trop souvent une femme aimable, la police le fait appeler, et l'avertit de discontinuer ses visites. S'il ne tient compte de l'avis, on l'exile ; et enfin un amour extrêmement passionné pourrait conduire jusqu'en Sibérie : rien ne dépite autant la jeune noblesse. D'ordinaire les souverains absolus savent qu'ils ne se soutiennent qu'en partageant avec leur noblesse le plaisir de jouir des abus. Saint-Simon vous dira que Louis XIV donnait de grosses pensions à toute sa cour ; et, quoique ridiculement dévot, il ne prétendit jamais mettre obstacle à l'existence des maris trompés. Le duc de Villeroy, son plus intime courtisan, avait une liaison publique avec la gouvernante des enfans de France.

D'ailleurs le czar, fort beau de sa personne, est un peu comme nos préfets de France qui prêchent la religion dans leurs salons, et ne vont pas à la messe.

3° La Russie ne veut pas que la Servie jouisse de la charte que veut lui donner le prince Milosch, celui de tous les souverains d'outre-Rhin qui sait le mieux son métier.

4° Il y a beaucoup de gens d'esprit en Russie, et leur amour-propre souffre étrangement de ne pas avoir une charte, quand la Bavière, quand le Wurtemberg même, grand comme la main, en ont une. Ils veulent une chambre des pairs composée des nobles, ayant actuellement cent mille roubles de rente, déduction faite des dettes, et une chambre des députés, composée pour le premier tiers d'officiers, pour le second de nobles, pour le troisième de négocians et manufacturiers; et que tous les ans ces deux chambres votent le budget. L'on n'aime pas la liberté, comme nous l'entendons, en Russie : le noble comprend que tôt ou tard elle le priverait de ses paysans (qui d'ailleurs sont fort heureux); mais l'amour-propre du noble souffre de ne pas pouvoir venir à Paris, et de se voir traiter de barbare dans le moindre petit journal français.

Je ne doute pas, continue le capitaine C, que, avant vingt-cinq ans, ce pays-là n'aie un simulacre de charte, et la couronne achètera les orateurs avec des croix.

On dit à Pétersbourg que le général Yermolof est un homme du premier mérite, peut-être un homme de génie, on voudrait le voir ministre de l'intérieur. Le général Jomini forme des officiers fort instruits, comme on le verra à la première guerre. Mais ces officiers ne veulent pas passer pour plus bêtes que des Bavarois.

La Russie absorbe les trois quarts des livres français que produit la contrefaçon belge, et je connais vingt jeunes Russes qui sont plus au fait que vous de tout ce qu'on a imprimé à Paris depuis dix ans. Les comédies de Mme Ancelot sont jouées à Pétersbourg, en français et en russe.

— De la Bretagne, le 3 juillet.

La soirée s'est passée à entendre porter aux nues la féodalité, et par un être respectable qu'il eût été bien plus ennuyeux de réfuter..

Tout ce qu'on peut dire de mieux de la *féodalité*, comme du christianisme de Grégoire de Tours, c'est qu'elle vaut mieux que l'affreux désordre du dixième siècle. Mais le règne d'un Néron ou d'un Ferdinand valait mieux que la féodalité.

Les nigauds, ou plutôt les gens avisés, aidés par les simples, qui vantent aujourd'hui ces choses anciennes et veulent en rétablir les conséquences, disent à un homme de vingt ans : Mon cher enfant, vous vous êtes nourri de lait à l'âge de six mois, et avec le plus grand succès, convenez-en; hé bien! revenez au lait.

Ce qui faisait en 1400 l'extrême supériorité du génie italien sur le génie français, c'est que les Italiens se battaient depuis le neuvième siècle pour obtenir une certaine chose *qu'ils désiraient*, tandis que les Français suivaient leur seigneur féodal à la guerre pour ne pas être mis au cachot. Par malheur, la civilisation des *républiques du moyen âge* ayant fertilisé les campagnes d'Italie, les féodaux de l'Europe s'y donnèrent rendez-vous pour vider leurs différens.

La soirée a fini heureusement par une amère critique de la conduite de madame de Nintrey, charmante femme un peu de ma connaissance. Ce n'est rien moins qu'une aventure intéressante que je vais transcrire; c'est une conversation au sujet d'un fait fort simple, mais qui semble fort mystérieux, et surtout fort scandaleux aux *beaux* de la grande ville où on me l'a conté. Ces messieurs ont passé une grande partie de l'été au château de Rabestins. Comme le village voisin n'a que de misérables huttes que vous croiriez impossibles en France si j'entreprenais de les décrire, madame de Nintrey a fait arranger une maison de jardinier, où l'on peut offrir des cellules à bon nombre de visiteurs et l'on se dispute les places; car madame de Nintrey n'a pas quarante ans. Suivant moi, elle est fort avenante, elle est jolie, ses manières sont fort nobles sans être dédaigneuses; je trouve ses façons de parler remplies de naturel; et, si un regard le permettait, elle ne manquerait pas d'adorateurs, mais personne n'ose prendre ce langage. Les *beaux* sont rudement tentés, sa fortune est la plus ample de la province; mais elle veut qu'on n'ait d'yeux que pour sa fille. Léonor de Nintrey est une beauté imposante; elle a des traits grecs, à peine vingt ans, et de plus elle apporte à son futur époux vingt-cinq mille livres de rente *dans son tablier* et des espérances immenses. Si le lecteur est doué d'une imagination de feu, il peut se faire une faible idée de l'effet produit par la réunion de tant de belles choses. Le fait est que mademoiselle de Nintrey peut changer du tout au tout la vie future de tous les jeunes gens qui l'approchent. Elle a pour tuteur et pour second père un notaire, nommé *Juge*, homme intègre et singulier, parent de feu M. de Nintrey, et auquel tout le monde fait la cour dans le département. Lui, malin vieillard, se compare à Ulysse et tourne en ridicule les prétendans.

Hier soir il m'a fallu veiller jusqu'à *minuit trois quarts*, heure indue à cent cinquante lieues de Paris. Le maître de la maison, un peu ganache, *narrait*, et à chaque instant on lui interrompait ses phrases. Des indiscrets essayaient d'usurper la parole sous prétexte d'ajouter des circonstances essentielles à ce qu'il nous disait.

Son récit n'est point extraordinaire, il n'a d'autre mérite qu'une plate exactitude; cela est vrai comme une affiche de village annonçant de la luzerne à vendre. Et cette vérité est une difficulté pour l'écrivain : comme les personnages vivent encore et sont même fort jeunes, je vais avoir recours à une foule de noms supposés, et je déclare hautement que je ne prétends nullement approuver les actions ou les manières de voir de ces noms supposés.

Le lecteur sait déjà que tout le Roussillon s'occupait de la beauté, de la fortune et même de l'esprit de mademoiselle de Nintrey, fille unique d'une femme singulière, qui n'a jamais été ce qu'on appelle une beauté; mais qui n'en a pas moins inspiré trois ou quatre grandes passions auxquelles elle s'est montrée fort insensible. Une grace charmante et dont ces gens-ci ne peuvent se rendre compte, a valu ces grands succès à madame de Nintrey. On l'accusait hautement de coquetterie; mais les femmes qui la détestent toutes conviennent que, par orgueil, elle n'a jamais pris d'amant. Elle parlait à nos hommes *comme une sœur*, disent-elles, et cela nous faisait tort. Madame de Nintrey, à laquelle j'ai eu l'honneur d'être présenté à l'un de mes précédens voyages, n'oppose qu'une simplicité parfaite et véritable à la profonde et immense politique qui compose le savoir-vivre de la province, surtout parmi les gens qui ont dix mille livres de rente et un château, et qui aspirent à doubler tout cela. Or, madame de Nintrey a trois châteaux, dans l'un desquels j'ai reçu l'hospitalité il y a peu de jours. Vu la pauvreté du village, le concierge m'a donné une cellule, et ce qui m'a surpris, j'ai trouvé encadrés dans la longue galerie qui y conduit, les portraits gravés de plus de quatre cents personnages qui se sont fait un nom depuis 1789. C'est précisément ce château qu'elle habitait avant son aventure. Autant que je puis comprendre ce caractère singulier qui donne à parler en ce moment à huit départemens, madame de Nintrey ose faire à chaque moment de la vie ce qui lui plaît le plus dans ce moment là. Ainsi tous les sots l'exècrent, eux qui n'ont pour tout esprit que leur science sociale. Se trouvant fort riche et assez noble en 1815, deux de ces hommes habiles, qu'on appelle jésuites en ce pays, entreprirent de la marier dans l'intérêt d'un certain parti. Tout à coup on apprit qu'elle venait d'épouser un M. de Nintrey, qui n'avait rien. C'était un pauvre officier licencié de l'armée de la Loire.

Au moment de ce licenciement nigaud, le bataillon que M. de Nintrey commandait comme le plus ancien capitaine, se révolte; il veut avoir sa solde arriérée avant de se laisser licencier: M. de Nintrey fait rendre justice à sa troupe. Mais quelques voix l'avaient accusé d'être d'accord avec les royalistes qui licenciaient l'armée. Cette opération terminée, M. de Nintrey prie les soldats de se former en carré.

— Messieurs, leur dit-il, car je suis votre égal maintenant, nous sommes tous des citoyens français, Messieurs, pleine justice vous a-t-elle été rendue?

— Oui, oui! Vive le capitaine! Les cris ayant cessé,

— Messieurs, reprend M. de Nintrey, quelques voix se sont élevées pour m'accuser d'une sorte de friponnerie, et je prétends, parbleu, en avoir raison. Le Martroy passe pour le premier maître d'armes du régiment, en avant, le Martroy, et habit bas.

Tout le monde réclame. Les cris de vive le capitaine éclatent de toutes parts; mais, quoi qu'on pût dire, Le Martroy est obligé de détacher les fleurets qu'il portait sur son sac. On fait sauter les boutons, on se bat assez long-temps. D'abord M. de Nintrey est touché à la main, mais bientôt après il donne un bon coup d'épée à Le Martroy.

—Messieurs, dit-il, j'ai quarante et un louis pour toute fortune au monde, en voici vingt et un que je donne au brave Le Martroy pour se faire panser. Le bataillon fondit en larmes, Nintrey a dit depuis qu'il eut quelque idée de former une guérillas, de venir s'établir dans la forêt de Compiègne, et de suppléer au manque de résolution de ces maréchaux qui avaient fait la guerre en Espagne, et ne savaient pas imiter ce peuple héroïque. Madame de Nintrey, sur le récit de ce trait et presque sans le connaître, épousa le brave officier. Sur quoi grande colère et prédictions fatales. Toute la haute société de la province destinait pour mari à la richissime mademoiselle de R.. un jeune adepte qui écrivait déjà d'assez jolis articles dans les journaux de la congrégation. Les salons provinciaux reçurent froidement M. de Nintrey; il vint habiter Paris où l'on n'a le temps de persécuter personne : il y mourut lorsque sa fille unique avait quinze ans.

La belle Léonor de Nintrey annonça en grandissant un caractère ferme, elle est fière de sa naissance et de sa fortune, elle a jugé le mérite de tous les grands noms à marier, et jusqu'à l'âge de vingt ans qu'elle a aujourd'hui, n'a trouvé personne digne de sa main.

On prétend que madame de Nintrey disait à sa fille : « Je te laisserai assurément toute liberté ; » mais, si j'étais à ta place, je ferais semblant » d'être pauvre, pour tâcher de trouver un mari » qui ressemble un peu à ton pauvre père. Un » beau de Paris t'épousera pour ta fortune, et à » la messe de mariage regardera dans les tri- » bunes. Il dissipera la moitié de cette fortune » dans quelque ridicule spéculation sur les mines » ou les chemins de fer, et finira par te négliger » pour quelque actrice des Variétés qui l'amusera » en disant tout ce qui lui passe par la tête. »

C'est apparemment pour éviter le dénoûment qu'elle redoutait que madame de Nintrey passait dix mois de l'année dans ses terres. On accuse la belle Léonor d'avoir le caractère décidé d'une femme de vingt-cinq ans.

On revient longuement sur tous ces détails que j'abrège, depuis l'événement que je vais enfin raconter, si je puis. Des provinciaux envieux font un autre reproche grave à madame de Nintrey. Elle ne se cachait pas pour dire à la barbe de leur avarice qu'elle trouvait de la petitesse d'esprit à ne pas dépenser son revenu. Mais comme elle a les goûts les plus simples, c'était dans le fait la belle Léonor qui, à Paris ou dans les châteaux de sa mère, dépensait cinquante ou soixante mille livres de rente. On accuse mademoiselle de Nintrey d'avoir un caractère trop décidé ; je croirais, moi, que le ciel l'a douée d'un rare bon sens, car, malgré le nombre infini d'actions qu'il faut faire pour dépenser tous les ans un revenu considérable, la haine ne peut lui reprocher aucune fausse démarche, ni même aucune action ridicule. Les mères qui ont des filles à marier, n'ont pu trouver aucun prétexte pour étendre à la belle Léonor la réputation de mauvaise tête, que madame de Nintrey a si richement méritée par son scandaleux mariage.

Rien n'étant plus facile que d'être reçu chez madame de Nintrey et le grand château gothique et ruiné où le caprice de Léonor l'avait conduite cette année, n'ayant pour voisin qu'un mauvais village sans auberge, elle avait fait arranger la maison du jardinier, où, comme je l'ai dit, on voit les portraits de tous nos révolutionnaires. Il y a trois mois que l'on remarqua parmi les nouveaux arrivans un M. Charles Villeraye, qui, quoique fort jeune, a déjà dissipé sa fortune à Paris. Depuis, il a fait plusieurs voyages dans les Indes, soit pour cacher sa pauvreté, soit pour essayer d'y remédier ; c'est ce qu'on ne sait pas au juste, car Villeraye n'adresse jamais la parole à des hommes, il est avec eux d'un silencieux ridicule. Il emploie le peu d'argent qui lui reste à avoir un beau cheval. Mais il est si pauvre qu'il ne peut donner un cheval à son domestique ; et, tandis qu'il voyage à cheval, son domestique lui court après par la diligence. De façon que, lorsqu'il arriva au château de Rabestins, on le vit les premiers jours panser lui-même son cheval, ce qui parut d'un goût horrible aux *beaux* de la ville de ***. Mais en revanche les femmes ne parlaient que de Charles Villeraye. C'est un être vif, alerte, léger, il porte dans tous ses mouvemens un laisser-aller simple et non étudié qui étonne d'abord ; on croirait avoir affaire à un étranger. Suivant moi, c'est un homme de cœur qui désespère de plaire à la société actuelle, et, par ce chemin étrange mais peu réjouissant, arrive à des succès. Il faut que les *beaux* aient entrevu ma conjecture, car ils veillent jusqu'à une heure du matin pour en dire du mal. Ce qui est piquant pour ceux de ces messieurs qui ont adopté le genre terrible, c'est que Charles passe pour être fort adroit à toutes les armes. Les propos ont soin de se taire en sa présence, d'ailleur il serait difficile d'entamer une conversation avec l'*Indien* ; c'est le sobriquet inventé par les *beaux*. Il répond à ce qu'on lui dit avec une politesse froide; mais, quoi qu'on ait pu faire, on ne l'a point vu adresser la parole à un homme ou lancer un sujet de conversation.

Charles était un peu parent de feu M. de Nintrey, et sa veuve le sachant de retour depuis quelque temps dans la province voisine où il est né, mais où il ne possède plus rien, l'a invité à venir tuer des perdreaux dans ses chasses qui sont superbes. Mais les politiques ne doutent pas qu'elle n'ait eu l'idée barroque d'en faire un mari pour sa fille. Une fois ne lui est-il pas échappé de dire devant deux notaires et presque comme se parlant à elle-même: « Quel avantage y a-t-il pour » une fille au dessus de toutes les exigences » par la fortune à épouser un homme riche? Ce » qu'elle a de mieux à espérer, n'est-ce pas que son » mari ne gâte pas sa position sous ce rapport? »

Lors de l'arrivée de Charles, la fierté de Léonor a paru fort choquée de ce que, venu au château un soir fort tard, dès le lendemain avant le jour il s'est joint à une partie de chasse au sanglier. Les chasseurs ne rentrèrent qu'à la nuit noire. Charles Villeraye était horriblement fatigué, et, dès qu'il eut assisté à un souper où il mangea comme un sauvage sans dire mot, il alla visiter son cheval à l'écurie et ne reparut pas au salon.

Ce qui est encore d'une plus rare impolitesse;

c'est qu'il devina, dès le premier jour, que la belle Léonor le regardait un peu comme un futur mari. Madame de Nintrey est bien assez imprudente pour avoir fait une telle confidence à sa fille, disaient ce soir les respectables mères de famille qui essayaient de ravir la parole à mon hôte qui narrait posément et *avec circonstance*, ainsi que le lecteur s'en aperçoit. Comme il reprenait la parole après une longue interruption à laquelle je dois la plupart des détails précédens :

— Elle est bien capable, reprit l'une de ces dames, d'avoir dit à sa fille : « Je préférerais un
» jeune homme qui a eu six chevaux dans son
» écurie, et qui s'est déjà ruiné une fois. Peut-
» être aura-t-il compris l'ennui qu'il y a à panser
» soi-même son cheval. »

Quoi qu'il en soit, Charles dans les premiers jours paraissait avoir pris à la lettre l'invitation de madame de Nintrey, qui lui avait écrit de regarder son château comme une auberge dans le voisinage d'une belle chasse. Mais bientôt sa conduite changea du tout au tout ; on le voyait des journées entières au château.

Que s'est-il passé alors entre lui et la fière Léonor, entre lui et madame de Nintrey ?

Il paraît que Charles a vu tout d'abord que mademoiselle de Nintrey regardait ce mariage comme sûr si elle daignait y consentir, par la grande raison que lui, Charles, n'avait pas trois cents louis de rente, et qu'elle en aurait dix fois plus. Ce qu'il y a de certain, c'est que le dixième jour de sa présence au château il a produit un grand silence au milieu du déjeûner, en disant, comme on parlait mariage, que, quant à lui, pauvre diable ruiné, il prétendait bien ne jamais s'engager dans un lien si redoutable.

On dit que dès ce jour-là il était amoureux fou de madame de Nintrey, et que si, contre son caractère, il lui arriva de parler de lui et de ses projets, c'est qu'il voulait, dans l'esprit de madame de Nintrey, aller au devant de cet horrible soupçon, que, s'il l'aimait, c'était un peu parce qu'il trouvait commode de jouir avec elle d'une belle fortune.

« Madame de Nintrey est la femme la plus
» simple, la plus unie; elle ne fait nul honneur
» à sa fortune, disait ce soir l'une de ces dames
» grande et maigre. On peut ajouter que son
» petit esprit est indigne d'une aussi belle posi-
» tion, et, quant à moi, je l'aurais toujours
» prise pour une sotte, sans toute l'affectation
» qu'elle met de temps en temps à soutenir des
» *paradoxes.* »

A ce beau mot de *paradoxe* tout le monde a voulu prendre la parole, et j'ai compris que madame de Nintrey avait pu être séduite par le suprême bonheur de ne plus revoir des gens parlant avec tant d'éloquence. Il paraît qu'elle n'avait jamais été amoureuse : *comme une folle, comme il convient à une femme de ce caractère-là*, disait ce soir un vieux philosophe bossu. Son premier mariage, si étonnant, n'aurait été pour elle qu'un mariage de raison. Elle avait dix-huit ans, et voyait bien, avec sa fortune, qu'il fallait finir par se marier.

Il paraît que, par les femmes de chambre, on a obtenu quelques détails précieux sur la conclusion de l'aventure. Elles prétendent qu'un soir M. Villeraye, se promenant au jardin avec madame de Nintrey devant les persiennes du rez-de-chaussée, *lui tint à peu près ce langage :* Il faut, Madame, que je vous fasse un aveu que ma pauvreté connue rend bien humiliant pour moi. Je ne puis plus espérer de bonheur qu'autant que je parviendrai à vous inspirer un peu de l'attachement passionné que j'ai pour vous. Et comment oser vous parler d'amour sans ajouter le mot mariage? Et quel mot affreux et humiliant pour un homme ruiné! Je ne pourrais plus répondre de moi si j'étais votre époux; l'horreur du mépris me ferait faire quelque folie. Si l'argent au contraire n'entre pour rien dans notre union, je me regarderais comme ayant enfin trouvé ce bonheur parfait que je commençais à regarder comme une prétention ridicule de ma part.

Par de bons actes fort en règle et des donations acceptées par M. Juge, madame de Nintrey a donné à sa fille tous ses biens, à l'exception de deux terres. Elle a vendu l'une au receveur général, trois cent mille francs à peu près comptant, elle a signé pour l'autre un bail de dix ans. Elle est partie pour l'Angleterre après avoir remis sa fille à M. Juge; sans doute aujourd'hui on l'appelle madame Villeraye. Son caractère si égal avait absolument changé dans ces derniers tems, disent les femmes de chambre. M. Juge était dans le salon ce soir, il se moque plus que jamais de tout le monde. Quant à moi je suppose que madame de Nintrey avait lieu de croire que sa fille avait pris de l'amour pour M. Villeraye.

L'hôtel de la préfecture, bâti en 1777, a deux façades d'ordre ionique, qui dans le pays passent pour belles ; l'une d'elles donne sur la vallée de l'Erdre et m'avait déjà déplu le lendemain de mon arrivée. La colonnade de la Bourse, construite, ce me semble sous le ministère de M. Crétet (un de ces grands travailleurs employés par Napoléon), se compose de dix colonnes ioniques, qui supportent un entablement couronné par dix mauvaises statues. La façade opposée offre un prétendu portique d'ordre dorique et aussi quatre statues pitoyables.

La salle de spectacle a un pérystile de huit colonnes d'ordre corinthien, qui, comme celles de la Bourse et de la préfecture, manquent tout à fait de *style*. Ces huit colonnes sont couronnées par huit pauvre statues représentant les muses; laquelle a eu le bonheur d'être oubliée? Le véritable caractère de l'architecture de Louis XV, c'est de faire des colonnes qui ne soient que des poteaux.

Il m'a fallu voir le Muséum d'histoire naturelle, l'Hôtel des Monnaies, la Halle au blé, la Halle aux toiles, la maison du chapitre; du moins le balcon de celle-ci est-il décoré de quatre cariatides en bas-relief, que l'on prétend copiées des cartons du Puget; mais les échevins de Nantes les ont fait gratter et peindre. Peu de sculptures auraient pu résister à un traitement aussi barbare, toutefois on trouve encore dans celles-ci quelques traits de force et d'énergie.

Quoi qu'on en dise, le Français, surtout en province, n'a nullement le *sentiment des arts*; je me hâte d'ajouter qu'il a celui de la *bravoure*, de l'*esprit* et du *comique*. Si vous doutez de la partie défavorable de mon assertion, allez voir les deux cariatides sur la place de la cathédrale à Nantes.

Je croyais être quitte des beautés de cette ville;

mais il m'a fallu subir encore les hôtels de Rosmadec, d'Aux, Deurbroucq et Briord. Je n'ai été un peu consolé durant cette longue corvée que par une jolie façade dans le goût de la renaissance, près de la cathédrale. Ce bâtiment sert maintenant à un déplorable usage : on y dépose les cercueils en bois.

Une tour ronde dans la rue de la cathédrale indique les anciennes fortifications de la ville.

Je suis revenu en courant chez moi, me consoler de tant d'*admirations* par la lecture des mémoires de Retz en un volume que j'ai découvert ce matin en passant devant un libraire. Puis, un peu remis, je suis sorti tout seul. Nantes a réellement l'air grande ville; j'aime beaucoup la place royale vaste et régulière. Elle est formée de neuf massifs de bâtimens, construits sur un plan symétrique. Le bonheur de Nantes, c'est que la mode a bien voulu y adopter de belles maisons en pierre à trois étages, à peu près égaux; rien n'est plus joli. Les vilains quartiers, formés de maisons de bois dont le premier étage avance sur la rue, comme à Troyes, disparaissent rapidement. On trouve en plusieurs endroits de jolis boulevarts formés de quatre rangs d'arbres et entourés de belles maisons. A la vérité ces boulevarts sont solitaires, et les maisons ont l'air triste. Souvent je suis allé lire dans celui qui est situé presque en face du théâtre ; mais on ne l'aperçoit point de la place Gralin. Il est peuplé d'un nombre infini d'oiseaux chanteurs [1].

— Nantes le 4 juillet.

Le croira-t-on ? je n'ai pu me défendre d'une seconde course pour admirer Nantes. Les charges de l'amitié, même la plus nouvelle, l'emportent souvent sur ses agrémens. Cette obligation de regarder avec attention et une sorte de respect apparent tant de plates colonnes *sans style*, m'avait assommé. Long-tems j'ai lutté ; nous avions des dames et mon aimable cicérone avait pris le landau d'un de ses amis : il est impossible d'être plus obligeant. Mais il fallait parler, c'est à dire mentir; sous ce rapport je ne suis pas de mon siècle. A la fin mon courage a cédé : j'aurais résisté à une besogne désagréable, lever un plan, par exemple, ou faire des recherches dans de vieux manuscrits. Mais par le mensonge me dégoûter de l'architecture et des paysages, les consolations de

[1] On m'a dit que c'est le *cours de Henri* IV. Toujours Henri IV ! En exagérant le mérite et surtout la prétendue bonté de cet adroit gascon, fort envieux de sa nature, et qui défendait à ses courtisans de lire Tacite de peur qu'ils n'y prissent des idées d'indépendance peu favorables à son autorité, on finira par forcer les gens qui savent, à dire toute la vérité sur ce grand général.

ma solitude! J'ai parlé d'une attaque de migraine, et mon ami a eu la bonté de me conduire chez un loueur de voitures qui m'a donné un excellent cheval attelé au plus ridicule des cabriolets; c'est dans cet équipage grotesque que je suis allé parcourir seul les environs de la ville. Un écrivain du dix-huitième siècle s'écrierait ici : Jamais la *nature* n'est ridicule. Le fait est que la vue des arbres et des prairies m'a délassé : j'ai trouvé d'immenses prairies bordées de coteaux couverts de vignes; j'ai passé encore par cette éternelle rue qui couronne tous les ponts de la Loire, elle peut bien avoir trois quarts de lieue de long. Le pavé est une horreur.

Remarquez que, outre la vision de l'architecture du siècle de Louis XV appliquée à de petits bâtimens qui n'ont pas même pour eux la *masse*, j'ai dû subir le détail sans doute exagéré de tous les genres d'industrie et de *commerce maritime* qui enrichissaient Nantes avant la fatale révolution. Les journaux royalistes font travailler dans ce sens les imaginations de l'ouest. Le pays idéal où tout était parfait a été détruit par la révolution.

Depuis quelques années le Hâvre est devenu le port de Paris, et s'est emparé des opérations qui jadis faisaient la splendeur de Nantes et de Bordeaux. Les descendans des hommes qui, en ces villes, faisaient tous les ans des gains fort considérables, ne font plus que des gains modérés, et prétendent néanmoins avoir un luxe que leurs *pères ne connurent jamais*. Ces messieurs sont en état de colère permanente.

Sommes-nous des *parias*, me disaient-ils ce soir? Paris doit-il tout avoir? Devons-nous nous épuiser pour *servir le cinq pour cent* aux soixante mille rentiers de Paris?

Les habitans de Nantes et de Bordeaux s'en prennent à la chambre des députés, qui, disent-ils, en 1837, n'a pas voulu voter les chemins de fer, parce qu'ils donneraient à la province une partie des avantages de Paris.

—Oui, leur dis-je, vous viendrez jouer à la Bourse.

Ces messieurs prétendent que la chambre a fait preuve d'une grande ignorance; mais cette ignorance, à l'égard des chemins de fer, est générale en France, tandis qu'à Liége et à Bruxelles, tout le monde comprend cette question. Est-ce la faute de la chambre, si la France n'a pas d'hommes comme M. Meus! En France, les négocians gagnent de l'argent par routine; mais se moquent fort de l'économie politique. Quel est le négociant millionnaire qui ait lu Say, Malthus, Ricardo, Macaulay? Il résulte de là, que, dès qu'il faut s'occuper d'une chose nouvelle, on ne sait que dire ni que faire. Remarquez que, pour les choses d'association, il ne s'agit pas de la supériorité d'un *homme* : *l'envie* en ferait bien vite justice. Il faut que quatre-vingts ou cent hommes soient à la hauteur de la science et au delà de la routine.

Les chemins de fer facilitent le commerce; mais, à l'exception du nombre des voyageurs qu'ils augmentent (à la façon des Omnibus), ils ne *créent aucune consommation*, aucun commerce nouveau.

Comme j'ai une véritable estime et beaucoup de reconnaissance pour les personnes avec lesquelles j'ai parcouru Nantes aujourd'hui, je leur fais remarquer qu'avant la révolution, dans les temps prospères de Nantes et de Bordeaux, Paris avait quatre cent cinquante mille habitans, et non neuf cent quatre-vingt mille; il était peuplé de grands propriétaires, et qui, à l'exemple du duc de Richelieu et de l'évêque d'Avranches, cherchaient à plaire aux dames. Les débuts à l'Opéra étaient pour eux la grande affaire; penser aux leurs était une corvée insupportable : ils n'avaient jamais mille écus dans leurs bureaux. Aujourd'hui il n'est pas d'homme riche à Paris, qui, au moins une fois en sa vie, n'ait été dupe d'un bavard adroit et sans argent, qui l'a précipité dans quelque grande spéculation excessivement avantageuse. Ces hommes riches, ne prenant plus intérêt aux débuts de l'Opéra, n'ont, pour s'occuper, que la Chambre, la Bourse, et les spéculations plus ou moins absurdes, dans lesquelles les jettent les beaux parleurs qui sont pour eux *remèdes à l'ennui*. Guéris une fois des Robert-Macaires, il est naturel que ces gens riches confient leur argent aux habiles spéculateurs de toutes les nations, qui maintenant se donnent rendez-vous au Hâvre. Nantes et Bordeaux sont trop loin.

Cette journée si pénible eût été affreuse pour moi, au point de me dégoûter des voyages, si elle ne se fût terminée par une représentation de Bouffé. Je comptais ne passer qu'une demi-heure au spectacle ; mais le jeu si vrai et si peu fat de cet excellent acteur m'a retenu jusqu'à la fin. D'ailleurs j'attendais M. C., le père noble, avec lequel j'étais bien aise de causer. Je pensais que sa raison profonde était le vrai remède à mon ennui : c'est ce qui est advenu. Nous étions horriblement mal à l'orchestre : tout le monde se plaignait. Dans les entr'actes, je me trouvais bien dupe de m'être fourré là. Voilà une des causes de la décadence de l'art dramatique : on est si mal au théâtre, que le théâtre s'en va.

M. C. ajoutait : « On aime mieux lire une tragédie de Shakespeare, que la voir représenter ;

et, pour qui sait lire, le théâtre perd de son intérêt. Voyez à Paris; les grands et légitimes succès sont à l'Ambigu-Comique, à la Porte-Saint-Martin, dans les salles occupées par des spectateurs qui ne *savent pas lire.* »

Pour les gens qui lisent, les romans et les journaux remplacent à demi le théâtre. Il était la vie de la société, il y a soixante ans, du temps de Collé, de Diderot, de Bachaumont (voir leurs Mémoires). Le grand changement qui s'opère a plusieurs causes :

1° La *sauvagerie générale*; on aime mieux avoir du plaisir au coin de son feu. Dès qu'on est hors de chez soi, il faut jouer une comédie fatigante, ou *perdre en considération.*

2° On a vu Andromaque par Talma : on ne veut pas gâter un souvenir brillant de génie.

3° On est horriblement mal dans les théâtres de Paris; or, depuis que la gaîté s'est envolée, nous tenons au bien-être. Il s'écoulera peut-être trente ans avant que la mode s'avise d'ordonner aux entrepreneurs de spectacle de faire arranger leurs théâtres comme celui de l'Opéra-Italien à Londres; l'on y a des fauteuils fort espacés.

4° Le spectacle et le dîner se font la guerre. Il faut dîner à la hâte, et, au sortir de table, courir s'enfermer dans une salle échauffée par les respirations. Pour bien des gens, cette seule cause suffit pour paralyser l'esprit et le rendre incapable de goûter des plaisirs quelconques.

5° Pour peu qu'on ait d'imagination, on aime mieux lire Andromaque, et choisir un moment où l'esprit se trouve régner en maître sur la *guenille* qui lui est jointe. Quand on a le malheur de savoir par cœur les quinze ou vingt bonnes tragédies, on lit des romans qui ont *le charme de l'imprévu.*

Il ne restera, je pense, à l'art dramatique que la comédie *qui fait rire.* C'est que le rire vient de l'imprévu et de la *soudaine comparaison* que je fais de moi à un autre.

C'est que ma joie est quadruplée par celle du voisin. Dans une salle remplie jusqu'aux combles et bien électrisée, les lazzis d'un acteur aimé du public renouvellent vingt fois le rire après le trait véritablement comique de la pièce. Il faut donc *voir jouer* les comédies de Regnard, et non pas les lires; il faut voir jouer *Prosper et Vincent,* le *Père de la débutante* et toutes les farces, plus certains petits drames : *Michel Perrin,* le *Pauvre Diable, Monsieur Blandin,* etc.

A cette seule exception près, le théâtre s'en va.

6° Je ne parle que pour mémoire des *expositions trop claires* et autres choses grossières auxquelles force la présence des enrichis.

Vers 1850 on ira à un théâtre, parce qu'il offrira des stalles de deux pieds de large séparées par de véritables bras de fauteuil, et, comme à l'Opéra de Londres, le spectateur ne sera point obligé de retirer les jambes quand son voisin rentre après les entr'actes. A chaque instant il sera loisible à l'heureux spectateur d'aller prendre l'air dans un immense foyer; il sera sûr de ne pas déranger ses voisins en regagnant sa place. La moitié des loges seront de petits salons fermés par des rideaux, comme on le voit à Saint-Charles, à la Scala, et dans tous les théâtres d'un pays où la civilisation n'est pas sortie de la féodalité et ne demande pas tous ses plaisirs à une seule passion : *la vanité*.

Lorsque, au moyen de précautions si simples, on aura assuré le bien-être *physique* du spectateur, on lui offrira un acte de musique qui durera une heure, une pantomime mêlée de danses, dans le genre de celles de Viganò[1], une heure, et enfin un dernier acte de musique de cinq quarts-d'heure.

---

[1] Milan, 1810 à 1816; *Otello*, la *Vestale*, *Prométhée*. le *Chêne de Bénévent*, etc., principaux chefs-d'œuvre de ce grand artiste inconnu à Paris, et par conséquent à l'Europe. La liberté de la presse et l'*imprévu*, non le talent de nos orateurs, font qu'à Vienne, Berlin, Munich, on ne peut rien imprimer d'aussi amusant que nos journaux,

Dans les grandes occasions, le spectacle finira par un ballet comique qui ne pourra durer plus de vingt minutes, et dont tous les airs seront pris dans des opéras célèbres. Ce sera pour le public une occasion d'entendre les délicieuses cantilènes de Cimarosa, Pergolèse, Paisiello, et autres grands maîtres que notre goût pour le tapage d'orchestre nous fait trouver froids. Du temps des grands peintres Coypel et Vanloo, on accusait Raphael d'être froid.

Quatre ou cinq fois par an, à l'occasion de certains évènemens mémorables, on jouera la tragédie avec toute la pompe que l'on prodigue maintenant aux ballets. Et la tragédie sera suivie d'un ballet comique.

Dans ce théâtre modèle, on admettra les électeurs, les membres de l'Institut, les officiers de la garde nationale, enfin tous les gens qui offrent quelques garanties, moyennant un abonnement annuel très peu cher. Il arrivera de là que pour toutes sortes d'affaires on se donnera rendez-vous au théâtre, comme on fait à Milan. Les femmes recevront des visites dans leurs loges. Le billet d'entrée sera de cinq francs.

Les sixièmes loges, auxquelles on arrivera par un escalier à part, s'ouvriront moyennant cinquante centimes, (comme à Milan le Loggione). Tous les gens bruyans iront au Loggione.

Je n'ai pas eu le temps d'aller à Clisson, dont bien me fâche; on m'assure que le site est charmant. M. Cacault, ancien ministre de France à Rome, s'y était retiré; et, d'après ses conseils, la ville, plusieurs fois brûlée dans le cours des guerres civiles, a été rebâtie en briques et un peu dans le goût italien.

M. de B. nous disait ce soir qu'on ne trouverait pas maintenant cent paysans bretons pour faire la guerre civile; tandis qu'au commencement de la Vendée, ce furent les paysans qui allèrent chercher les gentilshommes dans leurs châteaux et les forcèrent de se mettre à leur tête.

— Vannes, le 5 juillet.

Ce matin, à sept heures, j'ai quitté Nantes par la diligence, fort satisfait de cette noble et grande ville. La colline sur laquelle elle est bâtie procure à plusieurs de ses rues une pente admirable pour la salubrité comme pour la beauté. Il y a même des aspects pittoresques vers une église neuve qui domine l'Erdre. Quoique Nantes n'ait pas les beaux monumens gothiques qui fourmillent à Rouen, elle a l'air infiniment plus noble.

Au sortir de Nantes par la route de Vannes, on est bientôt abandonné par les maisons de campagne, et l'on se trouve comme perdu au milieu d'une vaste bruyère parfaitement stérile. C'est ainsi que nous avons fait les seize lieues les plus tristes du monde jusqu'à la Roche-Bernard. Je désespérais du paysage, et ne me donnais plus la peine de le regarder; j'étais sombre et découragé, et bien loin de m'attendre à ce que j'allais voir, lorsque le conducteur m'a demandé si je voulais descendre pour le passage de la Vilaine.

Il était déjà cinq heures du soir, le ciel était chargé de nuages noirs. En descendant de voiture, je n'ai rien vu que de laid. Une pauvre maison se présentait, j'y suis entré pour avoir du feu; on m'a offert un verre de cidre, que j'ai accepté pour payer le dérangement que j'avais causé.

Je n'avais pas fait deux cents pas, que j'ai été surpris par une des scènes naturelles les plus belles que j'aie jamais rencontrées. La route descend tout à coup dans une vallée sauvage et désolée; au fond de cette vallée étroite, et qui semble à cent lieues de la mer, la Vilaine était refoulée rapidement par la marée montante. Le spectacle de cette force irrésistible, la mer envahissant jusqu'aux bords cette étroite vallée, joint à l'apparence tragique des rochers nus qui la bornent et du peu que je voyais encore de la plaine, m'a jeté dans une rêverie animée bien différente de l'état de langueur où je me trouvais depuis Nantes. Il va sans dire que j'ai senti l'effet et que j'en ai joui bien avant d'en voir le pourquoi. Ce n'est même qu'en ce moment, en écrivant ceci, que je puis m'en rendre compte. J'ai pensé au combat des *trente* et au fort petit nombre d'évènemens de l'histoire de Bretagne que je sais encore. Bientôt les plus belles descriptions de Walter Scott me sont revenues à la mémoire. J'en jouissais avec délices. La misère même du pays contribuait à l'émotion qu'il donnait, je dirais même sa laideur; si le paysage eût été plus beau, il eût été moins terrible, une partie de l'ame eût été occupée à sentir sa beauté. On ne voit nullement la mer, ce qui rend plus étrange l'apparition de la marée.

Par cette fin de journée sombre et triste, le danger sérieux et laid semblait écrit sur tous les petits rochers garnis de petits arbres rabougris qui environnent cette rivière fangeuse. Les bateliers avaient beaucoup de peine à faire entrer notre grosse diligence dans leur petit bateau. Comme la montée du côté de Vannes est très rapide, j'ai vu que je pouvais avoir le plaisir d'être seul encore assez long-temps. Deux forts jolies femmes de la classe ouvrière riche ont pris aussi le parti de faire la montée à pied; mais je préfère de beaucoup les sensations que me donne mon cigare, et je me tiens exprès à cinquante pas d'elles et du vieux parent qui leur sert de chaperon. La plus âgée, veuve de vingt-cinq ans, avait cependant un œil fort vif et bonne envie de parler, et sans doute, si j'avais eu dix ans de moins, je ne lui aurais pas préféré les sensations tragiques que me donnaient les passages des romans de Walter Scott qui me revenaient à la pensée. Je n'ai rien vu d'aussi semblable que le paysage du bac de la Vilaine et l'Ecosse désolée, triste, puritaine, fanatique, telle que je me la figurais avant de l'avoir vue. Et j'aime mieux l'image que je m'en faisais alors que la réalité; cette plate réalité, toute dégoûtante d'amour exclusif pour l'argent et l'avancement, n'a pu chez moi détruire l'image poétique.

Il faut noter qu'à six cents pas au dessus de ce bac, à droite et du côté de Nantes, on aperçoit, contre la pente du coteau couvert d'une sombre verdure, une route tracée et dont la terre blanche marque une ligne au milieu des broussailles. C'est à l'extrémité de cette ligne que l'on va commencer un pont en fil de fer, qui passera à cent cinquante pieds au dessus du niveau de la Vilaine. On m'a beaucoup parlé de ce pont à Vannes, mais sous le rapport financier.

Après la longue montée que nous avons faite à pied et un peu par la pluie, nous sommes arrivés à une auberge d'une exiguité vraiment anglaise. Le toit de la maison est à quinze pieds du sol ; la salle à manger, au rez-de-chaussée, peut avoir huit pieds de hauteur et dix pieds de long ; mais les fenêtres à petits carreaux de cette salle étaient garnies de fleurs charmantes.

Là, de jolies petites servantes bretonnes nous ont servi, avec toute la bonhomie possible, un dîner passable, et il a bien fallu faire connaissance avec les jeunes femmes. Dès lors, adieu à toutes les sensations tragiques. On parle beaucoup du maître de la maison, qui est *membre de la Légion-d'Honneur*. Il est allé à Vannes pour le jury. C'est un ancien soldat de la *république*, haut de six pieds. La servante nous a montré avec respect la *belle croix* de son oncle suspendue dans l'armoire au linge. Ce soldat de la république, né à l'autre bout de la France et implanté sur les bords de la Vilaine, a dû être là dans une sorte d'hostilité perpétuelle. Je me figure que, lorsqu'il se promène dans la campagne, il a toujours son fusil sous prétexte de chasse. Au bout de dix ans, quand on l'a vu sans peur, il y aura eu réconciliation avec les braves Bretons. Walter Scott a peint souvent ce genre d'existence, auquel une petite pointe de danger enlève la monotonie et toutes les petitesses bourgeoises qui font la vie d'un aubergiste des environs de Bourges.

De la Vilaine à Vannes, le pays devient fort

joli ; il y a des arbres bien verts, et souvent, pendant ces dix lieues de chemin, nous avons aperçu l'admirable baie du Morbihan. J'ai eu le courage de lire.

A Nantes, j'ai fait découdre le gros volume des Mémoires du cardinal de Retz, de façon à l'avoir en feuilles, et je mets deux ou trois de ces feuilles dans un portefeuille fort mince que l'on cache sous les coussins de la voiture.

Je vois, page 65 à 90, qu'en 1648, sous la minorité de Louis XIV, la France se trouva vis à vis du gouvernement actuel : les impôts délibérés par une assemblée de quatre cents membres suffisamment instruits, et la plupart non nobles. Cette assemblée refusait l'impôt au premier ministre. Elle exigeait que personne ne pût être retenu en prison plus de trois jours sans être interrogé, et la cour était obligée d'y souscrire. La liberté de la presse était suffisante, voir Marigny. La Fronde eût fort bien pu amener l'établissement de ce régime.

Mazarin ne connaissait d'autre pouvoir que le despotisme tel qu'il l'avait vu à la cour des petits princes d'Italie. Il l'emporta; le grand Condé et le cardinal de Retz furent jetés en prison, et quelques années plus tard Louis XIV réalisa ce pouvoir italien. Ainsi, même à compter le pouvoir absolu depuis 1653, il n'a duré que cent quarante ans en France, de 1653 à 1793, sous Louis XIV, Louis XV et Louis XVI.

En 1649, le grand Condé put se faire roi, en établissant que l'impôt serait voté tous les ans par les quatre cents membres du parlement. Il le désira ; mais la maturité de sens lui manqua pour voir bien nettement cette possibilité et pour tirer parti des circonstances. D'ailleurs, la grandeur de sa naissance lui donnait des momens de folie.

Quoique perdu de fatigue en arrivant à Vannes, j'ai demandé où était le canal qui conduit à la mer. La descente est pittoresque; le chemin côtoie dans la ville une ancienne fortification et un fossé qui est à vingt pieds en contre-bas. Arrivé au canal, je me suis mis à marcher avec intrépidité; j'avais besoin de voir la mer, mais j'étais fatigué au point de me coucher par terre. Dans le petit port de mer, me disais-je, je louerai un cheval ou un âne pour remonter à la ville. A une distance énorme, j'ai trouvé une dame qui évidemment promenait avec un homme qui lui était cher. La nuit tombait, il n'y avait ame qui vive sous les arbres le long de ce canal, j'ai donc été obligé de demander au monsieur, du ton le plus doux que j'ai pu trouver, si j'arriverais bientôt à la mer. Il m'a répondu qu'il y avait encore une lieue et demie.

J'avoue que j'ai été atterré de mon ignorance, je m'étais figuré que Vannes était presque sur la mer. Je me suis assis désespéré sur une grosse pierre. Quand on est de cette ignorance-là, me disais-je, il faut au moins avoir le courage de questionner les passans. Mais je dois avouer cette maladie : j'ai une telle horreur du vulgaire que je perds tout le fil de mes sensations, si en parcourant des paysages nouveaux (et c'est pour cela que je voyage) je suis obligé de demander mon chemin. Pour peu que l'homme qui me répond soit emphatique et ridicule, je ne pense plus qu'à me moquer de lui, et l'intérêt du paysage s'évanouit pour toujours. J'ai perdu bien des plaisirs à . . . . . près de St-Flour, parce que j'étais en société forcée avec un savant de province qui appelait Clovis *Clod-Wigh*, et partait de là pour dogmatiser sur l'histoire des anciens Gaulois avant les invasions des barbares. Je m'amusais à lui faire dire des sottises, et à lui voir trouver au huitième siècle le principe des usages qui nous gouvernent aujourd'hui. Au fait c'était moi qui étais le sot, j'oubliais de regarder un beau pays où je ne retournerai plus.

Sur les bords solitaires du canal de Vannes, j'aurais donné beaucoup d'argent pour voir arriver une charrette ; j'étais réellement hors d'état de faire cent pas. Si les bords de ce canal n'eussent pas été aussi humides, je me serais mis à dormir pour un quart d'heure. Enfin il a bien fallu remonter à la ville, mais en m'asseyant toutes les les cinq minutes. J'ai trouvé un matelot qui arrangeait sa barque ; il m'a pris, je crois, pour un voleur, quand je l'ai prié de me vendre un verre de vin ; car je voyais une bouteille dans la barque. L'excès de la fatigue ne me laissait pas le temps d'être poli, et il a eu l'air fort surpris quand je l'ai payé.

Je suis arrivé à l'auberge pour le souper à table d'hôte; tous ces messieurs étaient fort occupés des dépenses du pont sur la Vilaine, estimées neuf cent mille francs, et qui s'élèveront, dit-on, à plus d'un million et demi. Ces voyageurs avaient l'air pénétré de respect en prononçant le nom de ces sommes considérables. Rien n'est plaisant, selon moi, comme la physionomie d'un provincial *nommant des sommes d'argent*; et ensuite, après un petit silence, avançant la lèvre inférieure avec un hochement de tête. Ces messieurs, d'ailleurs gens d'esprit, prétendent qu'on va rappeler dans le pays M. Lenoir, l'ingénieur en chef qui avait fait le devis, montant à neuf cent mille francs. Je fais grace au lecteur de toutes les calomnies, du moins je dois le croire, dont cette somme si respectable de un million cinq cent mille francs a été le signal.

On a passé ensuite à la haute politique; il est imprudent d'envoyer dans ces contrées des régimens dont les officiers sont liés naturellement avec les gentilshommes du pays. Ici, la conversation a été tout à fait dans le genre de celles de *Waverley*, et fort intéressante pour moi.

Cette admirable journée de voyage, si remplie de sensations imprévues depuis la Vilaine, n'a fini qu'à une heure du matin par un vin chaud, auquel nous avons fait grand honneur. J'écoutais un négociant du pays, homme fort instruit dans la religion du *serpent* ou *ophique*; il me donnait des renseignemens sur les fameuses pierres de Carnac, que je dois aller voir demain matin.

Suivant ce monsieur, l'*oppidum* gaulois, si longuement assiégé par l'armée de César, a été remplacé par Locmariaker. Ce chétif village occupe le site de Dorioricum. J'ai vu le matin, avant de partir, la cathédrale de Vannes, où se trouvent les tombeaux de saint Vincent Ferrier, et de l'évêque Bertin.

—Auray, le 6 juillet.

Ce matin, à cinq heures, en partant de Vannes pour Auray, il faisait un véritable temps druidique. D'ailleurs la fatigue d'hier me disposait admirablement à la sensation du triste. Un grand vent emportait de gros nuages courant fort bas dans un ciel profondément obscurci; une pluie froide venait par rafales, et arrêtait presque les chevaux. Sur quoi je me suis endormi profondément. A Auray, j'ai trouvé un petit cabriolet qui ne me défendait nullement contre ce climat ennemi de l'homme; et le conducteur du cabriolet était plus triste que le temps. Nous nous sommes mis en route. De temps à autre, j'apercevais un rivage désolé; une mer grise brisait au loin sur de grands bancs de sable, image de la misère et du danger. Il faut convenir qu'au milieu de tout cela, une colonne corinthienne eût été un contresens. En passant près de quelque petite église désolée, il eût fallu entendre moduler peu distinctement, par l'orgue, quelque cantilène plaintive de Mozart.

Mon guide, silencieux et morose, dirigeait son mauvais cabriolet sur le clocher du village d'Erdéven, au nord-ouest de l'entrée de cette fatale presqu'île de Quiberon, où des Français mirent à mort légalement tant de Français qui se battaient contre la patrie.

Si l'on peut perdre de vue la catastrophe sinistre qui suivit l'affaire, on voit que, militairement parlant, elle présenta la lutte de l'ancienne guerre contre la nouvelle.

L'aspect général du pays est morne et triste; tout est pauvre, et fait songer à l'extrême misère;

c'est une plaine dont quelques parties sont en culture : celles-là sont entourées de petits murs en pierres sèches.

A cinq cents pas du triste village d'Erdéven, près de la ferme de Kerzerho, on commence à apercevoir de loin des blocs de granit, dominant les haies et les murs en pierres sèches. A mesure qu'on approche, l'esprit est envahi par une curiosité intense. On se trouve en présence d'un des plus singuliers problèmes historiques que présente la France. Qui a rassemblé ces vingt mille blocs de granit dans un ordre systématique ?

Je me disais, si quelque savant découvre jamais ce secret qui probablement est perdu pour toujours, mon ame aura la vue de mœurs barbares. Je trouverai un culte atroce et des guerriers braves, autant que stupides, dominés par des prêtres hypocrites. N'est-ce pas dans ce même pays que, de nos jours, un paysan se battait avec fureur, parce qu'on lui avait persuadé que le décret de la Convention sur le divorce l'obligeait à se séparer de sa femme qu'il adorait ?

Bientôt nous sommes arrivés à plusieurs lignes parallèles de blocs de granit. J'ai compté, en recevant sur la figure une pluie froide qui s'engouffrait dans mon manteau, dix avenues formées par onze lignes de blocs (un bloc de granit isolé s'appelle un *peulven*). Les blocs les plus grands ont quinze ou seize pieds ; vers le milieu des avenues, ils n'ont guère plus de cinq pieds, et le plus grand nombre ne s'élève pas au dessus de trois pieds. Mais souvent, au milieu de ces pygmées, on trouve tout à coup un bloc de neuf à dix pieds. Aucun n'a été travaillé ; ils reposent sur le sol ; quelques uns sont enterrés de cinq à six pouces, d'autres paraissent n'avoir jamais été remués : *on les a laissés perçant la terre, là où la nature les avait jetés.*

Il faut observer que cette construction n'a pas coûté grand' peine ; le territoire d'Erdéven, comme celui de Carnac, se compose d'un vaste banc de granit, à peine recouvert d'un peu de terre végétale.

Ces avenues ont près de cinq cents toises de longueur ; elles semblent se diriger vers un monticule à peu près circulaire, haut de vingt-cinq pieds, aplati à son sommet. Les avenues touchent à sa base, et, le laissant à gauche, elles continuent en ligne droite pendant quelques centaines de pieds. Elles arrivent à un petit lac ou mare ; pour l'éviter, elles s'écartent légèrement vers le nord-est, puis reprennent jusqu'à cent toises au delà leur direction première. Vers l'est, la hauteur des blocs augmente sensiblement ; les avenues finissent à un peu moins de neuf cents toises de Kerzerho. Il y a là un *tumulus* [1].

Cette antique procession de pierres profite de l'émotion que donne le voisinage d'une mer sombre.

Nous sommes allés, toujours par la pluie, au misérable village d'Erdéven, pour faire allumer un fagot et donner quelques poignées de grain au malheureux cheval. De là, la pluie et le vent redoublant, nous avons gagné Carnac. J'y ai trouvé d'autres lignes de blocs de granit tellement semblables à ceux d'Erdéven, que, pour les décrire,

---

[1] Pour peu que le lecteur trouve dignes d'attention les monumens celtiques ou druidiques, je l'engage à apprendre ces cinq mots par cœur :

Menhir, Peulven, Dolmen, Tumulus, Galgal.

Menhir, c'est le nom que l'on donne en Bretagne à ces grandes pierres debout, beaucoup plus longues que larges.

Peulven indique les pierres debout de médiocre grandeur.

Un *Dolmen*, littéralement *table de pierre*, n'est quelquefois qu'une pierre verticale qui en supporte une autre dans une position horizontale, comme un T majuscule. Souvent plusieurs pierres verticales soutiennent une seule pierre horizontale.

Tout le monde sait que par le mot latin *Tumulus* on désigne des monticules de terre élevés de mains d'hommes, et qu'on suppose recouvrir une sépulture.

Galgal est une éminence artificielle composée en majeure partie de pierres ou de cailloux amoncelés.

il faudrait employer les mêmes paroles. Elles vont de l'ouest à l'est.

Le pays de Carnac et d'Erdéven était peut-être une terre sacrée ; puisque, après tant de siècles, il est encore couvert d'un si grand nombre de blocs de granit dérangés de leur position naturelle par la main de l'homme.

Comme la pierre de Couhard d'Autun, comme les aqueducs romains près de Lyon, toutes ces lignes de blocs de granit ont servi de carrières aux paysans. On a détruit plus de deux mille pierres dans les environs de Carnac depuis peu d'années; la culture, ranimée par la révolution, même sur cette côte sauvage, les emploie à faire des murs en pierres sèches. La population d'Erdéven étant plus pauvre que celle de Carnac, elle a détruit moins de blocs de granit.

J'oubliais de noter qu'aucun de ces blocs ne semble avoir été ni taillé, ni même dégrossi; beaucoup ont douze pieds de haut sur sept à huit de diamètre. L'unique beauté, aux yeux des constructeurs barbares, ou plutôt le rite prescrit par la religion, était peut-être de les faire tenir sur le plus petit bout, c'est à dire de la façon la moins naturelle.

Les habitans de ce pays paraissent tristes et refrognés. J'ai demandé ce que l'on pensait d'un monument si étrange. L'on m'a répondu, comme s'il se fût agi d'un évènement d'hier, que saint Cornely, poursuivi par une armée de païens, se sauva devant eux jusqu'au bord de la mer. Là, ne trouvant pas de bateau, et sur le point d'être pris, il métamorphosa en pierres les soldats qui le suivaient.

—Il paraît, ai-je répondu, que ces soldats étaient bien gros, ou bien ils enflèrent beaucoup et perdirent leur forme avant d'être changés en pierres. Sur quoi, regard de travers.

Aucune des explications que les savans ont données n'est moins absurde que celle des paysans :

1° Ces avenues marquent un camp de César; les pierres étaient destinées à maintenir ses tentes contre les vents furieux qui règnent sur cette plage.

2° Ce sont de vastes cimetières : les plus gros blocs marquent le tombeau des chefs; les simples soldats n'ont eu qu'une pierre de trois pieds de haut. Apparemment que les tumulus coniques répandus çà et là autour des avenues indiquent les rois. Ne voit-on pas dans Ossian que l'on n'enterre jamais un guerrier sans élever sur sa tombe une *pierre grise ?*

Comme il y avait bien vingt mille pierres dans ces lignes orientées, il a fallu vingt mille morts. Nos aïeux plantaient une pierre pour indiquer tous les lieux remarquables, et non pas seulement les tombeaux ; cet usage était fort raisonnable.

3° La mode, qui octroie une réputation de savant à l'inventeur de l'absurdité régnante, veut aujourd'hui, en Angleterre, que ces avenues soient les restes d'un temple immense, monument d'une religion qui a régné sur toute la terre, et dont le culte s'adressait au *serpent*. Le malheur de cette supposition c'est que personne jusqu'ici n'a ouï parler de ce culte universel.

Toutes les religions, excepté la véritable, celle du lecteur, étant fondées sur la peur du grand nombre et l'adresse de quelques uns, il est tout simple que des prêtres rusés aient choisi le serpent comme emblème de terreur. Le serpent se trouve en effet dans les premiers mots de l'histoire de toutes les religions.

Il a l'avantage d'étonner l'imagination, bien plus que l'aigle de Jupiter, l'agneau du christianisme, ou le lion de Saint-Marc. Il a pour lui l'étrangeté de sa forme, sa beauté, le poison qu'il porte, son pouvoir de fascination, son apparition toujours imprévue et quelquefois terrible ; par ces raisons le serpent est entré dans toutes les religions, mais il n'a eu l'honneur d'être le Dieu principal d'aucune.

Supposons pour un instant que la religion *ophique* ait existé, comment prouver que les longues rangées de blocs granitiques d'Erdéven et de Carnac nous offrent un *dracontium*, ou temple de cette religion? La réponse est victorieuse et toute simple ; les sinuosités des lignes de peulvens représentent les ondulations d'un serpent qui rampe. Ainsi le temple est en même temps la représentation du dieu.

Il est certain que la religion, ou un despote commandant à des milliers de sujets, ont seuls pu élever un monument aussi gigantesque; mais le premier peuple que trouve l'histoire réelle sur le sol de la Bretagne, ce sont les Gaulois de César, et vous savez que les chevaliers (l'aristocratie des Gaulois) étaient remplis de *fierté* et de susceptibilité.

Cela prouve, selon moi, que depuis des siècles il n'y avait pas eu en ce pays de despote puissant. Comment les cœurs ne seraient-ils pas restés avilis pour une longue suite de siècles, après un despote, et par l'effet des maximes qu'il aurait laissées dans l'esprit des peuples?

A défaut de monumens, la bassesse des ames ne marque-t-elle pas l'existence du despotisme? voyez l'Asie. C'est donc à une religion qu'il faut attribuer toutes ces pierres *levées* que l'on rencontre en France et en Angleterre.

Ce qu'il y a de bien singulier, c'est que César, qui a fait la guerre dans les environs de Lokmariaker, ne parle en aucune façon des lignes de granit de Carnac et d'Erdéven. C'est dans des lettres d'évêques, qui les proscrivent comme monumens d'une religion rivale, que l'histoire en trouve la première mention. Plus tard on voit une ordonnance de Charlemagne qui prescrit de les détruire.

Ces longues lignes de granit ont-elles été arrangées dans l'intervalle de huit cent cinquante années, qui s'est écoulé entre l'expédition de César dans les Gaules et Charlemagne?

Mais un grand nombre d'inscriptions semble indiquer que les Gaulois adoptaient assez rapidement les dieux romains [1]. Ne pourrait-on pas en conclure que la religion des druides commençait à vieillir?

Les monumens d'Erdéven et de Carnac sont-ils antérieurs à César? sont-ils antérieurs même aux druides?

En les examinant, ma pensée était remplie du peu de pages que César consacre à ces prêtres ha-

[1] Recueil de Panégyriques prononcés vers le quatrième siècle.

biles; car je n'admets aucun témoignage moderne, tant est violent mon mépris pour la *logique* des savans venus après le dix-septième siècle. Je vais transcrire quelques pages de César; les lecteurs que la physionomie morale de nos aïeux n'intéresse point les passeront; les autres aimeront mieux trouver ici ces paragraphes de César que d'aller les chercher dans le sixième livre de la *Guerre des Gaules*.

« § 13. Il n'y a que deux classes d'hommes dans la Gaule qui soient comptées pour quelque chose, car la multitude n'a guère que le rang des esclaves, elle n'ose rien par elle-même, et n'est admise à aucun conseil. La plupart des Gaulois de la basse classe, accablés de dettes, d'impôts énormes et de vexations de tout genre de la part des grands, se livrent eux-mêmes comme en servitude à des nobles qui exercent sur eux tous les droits des maîtres sur les esclaves. Il y a donc deux classes privilégiées : les druides et les chevaliers.

» Les druides, ministres des choses divines, peuvent seuls faire les sacrifices publics et particuliers, ils sont les interprètes des doctrines religieuses. Le désir de s'instruire attire auprès d'eux un grand nombre de jeunes gens qui les tiennent en grande vénération. Bien plus, les druides connaissent de presque toutes les contestations publiques et privées.

»Si quelque crime a été commis, si un meurtre a eu lieu, s'il s'élève un débat sur un héritage ou sur des limites, ce sont les druides qui statuent; ils distribuent les récompenses et les punitions [1]. Si un particulier ou un homme public ose ne point déférer à leur décision, ils lui interdisent les sacrifices; c'est chez les Gaulois la punition la plus grave. Ceux qui encourent cette interdiction sont regardés comme impies et criminels; tout le monde fuit leur abord et leur entretien, on semble craindre la contagion du mal dont ils sont frappés; tout accès en justice leur est refusé, et ils n'ont part à aucun honneur.

» Les druides n'ont qu'un seul chef dont l'autorité est sans bornes.

»A sa mort, le plus éminent en dignité lui succède; ou, si plusieurs ont des titres égaux, il y a élection, et le suffrage des druides décide entre eux. Quelquefois la place est disputée par les armes. A une certaine époque de l'année, les druides s'assemblent dans un lieu consacré sur la frontière du pays des *Carnutes*. Ce pays passe pour le point central de toute la Gaule. Là se

---

[1] Ainsi les Druides sont maîtres des tribunaux, et distribuent les croix. Ce pouvoir preparait celui des évêques.

rendent de toutes parts ceux qui ont des différens, et ils obéissent aux jugemens et aux décisions des druides.

» On croit que cette religion a pris naissance dans la Bretagne (l'Angleterre), et qu'elle fut de là transportée dans la Gaule. De nos jours, ceux qui veulent en avoir une connaissance plus approfondie passent ordinairement dans cette île pour s'en instruire.

» § 14. Les druides ne vont point à la guerre et ne paient aucun des tributs imposés aux autres Gaulois; ils sont exempts du service militaire et de toute espèce de charges [1]. Séduits par de si grands privilèges, beaucoup de Gaulois viennent auprès d'eux de leur propre mouvement, ou y sont envoyés par leurs proches. On enseigne aux néophytes un grand nombre de vers, et il en est qui passent vingt années dans cet apprentissage. Il n'est pas permis de confier ces vers à l'écriture. Dans la plupart des autres affaires publiques et privées, les Gaulois se servent des lettres grecques. Je vois deux raisons de cet usage des druides : l'une, d'empêcher que leur science ne se

---

[1] Les prêtres du dixième siècle et des plus beaux temps du christianisme n'avaient qu'une position fort inférieure à celle des druides. Ce corps paraît avoir résolu parfaitement le problème de l'égoïsme.

répande dans le vulgaire; et l'autre, que leurs disciples, se reposant sur l'écriture, ne négligent leur mémoire; car il arrive presque toujours que le secours des livres fait que l'on s'applique moins à apprendre par cœur. Une croyance que les druides cherchent surtout à établir, c'est que les ames ne périssent point, et qu'après la mort elles passent d'un corps dans un autre. Cette idée leur paraît singulièrement propre à inspirer le courage, en éloignant la crainte de la mort. Le mouvement des astres, l'immensité de l'univers, la grandeur de la terre, la nature des choses, la force et le pouvoir des dieux immortels, tels sont en outre les sujets de leurs discussions et des leçons qu'ils font à la jeunesse. »

César, passé maître en toute tromperie, a écrit sur les Gaulois ce qu'il lui convenait de faire croire aux Romains; mais je ne vois pas quel intérêt il pouvait avoir à tromper la bonne compagnie de Rome sur les druides. Pourrait-on soupçonner ici quelque *sarcasme indirect,* comme dans les *Mœurs des Germains* de Tacite?

César est plus connu des paysans de France que tous les souverains obscurs qui dix ou quinze siècles plus tard ont régné sur eux. Malheur à qui doute d'un camp de César! Dans ce moment, les savans bretons sont animés d'une haine violente contre cet étranger qui eut l'indignité de faire pendre une quantité de sénateurs de *Darioricum* (Vannes ou Lokmariaker).

Les Gaulois comptaient le temps par les nuits. Cet usage subsiste encore dans beaucoup de patois de France; et les Anglais disent *fornight* pour quinze jours. Ces usage est un reste du culte de la lune.

Hier soir, en arrivant à Auray, j'ai remarqué plusieurs cabriolets de campagne sur lesquels était entassée toute une famille, quelquefois jusqu'à six personnes; un malheureux cheval à longue crinière sale traînait tout cela. Derrière le cabriolet était lié un matelas, et une marmite se balançait sous l'essieu, tandis que trois ou quatre paniers étaient attachés aux côtés du cabriolet.

— C'est l'époque des déménagemens? ai-je dit à mon guide.

—Eh! non, monsieur, c'est pour quelque grace reçue.

— Que voulez-vous dire?

—Eh! monsieur, c'est un pélerinage à notre patrone sainte Anne.

Et alors le guide m'a fait l'histoire d'une petite chapelle, située à deux lieues d'Auray, dédiée à sainte Anne, et à laquelle on se rend de toutes les parties de la Bretagne.

Le soir, en assistant à mon souper, l'hôtesse m'a expliqué que la Bretagne devait le peu de bonnes récoltes qu'elle voit encore dans ces temps malheureux et impies, à la protection de sa bonne patrone sainte Anne, qui veille sur elle du haut du ciel.

— C'est à cause d'elle, a-t-elle ajouté, qu'en 1815 les Russes ne sont pas venus nous piller. Qui les empêchait d'arriver ?

— Oui, oui, m'a dit, dès que l'hôtesse a été partie, un demi-monsieur qui soupait à trois pas de moi à une grande table de vingt-cinq couverts chargée de piles d'assiettes, et qui n'avait réuni que nous deux; oui, oui, elle ne dit pas, la bonne madame Blannec, que cette petite chapelle de sainte Anne d'Auray a rapporté l'an passé jusqu'à trente mille livres à M. l'évêque.

En un mot, mon interlocuteur n'était rien moins qu'un *ultra-libéral*, qui voit dans la religion et les fraudes jésuitiques la source de tous nos maux politiques. Ainsi est la Bretagne, du moins celle que j'ai vue : fanatiques, croyant tout, ou gens ayant mille francs de rente et fort en colère contre les auteurs de la guerre civile de 93.

La partie de la Bretagne où l'on parle breton, de Hennebon à Josselin et à la mer, vit de galettes de farine de sarrazin, boit du cidre, et se tient absolument aux ordres du curé. J'ai vu la mère d'un propriétaire de ma connaissance, qui a cinquante mille livres de rente, vivre de galettes de sarrazin et n'admettre pour vrai que ce que son curé lui donne comme tel.

A peine les soldats qui ont servi cinq ans sont-ils de retour au pays, qu'ils oublient bien vite tout ce qu'ils ont appris au régiment et les cent ou deux cents mots de français qu'on leur avait mis dans la tête.

Ce peuple curieux et d'une si grande bravoure mériterait que le gouvernement établît, au centre de la partie la plus opiniâtre, deux colonies de sages Alsaciens. Le brave demi-paysan dont je traduis ici la conversation m'a avoué en gémissant que la langue bretonne tend à s'éteindre.

— Dans combien de paroisses, lui ai-je dit, le curé prêche-t-il en breton ?

Je faisais là une de ces questions qui sont le triomphe des préfets; mon brave homme qui ne savait que ce qu'il *avait observé par lui-même* n'a pu me répondre.

J'ai écrit sous sa dictée, et en breton, les huit ou dix questions que je puis être dans le cas d'adresser à des paysans durant mon passage en ce pays. Le breton c'est le kimri.

J'ai un talent marqué pour m'attirer la bienveillance et même la confiance d'un inconnu

Mais, au bout de huit jours, cette amitié diminue rapidement et se change en froide estime.

— Lorient, le 7 juillet.

Ce matin, de bonne heure, j'étais sur la route de la chapelle de sainte Anne. Cette route est mauvaise et la chapelle insignifiante ; mais ce que je n'oublierai jamais, c'est l'expression de piété profonde que j'ai trouvée sur toutes les figures. Là, une mère qui donne *une tape* à son petit enfant de quatre ans à l'*air croyant*. Ce n'est pas que l'on voie de ces yeux *fanatiques* et *flamboyans*, comme à Naples devant les images de saint Janvier quand le Vésuve menace. Ce matin je trouvais chez tous mes voisins ces yeux ternes et résolus qui annoncent une ame opiniâtre. Le costume des paysans complète l'apparence de ces sentimens ; ils portent des pantalons et des vestes bleues d'une immense largeur, et leurs cheveux blonds pâles sont taillés en couronne, à la hauteur du bas de l'oreille.

C'est ici que devraient venir chercher des modèles ces jeunes peintres de Paris qui ont le malheur de ne croire à rien, et qui reçoivent d'un ministre aussi ferme qu'eux dans sa foi, l'ordre de faire des tableaux de miracles, qui seront jugés au salon par une société qui ne croit que par politique. Les expressions de caractère, bien plus que de *passion passagère*, que j'ai remarquées à la chapelle de sainte Anne, ne peuvent être comparées qu'à certaines figures respirant le fanatisme résolu et cruel que j'ai vues à Toulouse.

J'ai été extrêmement content des paysages de Landevan à Hennebon et à Lorient. Souvent j'apercevais des forêts dans le lointain. Ces paysages bretons humides et bien verts me rappellent ceux d'Angleterre. En France, le contour que les forêts tracent sur le ciel est composé d'une suite de petites pointes; en Angleterre ce contour est formé par de grosses masses arrondies. Serait-ce qu'il y a plus de vieux arbres en Angleterre?

Voici les idées qui m'occupaient dans la diligence de Hennebon à Lorient.

Je ne sais si le lecteur sera de mon avis; le grand malheur de l'époque actuelle, c'est la colère et la *haine impuissante*. Ces tristes sentimens éclipsent la gaîté naturelle au tempérament français. Je demande qu'on se guérisse de la haine, non par pitié pour l'ennemi auquel on pourrait faire du mal, mais bien *par pitié pour soi-même*. Le soin de notre bonheur nous crie : Chassez la haine, et surtout la *haine impuissante*[1].

---

[1] Ce qui vieillit le plus les femmes de trente ans, ce sont

J'ai entendu dire au célèbre Cuvier, dans une de ces soirées curieuses où il réunissait à ses amis français l'élite des étrangers : « Voulez-vous vous
» guérir de cette horreur assez générale qu'in-
» spirent les vers et les gros insectes, étudiez
» leurs amours ; comprenez les actions auxquelles
» ils se livrent toute la journée sous vos yeux
» pour trouver leur subsistance. »

De cette indication d'un homme raisonnable par excellence j'ai tiré ce corollaire qui m'a été fort utile dans mes voyages : Voulez-vous vous guérir de l'horreur qu'inspire le renégat vendu au pouvoir, qui examine votre passeport d'un œil louche, et cherche à vous dire des choses insultantes s'il ne peut parvenir à vous vexer plus sérieusement, étudiez la vie de cet homme. Vous verrez peut-être, qu'abreuvé de mépris, que poursuivi par la crainte du bâton ou du coup de poignard, comme un tyran, sans avoir le plaisir de commander comme celui-ci, il ne cesse de songer à la peur qui le ronge qu'au moment où il peut faire souffrir autrui. Alors, pour un instant, il se sent *puissant*, et le fer acéré de la crainte cesse de lui piquer les reins.

les passions haineuses qui se peignent sur leurs figures. Si les femmes amoureuses de l'amour vieillissent moins, c'est que ce sentiment dominant les préserve de la haine *impuissante*.

J'avouerai que tout le monde n'est pas exposé à recevoir les insolences d'un homme de la police étrangère; on peut ne pas voyager, ou borner ses courses à l'aimable T***. Mais, depuis que la bataille de Waterloo nous a lancés en France sur le chemin de la liberté, nous sommes fort exposés entre nous à l'affreuse et contagieuse maladie de la haine impuissante.

Au lieu de haïr le petit libraire du bourg voisin qui vend l'*Almanach populaire*, disais-je à mon ami M. Ranville, appliquez-lui le remède indiqué par le célèbre Cuvier : *traitez-le comme un insecte*. Cherchez quels sont ses moyens de subsistance ; essayez de deviner ses manières de faire l'amour. Vous verrez que s'il déclame à tout bout de champ contre la noblesse, c'est tout simplement pour vendre des Almanachs populaires; chaque exemplaire vendu lui rapporte deux sous, et, pour arriver à son dîner qui lui en coûte trente, il faut qu'il ait vendu quinze almanachs dans sa journée. Vous n'y songez pas, monsieur Ranville, vous qui avez onze domestiques et six chevaux.

Je dirai au petit libraire qui rougit de colère, et regarde son fusil de garde national quand la femme de chambre du château lui rapporte les plaisanteries que le brillant Ernest de T***

se permettait la veille contre ces hommes *qui travaillent pour vivre :*

Traitez le brillant Ernest comme un insecte; étudiez ses manières de faire l'amour. Il essayait de parvenir à des phrases brillantes d'esprit, parce qu'il cherche à plaire à la jeune baronne de Malivert, dont le cœur lui est disputé par l'ingénieur des ponts et chaussées, employé dans l'arrondissement. La jeune baronne, qui est fort noble, a été élevée dans une famille excessivement ultra; et d'ailleurs, en cherchant à ridiculiser les gens qui travaillent pour vivre, Ernest a le plaisir de dire indirectement du mal de son rival l'ingénieur.

Si le petit libraire, qui vend des *Almanachs populaires* dans ce petit bourg de quatorze cents habitans, a eu la patience de suivre mon raisonnement et de reconnaître la vérité de tous les faits que j'ai cités successivement, il trouvera au bout d'un quart d'heure qu'il a moins *de haine impuissante* pour le brillant Ernest de T***.

D'ailleurs M. Ranville ne peut pas plus détruire le libraire que le libraire détruire le riche gentilhomme. Toute leur vie ils se *regarderont de travers* et se *joueront des tours.* Le libraire tue tous les lièvres.

Je pense toutes ces choses depuis que je me suis appliqué à ne pas me ravaler jusqu'à ressentir de la colère contre les pauvres diables qui passent leur vie à *mâcher le mépris*, et qui, à l'étranger, visent mon passeport. Ensuite j'ai cherché à détruire chez moi la haine impuissante pour les gens bien élevés que je rencontre dans le monde et qui gagnent leur vie, ou qui plaisent aux belles dames, en essayant de donner des ridicules aux vérités qui me semblent les plus sacrées, aux choses pour lesquelles il vaut la peine de vivre et de mourir.

Il n'y a pas un an que, pour me donner la patience de regarder la figure d'un homme qui venait de prouver que Napoléon manquait de courage personnel, et que d'ailleurs il s'appelait Nicolas, j'examinai si cet homme est *Gaël* ou *Kymri*; le monstre était *Ibère*.

Le Gaël, comme nous l'avons vu à Lyon, a des formes arrondies, une grosse tête large vers les tempes; il n'est pas grand, il a un fonds de gaîté et de bonne humeur constante.

Le Kymri rit peu; il a une taille élégante, la tête étroite vers les tempes, le crâne très développé, les traits fort nobles, le nez bien fait.

A peine s'est-on élancé dans l'étude des races que la lumière manque, on se trouve comme dans un lieu obscur. Rien n'est pis, selon moi, que le manque de clarté; cette faculté si précieuse aux gens payés pour prêcher l'absurde.

Quant à nous, qui essayons d'exposer une science parfaitement nouvelle, nous devons tout sacrifier à la clarté, et il faut avoir le courage de ne pas mépriser les comparaisons les plus vulgaires.

Tout le monde sait ce que c'est qu'un chien de berger. On connaît le chien danois, le lévrier au museau pointu, le magnifique épagneul. Les amateurs savent combien il est rare de trouver un chien de race pure. Les animaux dégradés qui remplissent les rues proviennent du mélange fortuit de toutes les races : souvent ces tristes êtres sont encore abâtardis par le manque de nourriture et par la pauvreté.

Malgré le désagrément de la comparaison, ce que nous venons de dire de l'espèce canine s'applique exactement aux races d'hommes, seulement comme un chien vit quinze ans et un homme soixante, depuis six mille ans que dure le monde, les chiens ont eu quatre fois plus de temps que nous pour modifier leurs races. L'homme n'est parvenu qu'à deux variétés bien distinctes, le nègre et le blanc ; mais ces deux êtres ont à peu près la même taille et le même poids.

La race canine, au contraire, a produit le petit chien haut de trois pouces, et le chien des Pyrénées haut de trois pieds.

Toutes ces idées que je viens d'exposer si longuement, je les avais avant d'arriver en Bretagne, et elles augmentaient mon désir de voir ce pays.

Je me disais que c'est surtout en cette région reculée que l'on peut espérer de trouver des êtres de race pure. Comment le paysan des autres parties de la France pourrait-il vivre et se plaire dans un village du Morbihan, où tout le monde parle breton, et vit de galettes de sarrazin ?

Cependant, après le beau paysage de la Vilaine, j'ai dîné vers le haut de la montée, au nord du fleuve, chez un aubergiste, membre de la Légion-d'Honneur, et qui est venu là de bien loin. A Lorient, j'ai trouvé que le seul des négocians de la ville auquel j'ai eu affaire était né à Briançon dans les Hautes-Alpes. Les enfans de ce négociant ont une chance pour être des hommes distingués : le croisement ; mais probablement ils n'appartiendront pas d'une manière bien précise à une race distincte ; ils ne seront ni *Gaëls*, ni *Kymris*, ni Espagnols ou *Ibères* ; car les Ibères ont remonté le rivage de la mer jusqu'à Brest.

Lorsque l'on cherche à distinguer dans un homme la race Gaël, Kymri, ou Ibère, il faut considérer à la fois les traits physiques de sa tête et de son corps, et la façon dont il s'y prend d'ordinaire pour aller *à la chasse du bonheur.*

Quant à moi, je trouvais mon bonheur hier matin à chercher à deviner la race à laquelle ap-

partenaient les nombreux dévots qui affluaient à
la chapelle de Sainte-Anne, près d'Auray. Je
m'étais établi dans la cuisine de l'auberge; j'y
faisais moi-même mon thé. Pendant que l'eau se
chauffait, je suis allé à la chapelle. J'ai d'abord
remarqué que là, comme dans la cuisine de l'auberge, je ne trouvais nullement ce fanatisme ardent et ces regards furieux d'amour et de colère,
que le Napolitain jette sur l'image de son dieu
qui s'appelle saint Janvier. Quand saint Janvier
ne lui accorde pas la guérison de sa vache ou de
sa fille, ou un vent favorable, s'il est en mer, il
l'appelle *visage vert* (faccia verde); ce qui est une
grosse injure dans le pays.

Le Breton est bien loin de ces excès; son œil,
comme celui de la plupart des Français du nord,
est peu expressif et petit. Je n'y vois qu'une obstination à toute épreuve et une foi complète
dans sainte Anne. En général on vient ici pour
demander la guérison d'un enfant, et, autant
qu'il se peut, on amène cet enfant à sainte Anne.
J'ai vu des regards de mère sublimes.

Je vais aborder la partie la plus difficile de
l'étude des trois races d'hommes qui couvrent
le sol de la France. Je répète que c'est là le seul
remède que je connaisse à cette fatale maladie
de la *haine impuissante* qui nous travaille depuis

que le meurtre du maréchal Brune nous a relancés dans la période de sang des révolutions.

Après la dernière moitié du dix-huitième siècle, on a parlé de trois moyens de connaître les hommes : la science de la physionomie, ou Lavater ; la forme et la grosseur du cerveau, sur lequel se modèlent les os du crâne, ou Gall ; et enfin la connaissance approfondie des races Gaël, Kymri, et Ibère (que l'on rencontre en France).

Dieu me garde d'engager le lecteur à croire ce que je dis ; je le prie d'observer par lui-même si ce que je dis est vrai. L'homme sensé ne croit que ce qu'il voit, et encore faut-il bien regarder.

Napoléon avait le plus grand intérêt à deviner les hommes, il était obligé de donner des places importantes après n'avoir vu qu'une fois les individus, et il a dit qu'il n'avait jamais trouvé qu'erreur dans ce que semblent annoncer les apparences extérieures.

Il eut horreur de la figure de sir Hudson Lowe dès la première entrevue ; mais ce ne fut qu'un mouvement instinctif. Par malheur, il était fort sujet à ce genre de faiblesse, suite des impressions italiennes de la première enfance. Les cloches du Rueil ont coûté cher à la France.

Il me semble que si le lecteur veut se donner

la peine de se rappeler les signalemens de trois races d'hommes que l'on rencontre le plus souvent en France, il reconnaîtra, si jamais il va en Bretagne, que les *Ibères* ont remonté jusque vers Brest : sur cette côte, ils se trouvent avec les Kymris et les Gaëls. Les Kymris ressemblent souvent à des Puritains ; ils sont ennemis du chant, et, s'ils dansent, c'est comme malgré eux et avec une gravité comique à voir, ainsi que je l'ai observé à *** ; les Ibères au contraire sont fous du chant et surtout de la danse. C'est, après le penchant fou à l'amour, le trait le plus frappant de leur caractère. Si jamais les femmes se mêlent de politique à Madrid, elles dirigeront le gouvernement.

Dans le Morbihan, les Gaëls sont plus nombreux que les Ibères et les Kymris ; dans le Finistère c'est la race ibère qui l'emporte, et enfin c'est le Kymri qui domine dans les côtes du Nord, de Morlaix et Lannion à Saint-Malo. C'est sur la côte du nord, en face du Grand-Océan, de Lannion à Saint-Brieuc, que l'on parle le breton le plus pur. Là aussi se trouve la race bretonne dans son plus grand état de non-mélange. La bravoure que ces hommes presque tous marins déploient sur leurs frêles embarcations de pêche est vraiment surnaturelle. Pour eux il y a bataille deux fois par mois en été, et l'hiver tous les jours. La plupart des églises ont la chapelle des noyés.

Vers Quimper on trouve le breton *des accens espagnols*; cette contrée s'appelle la Cornouaille dans le pays.

On peut supposer que le Gaël était la langue parlée dans le Morbihan avant l'arrivée des Kymris. On désigne encore par le nom de *Gallos*, dans ce département, une partie de la population.

On peut supposer que les Gaëls occupaient la plus grande partie de la France, avant que les Kymris vinssent s'y établir; les Kymris arrivaient du Danemarck. Les savans croient pouvoir ajouter que les Gaëls étaient venus précédemment de l'Asie. On tire cette vue incertaine sur des temps si reculés de la nature de leurs langues, que les savans appellent maintenant *indo-germaines*.

Le caractère distinctif du dialecte que l'on parle dans le Morbihan et des langues tirées du gaël, c'est de retrancher la fin des mots ou le milieu, comme font les Portugais dans leur langue tirée du latin. Chose singulière! les Gaëls en apprenant le kymri ont conservé une partie de leurs anciennes habitudes.

D'un autre côté, la présence des Kymris et des Ibères dans le Morbihan a singulièrement modifié le caractère du Gaël. Vous savez que les gens de cette race sont naturellement vifs, impétueux, peu réfléchis. Eh bien, ici, ils ont acquis une gravité et une ténacité que l'on chercherait en vain dans d'autres contrées de la France.

Le breton, cette langue curieuse, si différente du latin et de ses dérivés, l'italien, le portugais, l'espagnol et le français, nous fournit, comme on sait, une preuve de la transmigration des peuples. Le breton est une modification de la langue parlée par les habitans de la principauté de Galles en Angleterre, et que ceux-ci appellent le Kymri.

Si le lecteur s'occupe jamais de l'ouvrage de M. Guillaume de Humboldt sur les antiquités bretonnes, je l'engage à se rappeler que des conjectures non prouvées ne sont que des conjectures.

Voir toutes les billevesées dont pendant quelques années M. Niebhur a offusqué l'histoire des commencemens de Rome. La gloire des grands hommes allemands n'ayant guère que dix années de vie, on m'assure que M. Niebhur est remplacé depuis peu par un autre génie dont j'ai oublié le nom.

Il y a beaucoup de sorciers en Bretagne, du moins c'est ce que je devrais croire d'après le témoignage à peu près universel. Un homme riche me disait hier avec un fonds d'aigreur mal dissimulée : « Pourquoi est-ce qu'il y aurait plus de magiciens en Bretagne que partout ailleurs ? Qui est-ce qui croit maintenant à ces choses-là ? » J'aurais pu lui répondre : « Vous, tout le premier. » On peut supposer que beaucoup de Bretons, dont le père n'avait pas mille francs de rente, à l'époque de leur naissance, croient un peu à la sorcellerie. La raison en est que ces messieurs qui vendent des terres dans un pays inconnu ne sont pas fâchés qu'on s'exerce à croire : la terreur rend les peuples dociles.

Voici un procès authentique. On écrit de Quimper le 26 janvier.

« Yves Pennec, enfant de l'Armorique, est venu s'asseoir hier sur le banc de la Cour d'assises. Il a dix-huit ans ; ses traits irréguliers, ses yeux noirs et pleins de vivacité annoncent de l'intelligence et de la finesse. Les anneaux de son épaisse chevelure couvrent ses épaules, suivant la mode bretonne.

» M. le président : Accusé, où demeuriez-vous quand vous avez été arrêté ?

» Yves Pennec : Dans la commune d'Ergué-Gobéric.

» D. Quelle était votre profession ? — R. Valet de ferme : mais j'avais quitté ce métier ; je me disposais à entrer au service militaire.

» D. N'avez-vous pas été au service de Leberre ? — R. Oui.

» D. Eh bien ! depuis que vous avez quitté sa maison, on lui a volé une forte somme d'argent. Le voleur devait nécessairement bien connaître les habitudes des époux Leberre ; leurs soupçons se portent sur vous. — R. Ils se sont portés sur bien d'autres ; mais je n'ai rien volé chez eux.

» D. Cependant depuis cette époque vous êtes mis comme un des plus *cossus* du village ; vous ne travaillez pas ; vous fréquentez les cabarets ; vous jouez ; vous perdez beaucoup d'argent, et l'argent employé à toutes ces dépenses ne vient sans doute pas de vos économies comme simple valet de ferme ? —R. C'est vrai, j'aime le jeu pour le plaisir qu'il me rapporte ; j'y gagne quelquefois ; j'y perds plus souvent, mais de petites sommes ; et puis j'ai des ressources. Quant aux beaux vêtemens dont vous parlez, j'en avais une grande partie avant le vol, entre autres ce beau *chupen* que voilà.

» D. Mais quelles étaient donc vos ressources ?

» Pennec, après s'être recueilli un instant, et avec un air de profonde bonne foi : « J'ai trouvé un trésor ; voilà de cela trois ans. C'était un soir ; je dormais : une voix vint tout à coup *frapper* à mon chevet : « Pennec, me dit-elle, réveille-toi. » J'avais peur, et je me cachai sous ma couverture : elle m'appela de nouveau ; je ne voulus pas répondre. Le lendemain, je dormais encore ; la voix revint, et me dit de n'avoir pas peur : « Qui êtes-vous, lui dis-je ? êtes-vous le démon ou Notre-Dame-de-Kerdévote ou Notre-Dame de Sainte-Anne, ou bien ne seriez-vous pas encore quelque voix de parent ou d'ami qui vient du séjour des morts ? — Je viens, me répliqua la voix avec douceur, pour t'indiquer un trésor. » Mais j'avais peur, je restai au lit. Le surlendemain, la voix frappa encore : « Pennec, Pennec, mon ami, lève-toi, n'aie aucune peur. Va près de la grange de ton maître Gourmelen, contre le mur de la grange, sous une pierre plate, et là tu trouveras ton bonheur. » Je me levai, la voix me conduisit, et je trouvai une somme de 350 fr. »

» Le silence passionné de la plus extrême attention règne dans l'auditoire. Il est évident que l'immense majorité croit au récit de Pennec.

» D. Avez-vous déclaré à quelqu'un que vous aviez trouvé un trésor ? — R. Quelques jours après, je le dis à Jean Gourmelen, mon maître. A cette époque, Leberre n'avait pas encore été volé.

» D. Quel usage avez-vous fait de cet argent ? — R. Je le destinai d'abord à former ma dot ; mais le mariage n'ayant pas eu lieu, j'ai acheté de beaux habits, une génisse ; j'ai payé le prix de ferme de mon père, et j'ai gardé le reste.

» Plusieurs témoins sont successivement entendus.

» Leberre : Dans la soirée du 18 au 19 juin dernier, il m'a été volé une somme de 260 fr. ; j'ai soupçonné l'accusé, parce qu'il savait où nous mettions la clef de notre armoire, et qu'il a fait de grandes dépenses depuis le vol. Pennec m'a servi six mois ; il ne travaillait pas, il était toujours à regarder en l'air. Quand il m'a quitté, je ne l'ai pas payé, parce qu'il n'était pas en âge, et que, quand on paie quelqu'un lorsqu'il n'est pas en âge, on est exposé à payer deux fois. (On rit.)

» Gourmelen : Voilà bientôt trois ans, l'accusé a été à mon service : quand il y avait du monde il travaillait bien ; mais il ne faisait presque rien quand on le laissait seul. Pour du côté de la probité, je n'ai jamais eu à m'en plaindre. Pendant qu'il me servait, il m'a raconté qu'il avait trouvé un trésor. Pennec passe pour un sorcier dans le village ; mais on ne dit pas que ce soit un voleur.

» Kigourlay : L'accusé a été mon domestique ; il m'a servi en honnête homme ; je n'ai pas eu à m'en plaindre ; il travaillait bien ; il jouait beaucoup la nuit ; je l'ai vu perdre jusqu'à 6 francs ; c'est moi qui les lui ai gagnés. (On rit.) C'est un sorcier, il a un secret pour trouver de l'argent. (Mouvement.)

» René Laurent, maire de la commune, d'un air décidé, et avec l'attitude d'un homme qui fait un grand acte de courage : Pennec passe dans ma commune pour un devin et pour un sorcier ; mais je ne crois pas cela, moi ; ce n'est plus le siècle des sorciers..... Un jour, c'était une grande fête, il y avait à placer sur la tour un drapeau tricolore...., maintenant c'est un drapeau tricolore ; mais autrefois j'étais maire aussi, et alors c'était un drapeau blanc. Pennec eut l'audace de monter, sans échelle, jusqu'au haut du clocher, pour planter le drapeau ; tout le monde était ébahi ; on croyait qu'il y avait quelque puissance qui le soutenait en l'air. Je lui ordonnai de descendre ; mais il s'amusait à ébranler les pierres qui servent d'ornement aux quatre côtés de la chapelle ; je le fis arrêter. Les gendarmes, surpris de la richesse de ses vêtemens, le conduisirent au procureur du roi : il fut mis en prison. Plus tard la justice vint visiter l'endroit où il prétendait avoir trouvé son trésor ; j'étais présent à la visite. Pennec arracha une pierre, puis quand il eut ainsi fait un vide, il nous dit avec un grand sang-froid : « C'est dans ce trou qu'était mon trésor. » (On rit.) On lui fit observer que le vide était la place de la pierre ; mais il persista. Je suis bien sûr qu'avant le vol de Leberre l'accusé avait de l'argent, et qu'il a fait de fortes dépenses ; je lui avais demandé s'il était vrai qu'il eût trouvé un trésor ; mais il ne voulait point m'en faire l'aveu, sans doute parce que le gouvernement s'en serait emparé. C'est un bruit accrédité dans notre commune que ce que l'on trouve c'est pour le gouvernement ; aussi l'on ne trouve pas souvent, où du moins on ne s'en vante pas. (Explosion d'hilarité.) Surpris que Pennec eût tant d'argent, je fis bannir (publier) sur la croix : mais personne ne se plaignit d'avoir perdu ou d'avoir été volé.

» M. l'avocat du roi : Vous voyez bien, Pennec, que vous ne pouvez pas avoir trouvé d'argent dans un trou qui n'existait pas.

» Pennec : Oh ! l'argent bien ramassé ne fait pas un gros volume, et puis la voix peut avoir bouché le trou depuis. (Hilarité générale.)

» Jean Poupon : Voilà six mois, Pennec est venu me demander la plus jeune et la plus jolie de mes filles en mariage : « Oui volontiers, si tu as de l'argent. — J'ai mille écus, dit Pennec. — Oh ! je ne demande pas tant, je te la passerai pour moitié moins ; si tu as quinze cents francs, l'affaire est faite ; frappe là. » Nous fûmes prendre un verre de liqueur, et de là chez le curé, qui fit chercher le maire. Le maire et le curé furent d'avis qu'il fallait que Pennec montrât les 1,500 fr. ; il ne put les montrer, et alors je lui dis : Il n'y a rien de fait. Pennec passe pour un devin, mais pas pour un voleur ; il m'a servi, j'ai été content de son service.

» Le maire : C'est vrai ce que dit le témoin ; une fille vaut cela dans notre commune.

» Après le réquisitoire de M. l'avocat du roi et la plaidoirie de M⁰ Cuzon, qui a plus d'une fois égayé la Cour, le jury et l'auditoire, M. le président fait le résumé des débats. Au bout de quelques minutes, le jury, qui probablement ne veut pas que la commune d'Ergué-Gobéric soit privée de son sorcier, déclare l'accusé non coupable.

» Sur une observation de Me Cuzon, la Cour ordonne que les *beaux* habits seront immédiatement restitués à Pennec qui n'a en ce moment qu'une simple chemise de toile et un pantalon de même étoffe. Aussitôt tous les témoins accourent et viennent respectueusement aider Pennec à emporter ses élégans costumes. Pennec a bientôt endossé le beau *chupen*, l'élégant bragon-bras et le large chapeau surmonté d'une belle plume de paon : il s'en retourne triomphant.

(*Gazette des Tribunaux.*)

Si le lecteur avait la patience d'un Allemand, je lui aurais présenté, pour chaque province, le récit authentique de la dernière cause célèbre qu'on y a jugée.

Comment ne pas croire aux sorciers sur la côte terrible d'Ouessant, à Saint-Malo? La tempête et les dangers s'y montrent presque tous les jours, et ces marins si braves passent leur vie tête à tête avec leur imagination.

— Lorient, le

Hennebon est située d'une façon pittoresque et parfaitement bretonne, c'est à dire sur une petite rivière qui reçoit de la mer le flux et le reflux, et par conséquent de petits navires venant de Nantes. Mais l'on ne voit point la mer, et rien n'annonce son voisinage.

Tout contre la rivière s'élève un monticule couvert de beaux arbres qui cachent la ville. La noblesse des châteaux voisins, qui vient passer l'hiver à Hennebon, y étale un grand luxe. Le maître de l'hôtel ne pouvait encore revenir de sa surprise : à l'occasion d'un bal donné l'hiver dernier, un de ces messieurs a fait venir de Paris un service d'argenterie estimé deux mille écus, et que les danseurs, en passant dans la salle à manger, ont aperçu tout à coup.

Rien de joli comme les bouquets de bois que l'on rencontre pendant les trois lieues de Hennebon à Lorient. Là encore j'ai entrevu quelques Bretons dans leur costume antique, longs cheveux et larges culottes [1].

A Lorient, il faut aller à l'*hôtel de France* ; c'est de bien loin le meilleur que j'aie rencontré dans ce voyage. Le maître, homme intelligent, nous a donné un excellent dîner, à une table d'hôte dressée au milieu d'une magnifique salle à manger (cinq croisées séparées par de belles glaces arrivant de Paris : à la table d'hôte on a constamment parlé de ce qu'elles coûtaient).

L'hôtel de France donne sur une place carrée entourée d'un double rang d'assez jolis arbres; entre les arbres et les maisons on trouve une rue

---

[1] *Comatum et bracatum.*

suffisamment large. On voit que Lorient a été bâtie par la main de la raison. Les rues sont en ligne droite ; ce qui ôte beaucoup au pittoresque. Ce fut en 1720 que la compagnie des Indes créa cet entrepôt à l'embouchure d'une petite rivière nommée la Scorf. Comme le flux et le reflux y pénètrent avec force, il a été facile d'en faire un grand port militaire ; on y fabrique beaucoup de vaisseaux, et j'ai dû subir la corvée de la visite des chantiers et magasins, comme à Toulon. Dieu préserve le voyageur d'un tel plaisir !

Ce matin en me levant j'ai couru pour voir la mer. Hélas ! il n'y a point de mer, la marée est basse ; je n'ai trouvé qu'un très large fossé rempli de boue et de malheureux navires penchés sur le flanc en attendant que le flux les relève. Rien de plus laid... Quelle différence, grand Dieu ! avec la Méditerranée ! Tout était gris sur cette côte de Bretagne. Il faisait froid et il y avait du vent. Malgré ces désagrémens, j'ai pris une barque et j'ai essayé de suivre l'étroit filet d'eau qui séparait encore les immenses plages de boue et de sable.

J'ai attendu ma barque sur la promenade de la ville assez bien plantée d'un grand nombre de petits arbres, et bordée par un quai sur lequel se promenaient gravement deux employés de la douane ; ils étaient là occupés à surveiller trois ou quatre petits bâtimens tristement penchés sur le côté. L'un d'eux gourmande vertement une troupe d'enfans qui violaient la consigne en essayant de noyer un oiseau dans une petite flaque d'eau restée autour du gouvernail d'un de ces malheureux navires penchés au delà de ce port. Entre la mer et la ville, j'aperçois une jolie colline assez vaste et bien verte; des soldats y sont à la chasse aux hirondelles : leurs coups de fusil animent un peu la profonde solitude de cette espèce de port marchand.

On ne voit point d'ici le port militaire, il est situé à la gauche de la promenade et en est séparé par une longue rue de la ville.

Mon matelot m'expliquait toutes les parties du port militaire en me faisant voguer vers la mer. A tout moment il me nommait des vaisseaux de 70 canons, de 80 canons, et il était scandalisé de la froideur avec laquelle j'accueillais ces grands nombres de canons; de mon côté je trouvais qu'il les prononçait avec une fatuité ridicule.

C'est là, me suis-je dit, cet esprit de corps si utile, si nécessaire dans l'armée, mais si ridicule pour le spectateur. Malheur à la France, si cet homme me parlait de ses vaisseaux en froid philosophe. Oserai-je hasarder un mot bas? Il faut ces *blagues* à cette classe pour lui faire supporter l'ennui d'une longue navigation. Mais la mienne, au milieu de ces vastes plages de sable et par un vent glacial, ne pouvait que me faire prendre en grippe la rivière de Lorient; je ne pouvais pas être plus ennuyé que je ne l'étais, c'est alors que je me suis déterminé à aller voir les établissemens militaires.

Cette corvée finie, j'ai demandé le grand café, on m'a indiqué celui de la comédie.

La salle de spectacle est précédée par un joli petit boulevart qui va en descendant; les arbres ont 40 pieds et les maisons 30. Cela est bien arrangé, petit, tranquille et silencieux (*snog*.) Ce mot devait être inventé par des Anglais, gens si faciles à choquer, et dont le frêle bonheur peut être anéanti par le moindre danger couru par leur rang. Le *brio* des gens du Midi ne connaît pas le *snog*, qui à leurs yeux serait le triste.

Comme je n'avais guère de *brio*, en sortant des magasins de chanvre de l'état, j'ai été ravi de la situation du café de la comédie; j'y ai trouvé un brave officier de marine, qui n'a plus, ce me semble, ni jambes ni bras; il buvait gaîment de la bière; il a hêlé quelqu'un qui entrait, pour boire avec lui.

Pour moi, on m'a donné une tasse de café à la crème, sublime, comme on en trouve à Milan. J'ai vu de loin un numéro du *Siècle*, que j'ai lu avec une extrême attention, jusqu'aux annonces.

Les articles ordinairement bons de ce journal m'ont semblé admirables.

Au bout d'une heure, j'étais un autre homme ; j'avais entièrement oublié la *corderie* et les magasins de l'état, et je me suis mis à flâner gaîment dans la ville.

J'ai remarqué à l'extrémité de mon joli boulevart une jolie petite statue en bronze placée sur une colonne de granit. La colonne est du plus beau poli et fort élégante, mais il faudrait s'en servir ailleurs, et placer la statue sur la base de la colonne, à 9 ou 10 pieds de haut tout au plus; alors on la verrait fort bien : maintenant on l'aperçoit à peine. J'ai compris que c'était l'élève Bisson, faisant sauter son bâtiment plutôt que de se rendre. Il n'y a pas d'inscription. La statue vue de près serait peut-être d'un *goût fort sec* ; ce qui vaut mieux que le genre niais ordinaire des statues de province.

Je suis allé à la grande église; on voit bien qu'elle a été bâtie au dix-huitième siècle. Rien de plus vaste, de plus commode et de moins religieux. Il fallait sous le climat de Lorient une copie du charmant St-Maclou de Rouen; ou, si l'on trouvait ce bâtiment trop cher, une copie de l'église de Ploërmel. Je me suis amusé à rêver à l'effet que produirait au milieu de ces maisons pauvres avant tout, mais enfin au fond d'architecture gallo-grecque, une copie de la *Maison carrée* de Nîmes ou de la Madone de *San Celse* de Milan. Il faudrait ici le singulier St-Laurent de Milan. Toutes ces rues de Lorient, soigneusement alignées, sont formées par de jolies petites maisons bien raisonnables, qui ont à peine un premier et un second, avec un toit fort propre en ardoises.

Les fenêtres bourgeoises sont garnies de petites vitres d'un pied carré, la plupart tirant sur le vert.

Je suis arrivé à l'esplanade, où manœuvrait un bataillon d'infanterie : la musique était agréable ; mais j'étais le seul spectateur, avec deux petits gamins de 10 ans. Les bourgeois de Lorient sont trop raisonnables pour venir perdre leur temps à entendre de la musique.

Malgré ma répugnance pour l'arsenal, j'ai passé de nouveau une porte de fer, et suis monté à la *tour ronde*, située sur un monticule planté, qui m'a rappelé la colline du Jardin des Plantes où se trouve le cèdre du Liban. Auprès de cette tour ronde, j'ai trouvé un banc demi-circulaire. Là, j'ai passé plusieurs heures à regarder la mer avec ma lorgnette. Je l'apercevais dans le lointain, l'ingrate ! au delà de plusieurs îles ou presqu'îles, dont plusieurs sont armées et ont des maisons. Toutes ces îles sont gâtées par de larges plages grises, que la mer laissait à sec en se retirant.

J'ai bien compris que je ne la verrais pas autrement que de la *tour ronde*, et, tandis que je la considérais longuement, j'ai laissé passer le moment de partir avec la diligence. Je m'en doutais un peu ; mais d'abord je ne savais pas bien exactement l'heure du départ, et ensuite je n'étais pas mal sur ce banc, occupé à considérer des nuages gris et à penser aux bizarreries du cœur humain.

— De la Bretagne, le   juillet.

A Palazzolo, à quelques lieues de Syracuse (c'était le Versailles des tyrans de cette grande ville), j'ai acheté trois francs, du baron Guidica, une tête en plâtre moulée dans un moule antique. Le baron a découvert diverses couches de monumens et vases appartenant à des civilisations différentes et successives, et dans la couche romaine, il a trouvé une boutique de mouleur et des moules qui lui permettent de continuer le commerce du défunt.

J'ai fait hommage de ce plâtre à M. N., l'un des savans les plus distingués de la Bretagne, et qui m'a donné de bons renseignemens sur les races d'hommes. Il m'a fait l'honneur de me convier à un grand dîner. Pour lui jouer un tour dès le matin, sa cuisinière l'a quitté, et sa blanchisseuse, qui était du complot, a prétendu n'avoir pas eu le temps de blanchir sa nappe de vingt couverts. « Et je n'en ai qu'une de cette taille, ajoutait le » brave homme, de façon, messieurs, que vous » allez dîner sur des draps. » Notre hôte s'est fort bien tiré de cette conspiration féminine, et nous a donné un très bon dîner qui a été vingt fois plus gai que s'il n'y avait pas eu de conspiration.

Un savant d'académie eût été hors de lui de désespoir, il eût vu dans le lointain une nuée d'épigrammes, le brave Breton plaisantait le premier : N'est-ce pas, messieurs, que c'est là un vrai tour de femmes? nous disait-il. Et l'on s'est mis à médire des dames dès le potage.

(Je supprime dix-neuf pages d'anecdotes un peu trop lestes, et qui eussent paru ce qu'elles sont, c'est à dire charmantes en 1737.)

On est venu à parler des revenus des curés du pays; on a cité M. le curé de ****, qui se fait 1500 francs par an avec les poignées de crin qu'on lui donne pour chaque bœuf ou cheval qu'il bénit. La bénédiction ne guérit pas des maladies, ce qui serait difficile à montrer; elle en préserve.

Je paie cette anecdote par le récit suivant : Il y a trois ans qu'à Uzerches, une des plus pittoresques petites villes de France et des plus singulièrement situées, je fus témoin d'une façon nouvelle de guérir les douleurs rhumatismales. Il faut jeter un gros peloton de laine filée à la statue du saint, patron de la ville. Mais les croyans sont séparés du saint par une grille qui en est bien à vingt pas, et, pour faire effet, il faut que le peloton de laine lancé par un homme qui a un rhumatisme à la jambe gauche, par exemple, atteigne précisément la jambe gauche du saint. Le malade lance donc des pelotons fort gros jusqu'à ce qu'il ait atteint chez le saint la partie du corps dont il a à se plaindre. Et l'on veut que le clergé tolère la liberté de la presse !

Dans une ville voisine on a l'usage d'enfermer les fous dans la crypte ou église souterraine de la principale église. « Et, demandais-je au bedeau, » ils sont guéris ? — Monsieur, de mon temps on » y en a mis trois, mais cela n'a pas réussi ; » ils criaient beaucoup, et l'un d'eux est devenu » perclus de rhumatisme, il a fallu le retirer. »

M. C., me dit M. R., voulant savoir les secrets du conseil de la commune, persuade à M. G. de jouer : d'abord il le fait gagner, puis perdre, parce que quand il perdait, dit M. R. avec son accent, il était plus explicite.

Vous le savez, dans les salons les plus distingués, on voit les demi-sots gâter la fleur des plus jolies choses en les répétant hors de propos et y faisant sans cesse allusion. Eh bien, ces rabâcheurs de bons contes, que l'on fuit comme la peste à Paris, ce sont les gens d'esprit de la province, les seuls du moins qui aient de l'assurance. Les jeunes gens à qui j'ai vu de l'esprit n'ont de verve qu'au café; je les ai trouvés timides dans les salons, et se laissant décontenancer par un regard de femme qui veut éprouver leur courage, ou par un froncement de sourcil de M. le préfet, s'ils parlent politique.

— Rennes, le   juillet.

Ce matin, à Lorient, j'espérais voir la mer au pied du quai de la promenade, je n'y ai trouvé que de la boue comme hier, des navires penchés et deux douaniers se promenant avec l'œil bien ouvert. Ainsi, dans ce prétendu port de mer, il m'a été impossible de la voir. Je suis retourné à mon aimable café lire le journal. Là, à force de talent, je suis parvenu à me faire dire que les habitans de Lorient sont les gens les plus rangés du monde: jamais ils ne sortent de chez eux; à neuf heures et demie tout est couché dans la ville; jamais les dames ne reçoivent de visites, et l'on ignorerait jusqu'à l'existence de la société, si le préfet maritime ne donnait des soirées que l'on dit fort agréables: il a une jolie habitation auprès de la *Tour ronde*. J'ai oublié de dire que cette tour est parfaitement calculée pour remplir son objet; mais comme dans toutes choses, à Lorient, rien n'a été donné au plaisir des yeux, elle a la forme atroce d'un pain de sucre. Quelle différence, grand Dieu! avec les phares et fortifications maritimes de l'Italie! Mais l'Italie a-t-elle eu un Bisson de nos jours?

— Rennes, le   juillet.

A trois heures, j'ai quitté Lorient par un beau coucher du soleil, qui enfin après trois jours a daigné se montrer. J'occupais le coupé de la diligence avec un étranger, homme de sens, établi dans le pays depuis longues années, et qui en connaît bien les usages. Rien de plus joli que la route jusqu'à Hennebon : ce sont des bois, des prairies, des montées et des descentes, et toujours un chemin superbe. J'ai vu un dolmen. La route est parsemée de petites auberges hautes de cent vingt pieds ; il en sortait une femme qui nous demandait en breton si nous voulions un verre de cidre. Je faisais signe que oui, le postillon était fort content, et réellement ce cidre n'était point désagréable. Cette soirée a été charmante.

J'ai passé la nuit à Vannes, capitale des *Venetes*, qui sont allés donner leur nom à Venise. La tête remplie de ces vénérables suppositions je suis reparti rapidement pour Ploërmel dont j'ai admiré la charmante église. Ses formes, quoique gothiques, écartent l'idée du *minutieux;* mais il faudrait deux pages pour expliquer suffisamment mon idée ou plutôt ma sensation, et rien ne serait plus difficile à écrire. Ce n'est pas que mes idées soient d'un ordre bien relevé ; il ne s'agit pas d'expliquer comment le Jugement dernier de Michel-Ange est une œuvre sublime. C'est que tout simplement, en parlant des églises gothiques, on s'aperçoit que la langue n'est pas faite et peut-être la mode de les admirer cessera-t-elle avant que le public ait daigné s'informer de ce que c'est que le *style flamboyant* et les ogives *trilobées.* En général le gothique tend à jeter l'attention sur des lignes verticales, et, pour augmenter la longueur de ses colonnes, il a soin de ne jamais interrompre l'effet de leurs fûts si frêles par aucun ornement ; avec ses vitraux de couleur il répand une obscurité sainte dans les nefs inférieures et réserve toute la lumière pour les voûtes sveltes du haut du chœur.

La société grossière qui inventa la mode du gothique était lasse du sentiment d'admiration et de satisfaction paisible et raisonnable que donne l'architecture grecque. Ces sentimens ne lui semblaient pas assez saisissans : c'est ainsi que, de nos jours, nous voyons les bourgeois de campagne enluminer les plus belles gravures.

Remarquez que dans les derniers instans où

les peuples eurent le loisir de penser, ils s'étaient mis à admirer Claudien, au lieu de Virgile; Salvien, au lieu de Tite-Live. Au renouvellement de la pensée, en 1200, le gothique voulut inspirer l'étonnement, exactement comme la mauvaise littérature se jette dans l'emphase, qui plaît aux femmes de chambre. Le gothique eut raison de s'occuper de l'imagination du fidèle qui assistait aux longues prières de l'église romaine; et, dans son espoir d'inspirer l'étonnement, si voisin de la terreur, il sacrifia l'apparence extérieure de ses édifices à leur intérieur. L'aspect général de l'architecture grecque, surtout à l'extérieur, est rassurant, tranquille, majestueux : le temple grec ne devait recevoir que le sacrificateur, la victime et les prêtres. Le peuple était sur la place voisine, exécutant des danses sacrées. La religion chrétienne, au lieu d'une fête de quelques instans, demanda plusieurs heures de suite à ses fidèles. Il fallait le temps de les arracher aux pensées du monde, et de leur inspirer la peur de l'enfer, sentiment inconnu aux anciens (Aristote, la meilleure tête de toute l'antiquité, croyait l'ame mortelle); de là, pour le prêtre chrétien, la nécessité d'un grand édifice, et le désir que cet édifice, s'il parlait à l'ame, fût, avant tout, *étonnant*.

Après ce sentiment si utile de l'étonnement,

une pauvreté misérable, et surtout laide, est ce qui distingue le plus l'architecture gothique du temple grec si beau et si solide à l'extérieur. Eh bien l'église, de Ploërmel, comparée aux autres édifices gothiques, n'a l'air ni pauvre ni laid.

L'expression de Jupiter était celle de la justice et de la sérénité. Qui ne connait la célèbre tête de Jupiter Mansuetus ? L'expression de la madone est celle de l'extrême douleur ; et la madone, comme on sait, a détrôné Dieu le Père dans la plus grande partie de l'Europe, dans les contrées où l'on jouit encore du bonheur de sentir une piété passionnée. En Espagne et en Italie, quelle consolation de voir, extrêmement malheureuse par amour, cette belle madone, de qui dépend notre bonheur éternel !

Toutes ces choses et d'autres plus difficiles à sauver des objections de mauvaise foi, et que je n'écris pas, j'ai eu le plaisir de les dire à une femme aimable que nous avons recrutée à Vannes. Voilà le plaisir de ne pas courir la poste. Cette dame, son mari et moi, nous avons pris ensuite du café au lait admirable [1].

---

[1] En passant à Ploërmel, le lecteur pourra faire des questions sur l'incendie de la sous-préfecture, et les élections de 1837. C'est un ordre de faits que je me garderai d'effleurer ici, de peur d'éveiller chez le lecteur libéral ou légitimiste des sentimens violens qui feraient bien mépriser les pauvres

Le savant qui, quoique célibataire et âgé, a su si bien résister à une conspiration féminine, m'avait fort recommandé d'aller à Josselin visiter la statue de Vénus, si célèbre en Bretagne par le genre de sacrifice qu'elle exige. Mais je me suis figuré, je ne sais pourquoi, que la statue est laide; et mon métier me fait un devoir d'aller ouvrir les lettres qui m'attendent à la poste de Rennes.

A mesure qu'on approche de cette capitale de la Bretagne, la fertilité du pays augmente. Et toutefois souvent la route est établie sur le roc de granit noir à peine recouvert d'un pouce de terre.

Comme je savais que Rennes avait été entièrement détruite par l'incendie de 1720, je m'attendais à n'y rien trouver d'intéressant sous le rapport de l'architecture. J'ai été agréablement surpris. Les citoyens de Rennes viennent de se bâtir une salle de spectacle, et, ce qui est bien plus étonnant, une sorte de promenade à couvert (première nécessité dans toute ville qui prétend à un peu de conversation).

On a commencé depuis nombre d'années une

---

petites sensations modérées et littéraires, que ce voyage peut lui offrir. Voir le *Journal des Débats* et le *Courrier Français* du 10 janvier 1838.

cathédrale, où les colonnes sont, ce me semble, en aussi grand nombre qu'à Sainte-Marie-Majeure, ou à Saint-Paul, hors des murs (Rome). Mais grand Dieu! quel contraste! Rien de plus sot que cette assemblée de colonnes convoquée par le génie architectural du siècle de Louis XV.

L'aspect du palais, remarquable par son immense toit d'ardoises, n'est que triste; il n'est pas imposant, mais l'intérieur est décoré avec beaucoup de richesse. Ces vastes salles disent bien : Nous appartenons à... ont bien l'air d'appartenir à un palais; il y a certainement abus de dorures, les formes des ornemens sont tourmentées; mais tout cela rappelle fort bien ce que madame de Sévigné dit des états de Bretagne. Le roi envoyait ordinairement le duc de Chaulnes tenir ces états; on craignait toujours quelque coup de tête de la part des Bretons; et enfin, sous le terrible pouvoir de Louis XIV, cette province semble avoir moins oublié ses droits que les autres pays de cette pauvre France avilie.

Aussi tard que 1720, ce me semble, elle a eu l'honneur de voir quatre de ses enfans monter sur l'échafaud en qualité de rebelles, et y laisser leurs têtes. Je les blâmerais fort si Louis XIV n'avait violé le contrat social passé avec les Bretons.

La grande rue qui passe devant la place du

palais est assez belle ; mais les gens qui y passent marchent lentement, et peu de gens y passent.

A Sainte-Melaine, l'ancienne cathédrale, on voit des colonnes engagées, probablement du douzième siècle; leurs chapiteaux ont été masqués avec du plâtre pour ménager, dit-on, la pudeur des fidèles.

Saint-Yves, l'église de l'hôpital, de la fin du quinzième siècle, présente à l'extérieur quelques ornemens gothiques. Parmi les caricatures sculptées à l'intérieur, on remarque un marmouset tournant le dos, pour ne pas dire plus, au grand autel. Quel chemin les convenances n'ont-elles pas fait depuis ce temps-là ?

Une porte de la ville est en ogive, et l'une des pierres que l'on a employées pour la construire présente une inscription romaine.

Il faut avouer que la couleur *gris-noirâtre* des petits morceaux de granit carrés avec lesquels les maisons de Rennes sont bâties n'est pas d'un bel effet.

On construisait un pont sur la Vilaine, qui là est une bien petite rivière (il me semble qu'il est tombé depuis). J'ai été fort content des promenades du Tabor et du Mail. Les pantalons rouges des conscrits, auxquels on enseignait le maniement des armes, faisaient un très bon effet au coucher du soleil; c'était un tableau du *Canaletto*.

Je me suis hâté de courir au Musée, avant que le jour me quittât ; les tableaux sont placés dans une grande salle, au rez de chaussée ; une grosse église voisine la prive tout à fait du soleil, aussi est-elle fort humide, et les tableaux y dépérissent-ils rapidement. J'y ai vu un Guerchin presque tout à fait dévoré par l'humidité. Dans deux ou trois petites salles voisines, où les tableaux et les gravures sont entassés, faute d'espace, on a le plaisir d'aller comme à la découverte. J'y ai trouvé une jolie collection des maîtresses de Louis XIV ; elles ont des yeux singuliers, et bien dignes d'être aimés ; mais, par l'effet de l'humidité, une joue de madame de Maintenon venait de se détacher de la toile. Je reste dans ces chambres jusqu'à ce que la nuit m'en chasse tout à fait. Le concierge, homme fort intelligent, a été amené en Bretagne par la prise de Mayence. Une fois, à Bologne, en remuant des tableaux entassés comme ceux-ci, je découvris un joli petit portrait de Diane de Poitiers qui, présumant bien, à ce qu'il paraît, de ses appas secrets, s'était fait peindre dans le costume d'Eve avant son péché.

Il faut que l'on ait en ce pays-ci bien peu de goût pour les arts ; un musée aussi pauvrement tenu fait honte à une ville aussi riche. Il y a quelques années qu'un paysan des environs découvrit un grand nombre de colliers et de bracelets d'or de fabrique gauloise; il prétendait les vendre à Rennes, mais il ne trouva pas de curieux qui voulût acheter la beauté de son trésor, et il fut réduit à le porter à un orfèvre qui se hâta de le fondre. Ceci rappelle un peu la ville de Beaune et le préfet d'Avignon. Peut-être à grand renfort de circulaires, le gouvernement parviendra-t-il à faire un peu rougir les provinciaux de leur profonde barbarie.

Le vieux curé de ***, à dix lieux d'ici, revenait tout pensif du cimetière; il avait rendu les derniers devoirs à un émigré, homme de mœurs primitives, remarquable par la fermeté de sa foi comme par son courage indomptable, mais du reste ne comprenant pas son *pater*. Ce brave homme a laissé après lui un fils qui lit M. de Maistre et au besoin referait son livre. Le curé s'entretenait avec un des amis du défunt de la perte que le bon parti venait de faire.

— Mais son fils, lui disait celui-ci, a pour tout ce qui est bon un dévouement sincère.

— Ah! monsieur, rien ne remplace la foi, pas même le dévouement sincère, s'écria le curé.

J'écoute avec respect les détails sur le caractère franc et loyal des Bretons, qui, de plus, se battent pour ce qu'ils aiment. Je suis touché de ces calvaires qu'ils élèvent partout. *Calvaire* est le nom que l'on donne en Bretagne à un crucifix entouré des instrumens de la passion : quelquefois on figure par des statues grossières, en bois ou en pierre la madone, saint-Jean et la Madeleine. Cette mode pouvait faire naître la sculpture; ce n'est pas autrement qu'elle est née en Italie, vers 1231. Quand en France on faisait des choses si laides, Nicolas Pisano faisait le tombeau de saint-Dominique à Bologne.

Heureux les grands hommes dont la mémoire inspire une haine passionnée à un parti puissant! Leur renommée en durera quelques siècles de plus. Voyez Machiavel; les fripons qu'il a démasqués prétendent que c'est lui qui est un monstre.

Je pourrais imprimer vingt faits comme le suivant, que je n'admets ici que parce qu'il a été publié dans un journal qui se respecte, le *Commerce* du 21 janvier 1838.

« On vient de mettre en vente à Nevers un petit livre intitulé : *Annuaire de la Nièvre.* Le préfet du département déclare, dans une note *signée de lui,* que l'ouvrage est publié sous son patronage, et qu'on peut le consulter *comme un recueil à peu près officiel.* Or, dans l'abrégé historique joint à cet almanach officiel, après Louis XVI on voit venir Louis XVII, et ensuite Louis XVIII. La république et l'empire ne sont pas même mentionnés.

Qu'on juge de l'instruction historique donnée

aux enfans! Mais ce zèle singulier produit un effet contraire à celui qu'il se propose. Leur tête est remplie des victoires de la république, des conquêtes de Napoléon, et ils les adorent d'autant plus qu'on cherche à les amoindrir à leurs yeux.

— Saint-Malo, le
Le sublime de l'aubergiste de province, c'est de vous faire manquer la diligence et de vous forcer ainsi à passer vingt-quatre heures de plus dans son taudis. On a voulu faire de moi une victime *sublime*. Mais je me suis rebellé et j'ai quitté Rennes, cette ville si aristocratique, perché sur l'impériale d'une diligence, au grand étonnement de l'hôte fripon. Je n'en étais que mieux pour admirer la campagne vraiment remarquable qui sépare Rennes de Dol.

Le fils d'un gentilhomme de ce pays disait à son père, en parlant d'un négociant qui a une fille charmante et dont il est épris. — Mais il est d'une haute probité!

— Et que diable voulez-vous qu'il soit? C'est la seule vertu laissée à ces petites gens.

Il y a un endroit où le chemin de Rennes à Dol arrive droit sur une jolie colline isolée au milieu de la plaine, et couronnée par l'admirable château de Combourg. Est-ce le lieu honoré par l'enfance de M. de Châteaubriand?

Il y a bien des années que je connais l'admirable cathédrale de cette très petite ville de Dol ; je l'ai trouvée encore au dessus de mes souvenirs d'enfance. C'est le plus bel exemple du style gothique quand il était encore simple. Suivant moi, l'église de Dol ressemble tout à fait à la fameuse cathédrale de Salisbury.

Je la comparerais encore, non pour la forme, mais sous le rapport de l'élégance et de l'effet produit sur l'ame du spectateur, à ce joli temple antique qu'à Rome on appelle Sainte-Sabine. Elle est située un peu en dehors de la ville, sur un monticule qui domine la plaine fertile et la mer. Le plan, d'une régularité remarquable, serait une croix latine, si le croisillon ne divisait pas l'église en deux parties égales. Dans la nef, deux rangées de piliers soutiennent les arcades, et ces piliers se composent de quatre colonnes accouplées. Mais, du côté de la grande nef, on remarque, au centre de ces piliers, une colonnette qui n'a peut-être pas six pouces de diamètre, et qui de la base du pilier s'élève, *complètement isolée*, jusqu'aux retombées des voûtes, et ces colonnettes si frêles sont de granit.

L'ogive des arcades de la nef est fortement dessinée par de larges moulures alternativement saillantes et creuses. Les voûtes sont en tuffeau ;

elles sont très minces, et renforcées par des nervures rondes qui se croisent diagonalement.

Le chœur est orné avec beaucoup plus de richesse que la nef : l'architecte y a pratiqué une foule d'ouvertures ; il voulait lui donner une apparence d'extraordinaire légèreté, et surtout attirer l'œil des fidèles par une grande clarté. Plus on étudie les parties de ce chœur, plus on se sent charmé de sa rare élégance. Bientôt, dans cette église, de l'admiration on passe à l'enthousiasme, et, si l'on en excepte la façade, la cathédrale de Dol me semble un des ouvrages les plus parfaits que l'architecture gothique puisse offrir à notre admiration.

Je croirais que vers le milieu du treizième siècle le même architecte dirigea la construction de tout l'édifice. Et mon patriotisme n'ira point jusqu'à cacher que la tradition répandue en Bretagne attribue à des architectes anglais la construction des principales églises de cette province.

La façade de celle-ci est fort mauvaise ; une seule des deux tours est suffisamment élevée, celle du sud ; et on ne l'a terminée qu'au seizième siècle, par une lanterne dans le goût de la renaissance. A l'intersection des croisillons, ou au *transsepts*, se trouve une troisième tour carrée médiocrement haute.

Un chanoine, qui apparemment ne fut que

riche, a dans cette église un magnifique tombeau, j'aurais dit charmant, mais me passerait-on d'appliquer ce mot à un tombeau? Celui-ci appartient à la renaissance. Par malheur, il est fort mutilé. Deux médaillons ont pourtant échappé aux outrages du temps; ils représentent le chanoine et son frère. Il ne faut pas trop s'étonner de l'admirable élégance de ce tombeau, absolument pur de souvenirs gothiques. Une inscription fort difficile à lire nous apprend qu'il fut construit en 1507 et que l'architecte était de Florence.

Cette église me donne une idée que je répète trop souvent. L'impiété du dix-huitième siècle nous a fait perdre la faculté de bâtir des églises. Eh bien, quand une ville de province a de l'argent et demande une église, copiez celle de Dol; le portail seulement à prendre ailleurs. Rien d'absurde comme les colonnes grecques de la Madeleine pour le culte catholique; les églises de Palladio allaient mieux à cette religion terrible. Donc, si vous exigez absolument des colonnes, qui sont un contre-sens avec nos pluies du nord, et surtout avec un enfer éternel et sans pitié, prenez au moins les églises de la Lombardie ou celles de Venise.

Où est le mur *latéral extérieur* d'une église, cette chsoe si difficile à faire, que l'on puisse comparer au mur de *San Fedele* de Milan, du côté de la Scala ?

Le savant, au dîner, trahi par les femmes, m'avait dit qu'à Dol il fallait voir une seconde église, celle des Carmes, qui sert aujourd'hui de halle aux blés. J'y ai passé en allant voir le Menhir, et je n'y ai trouvé de curieux que quelques piliers, dont les chapiteaux ornés de sculptures peuvent remonter au douzième siècle [1].

Le monument vraiment social de Dol, celui que dans un pays de pluie tel que la France on devrait imiter partout, c'est la suite d'arcades qui bordent la grande rue marchande et donnent une *promenade à couvert.*

Ces arcades, tantôt en ogives, tantôt en plein cintre, sont soutenues par des colonnes ou des piliers de toutes les formes. Les chapiteaux baroques sont assez bien pour être exécutés avec du granit, pierre rebelle s'il en fut. Cette sculpture chargée de petits détails, le triomphe des temps barbares, me rappelle les gravures d'Hogart; l'idée est tout et l'exécution pitoyable, mais l'on est habitué à ne pas songer à la forme. On y trouve, sous ces arcades de Dol, des chapiteaux de toutes les époques, depuis le *roman fleury* jusqu'aux derniers caprices du gothique. Comme les

---

[1] Mérimée, voyage dans l'Ouest.

maisons qui s'appuient sur ces colonnes ont une apparence assez moderne, je suppose que les colonnes ont été prises çà et là dans des édifices que l'on démolissait.

Une seule maison, dont les corniches sont ornées de damiers et d'étoiles, annonce une origine antérieure au treizième siècle.

C'est à un quart de lieue de la ville qu'il faut aller chercher la fameuse *pierre du Champ Dolent*. Ce nom rappelle-t-il des sacrifices humains? Mon guide me dit gravement qu'elle a été placée là par César. Etait-elle jadis au sein des forêts? Maintenant elle se trouve au beau milieu d'un champ cultivé. Ce Menhir a vingt-huit pieds de haut et se termine en pointe; à sa base il a, suivant ma mesure, huit pieds de diamètre. Au total, c'est un bloc de granit grisâtre dont la forme représente un cône légèrement aplati.

Il faut noter que ce granit ne se retrouve qu'à plus de trois quarts de lieue de la ville, au *Mont Dol*, colline entourée de marécages et qui probablement fut une île autrefois. La pierre du Champ Dolent repose sur une roche de *quartz* dans laquelle elle s'enfonce de quelques pieds. Par quel mécanisme les Gaulois, que nous nous figurons si peu avancés dans les arts, ont-ils pu transporter une masse de granit longue de quarante pieds et épaisse de huit? Comment l'ont-ils dressée ?

César nous a dit quelle était la puissance des druides. Ces prêtres adroits régnaient absolument sur les Gaulois; en dirigeant l'attention de leur peuple constamment sur un seul objet, ils leur firent perdre à son égard la qualité de sauvages.

Ces monumens des Gaulois indiquaient des lieux de rendez-vous au milieu de forêts sans bornes. Le Danemarck, la Suède, la Norwège, l'Irlande, le Groënland même, offrent des monumens semblables. Les druides ont-ils régné dans tous ces pays, ou les blocs de granit étaient-ils élevés par un pouvoir autre que celui de la religion des druides? Sioborg nous apprend qu'en Scandinavie, la tradition indique des usages différens pour chaque monument.

Toutefois ils étaient relatifs au culte, car les conciles chrétiens en marquent une grande jalousie ; ils défendent les prières et d'allumer des flambeaux *devant des pierres (ad lapides).*

Le pouvoir des druides était établi en partie sur la croyance qu'après la mort les ames changeaient de corps.

Aristote, au contraire, croyait l'ame mortelle; les Celtes et les Germains étaient donc mieux préparés au culte catholique que les Grecs et les

Romains. L'habitude d'obéir aux druides avec terreur prépara nos ancêtres à obéir aux évêques. La sanction des prêtres était la même : l'excommunication.

En faisant ces beaux raisonnemens et bien d'autres, j'ai pris place dans une carriole du pays pour faire les cinq lieues qui séparent Dol de Saint-Malo : j'avais pour compagnons de voyage des bourgeois riches ou plutôt enrichis. Jamais je ne me suis trouvé en aussi mauvaise compagnie ; mon imagination était heureuse, ils l'ont traînée dans la boue. Que de fois j'ai regretté ma calèche ! Ces gens parlaient constamment d'eux et de ce qui leur appartient : leurs femmes, leurs enfans, leurs mouchoirs de poche, qu'ils ont achetés en trompant le marchand de un franc sur la douzaine. Le signe caractéristique du provincial, c'est que tout ce qui a l'honneur de lui appartenir prend un caractère d'excellence : sa femme vaut mieux que toutes les femmes ; la douzaine de mouchoirs qu'il vient d'acheter vaut mieux que toutes les autres douzaines. Jamais je ne vis l'espèce humaine sous un plus vilain jour, ces gens triomphaient de leurs bassesses à peu près comme un porc qui se vautre dans la fange. Pour devenir député faudra-t-il faire la cour à des êtres tels que ceux-ci ? Sont-ce là les rois de l'Amérique ?

Pour en tirer quelques faits et diminuer mon dégoût, j'ai essayé de parler politique; ils se sont mis à louer bêtement la liberté et de façon à en dégoûter, la faisant consister surtout dans le pouvoir d'empêcher leurs voisins de faire ce qui leur déplaît. Il y a eu là-dessus entre eux des discussions d'une bassesse indicible; je renouvellerais mon dégoût en en donnant le détail. Ils ont fini par me convertir à leur système. J'aurais donné quinze jours de prison pour pouvoir faire administrer à chacun d'eux une volée de coups de canne. Ils m'ont expliqué que s'il y a des élections, ils n'enverront certes pas à Paris un *orgueilleux*. J'ai compris qu'ils donnent ce titre aux députés qui ne se chargent pas avec empressement de retirer leurs bottes et leurs habits de chez les ouvriers qu'ils emploient à Paris.

Il est plaisant que pour être appelé à discuter les grandes questions de commerce et de douanes qui vont décider de ce que sera l'Europe dans cent ans d'ici, il faille commencer par plaire à de tels animaux.

Pour l'agrément de ma route, quelle différence si j'avais eu affaire à cinq légitimistes! Leurs principes n'auraient pas pu être plus absurdes et plus hostiles *au bonheur commun*, et, loin d'être blessé à chaque instant, mon esprit eût goûté tous les charmes d'une conversation polie. Voilà donc ce peuple pour le bonheur duquel je crois qu'il faut tout faire.

Pour me distraire des coups de couteaux que me donnait à chaque instant la conversation de ces manans enrichis, je me suis mis à regarder hors du cabriolet. Après la première lieue qui conduit de Dol au rivage au milieu d'une plaine admirablement cultivée, surtout en colza, le chemin est souvent à dix pas de la mer. Aussitôt qu'on a dépassé un grand rocher qui défend cette plaine contre les flots et qui est probablement le mont Dol, ce que je n'ai pas voulu demander à mes ignobles compagnons, on aperçoit à une immense distance sur la droite et par dessus les vagues un peu agitées le Mont Saint-Michel. Il était éclairé par le soleil couchant et paraissait d'un beau rouge; nous, nous étions un peu dans la brune.

Le Mont Saint-Michel sortait des flots comme une île, il présentait la forme d'une pyramide; c'était un triangle équilatéral d'un rouge de plus en plus brillant et tirant sur le rose, qui se détachait sur un fond gris.

Nous avons quitté la mer, puis de nouveau nous l'avons vue devant nous; comme elle baissait en ce moment, de toutes parts nous apercevions des îlots déchiquetés de granit noirâtre sortant des eaux.

Sur le plus grand de ces îlots de granit on a bâti Saint-Malo, qui, comme on sait, à marée haute, ne tient à la terre que par la grande route.

Cette route que je viens de parcourir, depuis qu'elle arrive à la mer à une lieue de Dol, a souvent sur son côté gauche de forts jolies petites maisons, qui rappellent tout à fait les *cotages* de la côte d'Angleterre qui est vis à vis. A l'approche de la voiture, je voyais sortir de ces habitations quelques douaniers et une quantité prodigieuse d'enfans fort gais.

En entrant à Saint-Malo, et nous approchant de la porte fortifiée, nous avions sur la droite la grande mer, et à gauche de la route un immense bassin de boue humide sur laquelle paraissaient de cent pas en cent pas de pauvres navires couchés sur le flanc. Ils attendent le flot pour se relever, et cet exercice continu fatigue leurs membrures.

Au-delà de cette plaine de boue et de sable entrecoupée de flaques d'eau, on aperçoit Saint-Servan qui a l'air d'une assez jolie petite ville. Elle est du moins entourée d'arbres bien verts, tandis qu'à Saint-Malo on ne voit que du granit noirâtre et quelques figuiers de quinze ou vingt pieds de haut, à peu près comme ceux de Naples sur la route de Portici; mais les figues de Saint-

Malo ne mûrissent pas. Je conclus de la vue de cet arbre du midi, à la vérité abrité par des murs, que les froids de Saint-Malo ne sont jamais fort rigoureux. C'est déjà un grand avantage que cette ville doit au voisinage de la mer. Elle doit à Louis XIV, et à la considération qu'avait inspirée aux ministres de la marine l'audace admirable de ses habitans, une enceinte de murs qui fait exactement le tour de la ville et dont l'épaisseur sert de promenade. Il y a parapet du côté de la ville comme du côté de la mer, et le promeneur se trouve à peu près à la hauteur du second étage des maisons. Il m'a semblé qu'à marée basse, ce parapet est souvent à soixante pieds des flots. Cette promenade originale m'a fort intéressé et ce n'est qu'au bout d'une heure et demie, après avoir fait exactement le tour de la ville, que je suis revenu à l'escalier voisin de la porte par lequel j'y étais monté. Mais je me suis arrêté souvent pour considérer soit les îlots noirs et déchirés par les vagues qui défendent Saint-Malo contre les lames de la grande mer, soit la colline couverte d'arbres qui, à droite au-delà du golfe de Saint-Servan, s'avance fort dans la mer. Les grands figuiers dont j'ai parlé se trouvent dans de forts petits jardins, qui existent quelquefois entre le mur de la ville et les maisons du côté opposé à l'unique porte de Saint-Malo, c'est à dire au couchant.

Ce que le destin m'avait fait voir de la société aujourd'hui m'avait jeté dans un si profond dégoût de l'espèce humaine, que j'ai sottement refusé d'aller au spectacle à Saint-Servan. Mon hôtesse me l'a proposé et j'ai refusé sans réfléchir, uniquement par humeur de m'entendre adresser la parole.

Puis regardant d'un air bourru, j'ai vu que l'hôtesse était assez jolie femme et polie à l'anglaise; elle me disait avec dignité qu'une sorte d'omnibus me conduirait à Saint-Servan en un quart d'heure.

J'ai erré dans la ville. Tout y est d'un gris noirâtre ; c'est la couleur du granit de ce pays-ci. J'aurais bien voulu voir la rue où sont nés MM. de Châteaubriand et de Lamennais; mais j'avais horreur d'adresser la parole à qui que ce soit. Vis à vis un palais de justice que l'on construit avec des colonnes à la grecque, j'ai aperçu une ridicule statue de Duguay-Trouin. Avec ses culottes flottantes, cet intrépide marin ne ressemble pas mal à ces statues de bergers en plomb, que les curés de village mettent dans leurs jardins. J'ai trouvé un café fort poli à côté de la statue; mais j'étais encore empoisonné par mes manans de la route; je prenais en mauvaise part tout ce que j'entendais dire aux pauvres officiers des trois compagnies qui viennent tous les mois tenir garnison dans cette île. Ces messieurs paraissaient se formaliser beaucoup de l'absence de toute promenade, autre que celle des murailles, non moins que de l'extrême vertu des dames de Saint-Malo. L'un d'eux disait : « Certes il n'y aurait aucun danger à laisser les demoiselles de ce pays-ci seules avec les jeunes gens les plus aimables ; on peut être assuré qu'elles ne songeront jamais qu'à leur plus ou moins de fortune. Le plus beau *cavalier*, s'il n'est pas assez riche pour *s'établir*, n'est d'aucun danger pour ces vertus calculantes. »

Il me restait la ressource de demander du vin de Champagne ; mon hôtesse m'avait assuré que le sien était excellent. Mais quoi de plus triste que de boire seul pour oublier un chagrin ridicule ?

Je suis allé chez le libraire, où j'ai trouvé *la Princesse de Clèves*, petit bouquin fort joliment relié. Afin de ne pas avoir à m'impatienter contre les sales chandelles de la province, je suis allé moi même acheter des bougies. Ma chambre donnait sur une rue affreuse de dix pieds de large ; il n'y en avait pas d'autre dans l'hôtel. J'ai demandé une bouteille de vin de Champagne ; et aussitôt l'on s'est souvenu, comme par miracle, qu'un monsieur venait de partir par le bateau à vapeur de Dinan, et l'on m'a conduit, par un escalier de bois en escargot, à une grande chambre au troisième étage, d'où l'on aperçoit fort bien la mer par dessus le rempart. Je me suis enivré de cette vue, puis j'ai lu la moitié de l'admirable volume que je venais d'acheter; l'ame enfin rassérénée par ces douces occupations, je me suis mis à écrire ce procès-verbal peut-être trop fidèle de tous mes malheurs intellectuels. *Les ennuyeux m'empoisonnent;* c'est ce qui m'eût empêché de faire fortune de toute autre façon que par le commerce; et mon père eut toute raison de me jeter violemment dans cette voie. Lorsque j'étais douanier, mes amis m'estimaient sans doute; mais la plupart eussent été charmés que lorsque je sortais pour la première fois, avec un bel uniforme neuf, un enfant jetât sur moi un verre d'eau sale.

Une vérité m'assiège à chaque heure du jour, depuis que je suis en Bretagne. Le petit bourgeois d'Autun, de Nevers, de Bourges, de Tours, est cent fois plus arriéré, plus stupide, plus *envieux* même, que le bourgeois qui vit à quatre lieues des côtes, et de temps en temps a un cousin noyé par une tempête. — Bravoure des jeunes enfans bretons de la côte de Morlaix, qui se cachent à bord des navires qui partent pour la pêche de la morue sur le banc de Terre-Neuve ; on les appelle des *trouvés* (trouvés à bord du navire, quand il est loin des côtes). On pourrait lever ici une garde impériale de marins.

Du temps de l'empire les corsaires bretons attendaient, pour sortir, quelque tempête qui ne permît pas aux vaisseaux du blocus anglais de se tenir près de leurs rochers de granit noir. Quelle différence pour Napoléon, si, au lieu de faire des flottes, il eût équipé mille corsaires ? Que n'eût-il pas fait avec des Bretons !

— Saint-Malo, le

Je ne sais comment je me suis laissé entraîner à perdre deux jours dans cette ville singulière, mais peu aimable : au fond, c'est une prison.

Hier j'ai pris un bateau pour faire le tour des îlots noirs qui, suivant moi, gâtent beaucoup la vue de Saint-Malo, du côté de la mer ; ensuite je suis allé errer le long de la jolie côte couverte d'arbres qui termine l'horizon au couchant. Le vent étant agréable et la mer tranquille, j'ai fait mettre la voile, et suis allé au loin vers le couchant, toujours lisant mon roman. J'avais oublié tout au monde. Si l'on m'eût demandé où j'étais, j'aurais répondu : A la Martinique.

J'ai manqué ainsi, à mon grand regret, l'heure du bateau à vapeur qui conduit à Dinan. On dit que les bords de la rivière sont charmans et hérissés de rochers singuliers; et d'ailleurs on trouve, près de cette ville toute du moyen-âge, un menhir de vingt-cinq pieds de haut : ces monumens informes font réfléchir, et je commence à m'y attacher, à mesure que je vois augmenter mon estime pour les Bretons. On m'a beaucoup vanté les quatre Evangélistes, ainsi que le lion et le bœuf ailés, attributs de saint Marc et de saint Luc, qui ornent la façade de l'ancienne cathédrale de Dinan. A peu de distance, existait une abbaye dont les ruines sont célèbres; à la vérité je n'y aurais peut-être rien compris. Ma longue promenade sur mer m'a privé de tout cela : mais jamais peut-être je ne fus plus sensible à cette admirable peinture, la plus ancienne qui existe dans la langue, d'une passion qui devient tous les jours plus rare dans la bonne compagnie. Plusieurs parties de cette peinture n'ont point été surpassées; je les compare à certains ciels ornés d'anges par le Pérugin, que les écoles de Rome et de Bologne, si savantes et si supérieures dans tout le reste, n'ont jamais pu faire oublier.

Aujourd'hui j'ai passé ma vie sur les remparts de Saint-Malo à considérer la marée montante qui quelquefois, à ce qu'on dit, s'élève ici jusqu'à quarante pieds. Je devais partir à midi pour Dol et Avranches; mais, avant de monter en diligence, j'ai regardé la figure de mes compagnons de voyage : elle m'a effarouché. Je suis remonté sur le mur, et j'ai perdu le prix de la place.

Le coucher du soleil m'a dédommagé du retard, il a été magnifique : le ciel était en feu; ce qui donnait une couleur plus noire encore aux îlots de Saint-Malo. J'ai passé mon temps sur la plage du couchant, au milieu d'une troupe d'enfans qui avaient ôté leurs souliers, et jouaient avec le flot puissant de la mer; ils se retiraient à mesure que la lame montante venait les mouiller.

Quelle idée noble et exagérée je me faisais de Saint-Malo, d'après ses hardis corsaires! Sera-ce donc toujours là mon erreur? Que d'enfantillage il y a encore dans cette tête! Je n'ai vu que des figures à argent. Dans tout l'art de la peinture, y a-t-il rien d'aussi laid que les contours de la bouche d'un banquier qui craint de perdre?

Au milieu de cette sécheresse d'ame, je n'ai trouvé qu'une *intonation* touchante; c'était un postillon qui me disait : « Ah! monsieur, quand on vient de ce côté-ci, il faut toujours reprendre le même chemin : on ne peut pas aller plus loin. » Dans ce dernier mot si commun, il y avait par hasard toute la tristesse profondément sentie d'un insulaire ou d'un prisonnier. J'ai songé à ce pauvre Pellico.

On va me trouver exagéré; mais enfin je tiens à la bizarrerie de *dire la vérité* (j'en excepte, bien entendu, les vérités dangereuses). Voici ce que je trouve dans mon journal, à la date de Saint-Malo :

« On ne sait rien faire bien en province, pas même mourir. Huit jours avant sa fin, un malheureux provincial est averti du danger par les larmes de sa femme et de ses enfans, par les propos gauches de ses amis, et enfin par l'arrivée terrible du prêtre. A la vue du ministre des autels, le malade se tient pour mort; tout est fini pour lui. A ce moment commencent les scènes *déchirantes*, renouvelées dix fois le jour. Le pauvre homme rend enfin le dernier soupir au milieu des cris et des sanglots de sa famille et des domestiques. Sa femme se jette sur son corps inanimé; on entend de la rue ses cris épouvantables, ce qui lui fait honneur ; et elle donne aux enfans un souvenir éternel d'horreur et de misère : c'est une scène affreuse. »

Un homme tombe gravement malade à Paris; il ferme sa porte, un petit nombre d'amis pénètrent jusqu'à lui. On se garde bien de parler tristement de la maladie; après les premiers mots sur sa santé, on lui raconte ce qui se passe dans le monde. Au dernier moment, le malade prie sa garde de le laisser seul un instant ; *il a besoin de* reposer. Les choses tristes se passent comme elles se passeraient toujours, sans nos sottes institutions, dans le silence et la solitude.

Voyez l'animal malade, il se cache, et, pour mourir, va chercher dans le bois le fourré le plus épais. Fourrier est mort en se cachant de sa portière.

Depuis que l'idée d'un enfer *éternel* s'en va, la mort redevient une chose simple, ce qu'elle était avant le règne de Constantin. Cette idée aura valu des milliards à qui de droit, des chefs-d'œuvres aux beaux-arts, de la profondeur à l'esprit humain.

— Granville, le

Rien de plus obligeant que les habitans de Granville. Dans les pays où il y a un cercle de négocians, les cafés ne font pas venir les journaux de Paris, ce serait une dépense trop considérable pour leurs faibles recettes. J'étais donc fort contrarié ce soir à Granville. Comme en venant de St-Malo je m'étais rapproché de Paris, j'étais piqué d'une curiosité assez ridicule; j'aurais volontiers arrêté les passans pour leur dire : Qu'y a-t-il de nouveau? Au café je n'ai trouvé que la *Gazette du Département* dont j'avais lu les nouvelles à St-Malo. Je suis rentré tristement chez moi. J'ai essayé de la lecture, mais lire *par force* ne m'a jamais réussi. Comme je sortais pour flâner dans les rues, j'ai eu le courage de parler de mon embarras. Le garçon de l'hôtel m'a conduit tout simplement au cercle établi depuis peu à l'extrémité de la promenade nouvelle, formée d'assez jolis arbres bien touffus. Il y a trois ans ce n'était qu'une triste grève couverte de cailloux. Vivent les pays en progrès, on y est heureux et par conséquent on y a de la bonté. Arrivé dans la salle du cercle, un monsieur fort obligeant a mis à ma disposition, sans mot dire, trois ou quatre journaux arrivés de Paris depuis une heure. Lorsque je suis sorti après les avoir dévorés, le concierge m'a dit, de la part de ces messieurs, que le cercle ouvre tous les matins à sept heures; il me semble qu'il est impossible de mieux en agir à Paris. Granville a doublé depuis dix ans; or, en toute espèce de biens, ce n'est pas posséder qui fait le bonheur, c'est acquérir, dit Figaro. Les négocians de Granville prospèrent; d'où il suit qu'ils sont heureux et polis, et sans doute moins tracassiers et méchans que les bourgeois de tant de petites villes de France, qui ne savent que faire de leur temps et se plaignent de leurs 1800 liv. de rente.

Ce matin, à mon passage à Dol, j'ai pris sur le temps du dîner celui de revoir l'intérieur de la charmante cathédrale. Notre dîner, cependant, était bon et amusant; il était préparé dans une salle d'une exiguité plus qu'anglaise, elle pouvait avoir sept pieds et demi de haut; la table était fort étroite et nos chaises touchaient les murailles de tous les côtés. Deux jeunes filles assez jolies, mais coiffées d'une énorme quantité de cheveux d'une couleur singulière, celle de l'étoupe presque blanche, ont servi dans cette petite salle à manger d'excellentes soles, et une profusion de poissons et de fruits de mer.

De Dol à Pontorson, j'ai trouvé un pays d'une admirable fertilité. Tout à coup on arrive sur le bord d'une immense vallée, au fond de laquelle il faut aller chercher le bourg et la rivière de Pontorson. La vue est magnifique et très étendue, elle fait d'autant plus de plaisir qu'il y a surprise complète. Au fleuve de Pontorson finit la Bretagne.

Je ne saurais assez louer la suite de collines charmantes couvertes d'arbres élancés et bien verts par lesquelles la Normandie s'annonce. La route serpente entre ces collines. On voit de temps à autre la mer et le mont St-Michel. Je ne connais rien de comparable en France. Aux yeux des personnes de 40 ans, fatiguées des émotions trop fortes, ce pays-ci doit être plus beau que l'Italie et que la Suisse. Ce sont les paysages de l'Albane comparés à ceux du Guaspre. Je ne connais de comparable que les collines des environs de Dezensano, sur la route de Brescia à Vérone. Elles ont plus de grandiose et sont moins *jolies.*

En faisant à pied la longue montée qui précède les premières maisons d'Avranches, j'ai eu une vue complète du mont St-Michel, qui se montrait à gauche dans la mer, fort au dessous du lieu où j'étais. Il m'a paru si petit, si mesquin, que j'ai renoncé à l'idée d'y aller. Ce rocher isolé paraît sans doute un pic grandiose aux Normands, qui n'ont vu ni les Alpes ni Gavarny. Ce n'est pas eux que je plains ; c'est un grand malheur d'avoir vu de trop bonne heure la beauté sublime. Un voyageur me disait hier que la plus jolie personne de Normandie habite l'auberge du mont St-Michel. Depuis Dol, je voyageais seul, dans le coupé de la diligence, avec une paysanne de 40 ans extrêmement belle. Cette dame a des traits romains, des manières fort distinguées, et ce qui me surprend au possible, je trouve dans ses façons une aisance et un naturel auxquels beaucoup de nos grandes dames pourraient porter envie. Elle n'a pas du tout l'air d'une actrice imitant bien mademoiselle Mars. De temps en temps, cette noble paysanne tirait de son petit panier une Imitation de Jésus-Christ fort bien reliée en noir, et lisait pendant quelques minutes.

J'ai supposé témérairement qu'à cause de son

extrême beauté, elle avait eu dans sa jeunesse l'occasion de voir très bonne compagnie en Angleterre (ses façons sont un peu sérieuses; elle ressemble à une héroïne de l'abbé Prévost); qu'arrivée à un certain âge on l'avait mariée, et qu'elle était revenue à la condition d'une riche paysanne. Malgré le peu d'envie que j'ai de parler, la conversation s'est engagée entre nous, et si bien et avec tant de respect de ma part, que j'ai pu lui laisser entrevoir le roman que je venais d'imaginer. Elle en a ri de bon cœur, et m'a raconté avec un naturel parfait qu'elle est femme d'un pêcheur habitant à Jersey, et que, pendant que son mari est à la mer, elle tient un petit magasin de quincaillerie et de toutes les choses qui peuvent convenir à de pauvres matelots. Elle me contait tout cela comme eût pu le faire madame de Sévigné.

— Votre récit est adorable, lui disais-je; mais permettez-moi de vous dire qu'il m'enchante, mais ne me persuade point.

Cette paysanne de 40 ans est sans contredit la femme la plus distinguée que j'aie rencontrée dans mon voyage, et, pour la beauté, elle vient, ce me semble, immédiatement après l'adorable carliste qui s'embarqua sur le bateau à vapeur de la Loire avec un chapeau vert.

Cette noble paysanne s'est tirée avec toute la

grace imaginable du récit d'une petite insolence à laquelle elle a été en butte de la part d'une femme vêtue de noir. La veille, en venant de Rennes par la même diligence, une religieuse a voulu lui enlever sa place de haute lutte.

— Allons, ôtez-vous de là, *ma chère dame*, il faut que je m'y mette, etc. Rien de plus joli et de plus plaisant que ce dialogue; la *prepotenza* sotte d'un côté, et de l'autre l'esprit vif, mais fort mesuré, d'une femme de bonne compagnie qui a toujours peur d'en trop dire, et qui comprend à merveille qu'elle doit l'avanie qu'elle éprouve à son habit de paysanne.

J'ai eu cette aimable compagne de voyage jusqu'à Granville. Comme la diligence arrêtait une heure à Avranches, je l'ai engagée à monter avec moi sur le petit promontoire où existait autrefois la cathédrale du savant Huet, cet évêque, homme d'esprit, qui a écrit sur les romans. De là nous aurions une vue magnifique de tous le pays. Je lui offrais mon bras sans songer à mal.

— Y pensez-vous, monsieur, une paysanne?

Ce mot a été dit avec une intonation si pure, si peu affectée, et qui m'a touché si vivement, que j'ai bien répondu. C'est avec cette noble paysanne que j'ai admiré une des plus belles vues de France. Elle a trouvé qu'elle ressemblait beaucoup à celle dont nous venions de jouir avant d'arriver à Pontorson. On se trouve aussi sur le bord d'une vallée large, profonde, admirablement plantée d'arbres bien verts, avec un lointain qui se perd sur la droite au milieu de forêts, et la mer sur la gauche.

En déjeunant à l'auberge, j'ai appris que le pays est hanté par une foule d'Anglais ; mais ils vont s'en aller, ils ont le malheur de trop bien pêcher à la ligne. Ils emploient des mouches artificielles qui trompent trop bien des nigauds de poissons, je ne sais si c'est les saumons ou les truites. Le bonheur anglais a excité au plus haut point la jalousie des Normands. Ils ont interrompu toutes relations de société avec ces fins pêcheurs, et songent même, autant que j'ai pu le comprendre, à leur faire un procès.

Si j'étais maître de mon temps, je m'arrêterais pour jouir de ce procès, et j'assignerais quelqu'un.

Malgré cette *politesse normande*, comme je ne pêche pas à la ligne, c'est à Avranches ou à Granville que je fixerais mon séjour, si jamais j'étais condamné à vivre en province dans les environs de Paris. A la première vue de la question, l'on serait tenté d'aller s'établir au midi, vers Tours ou Angers, pour éviter la rigueur des hivers ; mais la différence du degré de civilisation est de plus de conséquence que la différence de deux degrés de latitude. Il y a cent fois plus de petitesse provinciale et de *curiosité tracassière* sur ce que fait le voisin à Tours ou à Angers, qu'à Granville ou à Avranches. Il faut toujours en revenir à cet axiome : Le voisinage de la mer *détruit la petitesse.* Tout homme qui a navigué en est plus ou moins exempt ; seulement, s'il est sot, il raconte des tempêtes, et s'il est homme d'esprit de Paris un peu affecté, il nie qu'il en existe.

Je me souviens qu'à Angers les bourgeois qui habitent les maisons d'un des côtés d'une belle rue toute nouvelle, prétendent que les maisons de leurs voisins de l'autre côté de la rue vont descendre de huit à dix pieds au premier jour. Je n'ai jamais rien vu de si *petit* que la joie maligne mêlée de fausse commisération qui éclate dans leurs yeux, en parlant deux heures de suite de cet abaissement futur. S'il fallait absolument habiter une petite ville en France, je choisirais Grasse ou la Ciotat.

D'Avranches à Granville, nous avons vu une foule de ces charmantes maisons de paysans, isolées au milieu d'un verger planté de beaux pommiers et ombragé par quelques grands ormeaux. L'herbe qui vient là-dessous est d'une fraîcheur et d'un vert dignes du Titien. Voyez-vous, m'a dit ma compagne de voyage, ces belles fleurs de couleur amaranthe en forme de cloches ; c'est la digitale, cette plante qu'on donne pour empêcher le cœur de battre trop vite.

Ces vergers sont séparés des champs voisins par une digue en terre haute de quatre pieds, large de six, et toute couverte de jeunes ormeaux de vingt-cinq pieds de haut, placés à trois pieds à peine les uns des autres. C'est à cette mode, que je vois régner depuis Rennes, qu'est due l'admirable beauté du pays. L'œil du voyageur n'aurait rien à désirer s'il apercevait de temps à autre quelques vieux arbres de soixante pieds de hauteur ; mais l'avarice normande ne les laisse point arriver à cet âge. Qu'est-ce que ça rapporte, voir un bel arbre ?

A moitié chemin d'Avranches à Granville, un gros jeune paysan riche, précisément le type de cette cupidité astucieuse qui a civilisé la Normandie, est venu prendre la troisième place du coupé. Il m'a expliqué très clairement l'industrie fort compliquée de l'éleveur de bœufs ; il s'agit de ces bœufs que nous voyons à Paris sous la forme de rosbif. Ces bœufs changent de mains tous les ans ; la division du travail est extrême et trop longue à rapporter ici. Notre homme passe sa vie sur la route qui de Poissy conduit aux environs de Caen. Ce commerce est fort chanceux ; il a perdu trente mille francs il y a trois ans ;

les bœufs ne voulaient point s'engraisser. Ce monsieur nous dit des choses curieuses de l'instinct de ces animaux.

La noble paysanne voyant, l'intérêt avec lequel j'écoute les détails donnés par l'éleveur de bœufs, me raconte à son tour tous les détails de l'état de sabotier; ces gens-là passent leur vie dans les forêts. Ce que j'apprends à ce sujet m'a engagé à faire une excursion dont je rendrai compte plus tard.

En arrivant au long faubourg de Granville, un tonneau de bière qui était sur le devant de la diligence est tombé, et ma compagne de voyage s'est en quelque sorte éclipsée; j'ai respecté son incognito, si c'en est un. J'avais en face de moi, au delà d'une vallée profonde, un promontoire élevé de deux ou trois cents pieds, et terminé, du côté de la mer, par un précipice; c'est sur cette falaise qu'est juchée la ville fortifiée de Granville. Mais peu de gens se donnent la corvée d'habiter cette montagne, ou résident au bas dans un second faubourg différent de celui dont j'ai déjà parlé. Je monte à la ville. Les maisons, noires, tristes et fort régulières, n'ont que deux petits étages; elles ressemblent fort aux maisons des petites villes d'Angleterre. Malgré leur position élevée et la vue de la mer dont jouissent toutes celles du côté droit de la rue en allant à l'église, la tristesse sombre est le trait marquant de cette antique cité. Je vais jusqu'au bout du cap qui se termine par un grand pré entouré par la mer de trois côtés. Un enfant du pays disait : On parle si souvent du bout du monde, eh bien! le voilà. Cette idée ne manque pas de justesse.

La mer, ce soir, était sombre et triste; elle bat le rocher de tous les côtés à deux cents pieds au dessous du promeneur. Ce pré est séparé de la ville par une vaste caserne qu'on aurait dû entourer d'un mur crénelé dans le goût gothique et élevé de dix pieds au dessus du toit. Après cette dépense si peu considérable, ce gros édifice aurait eu quelque physionomie.

Sur ce pré paraissaient quelques malheureux moutons tourmentés par le vent. J'ai trouvé là une pièce de douze en fer abandonnée dans l'herbe, et quelques vestiges d'une batterie. En rentrant en ville, je suis entré dans l'église, triste à merveille. Une vingtaine de jeunes filles y apportaient la dépouille mortelle d'une de leurs compagnes. Il n'y avait là d'autres hommes que l'antique bedeau à l'air ivrogne, le vieux prêtre frileux et dépêchant son affaire, et moi pour spectateur.

Pendant qu'on chantait un psaume, je crois, je lisais tristement dans les bas-côtés de l'église une quantité d'épitaphes remplies de fautes d'orthographe. Les lettres sont taillées en relief dans le granit noirâtre. Rien de plus pauvre et de plus triste. Ces épitaphes sont de 1620 et des années voisines. Le chœur de cette église n'est pas sur le même axe que la nef.

Je ne sais pourquoi j'étais accablé de tristesse; si j'avais cru aux pressentimens, j'aurais pensé que quelque grand malheur m'arrivait au loin. Je voyais toujours cette bière couverte d'un mauvais drap blanc, que quatre jeunes filles laides soutenaient à un pied de terre avec des serviettes qu'elles avaient passé par dessous. Combien on est plus sage à Florence! toutes ces choses-là se passent de nuit.

Comme je n'avais âme qui vive avec qui faire la conversation, j'ai attaqué la tristesse par les moyens physiques. J'ai trouvé par hasard une assez bonne tasse de café au café placé contre la porte fortifiée de la ville. La descente vers le joli faubourg est agréable et pittoresque: le génie a exigé que les maisons de la rue la plus élevée et la plus marchande de ce faubourg, celle qui arrive à la porte fortifiée de la ville, n'eussent pas plus de quinze pieds de haut; il fallait laisser leur effet aux pièces de canon du rempart.

Tout le monde parle encore ici du fameux siège de 1794 que les Vendéens furent obligés de lever après s'y être long-temps et bravement obstinés. Là commencèrent leurs malheurs. S'ils avaient pu s'emparer de la ville et du port qui assèche à toutes les marées, mais qui est commode, ils auraient eu un moyen sûr de communiquer avec les Anglais. L'on peut dire que le courage plutôt *civil* que militaire des hommes de sens qui eurent l'idée de défendre cette bicoque a peut-être sauvé la république, et empêché le retour des Bourbons dès 1794. Pensez à ce que l'Europe aurait fait de nous qui n'avions pas encore la gloire de l'empire! Vienne, Berlin, Moscou, Madrid, n'avaient pas encore vu les grenadiers français. Qu'on juge par 1815 de ce qu'aurait fait le parti émigré, plus jeune de vingt ans, en 1795.

J'ai vivement regretté de n'avoir pas avec moi le volume de l'histoire de la Vendée par Bauchamp, où il raconte la levée du siége de Granville et l'incendie du faubourg. C'est en vain que j'ai demandé à voir un tableau représentant cet incendie, qui est, dit-on, à l'Hôtel-de-Ville; l'homme chargé de le garder est absent : c'est presque toujours ce qui arrive en province; tout monument qui n'est pas sur la voie publique est perdu pour le voyageur; et si j'étais un héros, je voudrais que ma statue fût au coin de la rue, sauf à voir les enfans m'assiéger à coups de pierres.

Depuis la révolution de 1830, on bâtit une fort jolie ville au pied du rocher de Granville, et tout contre le port. J'ai compté là je ne sais combien de grandes maisons en construction. On imite l'architecture de Paris, et toutes ces maisons ont une jolie vue sur la mer, et sont garanties du vent du nord par la vieille ville. Quelques maisons antiques et fort pittoresques sont placées à l'endroit où la jetée, qui forme le port, touche au rocher couronné par le pré dont j'ai parlé, et qui figure le bout du monde. J'ai trouvé là des nuées d'enfans, jouant dans l'eau de la mer qui se retirait. Comment ne seraient-ils pas de bons marins ? Bientôt tous les navires se sont tristement penchés sur le côté, et sont restés pris dans la boue. Des charpentiers, occupés à construire deux ou trois bâtimens au fond de ce port, m'ont appris que Granville expédie ses bâtimens en Amérique et au bout du monde ; et comme, malgré moi, j'avais l'air sans doute un peu incrédule, on m'a nommé toutes les maisons qui depuis dix ans ont fait fortune. Je ne connais personne en ce pays, je n'ai pu pénétrer quel est au fond le véritable genre de commerce qui met les gens de Granville en état d'élever tant de belles et grandes bâtisses ; la pêche apparemment.

Il y a de jolis jardins et de jolis petits ponts,

appartenant à des particuliers, sur un ruisseau qui coulait, il y a six ans, au milieu des galets, et qui va se trouver au milieu de la ville neuve. Sur ses bords, on a planté la promenade publique, qui déjà, grace au bon choix des arbres, offre beaucoup d'ombre, et c'est au fond de cette promenade qu'est placé le cercle de négocians qui me permet si obligeamment de lire ses journaux. Quand des chevaux viennent boire et prendre un bain dans ce fleuve de dix pieds de large, qui sépare la promenade des jardins particuliers, l'eau s'élève et inonde toutes les blanchisseuses qui savonnent sur ses bords. Alors grands éclats de rire et assauts de bons mots entre les servantes qui savonnent et les *grooms* en sabots.

Vis à vis l'auberge où j'ai une très bonne chambre, dans le faubourg de Granville, on a taillé un passage dans le rocher, apparemment pour la sûreté de la ville. C'est par là que j'allais voir cette mer du nord, si sérieuse en cet endroit. Une nouvelle route, en partie taillée dans le roc, conduit sur la colline, à l'extrémité de laquelle l'ancienne ville est bâtie. Les habitans voudraient faire avouer au génie militaire que Granville ne vaut rien comme ville forte. Mais Granville est dans le cas du Havre; je fais des vœux pour le génie; s'il perd ses droits, la cupidité entassera les maisons laides et sales. Arrivé au sommet de cette falaise, le voyageur trouve la vue de l'Océan qui s'étend au nord à l'infini. Le pays battu par les vents semble d'abord peu fertile. Mais à un quart de lieue de la route, sur la droite, du côté opposé à la mer, la plaine étant un peu abritée par la falaise sur laquelle la route est établie, le voyageur voit recommencer ces champs entourés d'une digue de terre couverte de jeunes ormes de 30 pieds de haut.

Peu à peu le pays devient admirable de fertilité et de verdure; on arrive ainsi au pied de la colline sur laquelle Coutances est perchée. Je comptais passer la soirée à voir à mon aise la cathédrale, sur laquelle on a tant discuté, et dont j'aperçois depuis long-temps les deux clochers pointus. Un mauvais génie m'a conduit à la poste, j'y trouve une lettre qui m'y attend depuis trois jours. Elle est écrite par un homme impatient, qui a des millions, et qui met quelque argent dans les affaires de notre maison; ce dont, lui et nous, nous nous trouvons bien. Mais cet homme riche et timide n'a aucun usage des affaires, et de la moindre vétille se fait un monstre. Parce qu'il a des millions et de la probité, il se croit négociant. Il est à sa magnifique terre de B., et désire me voir pour une affaire qu'il se garde bien d'expliquer, et qui, selon lui, est de la plus haute importance. Je gagerais que ce n'est rien ; mais aussi l'affaire peut être réellement essentielle.

M. R. me marque qu'il écrit la même lettre, poste restante, dans toutes les villes de Bretagne, pays où il sait que je voyage *pour mon plaisir*. Je puis fort bien dire que j'ai reçu la lettre, mais qu'une affaire m'a retenu dans les environs de Coutances; je puis mentir plus en grand, et prétendre que je n'ai reçu que deux jours plus tard cette maudite lettre qui m'appelle sans doute pour une misère, pour quelque faillite de dix mille francs.

Mais cette affaire, *cachée derrière un voile*, s'empare déjà de mon imagination. Au lieu d'être sensible aux beautés de la fameuse cathédrale de Coutances, et de suivre les idées qu'elle peut suggérer, la *folle de la maison* va se mettre platement, et en dépit de tous mes efforts, à parcourir tous les possibles en fait de banqueroutes et de malheurs d'argent. Tant il est vrai que, pour être libre de toute préoccupation de ce côté-là, il faut se retirer tout à fait des affaires.

Je vais employer trois heures à voir la ville; puis je prendrai la poste, et demain à l'heure du déjeuner je serai à B.

La relation de mon séjour à B. n'offrirait que peu d'intérêt au lecteur. En quittant cette propriété, je pris la route du Havre.

Une diligence menée par d'excellens chevaux m'a conduit fort rapidement à Honfleur. Mais je n'ai plus trouvé sur la route la belle et verte Normandie d'Avranches; c'est une plaine cultivée comme les environs de Paris. Il y avait foire à Pont-l'Évêque; il fallait voir les physionomies de tous ces Normands *concluant des marchés*; c'était vraiment amusant. Il y a place là pour un nouveau Téniers; on s'arracherait ses ouvrages dans les centaines de châteaux élégans qui peuplent la Normandie.

En arrivant à Honfleur je trouve que le bateau pour le Havre est parti depuis deux heures; l'hôtesse m'annonce d'un air compatissant qu'il reviendra peut-être dans la soirée. Bonne finesse normande que j'ai le plaisir de deviner. En me donnant ce fol espoir, l'hôtesse veut m'empêcher de prendre un petit bateau qui en deux heures me conduirait facilement à Harfleur, dont je vois d'ici fumer les manufactures. Je trouverais là vingt voitures pour le Havre. Mais j'aime les charmans coteaux couverts d'arbres qui bordent l'Océan au couchant de Honfleur: je vais y passer la journée. C'est là ou dans la forêt qui borde la Seine au midi, en remontant vers Rouen, que, dans dix ans d'ici, lorsque les chemins de fer seront organisés, les gens riches de Paris auront leurs maisons de campagne. Tôt ou tard ces messieurs entendront dire que la rive gauche de la Seine est bordée de vastes et nobles forêts. Quoi de plus simple que d'acheter deux arpens, ou vingt arpens ou deux cents arpens de bois sur le coteau qui borne la Seine au midi, et d'y bâtir un ermitage ou un château ! On jouit de six lieues de forêt en tout sens et de l'air de la mer. Là, les hommes occupés trouveront une solitude et une campagne véritables à dix heures de Paris, car le bateau à vapeur de Rouen au Havre ne met que cinq heures et demie à faire le trajet.

En rentrant ce soir à Honfleur j'ai trouvé grande illumination : on se réjouit de la loi qui vient d'accorder des fonds pour l'agrandissement du port. Il en a bon besoin le pauvre malheureux; et malgré tout il restera bien laid. Je ne puis m'accoutumer à cette plage de boue d'une demi-lieue de largeur, au delà de laquelle la mer n'a l'air que d'une bordure de six pouces de haut. C'est pourtant là le spectacle dont je jouissais ce soir de ma fenêtre, la mieux située de Honfleur. Malgré moi, je pensais à Sestri-di-Levante et à Pausilipe, ce qui est un gros péché quand on voyage en France. J'avais choisi la seule chambre de l'auberge qui donne directement sur la mer; appuyé sur ma fenêtre je pouvais penser à son absence, au lieu d'avoir l'esprit avili par la conversation normande qui se fait à haute voix sur le quai, et qui assourdit les autres chambres toutes placées au premier étage.

Ces portefaix, matelots, aubergistes normands, se plaignent toujours d'un voyageur qui a eu l'infamie de ne vouloir donner que 3 francs pour le transport de ses effets, ce qu'un homme du pays aurait payé 15 sous. Leurs lamentations, applaudies de tous les assistans, sont plaisantes un instant, en ce que l'on voit tous ces gens regarder la friponnerie à l'égard de l'étranger comme un droit acquis. Je n'avais pas vu une telle naïveté friponne depuis la Suisse ; j'étais jeune alors, et je me souviens que ces propos me gâtaient les beaux paysages.

Les Gaëls et les Kymris peuplaient le beau pays que je parcours quand les Normands arrivèrent. Mais ce qui compliqua beaucoup la question, c'est que ces Normands si audacieux n'étaient pas eux-mêmes une race pure ; ils provenaient d'un pays où des Germains étaient venus se mêler à une population primitive *Finoise*.

Le type finois c'est une tête ronde, le nez assez large et épaté, le menton fuyant, les pommettes saillantes, les cheveux *filasse*. Les Germains ont la tête carrée : ce caractère germain, moins prononcé que les autres, tend à disparaître.

Les deux figures les plus prononcées, le Kymri et le Finois, se sont mêlées et ont produit en

Normandie une race où le Kymri domine. Ainsi nez kymri, crochu vers le bas, mais plus gros; pommettes saillantes, trait qui n'appartient pas au Kymri, et le menton *fuyant*, trait encore plus contraire au Kymri. Cette figure que je viens d'esquisser est la plus caractérisée de celles que l'on trouve en Normandie. Je l'ai observée à Caen, à Bayeux, à Isigny, mais surtout à Falaise.

— Le Havre.

Ce matin, à onze heures, j'ai pris passage sur un magnifique bateau à vapeur; après cinq quarts d'heure il nous a débarqués au Havre. J'aurais voulu qu'une si aimable traversée durât toute la journée.

Ce n'est pas une petite affaire que de se loger au Havre. Il y a de fort bons hôtels; mais tous exigent qu'on mange à table d'hôte ou qu'on se fasse servir dans sa chambre. Ce dernier parti me semble triste, et, quant au dîner à table d'hôte, outre qu'il dure une heure et demie, on se trouve là vis à vis de trente ou quarante figures américaines ou anglaises, dont les yeux mornes et les lèvres *primes* me jettent dans le découragement. Une heure de la vue forcée d'un ennuyeux m'empoisonne toute une soirée.

J'ai pris à l'hôtel de l'Amirauté une belle

chambre au second étage avec vue sur le port, qui par bonheur se trouvait vacante. Je ne suis séparé de la mer, c'est à dire du port, que par un petit quai fort étroit; je vois partir et arriver tous les bateaux à vapeur. Je viens de voir arriver *Rotterdam* et partir *Londres*; un immense bâtiment, nommé *le Courrier*, entre et sort à tout moment pendant le peu d'heures qu'il y a de l'eau dans le port, il remorque les nombreux bâtimens à voile qui arrivent et qui partent. Comme vous savez, l'entrée du Havre est assez difficile, il faut passer contre la Tour-Ronde bâtie par François Ier. Quand j'ai pris possession de ma chambre, le port sous ma fenêtre, et l'atmosphère jusque par dessus les toits, étaient entièrement remplis par la fumée bistre des bateaux à vapeur. Les gros tourbillons de cette fumée se mêlent avec les jets de vapeur blanche qui s'élancent en sifflant de la soupape des machines. Cette profonde obscurité causée par la fumée du charbon m'a rappelé Londres, et en vérité avec plaisir, dans ce moment où je suis saturé des petitesses bourgeoises et mesquines de l'intérieur de la France. Tout ce qui est activité me plaît, et, dans ce genre, le Havre est la plus exacte copie de l'Angleterre que la France puisse montrer. Toutefois, la douane de Liverpool expédie cent cinquante bâtimens en un jour, et la douane du Havre ne sait où donner de la tête si, dans la même journée, elle doit opérer sur douze ou quinze navires; c'est un effet de l'urbanité française. En Angleterre pas une parole inutile. Tous les commis sont nichés dans des loges qui donnent sur une grande salle; on va de l'une à l'autre sans ôter son chapeau et même sans parler. Le directeur a son bureau au premier étage, mais il faut que le cas soit bien grave pour qu'un commis vous dise : *Up stairs, sir* (Montez, monsieur).

Ma première sortie a été pour la plate-forme de la tour de François Ier; le public peut y arriver librement, sans avoir à subir de colloque avec aucun portier, j'en éprouve un vif sentiment de reconnaissance pour l'administration.

En faisant le tour de l'horizon avec ma lorgnette, j'ai découvert le charmant coteau d'Ingouville que j'avais parfaitement oublié; il y a plus de sept ans que je ne suis venu en ce pays.

J'ai descendu deux à deux les marches de l'escalier de la tour, et c'est avec un plaisir d'enfant que j'ai parcouru la belle *rue de Paris* qui conduit droit à Ingouville. Tout respire l'activité et l'amour exclusif de l'argent dans cette belle rue; on trouve là des figures comme celles de Genève : elle conduit à une place qui est, ce me semble, l'une des plus belles de France. D'abord, de trois côtés, elle est dessinée par de belles maisons en pierres de taille, absolument comme celles que nous voyons construire tous les jours à Paris. Le quatrième côté, à droite, est composé de mâts et de navires. Là se trouve un immense bassin rempli de bâtimens, tellement serrés entre eux, qu'en cas de besoin on pourrait traverser le bassin en sautant de l'un à l'autre.

Vis à vis, sur la gauche du promeneur, ce sont deux jolis massifs de jeunes arbres, et au delà une belle salle de spectacle, style de la renaisance, et une promenade à couvert à droite et à gauche, malheureusement trop peu étendue. Au nord, car la *rue de Paris* est nord et sud, et large au moins comme la rue de la Paix, à Paris, on aperçoit fort bien cette admirable colline d'Ingouville chargée de grands arbres et de belles maisons de campagne. C'est l'architecture anglaise.

Toutes les rues de ce quartier neuf sont vastes et bien aérées. Derrière la salle de spectacle, on finit de bâtir une belle place plantée d'arbres; mais on a eu la singulière idée de placer au milieu un obélisque composé de plusieurs morceaux de pierre, et qui ressemble en laid à une cheminée de machine à vapeur. C'est adroit, dans un pays où l'on voit de toutes parts l'air obscurci par de telles cheminées. Mais il ne faut pas en demander davantage à des négocians venus au Havre, de toutes les parties du monde, pour *bâcler* une fortune. C'est déjà beaucoup qu'ils aient renoncé *à vendre* le terrain sur lequel on a dessiné la place. Tôt ou tard ce *tuyau de cheminée* sera vendu, et l'on mettra à sa place la statue de Guillaume, duc de Normandie.

C'est un fort joli chemin que celui qui suit la crête du coteau d'Ingouville. A gauche on plonge sur l'Océan dans toute son immense étendue ; à droite ce sont de jolies maisons d'une propreté anglaise, avec quelques arbres de cinquante pieds, suffisamment vieux. A l'extrémité du coteau, vers les phares, j'ai admiré un verger normand que je tremble de voir envahir par les maisons ; déjà un grand écriteau annonce qu'il est à vendre par lots. C'est donc pour la dernière fois probablement que j'y suis entré ; il est planté de vieux pommiers, et entouré de sa digue de terre couverte d'ormeaux, dont la verdure l'enclôt de tous côtés, et lui cache la vue admirable. Un homme de goût qui l'achèterait n'y changerait rien, et, au milieu, implanterait une jolie maison comme celles de la Brenta.

A gauche donc on a la mer ; derrière soi c'est l'embouchure de la Seine large de quatre lieues, et au delà la côte de Normandie, au couchant d'Honfleur, où je me promenais hier ; cette côte chargée de verdure occupe à peu près le tiers de l'horizon. Pour le reste, c'est le redoutable Océan couvert de navires arrivant d'Amérique, et qui attendent la marée haute pour entrer au port.

Le moins joli de cette vue, selon moi, c'est ce que les nigauds en admirent, c'est le Havre que l'on a devant soi, et dans les rues duquel on plonge. Il est à cinquante toises en contre-bas. Il semble que l'on pourrait jeter une pierre dans ces rues, dont on n'est séparé que par sa belle ceinture de fortifications à la Vauban. Ce hasard d'être fortifiée va forcer cette ville marchande à être une des plus jolies de France. Elle s'agrandit avec une rapidité merveilleuse ; mais le *Génie* ne permet de bâtir qu'au delà des fortifications, de façon que dans vingt ans le Havre sera divisée en deux par une magnifique prairie de cent cinquante toises de large. Il y a plus, la partie du Havre que l'on bâtit en ce moment a le bonheur d'être violentée par une grande route royale, qui n'a pas permis à la cupidité de construire des rues comme la rue Godot de Mauroy à Paris. Cette seconde moitié du Havre s'appelle Graville, et a l'avantage de former une commune séparée. De façon que lorsque la mauvaise humeur de M. le maire du Havre ou l'intrigue d'une coterie proscrivent une invention utile, elle se réfugie à Graville. C'est ce qui arrive journellement à Londres, qui jouit aussi du bonheur de former deux ou trois communes séparées.

Cette belle prairie qui divisera le Havre en deux parties est coupée, en ce moment, par un fossé rempli d'eau extrêmement fétide, ce qui n'empêche pas de gagner de l'argent, et, sans doute, est fort indifférent aux négocians de la ville. Mais la mauvaise odeur est tellement forte, qu'il est à espérer qu'elle fera naître bientôt quelque bonne petite contagion, qui fera doubler le prix des journées parmi les ouvriers du port. Alors on découvrira qu'avec un moulin à vent faisant tourner une roue, ou une petite machine à vapeur, on peut établir un courant dans cet abominable fossé, même à marée basse.

Ma promenade a été interrompue par la fatale nécessité de rentrer à cinq heures pour le dîner à table d'hôte. J'ai pris place à une table en fer à cheval, j'ai choisi la partie située près de la porte et où l'on pouvait espérer un peu d'air. Il y avait à cette table trente-deux Américains mâchant avec une rapidité extraordinaire, et trois fats français à raie de chair irréprochable. J'avais, vis à vis de moi, trois jeunes femmes assez jolies et à l'air emprunté, arrivées la veille d'outre mer, et parlant timidement des évènemens de la traversée. Leurs maris, placés à côté d'elles, ne disaient mot, et avaient des cheveux beaucoup trop longs; de temps à autre leurs femmes les regardaient avec crainte.

J'ai voulu m'attirer la considération générale, j'ai demandé une bouteille de vin de Champagne frappée de glace, et j'ai grondé avec humeur parce que la glace n'était pas divisée en assez petits morceaux. Tous les yeux se sont tournés vers moi, et après un petit moment d'admiration, tous les riches de la bande, que j'ai reconnus à leur air important, ont demandé aussi des vins de France.

Ce n'est qu'après une heure et un quart de patience que j'ai laissé cet ennuyeux dîner; on n'était pas encore au dessert. La salle à manger est fort basse, et j'étouffais.

Pour finir la soirée, je suis entré à la jolie salle de spectacle. Le sort m'a placé auprès de deux Espagnoles, pâles et assez belles, arrivées aussi par le paquebot de la veille; elles étaient là avec leur père, et, ce me semble, leurs deux prétendus. Ce n'était point la majesté d'une femme de Rome, c'était toute la pétulance, et, si j'ose le dire, toute la coquetterie apparente de la race Ibère. Bientôt le père s'est fâché tout rouge : on jouait *Antony*; il voulait absolument emmener ses filles. Les jeunes Espagnoles, dont les yeux étincelaient du plaisir de voir une salle française, faisaient signe aux jeunes gens de tâcher d'obtenir que l'on restât. Mais, au troisième ou quatrième acte, arrive quelque chose d'un peu vif; le père a mis brusquement son chapeau et s'est levé en s'écriant : Immoral ! vraiment honteux ! Et les pauvres filles ont été obligées de le suivre.

Je les ai trouvées, cinq minutes après, prenant des glaces au café de la promenade couverte: il n'y avait là que de jeunes Allemands ; ce sont les commis des maisons du Havre dont beaucoup ne sont pas françaises. J'ai aperçu de loin des négocians de ma connaissance, et, comme mon incognito dure encore, j'ai pris la fuite.

A la seconde pièce, c'était *Théophile* ou *Ma vocation*, jouée pas Arnal, les jeunes Espagnoles, plus semillantes que jamais, sont revenues prendre leurs places. Je pense qu'elles ne comprenaient pas ce que disait Arnal ; jamais je n'ai tant ri. Je ne conçois pas comment ce vaudeville n'a pas été outrageusement repoussé à Paris par la morale publique: c'est une plaisanterie cruelle, et d'autant plus cruelle qu'elle est scintillante de vérité, contre le retour à la dévotion tellement prescrit par la mode. Le héros, joué avec tout l'esprit possible par Arnal, est un jeune élève de séminaire qui tient constamment le langage du Tartufe, et dont la vertu finit par succomber scandaleusement. Je regardais les jeunes Espagnoles, le père dormait, leurs amans ne faisaient pas attention à elles, et elles regardaient leurs voisins français qui tous pleuraient à force de rire.

Si le vieux Espagnol est un voyageur philosophe comme Babouc, tirant des conséquences des choses qu'il rencontre, il va nous prendre pour un peuple de mœurs fort dissolues et plus impie encore qu'au temps de Voltaire.

Les dames du Havre sortent rarement, mais par fierté : elles trouvent *peuple* de venir au spectacle. Elles regardent le Havre comme une colonie, comme un lieu d'exil où l'on fait sa fortune, et qu'il faut ensuite quitter bien vite pour revenir prendre un appartement dans la rue du faubourg Poissonnière.

Voilà tout ce que j'ai pu tirer de la conversation d'un négociant de mes amis, avec lequel je me suis rencontré face à face au sortir du spectacle. Je l'ai prié de ne pas parler de moi, et je n'ai pas même voulu être mené au cercle, de façon que je suis réduit aux deux seuls journaux que reçoit le café. Pendant qu'un commis allemand apprend par cœur les *Débats*, je prends le *Journal du Havre*, que je trouve parfaitement bien fait : on voit qu'un homme de sens relit même les petites nouvelles, données d'un façon si burlesque dans les journaux de Paris.

Je demande la permission de présenter, comme échantillon des choses tristes que je ne publie pas, cette vérité douloureuse : j'ai vu un hôpital célèbre, où l'on reçoit pour le reste de leurs jours des personnes âgées et malades. On commence par leur ôter le gilet de flanelle auquel elles sont accoutumées depuis long-temps, parce que, dit l'économe, *la flanelle est trop longue à laver et à faire sécher.* En 1837, sur dix-neuf maladies de poitrine, cet hôpital a eu dix-neuf décès. Voilà un trait impossible en Allemagne.

On me raconte qu'au Havre le pouvoir est aux mains d'une coterie toute puissante et bien unie.

—J'éprouve au Havre un trait de demi friponnerie charmant dont je parlerai plus tard. Il s'agit de 1,500 fr.

Voici une absurdité de nos lois de douane, par bonheur très facile à comprendre. Une société de capitalistes de Londres, qui veut exploiter la navigation d'Angleterre en France avec un bâtiment à vapeur de la force de 150 chevaux, n'a pas à supporter d'autres frais de premier établissement que ceux-ci : pour le bâtiment, 150,000 fr. ; pour la machine, 180,000 fr., à raison de 1,200 fr. par force de cheval; en tout, 330,000 fr. Une entreprise française, qui entreprend de concourir sur la même ligne avec des moyens égaux, doit ajouter à ces frais, qui sont les mêmes pour elle, 60,000 fr. de droits d'entrée pour la machine qu'elle est obligée de demander aux fabriques anglaises, et 15,000 fr. de fret, d'assurances et de faux frais inévitables pour faire venir cette machine jusque dans un de nos ports. Mais le bâtiment anglais s'y présente, lui, avec la machine anglaise dont il est armé, sans que jamais la douane française songe à le frapper d'aucun droit d'entrée; elle réserve toutes ses rigueurs pour les navires français qui sont dans les mêmes conditions d'armement. Aussi, depuis vingt ans, les Anglais font presque seuls le service de toute la navigation à vapeur entre la France et l'étranger. Ils ont les plus grandes facilités pour venir sur nos côtes déposer et prendre toutes les marchandises et tous les passagers qui ont à se déplacer; une part dans ce continuel mouvement qui s'opère ne peut leur être disputée par nos navires, grâce à la singulière partialité de nos douanes.

Si le lecteur veut prendre quelque idée de l'accès de colère ridicule dans lequel M. Pitt jeta la nation anglaise quand la France voulut essayer d'être libre, il peut jeter les yeux sur les chiffres suivans.

Détail de ce qu'ont coûté en hommes et en argent les guerres soutenues par l'Angleterre contre la france de 1697 à 1815.

		FRAIS.	HOM. TUÉS.
1° Guerre terminée en 1697,	L.S.	21,500,000	100,000
Morts par la famine,			80,000
2° Guerre commencée en 1702,		43,000,000	250,000

		FRAIS.	HOMM TUÉS.
3° Guerre commencée en 1739,	L. S.	48,000,000	240,000
4° Guerre commencée en 1756,		111,000,000	250,000
5° La guerre d'Amérique en 1775,		139,000,000	200,000
6° La guerre avec la France en 1793,		1,100,000,000	200,000

La dette de l'Angleterre, à la fin de cette dernière guerre, se montait à 1 milliard 50 millions sterling (plus de 25 milliards de francs.)

Faute d'une banqueroute qui aurait réparé les suites de la criante duperie dans laquelle M. Pitt fit tomber les Anglais, la décadence de l'Angleterre commence sous nos yeux. Elle ne peut rien faire contre la Russie qui menace ouvertement ses établissemens des Indes. Ces établissemens rendent fort peu d'argent au gouvernement anglais, mais lui donnent la vie.

La perte d'hommes est réparée au bout de vingt ans, mais la dette empêche de vivre beaucoup d'enfans anglais, et force ceux qui survivent à travailler quinze heures par jour; tout cela parce qu'il y a 30 ans il y eut une bataille d'Austerlitz! Le talent financier de M. Pitt a tourné contre sa nation.

—Rouen.

Je trouverais ridicule de parler des délicieux coteaux de Villequier, ou des grands arbres taillés en mur du magnifique parc de la Meilleraie situé presque vis-à-vis. Qui ne connaît l'aspect des ruines de Jumièges et les magnifiques détours que la Seine fait une lieue plus loin, et qui en un instant font voir le même coteau sous des aspects opposés ? Ces choses sont admirables ; mais où trouver qui les ignore ?

Je suis arrivé à Rouen à neuf heures du soir par le grand bateau à vapeur *la Normandie*. Le capitaine remplit admirablement son office, et ce qui est singulier à quarante lieues de Paris, sans chercher à se faire valoir, et sans nulle comédie : malgré un vent de nord-est qui nous incommodait fort, le capitaine Bambine s'est constamment promené sur une planche placée en travers du bateau, à une douzaine de pieds d'élévation, et qui par les deux bouts s'appuie sur les tambours des roues. Il est impossible d'être plus raisonnable, plus simple, plus zélé que ce capitaine, qui a eu la croix pour avoir sauvé la vie à des voyageurs qui se noyaient.

En arrivant à Rouen, un petit homme alerte et simple s'est emparé de mes caisses. J'ai découvert en lui parlant que j'avais affaire au célèbre Louis Brune, qui a eu la croix et je ne sais combien de médailles de tous les souverains pour avoir sauvé la vie à trente-cinq personnes qui se noyaient. Ce qui est bien singulier chez un Français, Louis Brune ne s'en fait point accroire ; c'est tout à fait un portefaix ordinaire, excepté qu'il ne dit que des choses de bon sens. Comme toutes les auberges étaient pleines, il m'a aidé à chercher une chambre, et nous avons eu ensemble une longue conversation.

— Quand je vois un pauvre imbécile qui tombe dans l'eau, c'est plus fort que moi, me disait-il; je ne puis m'empêcher de me jeter. Ma mère a beau dire qu'un de ces jours j'y resterai, c'est plus fort que moi. Quoi! me dis-je, voilà un homme vivant qui dans dix minutes ne sera plus qu'un cadavre, et il dépend de toi de l'empêcher! Ce n'est pas l'embarras, l'avant-dernier, celui d'il y a trois mois, s'attachait à mes jambes, et trois fois de suite il m'a fait toucher le fond, que je ne pouvais plus remuer.

Ce qui est admirable à Rouen, c'est que les murs de toutes les maisons sont formés par de grands morceaux de bois placés verticalement à un pied les uns des autres; l'intervalle est rempli par de la maçonnerie. Mais les morceaux de bois ne sont point recouverts par le crépi, de façon que de tous côtés l'œil aperçoit des angles aigus et des lignes verticales. Ces angles aigus sont formés par certaines traverses qui fortifient les pieds droits et les unissent, et présentent de toutes parts la forme du jambage du milieu d'un N majuscule.

Voilà, selon moi, la cause de l'effet admirable

que produisent les constructions gothiques de Rouen; elles sont les capitaines des soldats qui les entourent.

A l'époque où régnait la mode du gothique, Rouen était la capitale de souverains fort riches, gens d'esprit, et encore tout transportés de joie de l'immense bonheur de la conquête de l'Angleterre qu'ils venaient d'opérer comme par miracle. Rouen est l'Athènes du genre gothique; j'en ai fait une description en 40 pages que je n'ai garde de placer ici.

Qui ne connaît :

1. Saint-Ouen ?

2. La Cathédrale ?

3. La charmante petite église de Saint-Maclou ?

4. La grande maison gothique située sur la place en face la cathédrale ?

5. L'hôtel Bourgderoulde et ses magnifiques bas-reliefs ? Là seulement on prend une idée nette de l'aspect de la société à la fin du moyen-âge.

Qui ne connaît l'incroyable niaiserie d'élever une coupole en fer ne pouvant la faire en pierre ? C'est une femme qui se pare avec de la *dentelle de soie*.

Qui ne connaît cette statue si plate de Jeanne d'Arc élevée à la place même où la cruauté anglaise la fit brûler ? Qui ne comprend l'absurdité de l'art grec employé à peindre ce caractère si éminemment chrétien? Les plus spirituels des Grecs auraient cherché en vain à comprendre ce caractère, produit singulier du moyen-âge, expression de ses folies comme de ses passions les plus héroïques. Schiller seul et une jeune princesse ont compris cet être presque surnaturel.

Pourquoi ne pas remplacer l'ignoble statue du dix-huitième siècle, qui gâte le souvenir de Jeanne d'Arc, par le chef-d'œuvre de la princesse Marie?

En arrivant, je suis allé tout seul rue de la Pie, voir la maison où naquit en 1606 Pierre Corneille; elle est en bois, et le premier étage avance de deux pieds sur le rez-de-chaussée; c'est ainsi que sont toutes les maisons du moyen-âge à Rouen, et ces maisons qui ont vu brûler la Pucelle sont encore en majorité. La maison de Corneille a un petit second, un moindre troisième, et un quatrième de la dernière exiguïté.

J'ai voulu voir de son écriture, on m'a renvoyé à la bibliothèque publique : là, dans un coffret recouvert d'une vitre, et sur le revers de l'*Imitation* traduite en vers français, j'ai étudié trois ou quatre lignes, par lesquelles ce grand homme, vieux et pauvre, et négligé par son siècle, adresse cet exemplaire à un chartreux son *ancien amy*. Le savant bibliothécaire a placé à côté du livre un avis ainsi conçu : Ecriture *de la main* de Pierre Corneille.

J'ai compté neuf lecteurs dans cette bibliothèque ; mais j'y ai entendu un dialogue à la fois bien plaisant et bien peu poli entre deux prétendus savans en archéologie gothique. Ces messieurs étaient l'un envers l'autre de la dernière grossièreté, et d'ailleurs ils ne répondaient à une assertion que par l'assertion directement contraire ; ils n'appuyaient leur dire d'aucun raisonnement. Cette pauvre science ne serait-elle qu'une science de mémoire ?

J'ai admiré la salle des pas perdus (Palais-de-Justice), salle magnifique que l'on pourrait restaurer avec mille francs ; là se démène une statue furibonde de Pierre Corneille : il est représenté ici en matamore de l'Ambigu-Comique.

Le gouvernement devrait faire exécuter une copie parfaitement exacte de cette statue vraiment française, et la placer à l'entrée du Musée. Cet avis pourrait être utile ; mais qui osera le donner ? J'y joindrais la Jeanne d'Arc qui orne la place de ce nom.

A côté de la salle immense et sombre où se démène la statue de Pierre Corneille, l'on m'a introduit dans une salle magnifiquement lambrissée, où le parlement de Rouen tenait ses séances. Cette magnificence m'a rappelé le fameux procès que le duc de Saint-Simon vint plaider à Rouen, et dont le récit est si plaisant sans que l'auteur s'en doute. Cet homme honnête au fond, et si fier de son honnêteté, et qui eût pu se faire donner 20 millions par le régent, auquel il ne demanda pas même le cordon du Saint-Esprit, raconte gravement comment il gagna son procès à Rouen, en ayant soin de donner à souper aux magistrats. Il se moque fort du duc son adversaire, qui n'eut pas l'esprit d'ouvrir une maison.

Quant à lui, le procès gagné, il se mit à protéger le frère d'un de ses juges qu'il fit colonel, maréchal de camp, lieutenant-général, et qui fut tué à la tête des troupes dans l'une des dernières campagnes de Louis XIV, en Italie.

Le plaisant de la chose, c'est que le duc de Saint-Simon et ses juges se croyaient de fort honnêtes gens. Le Français ne sait pas raisonner contre la mode. La liberté de la presse contrarie ce défaut, et va changer le caractère national, si elle dure

— Paris, le 18 juillet 1837.

Ce que j'aime du voyage, c'est l'*étonnement du retour*. Je parcours avec admiration et le cœur épanoui de joie la rue de la Paix et le boulevart, qui, le jour de mon départ, ne me semblaient que commodes.

Je paie maintenant les journées d'entraînement que j'ai passées à Auray à observer les mœurs bretonnes, et à Saint-Malo à battre la mer dans une barque, comme dans les beaux jours désœuvrés de ma jeunesse. A Paris, je ne dors pas deux heures par nuit.

Je croyais terminer mon voyage à ma rentrée dans cette ville, le hasard en décide autrement. L'excellent et habile jeune homme qui devait aller tenir pour nous la foire de Beaucaire est souffrant, et je repars ce soir pour les rives du Rhône que je compte revoir dans 50 heures.

— Tarascon, le 27 juillet.

A Beaucaire il m'a été impossible d'écrire, la place me manquait pour cela. Un soir que je voulais dormir bien résolument, en dépit des puces et des cousins, je suis allé à une lieue de la ville. Le jour de mon arrivée à la foire, je me trouvai tellement ébahi par le tapage incroyable, que je fus, je crois, plusieurs heures sans me rendre compte de ce que j'éprouvais; à chaque instant quelque ami me serrait la main et me donnait son adresse.

Dans toutes les rues, sur le pré, sur la rive du Rhône, la foule est continuelle; à chaque instant quelqu'un prend son point d'appui sur vous à l'aide de son coude, pour se glisser en avant:

on se presse, on se porte; chacun court à ses affaires. Cette activité est gênante, et surtout offensante au premier moment, mais elle est divertissante. Des musiciens gesticulent et braillent devant une contre-basse et un cor qui les accompagnent; des marchands de savonnettes vous poursuivent de l'offre de parfums de première qualité, qu'ils apportent de Grasse; des portefaix, vacillant sous des fardeaux énormes qu'ils portent sur la tête, vous crient gare, quand ils sont déjà sur vous; des colporteurs s'égosillent à crier le sommaire des dépêches télégraphiques arrivant d'Espagne : c'est une foule, une cohue, dont à Paris on ne peut se faire d'idée. Après plusieurs heures de badauderie, je revins de mon étonnement, je voulus prendre mon mouchoir, il avait disparu, ainsi que tout ce que j'avais dans mes poches. A Beaucaire l'oreille est assiégée par toutes sortes de langues et de patois, et c'est sans doute pendant que ma vanité cherchait à comprendre ce que me voulait un beau Catalan qui m'engageait à un bal pour le soir, que je fus dévalisé. Du reste, on ne pouvait pas être volé avec moins d'inconvénient; je trouvai un mouchoir dans une boutique à trois pas de moi.

Un riche marchand avec lequel je fais des affaires me raconte que, long-temps avant la foire, les principaux négocians s'occupent de louer une maison, un appartement, une chambre. Ici, dans chaque chambre, on voit quatre ou cinq lits; le propriétaire se relègue dans son grenier : en revanche la foire non seulement paie son loyer, mais le dispense de travailler pendant le reste de l'année.

Il y a des usages qui font loi. Les marchands de laine et les drapiers doivent loger alternativement dans la Grande-Rue et dans la Rue-Haute. Les drapiers paient leur loyer beaucoup plus cher, parce qu'ils vendent une *marchandise riche*.

Les lingers s'établissent tout près de la porte du Rhône; les Juifs occupent le milieu d'une certaine rue, dont le haut et le bas sont pris par les marchands de cuir.

Les boutiques des maisons ne sont pas seules louées; devant le mur, d'une boutique à l'autre, il y a des échoppes couvertes en toile. L'on tire parti même des bancs de pierre qui se trouvent quelquefois le long des maisons, ils font l'affaire des petits merciers.

Le singulier de cette foire c'est qu'il y a foule extrême partout, et les costumes sont aussi variés que les langages; mais, ce qui frappe avant tout, et donne une physionomie particulière au labyrinthe dans lequel cette foule s'agite et tourbillonne, c'est la quantité de grands morceaux de toile de coton, formant tableaux de toutes couleurs et de toutes formes, carrés, triangulaires, ronds, qui flottent, au milieu de la rue, à quinze pieds au dessus des têtes ; les marchands les suspendent à des cordes tendues d'une maison à celle qui est vis à vis. Ces toiles portent l'indication de leurs noms, de leurs domiciles ordinaires, et de leurs demeures à Beaucaire. C'est ainsi que le négociant catalan peut apprendre qu'un négociant grec son ami est en *foire*, car c'est bien en vain que l'on demanderait une adresse au milieu de cette foule de gens étrangers les uns aux autres, et qui ne connaissent pas leurs voisins.

Ces enseignes amusent la vue : le jour de mon arrivée elles étaient malheureusement agitées par un grand vent de mistral qui tue la joie facile. Il y en avait en toile de coton d'un beau rouge, avec de grandes lettres blanches ; d'autres en toile jonquille avec de jolies lettres gothiques ; d'autres en toile verte avec des lettres rouges ; celles-ci faisaient mal aux yeux.

L'ensemble de ces pavillons a quelque chose d'oriental, et rappelle un navire pavoisé pour un jour de fête.

Quant à la vie morale, voici le premier trait de sa physionomie : tous les usages qui ne peuvent s'accomplir que lentement disparaissent, tout le monde est vif. La petite ville de Beaucaire ne pourrait contenir tous les marchands qui arrivent de Naples, de Gênes, de Grèce et de tous les pays du midi; par bonheur, sur la rive du fleuve, se trouve un vaste pré bordé de grands arbres, c'est le *pré de Sainte-Madeleine*, que je préfère beaucoup à la ville. Là s'élèvent rapidement un grand nombre de baraques de planches. Vu la grande chaleur, beaucoup de négocians même préfèrent des tentes; ainsi se forment des rues, des places, d'étroits passages. Chacun prend pour enseigne un instrument de sa profession, et d'ordinaire les marchands d'un même pays se réunissent dans la même rue.

Je rencontrai d'abord, dans ma course de curiosité après les premières affaires, les boutiques des marchands de savon, d'épiceries et de drogueries de Marseille; plus loin, les parfumeurs de Grasse exposaient leur pommade et leurs savonnettes; ceux de Montpellier leurs parfums et leurs liqueurs : j'achetai d'excellente eau de Portugal de M. Durand. En avançant, je trouvai de nombreuses baraques remplies de figues, de prunes, de raisin sec et d'amandes. Nous fûmes saisis par une odeur plus forte qu'agréable; nous approchions d'une rue dont les murs fort épais et assez élevés n'étaient composés que d'ognons et de gousses d'ail; nous prîmes la fuite.

A l'extrémité du pré, où nous allions chercher un peu d'air dans le vain espoir de nous tirer de la foule énorme et de la poussière, nous trouvâmes une petite chapelle où l'on dit la messe.

—Voici enfin une maison où l'on ne vend rien, me dit M. Bigilion; nous nous trompions, on y débitait à des Espagnols une quantité prodigieuse de rosaires.

Là nous fûmes recrutés par un limonadier, qui prétendit qu'il avait des limonades gazeuses excellentes, et qui depuis deux heures étaient dans la glace : nous le suivîmes en essayant de traverser la foule. Il s'agissait d'arriver à la *Grande-Rue*. Les cafés, les billards, les lieux où l'on danse sont placés dans la Grande-Rue, derrière laquelle s'étendent en longue file les loges des bateleurs, des faiseurs de tours, de ceux qui montrent des animaux vivans ou des grands hommes en cire. Il n'y avait de silence que dans le coin où l'on voyait Napoléon étendu sur son lit de mort à Sainte-Hélène. Il était en uniforme complet de capitaine du génie. Après l'instant de contemplation silencieuse, le garçon du bateleur éleva la voix et dit qu'il avait en sa possession particulière un mouchoir qui avait servi de serre-tête à l'empereur : chacun voulut toucher ce mouchoir, et l'on donnait deux sous au garçon, lequel était tellement sûr de ses auditeurs qu'il criait à tue-tête : « Messieurs, ceci est ma pro-
» priété particulière; mais ne donnez rien si vous
» voulez, vous n'y êtes pas obligés. » Voyez, di-

sais-je à M. de Sharen, combien Napoléon était sûr de l'amour des peuples; jamais avec lui la liberté n'eût été possible. Vive la bataille de Waterloo !

Non seulement les maisons de la ville, les baraques et les tentes du pré de la Madeleine sont remplies d'une immense population, mais le fleuve même, tout rapide qu'il est, est couvert de barques dans chacune desquelles couchent huit ou dix personnes; chaque barque a une place déterminée d'après sa forme, je crois, et le pays d'où elle vient. Avant la mort de Ferdinand VII, les Espagnols se présentaient en foule, ils achetaient en France pour 180 millions : maintenant les Anglais les fournissent de tout, et ils ne prennent en France que pour 15 millions de francs.

J'ai distingué des pinques catalanes, des felouques génoises, des chaloupes de Marseille. Les bateaux de Toulouse, de Bordeaux, de la Bretagne et de plusieurs ports de l'Océan arrivent par le canal de Languedoc. Les barques de Lyon, de Grenoble et de Valence viennent par le Rhône. Il n'est bruit que d'une de ces barques qui a heurté contre une des piles du pont du Saint-Esprit, et vingt personnes se sont noyées, c'est à dire deux.

Les barques qui descendent le Rhône ne sont

faites que de planches légères; aussitôt les marchandises vendues, on déchire la barque et l'on vend les planches. Ces barques portent pour enseigne une femme de paille, une grille de bois, un énorme polichinelle de six pieds de haut, etc. Si un marchand à Beaucaire n'a pas une enseigne visible de loin et fort singulière, on ne peut plus le retrouver.

La foire ne dure légalement que sept jours, du 22 juillet au 28 au soir, mais on l'alonge. Ses franchises, qui avant la révolution étaient fort considérables et faisaient gémir les pauvres fermiers généraux, avaient été confirmées par Louis XI en 1463.

Le voyage de Beaucaire est une fête pour tout le monde. Les commis des marchands arrivent d'ordinaire quinze jours avant l'ouverture; ils reçoivent les marchandises qui arrivent, les enregistrent, les arrangent convenablement; c'est un moment fort gai pour ces pauvres jeunes gens qui ont à mener une vie fort active, et loin de l'œil du maître. Je trouve ici bien peu de ces physionomies d'aigreur, de tristesse et de soupçon, que l'on rencontre si souvent dans les rues de Lyon ou de Genève. Ce qui explique un peu ce manque d'*aigreur triste*, c'est qu'à Beaucaire la foule énorme est surtout composée de gens du Midi.

D'après les mœurs de ceux-ci, le moment le plus gai de la journée est l'*Ave Maria* (la tombée de la nuit). On se hâte alors de fermer tant bien que mal les maisons, les baraques, les tentes. En général chaque petit marchand établit son lit sur son comptoir et attache son chien à ses côtés.

Le second jour il n'y eut pas de mistral. Au milieu de cette poussière et de cette chaleur étouffante, j'avais accepté les offres d'un de nos amis du Berry, et mon lit était établi sur des barres de fer, dans une baraque du pré de la Madeleine.

Le lit fait et laissé à la garde du commis *de jour*, nous ne songions plus aux affaires. Tout le monde se disperse et songe à ses plaisirs : on va essayer de rencontrer la beauté *lion*, comme disent les Anglais. Pour y parvenir, on court les ménageries, les bateleurs, les courses de chevaux, les danseurs de corde, ou la comédie, qui en vérité n'est pas mauvaise. Il y avait un acteur languedocien qui jouait fort bien le *Sourd* ou *l'Auberge pleine*, délices de notre première jeunesse. Sa femme jouait divinement le rôle de *Pétronille*. Les calembourgs et les évènemens forcés du vaudeville semblent faits exprès pour l'esprit du commis-voyageur. Il trouve que les pièces de M. Scribe sont d'un *naturel trop sévère*, et ressemblent trop au misanthrope. Le génie est ennuyeux avant tout, dit-il.

Vers les neuf heures et demie la bonne compagnie se rend au *pré*; on prend des glaces. A ce moment le bruit des instrumens se fait entendre de tous côtés; ici c'est le bal de Nîmes, là celui d'Aix, ailleurs celui d'Avignon; chacun cherche le bal de ses compatriotes. Le galoubet provençal est toujours mêlé aux violons et aux basses, et les domine. Le galoubet ne vaut pas le cor des musiciens bohêmes qui embellissent les jardins de la foire de Leipzig, mais il est plus gai; on songe moins à la musique et plus à la danse, et à jouir vite de la vie qui s'envole.

Je suis allé tous les soirs au bal des Catalans, qui dansent au bruit des castagnettes et en chantant des chansons de leur pays. J'aime de passion les Espagnols; c'est le seul peuple aujourd'hui qui ose faire ce qui lui plaît, sans songer aux spectateurs. A ce bal il y a eu des soirées charmantes. Mais ce qui fait la gaîté de la foire, c'est que beaucoup de jeunes femmes de Saint-Etienne, de Grenoble, de Mâcon, de Montpellier, de Béziers, d'Aix, etc., etc., obtiennent de leurs maris de les mener une fois dans leur vie à Beaucaire, et, en général, c'est dans l'année qui suit le premier enfant. On peut imaginer les *bizarreries*, pour parler comme les Espagnols, que l'amour, ou ce qui lui ressemble le plus, fait naître au milieu de tant de gens, parmi lesquels les riches songent uniquement à de grandes opérations de commerce, tandis que, pour les jeunes, la besogne de tous les jours est purement manuelle. Une jeune femme qui arrive à Beaucaire veut avant tout trouver quelque plaisir extraordinaire. Oserai-je avouer, au grand détriment de la morale, qu'on ne prend rien au sérieux à Beaucaire que le *non-paiement* d'une lettre de change! Me permettra-t-on de répéter ce qui m'a été dit par une jolie femme de vingt-cinq ans, à la vérité plus raisonnable qu'une autre?

« On est assuré de ne revoir jamais l'homme
» pour qui on aurait eu un moment de faiblesse,
» tandis qu'il y a à penser dans une petite ville
» qu'on l'aura éternellement sous les yeux, et il
» peut devenir ennemi. »

Le préfet de Nîmes a six mille francs pour venir gouverner la foire.

On pense bien qu'une réunion aussi nombreuse de gens qui ne se connaissent pas, et dans un lieu aussi étroit, doit attirer une foule de fripons de toutes les espèces, et de demoiselles. Les fripons sont d'autant plus difficiles à convaincre, que chacun d'eux se prétend marchand de quelque chose. Les gendarmes ne m'ont jamais semblé si admirables, si patiens, si justes qu'à la foire de Beaucaire. Ces voleurs de Beaucaire n'ont pas dans le caractère la profondeur ni les combinaisons des voleurs de la foire de Guibray, mais on leur trouve une agilité et une effronterie divertissantes. Ce qui est le plus rare à Beaucaire, parmi tant de denrées de toutes les sortes, c'est le *ton réservé* de rigueur à Paris. Je le dis en rougissant, tout le monde dit et fait des farces.

Beaucaire est une petite et fort laide ville; on dit qu'il n'y a rien de si triste au monde hors le temps de la foire. On loue les maisons, les cours, les baraques d'une année à l'autre, et le prix excessif des loyers suffit aux *Boukeirens* (comme disent les Provençaux) pour les faire vivre toute l'année. Aussi se gardent-ils bien de se livrer à aucune industrie; ils ont horreur de toute espèce de travail, et partant bâillent beaucoup. Pour se faire vêtir ou chausser, ils attendent le retour de la foire. On me dit que le savant Millin, parlant de Beaucaire, a décrit avec beaucoup de détails une église détruite dix ans avant son passage.

— Tarascon, le 28 juillet.

Enfin le mistral, qui nous a vexés à peu près tout le temps de la foire, nous donne quelque relâche.

Le judicieux Adam Smith prétend que l'existence des foires indique l'enfance du commerce; je ne sais comment concilier cette assertion avec la vogue actuelle des foires de Leipzig, de Beaucaire et de Sinigaglia. Je ne concevrais les foires que pour les dépenses de luxe; un homme se laisse tenter et fait des cadeaux à la femme qui l'intéresse. Je monte à la plate-forme du joli château de Tarascon; sa forme élégante, qu'on aperçoit de Beaucaire, donne un relief infini à la belle vue du Rhône.

Beaucaire est célèbre dans les écrits des troubadours. Là se passa la charmante histoire d'Aucassin et Nicolette, qui était fille adoptive du vicomte de Beaucaire. C'est ici qu'il faudrait étudier l'histoire de la chevalerie. Tout à coup les hommes s'avisèrent d'oublier *l'utilité* réelle et de prendre les femmes pour juges de leur mérite. Nous nous guérissons trop de cette aimable erreur, dont la *fashion* et M. Brummels sont la dernière forme. Être noble ne suffit plus, il faut être *fashionable*.

La civilisation répandue au loin par la république de Marseille avait préparé le règne de princes élégans et chevaleresques, qui donnent tant de graces à l'histoire de Provence. Raymond V tint à Beaucaire, en 1172, une cour plénière où chaque chevalier chercha à briller par sa magnificence. Raimbaud fit tracer, par douze paire de bœufs, de longs sillons dans les cours et les environs du château; il y fit semer trente mille sous (chaque sou valait un franc d'aujourd'hui).

Guillaume Grosmartel fit apprêter à la flamme de flambeaux de cire tous les mets destinés à sa table et à la nourriture de trois cents chevaliers. Cette folie eût bien surpris un Grec contemporain d'Aspasie. Aspasie était agréable, mais n'était pas juge du mérite. Nous revenons au temps d'Aspasie.

Raymond de Venoux fit brûler devant la cour trente des plus beaux chevaux qu'il avait amenés.

Un jour, à Beaucaire, nous montâmes à cet antique château si renommé dans les historiens de chevalerie; il n'en reste que des ruines : Louis XIII le fit abattre en 1632. Du haut de ce monticule, le passage est assez joli; le magnifique Rhône et le singulier château de Tarascon lui ôtent ce qu'il pourrait présenter de commun. Les Languedociens l'appellent *Bel-caire*; ces deux mots pris séparément, signifient *Beau quartier*.

Deux choses ont contrarié pour moi les plaisirs de Beaucaire ; mais oserai-je les nommer ? C'est le *mistral* d'abord, puis les *puces* : c'est l'ennemi que je redoute le plus ; j'aimerais cent fois mieux des brigands sur les routes. Quand le mistral cessait un peu, je me promenais sur le magnifique pont en fil de fer qui conduit à Tarascon ; il a quatre cent quarante mètres de longueur, a coûté 800,000 francs, et rend à ses propriétaires 100,000 francs par an. Je suis ravi de voir réussir une entreprise belle et hardie.

Nous avions un savant à Beaucaire ; il est instruit, mais outrageusement pédant ; il nous disait qu'il a compté en provençal trois mille mots qui ne sont pas d'origine latine. *Dun* en celtique veut dire élévation ; nous avons conservé *dune*. De là les noms de villes : Verdun, Issoudun, Châteaudun. *Van* veut dire montagne, *dor* courant d'eau : la Durance, la Dordogne, la Doire. Voici des phrases d'écolier, dont tous les mots *soulignés* sont gaels et restés dans le français.

Ce *quai* conduit au *parc*, sur ce *banc* je vois un *tas* de *brocs*, cette *corde fine* est de la *drogue*, *fi* de cette *cotte blanche*.

Mais le plus grand charme de Beaucaire a été la société et l'amitié, si j'ose le dire, de monsieur et madame Sharen. Je l'avoue, j'hésite un peu à raconter l'histoire suivante. Outre qu'elle est un peu leste, cette aventure, qui pour moi a été la plus intéressante du voyage, me semble bien longue écrite, et d'ailleurs il n'y a pas eu aventure, et le récit manque de mot piquant à la fin. Ce que l'on va lire avec indulgence ne sera donc, si l'on veut, qu'une observation sur une bizarrerie du cœur humain; et, pour peu que votre vertu se gendarme, je dirai que le fait n'est pas vrai.

A Beaucaire, nous avons passé d'aimables journées, Tiberval et moi, avec monsieur et madame Sharen. M. Sharen, grand et bel Allemand au nez aquilin, aux beaux cheveux blonds fort soignés, négociant, il est vrai, mais au fond, ce me semble, voyageant pour son plaisir plus que pour ses affaires. La nôtre était de tâcher de plaire un peu à madame Sharen, dont le moindre charme est une beauté parfaite; mais cette physionomie est si naïve et si spirituelle à la fois, qu'on ne songe plus à la beauté. Un homme prudent, en voyant madame Sharen, n'est occupé que d'une chose, tâcher de ne pas devenir amoureux. On est un peu aidé dans cette sage attention par son air extrêmement noble. Un de nos hommes d'esprit de Beaucaire disait que ses gestes ressemblent au son d'une grande ame. Madame Sharen possède, entre autres charmes ravissans, le sourire le plus *bon enfant* que j'aie jamais rencontré. Dans ce sourire si joli à voir, il y a beaucoup d'esprit, et cependant nulle possibilité de méchanceté. C'est précisément cette absence de toute sécheresse qui me paraît le charme adorable des pays d'outre Rhin; cette qualité est d'autant plus singulière chez madame Sharen, qu'elle a eu 800 mille francs ou un million de dot.

Ce qui complique l'histoire, c'est que M. Sharen a un ami intime, M. Munch, petit homme, nerveux, à la tournure élégante, à la mise recherchée, et qui, à l'ignorance près de nos usages, a l'esprit le plus scintillant que j'aie encore trouvé chez un Allemand. Lui aussi a une fort jolie femme, brune piquante, orgueilleuse à faire plaisir, et, ce me semble, un peu folle; il est négociant comme son ami, fort riche apparemment, et voyage de compagnie avec monsieur et madame Sharen. Il y a un an qu'ils ont quitté leur pays, une grande ville de Saxe, car ils parlent un allemand magnifique; mais ils ne nomment point leur patrie. Dès le lendemain du jour où j'ai été présenté à cette aimable colonie allemande, il y a eu du trouble dans *les ménages*. Peut-être M. Sharen a-t-il été jaloux de Tiberval, jeune Français assez distingué, fort bien de toutes les façons, et mon ami. Mais voici le singulier : Sharen n'a pas été jaloux de sa femme; Tiberval faisait évidemment la cour à cette espèce de princesse, d'un orgueil fou, avec de si beaux cheveux noirs, la noble madame Munch. La jalousie du bon Allemand ne fut que trop visible. Grande incertitude entre nous, fréquens conseils de guerre, redoublement de gaîté apparente, mais non pas de ma part. Moi, aidé par mon baragouin allémand, j'ai été chargé du rôle de bonhomme; je ris peu, pour ne pas paraître ironique.

Les Allemands deviennent fous à la vue de ce qu'ils appellent *l'ironie française.* Je pousse la prétention anti-ironique jusqu'à être sentimental : *je dis des maximes*, tout cela pour encourager à quelque confidence; vain espoir. Munch et sa femme sont partis le surlendemain pour une prétendue partie de plaisir à Cette, tandis que, évidemment pour ces bons Allemands tranquilles, rien ne peut se comparer au tapage de Beaucaire, qui, à leurs yeux, est la gaîté la plus aimable. Munch achète avec ravissement tous les livres en langue provençale qu'il peut déterrer, et nous parle toute une nuit des cours d'amour. Il y avait donc mystère, mais pour nous impossibilité complète de rien deviner. Si j'avais été maître de mon temps, j'aurais sacrifié quinze jours, tant je suis amoureux, au fond de l'ame, de l'apparence, de la bonté et de la simplicité du cœur. *Apparence* est une injustice; rien n'est réellement *bon* comme un Allemand (non diplomate de son métier).

Un Allemand se jette par la fenêtre. — Que faites-vous ? lui dit-on. — Je me fais vif. Ce mot peint l'homme politique de ce pays; il se croit intéressé à faire des finesses, et veut absolument imiter M. de T***. Jugez des effets de cette idée bizarre.

Je suis parti sans pouvoir deviner nos deux belles Allemandes et leurs maris, mais j'ai fait jurer à Tiberval qu'il m'écrirait le mot de l'énigme si jamais il le devine. Pourquoi Sharen est-il jaloux de Mme Munch, lui qui aime beaucoup sa femme, qui d'ailleurs est adorable?

Je ne sais à quel point Tiberval est arrivé : dès que son cœur est égratigné il devient impénétrable; mais sans doute il était piqué au vif. Voici ce que j'ai appris indirectement. Il s'est fait donner une consultation; il a gardé la chambre à Beaucaire même, et enfin a pu paraître sans trop de singularité aux eaux de Bagnères, quelques jours après que les belles Allemandes, d'ailleurs amies intimes, y étaient arrivées.

Quatre mois après Tiberval m'écrit de Dresde une petite lettre de six lignes : étrange brièveté! L'auteur est vivement touché; pour satisfaire à la foi jurée, il me donne le mot de l'énigme, et je voudrais bien à mon tour le faire connaître au lecteur sans blesser sa haute vertu.

Je m'abstiendrais certainement de parler d'un fait pareil si les personnages étaient Français, mais MM. Munch et Sharen habitent à plusieurs centaines de lieues de nos frontières; et, quoique la fortune les ait comblés comme à plaisir de tous les avantages possibles, au fond de l'ame ils craignent un peu d'être pris pour des gens lourds et grossiers. A la fleur de l'âge, jouissant avec noblesse d'une grande fortune, ayant reçu du ciel une ame franche et élevée, ils sont arrivés à Beaucaire, chassés de Naples par la peur du choléra. Tout ceci est facile à dire, voici qui l'est moins. Quand ils quittèrent leur patrie, ils voyageaient de compagnie dans deux voitures : à peine furent-ils arrivés à cent lieues de leur pays, à Brixen sur la frontière d'Italie, que Munch, qui a l'esprit le plus original, dit à son ami :

— Vous faites la cour à ma femme...... Non, ne le niez point. Mon très cher ami, vous allez faire tout au monde pour me tromper. Cela convient-il à des amis d'enfance, se tromper? D'un autre côté, faudra-t-il renoncer au beau voyage de dix-huit mois que nous devons faire ensemble? Pour moi, je ne supporterais pas les soirées solitaires, et sans vous je ne voyagerais pas. Mais, si vous entreprenez de me souffler ma femme qui est fort jolie, la vôtre est charmante, et je m'efforcerai peut-être de jouer le même rôle auprès d'elle. Quand nous nous ferions les plus beaux sermens du monde, il n'en serait pas autrement; la force des choses veut que chacun de nous cherche à plaire à la femme de son ami intime, et nous retournerons certainement brouillés à mort dans notre ville. Ce sera là un beau fruit de notre voyage, pour nous, qui sommes amis intimes depuis l'école où l'on nous montrait à lire. Nous sommes à 30 lieues de Vérone, où nous arriverons demain soir; nous y passerons vingt-quatre heures pour voir les galeries et les antiquités; le jour suivant nous quitterons cette belle ville. Eh bien! à partir de ce jour-là, changeons de femme; Mme Sharen s'appellera partout Mme Munch, comme Mme Munch s'appellera Mme Sharen. Au retour précisément à Vérone, ville par laquelle nous devons repasser, chaque dame reviendra à son maître légitime. Et jamais un mot de ce qui se sera passé!

Cette proposition était faite avec une bonhomie unique, en présence des deux dames: il y eut un silence complet de vingt-quatre heures. Munch seul osait parler, il disait à son ami: Si tes idées bourgeoises font obstacle à mon projet, séparons-nous à l'instant. Mais si, en vrais et nobles fils de la Germanie, dédaignant tout mensonge, qui mettrait de la froideur entre nous, nous osons être sincères, continuons ce noble voyage en Italie.

C'est le parti que l'on prit à la fin; et moi, qui ai beaucoup aimé, sinon bien étudié ces belles Allemandes, je gagerais qu'elles se conduiront bien le reste de leur vie. Quant à Tiberval, il n'a rien obtenu, quoique éperdument amoureux et fort adroit dans ce genre de combat.

— Nîmes, le 1ᵉʳ août 1837.

Comme j'ai fait le voyage de Beaucaire, ce qui aux yeux de mon beau-père passe pour un acte insigne de dévouement aux intérêts de la maison, je me donne quelques jours de congé pour voir Nîmes, le pont du Gard et Orange.

En arrivant à Nîmes à cinq heures du matin, car on ne peut plus voyager que de nuit à cause de l'extrême chaleur, je cours à la *Maison carrée*. Quel nom bourgeois pour ce charmant petit temple! D'abord il n'est point carré, il a la forme d'une carte à jouer, comme tout honnête temple antique. Son petit portique ouvert, soutenu par de charmantes colonnes corinthiennes, se dessine sur le ciel bleu du midi. Les autres colonnes qui l'entourent sont à demi engagées dans le mur, ce qui aujourd'hui n'est pas à la mode. L'effet du tout est admirable; j'ai vu des monumens plus imposans en Italie, mais rien d'aussi joli, de ce *joli antique* qui, bien que chargé d'ornemens, n'exclut point le beau. C'est le sourire d'une personne habituellement sérieuse. L'ame se sent doucement émue à la vue de ce temple, qui n'a pourtant que soixante-douze pieds de longueur et trente-six de large; il est plus petit, comme on voit, que la plupart des églises gothiques de nos villages : et quelle différence pour la quantité de choses dites à l'ame! Au reste, ces choses ne sont point les mêmes; la Maison carrée est bien loin d'inspirer la terreur ou même la tristesse.

Les temples des anciens étaient petits, et les cirques fort grands; chez nous c'est le contraire: la religion parmi nous proscrit le théâtre et ordonne de se mortifier. Celle des Romains était une fête, et, ne demandant point à ses fidèles de sacrifier leurs passions, mais bien de les diriger d'une façon utile à la patrie, n'avait nul besoin de les rassembler pendant de longues heures afin de graver dans leurs ames la peur de l'enfer.

Il y a cinq choses à voir à Nîmes.

    1° Le Temple,

    2° Les Arènes,

    3° Le Bain antique, ou *Nymphée*,

    4° La tour Magne,

    5° La Porte d'Auguste.

Le lecteur devrait chercher une image de la *Maison carrée*. C'est pour la cinquième ou sixième fois que je vois ce temple charmant, et à chaque voyage il me fait plus de plaisir. Colbert eut le projet de faire numéroter les pierres et de les transporter à Paris. Le principe de cette idée était bon, Voltaire ne se fût pas évertué toute sa vie à porter aux nues la sublime fontaine de Grenelle; mais il est heureux qu'on ne l'ait pas mis à exécution : un architecte sans talent, nommé Mansard, et qui, dans son état, était une sorte de favori de Louis XIV, eût sans doute ajouté quelque bel ornement à l'édifice antique en le remontant.

Ce qui serait fort simple maintenant, ce serait d'en faire une copie *exacte* à Paris; mais les savans de l'Institut n'y consentiraient jamais. Il y a des colonnes engagées, la proportion des chapiteaux est courte, le nombre des modillons est impair, etc., etc. A la vérité les architectes du siècle d'Antonin, qui vivaient à Rome, ne pensaient pas comme ces savans, qui vivent à Paris au milieu des édifices les plus ridicules, ce qui à la longue peut gâter le coup d'œil. Cette sottise savante traduite en style vulgaire se réduit à ceci : Il faut proscrire Montesquieu, parce que, pour exprimer certains mouvemens de l'ame, il ne se sert pas précisément des mêmes tournures de phrases que Bossuet. Faut-il une bourse à Paris, on fait un temple antique; faut-il une église, un temple antique. Puisque notre triste architecture est impuissante à trouver les édifices commandés par le *climat* et les *mœurs*, elle devrait plutôt copier les constructions gothiques. Quoi de plus laid que les maisons où elle place des colonnes grecques?

L'idée d'avoir à Paris le Panthéon de Rome,

quelques temples de Grèce, ou même la *Maison carrée*, ce qui serait fort aisé à cause de la magnifique description qu'en a donnée Clérisseau (1778), paraîtra toute simple en 1880, quand les enfans qui sont actuellement au collège seront ministres. Les temples antiques n'auront contre eux que leur peu d'élévation.

Voici un mot de description de la charmante Maison carrée. (Je supplie de lire ceci en présence d'une estampe si mauvaise qu'elle soit.) Elle ressemble, en petit et en très petit, à la Madeleine, avec cette différence que les colonnes des côtés sont engagées dans le mur.

Elle a six colonnes de face, et onze sur le côté, en comptant deux fois celles des angles. Huit de ces colonnes sont à moitié engagées dans les murs; les trois autres, entièrement isolées, forment au devant du temple un portique ouvert dont l'effet est admirable.

Ces trente colonnes, dont dix sont isolées et vingt engagées, sont d'ordre corinthien. Leur hauteur est de vingt-sept pieds trois pouces trois lignes, et leur diamètre de deux pieds neuf pouces. Elles sont éloignées l'une de l'autre de moins de deux diamètres, et l'entrecolonnement du milieu est un peu plus large. Les chapiteaux décorés de feuilles d'olivier sont fort élégans, ainsi que les ornemens de l'entablement; on blâme les modillons.

La longueur de l'édifice est de soixante-douze pieds, sa hauteur et sa largeur de trente-six; le mur du temple dans lequel les colonnes sont à demi engagées est épais de deux pieds et construit en belles pierres blanches. Il est garni de refends légers, et oppose ainsi un fond tranquille à la délicatesse des cannelures.

Les colonnes du fronton, au nombre de dix, forment un *pronaos* ou portique, auquel on arrive par un escalier de quinze marches. L'extrémité opposée est décorée comme les faces latérales.

Il paraît que la porte tournée vers le nord, et d'une richesse admirable, était l'unique passage pour la lumière. Le toit du portique est une restauration moderne, les caissons qui en forment le plafond sont en carton-pâte. M. Séguier, mort en 1784, eut l'idée de deviner les lettres qui formaient l'inscription, au moyen des trous destinés aux clous qui fixaient dans le mur les lettres en bronze. Si on lit l'inscription d'après ce système, on peut croire que la maison carrée a été dédiée à Marc-Aurèle et à Lucius-Vérus, fils adoptif d'Antonin, qui était né à Nîmes. Vous savez que sous Antonin la richesse et la multiplicité des détails remplacèrent la simplicité majestueuse de l'architecture du premier siècle.

En 1823 on a eu la triste idée d'établir un musée dans la Maison carrée; j'y ai remarqué un morceau de sculpture représentant des aigles soutenant une guirlande.

Dans ma première jeunesse j'ai vu la Maison carrée en butte aux outrages les plus dégradans: des centaines d'enfans attaquaient avec des cailloux les oiseaux qui nichaient dans les sculptures des chapiteaux, les gamins grimpaient le long des colonnes, etc. Un préfet, homme d'esprit, M. Duterrage, a placé une balustrade de fer autour de ce temple et restauré les Arènes. Malheureusement pour les Arènes, il a été mal secondé : au lieu d'empêcher l'antique de tomber, on l'a *refait*; rien ne choque davantage l'imagination qui s'envolait dans les siècles reculés.

Comme j'ai vu le Colisée à Rome, le cirque de Vérone, etc., les Arènes de Nîmes m'ont fait infiniment moins de plaisir que la Maison carrée. Cet amphithéâtre forme un ovale parfait; le grand diamètre d'orient en occident a cent trente-un mètres, y compris l'épaisseur des murs, le petit diamètre cent trois mètres. Il se compose d'un rez-de-chaussée percé de soixante portiques, d'un premier étage qui a soixante arcades, et d'un attique qui se termine à vingt-un mètres et demi de terre. Il y avait quatre portes principales : au-dessus de celle du nord sont deux têtes de taureau en saillie. Tout le monument est d'un toscan irrégulier approchant du dorique. L'intérieur offrait trente-quatre rangs de gradins; dix-sept subsistent encore plus ou moins dégradés. Cet amphithéâtre pouvait contenir vingt-deux mille spectateurs. Au reste, tous ces nombres exacts sont faits pour arrêter l'imagination. Cherchez une estampe, rien ne peut être plus digne de la curiosité du voyageur que les superbes planches de M. Clérisseau.

Les Arènes, débarrassées par M. Duterrage de toutes les masures qui les encombraient, occupent maintenant le centre d'une vaste place, et d'un seul coup d'œil on peut en embrasser l'ensemble. Ce monument me semble bas, comparé au Colisée de Rome; toutefois l'enceinte extérieure des Arènes de Nîmes est presque intacte et leur couronnement n'a que peu souffert. On y voit encore la plupart de ces pierres percées, destinées à fixer les mâts qui soutenaient eux-mêmes les toiles au moyen desquelles les spectateurs étaient mis à l'abri du soleil. Lorsqu'on arrive aux détails de l'architecture, on trouve à l'amphithéâtre de Nîmes beaucoup de défauts qu'on n'observe pas dans celui d'Arles.

Les moulures des Arènes ne sont terminées que

dans la partie qui regarde le couchant. On trouve un assez grand nombre de phallus sculptés sur des clefs de voûte. Une des portes est surmontée de deux taureaux représentés à mi-corps, et avec une forte saillie; on peut présumer que toutes les portes étaient décorées de la même façon. C'est peut-être une flatterie pour Auguste. Suétone raconte que ce prince naquit dans une maison dont la façade était ornée de têtes de taureaux.

Plusieurs des grandes pierres qui servaient de siéges sont divisées par des raies qui indiquent l'espace attribué à chaque spectateur. Mais ces sortes de détails, qui, observés sur place, donnent le sentiment de la réalité, sont loin de produire le même effet lorsqu'on les raconte.

C'est surtout dans les Arènes qu'éclate le faux jugement des architectes de Nîmes. Au lieu de se borner à consolider les parties qui menaçaient ruine, on les a refaites entièrement; c'est une reconstruction et non une réparation. On a eu la même barbarie à Rome pour le charmant arc de Titus. Il faut louer les architectes de ce qu'ils n'ont pas supprimé les phallus figurés de la manière la plus plaisante [1]. Isidore et Lampride nous ont appris des choses singulières sur ce qui se

---

[1] Menard, p. 18, n. 5.

passait dans les cirques, et le mot *fornicare* dérive de *fornix* qui signifie une arcade [1].

Les Arènes sont construites en pierres sans ciment; elles étaient reliées par des crampons de bronze. Le roi Théodoric rendit une ordonnance qui défendait d'enlever ces crampons. Il y a des pierres de dix-huit pieds de long. Comme tous les grands bâtimens romains, les Arènes ont été une forteresse dans le moyen-âge.

La fontaine de Nîmes serait une charmante ruine antique, et peut-être l'une des plus belles qui existent en France, si l'on n'avait dépensé deux millions pour la réparer. Aujourd'hui cette fontaine n'est qu'un canal revêtu de pierres de taille, bordé de balustres, et qui ressemble bien plutôt au fossé d'une citadelle qu'à une belle source d'eau vive. Par l'effet des réparations qu'on y a faites, cette fontaine donne la fièvre aux habitans des maisons environnantes.

La ruine voisine, qu'on a bien voulu ne pas abattre, était un *Nymphæum*. On y voit des arcades qui ont été murées dans les temps postérieurs; une seule qui est ouverte sert d'entrée. L'intérieur présente une grande salle voûtée, ornée de seize colonnes portant une corniche dentelée sur laquelle repose la voûte. Les murs sont

---

[1] Lib. VIII, 42, Lamprid. in Heliogab., 26 et 32.

bâtis en pierres énormes sans ciment, et liées avec des crampons. Bien leur en a pris d'être aussi solides. En 994 cet édifice fut donné à des religieuses de Saint-Benoît qui le conservèrent fort bien : il était presque intact lorsqu'elles l'abandonnèrent en 1552. En 1576 il servait de chantier à un fermier ; un voisin envieux mit le feu au bois qu'on y avait déposé, et la violence de l'incendie fit éclater une grande partie des pierres. L'année suivante, 1577, le maréchal de Bellegarde étant venu bloquer Nîmes, les habitans, pour l'empêcher de se retrancher dans cet édifice, en abattirent la partie antérieure.

Rien n'est plus agréable et plus pittoresque aujourd'hui que l'intérieur de ces thermes ; j'y ai passé aujourd'hui, 1er août, une heure charmante. Au milieu de la chaleur excessive, il régnait à l'ombre de ces grands murs romains une fraîcheur délicieuse.

Le sol est couvert de beaux fragmens antiques de toutes les espèces. L'on peut se croire à Rome.

Tout près de ce nymphæum est une hauteur sur laquelle on remarque une ruine assez informe, appelée la tour Magne, et dont on a profité pour y placer un télégraphe ; c'est le triste débris d'un tombeau démantelé tel qu'on en voit plusieurs dans les environs de Rome, et, par exemple, à cent pas avant d'arriver à la porte d'Albano. Il n'est sorte de folie qu'on n'ait dite pour expliquer ce monument. Deiron a déclaré que c'était un phare, Astruc un temple gaulois, d'autres ont prétendu que c'était un trésor public. Tout ce qu'on peut dire, c'est que ce massif est élevé d'environ trente-neuf mètres.

En démolissant des remparts élevés en 1194, sous Raymond V, comte de Toulouse, on a découvert une ancienne porte composée de quatre ouvertures. On y lit une inscription encore très bien marquée par les rainures destinées à recevoir les lettres de bronze qui en ont été détachées: César Auguste, consul pour la onzième fois, et dans la huitième année de sa puissance tribunitienne, fait don à la colonie de Nîmes de ces portes et de ces murs. Auguste posséda pour la huitième fois la puissance tribunitienne dans les six derniers mois de l'an de Rome 738 et dans les six premiers de l'année suivante, ce qui donne une date probable pour les Arènes (quinze ans avant l'ère chrétienne).

Cette porte d'Auguste, qui fait face à la porte de Rome sur la voie Domitienne, était sous les Romains l'entrée principale de la ville. Nîmes, qui a trop fait parler d'elle depuis 1814, compte quarante-deux mille habitans; elle est placée au milieu d'une plaine fertile, environnée de coteaux couverts d'arbres fruitiers, de vignes et d'oliviers.

La cathédrale de Nîmes a été refaite en grande partie au dix-septième siècle. Une partie du soubassement de la façade et de la tour qui en fait partie paraît avoir appartenu à un édifice antique; on dit que c'était un temple dédié à Auguste : ce qu'il y a de sûr, c'est qu'une partie du fronton date du XIe siècle. Elle renferme les tombeaux de deux hommes adroits et médiocres, Fléchier et le cardinal de Bernis.

En sortant de la cathédrale, je suis allé voir le Palais de justice, architecture grecque de nos jours, et la maison de M. Bonnaud, droguiste, rue de la Fruiterie : elle est ornée de fragmens, de frises, modillons, etc., provenant probablement de la cathédrale, et recueillis à l'époque où les protestans tentèrent de la démolir.

Nous étions excessivement fatigués : le dîner est survenu, puis la sieste; de façon qu'il était presque nuit lorsque nous sommes arrivés au cabinet de M. Pelet : c'est la plus jolie chose du monde. M. Pelet, savant infatigable, a fait des modèles en liège des monumens romains du Midi de la France. Il est impossible de voir une imitation plus habile et en même temps plus exacte. Comme ces modèles sont exécutés sur la même échelle, pour la première fois j'ai eu l'idée de la grandeur comparative de ces monumens : les jolis édifices de M. Pelet ont un centimètre pour mètre. J'ai vu vec étonnement que l'arc de triomphe d'Orange, cet ouvrage gigantesque, passerait facilement sous un des arcs inférieurs du pont du Gard.

— Nîmes, le 2 août.

Un homme de sens, qui m'avait donné *l'histoire réelle* des assassinats commis en ce pays, et avec lequel j'étais allé chez M. Pelet pour nous distraire de ces noires idées, me dit :

— Ce midi, où la civilisation décroît, parce qu'un gouvernement incapable a négligé de punir de mort les assassinats, a vu jadis ce que la chevalerie a produit de mieux parmi les hommes.

L'*exaltation d'amour*, ce sentiment si ridicule aujourd'hui, et qui règne en maître dans les poésies de Pétrarque et du Dante, était le principe de toute chevalerie ; la poésie provençale l'appelait le *joy*.

Dans le code espagnol, le *joy* est recommandé comme un devoir aux chevaliers. Ainsi, l'épée de Charlemagne s'appelle *joyeuse* ou l'enthousiaste d'amour. Encore aujourd'hui, en italien, un *tristo* veut dire un être plat, prosaïque, ennemi de toute générosité, un être à fuir, presque un homme à pendre.

La galanterie provençale avait établi des grades parfaitement séparés, et par lesquels il fallait passer successivement.

On était d'abord *feignaire*, hésitant;
puis *prégaire*, priant;
ensuite *entendaire*, écoutant;
et enfin *druz*, ami.

En italien *drudo* veut dire l'amant d'une femme mariée.

M. Fauriel, un vrai savant, a fort bien décrit cette civilisation du moyen-âge, en Provence. Cette vie valait-elle à vos yeux l'envie et l'hypocrisie du XIXe siècle?

— Le 3 août (écrit à l'ombre sous une arcade du pont du Gard.)

J'ai profité de la nuit et d'un clair de lune magnifique pour faire les cinq lieues qui séparent Nîmes du pont du Gard. J'y suis arrivé plongé dans un profond sommeil, sur les cinq heures du matin. Le fidèle Joseph a renvoyé les chevaux à la poste de La Foux, située à un quart de lieue, et m'a laissé dormir. Il a fait un feu de bivouac et d'excellent café. Une chèvre du voisinage a fourni le lait.

LE PONT DU GARD.

Vous savez que ce monument, qui n'était qu'un simple aqueduc, s'élève majestueusement au milieu de la plus profonde solitude.

L'ame est jetée dans un long et profond étonnement. C'est à peine si le Colisée, à Rome, m'a jeté dans une rêverie aussi profonde.

Ces arcades que nous admirons faisaient partie de l'aqueduc de sept lieues de long qui conduisait à Nimes les eaux de la fontaine d'Eure; il fallait leur faire traverser une vallée étroite et profonde, de la le monument.

On n'y trouve aucune apparence de luxe et d'ornement : les Romains faisaient de ces choses étonnantes, non pour inspirer l'admiration, mais simplement et quand elles étaient utiles. L'idée éminemment moderne, *l'arrangement pour faire de l'effet,* est rejetée bien loin de l'ame du spectateur, et si l'on songe à cette manie, c'est pour la mépriser. L'ame est remplie de sentimens qu'elle n'ose raconter, bien loin de les exagérer. Les passions vraies ont leur pudeur.

Trois rangs d'arcades en plein cintre, d'ordre

toscan, et élevées les unes au dessus des autres, forment cette grande masse qui a six cents pieds d'étendue sur cent soixante de hauteur.

Le premier rang, qui occupe tout le fond de l'étroite vallée, n'est composé que de six arcades.

Le second rang plus élevé trouve la vallée plus large, et a onze arcades. Le troisième rang est formé de trente-cinq petits arcs fort bas; il fut destiné à atteindre juste au niveau de l'eau. Il a la même longueur que le second, et porte immédiatement le canal, lequel a six pieds de large et six pieds de profondeur. Je ne tenterai pas de faire des phrases sur un monument sublime, dont il faut voir une estampe, non pour en sentir la beauté, mais pour en comprendre la forme, d'ailleurs fort simple et exactement calculée pour l'utilité.

Par bonheur pour le plaisir du voyageur né pour les arts, de quelque côté que sa vue s'étende, elle ne rencontre aucune trace d'habitation, aucune apparence de culture : le thym, la lavande sauvage, le genévrier, seules productions de ce désert, y exhalent leurs parfums solitaires sous un ciel d'une sérénité éblouissante. L'ame est laissée tout entière à elle même, et l'attention est ramenée forcément à cet ouvrage du peuple-roi qu'on a sous les yeux. Ce monument doit agir, ce me semble, comme une musique sublime, c'est un évènement pour quelques cœurs d'élite, les autres rêvent avec admiration à l'argent qu'il a dû coûter.

Comme la plupart des grands monumens des Romains, le pont du Gard est construit en pierres de taille posées à sec sans mortier ni ciment. Les parois de l'aqueduc sont enduites d'un ciment qui se conserve encore. Une fois j'eus le loisir de suivre cet aqueduc dans les montagnes; il se divisait en trois branches ; et le guide me fit suivre ses traces dans une longueur de près de trois lieues ; le conduit étant souterrain a été mieux conservé.

Le Gardon passe sous le pont du Gard; et comme souvent il n'est pas guéable, les états de Languedoc firent bâtir en 1747 un pont adossé à l'aqueduc. Au XVIIe siècle, on avait essayé de rendre praticable aux voitures le dessus de la seconde rangée d'arcades.

On arrive à l'aqueduc proprement dit, supporté par trois arcades, en gravissant l'escarpement qui borde la rive droite du Gardon.

— Orange, le 4 août.

Je ne me suis arrêté qu'une demi-journée pour voir Orange, je trouve toutes les rues couvertes de toile à cause de l'excessive chaleur. Ce climat m'enchante, il suffirait seul pour me rendre heureux pendant quinze jours peut-être. Je dirais presque comme Araminthe, il jette dans de douces langueurs.

Je voulais voir le théâtre et l'arc de triomphe. Le mur du théâtre s'aperçoit de très loin, dominant toute la ville. L'arc de triomphe, bâti probablement du temps de Marc-Aurèle, est admirablement placé; il s'élève dans la plaine poudreuse, à cinq cents pas des dernières maisons du côté de Lyon; son aspect *jaune orange* se détache de la façon la plus harmonieuse sur l'azur foncé du ciel de Provence. Cet arc vénérable a soixante-six pieds de largeur et soixante de haut; il a trois arcades, celle du milieu, comme de juste, plus large et plus élevée que les autres.

La face septentrionale (du côté de Lyon) était peut-être la principale, puisqu'elle servait d'entrée dans la ville; elle n'a plus que trois colonnes corinthiennes et la base de la quatrième.

Le bas-relief de l'attique représente un combat très animé de fantassins et de cavaliers; mais je n'ai pu distinguer à quelles nations appartiennent les combattans. A la gauche de ce bas-relief on voit des instrumens de sacrifice. Les trophées qui sont plus bas, des deux côtés du fronton, se composent presque entièrement de proues de navires, d'ancres, de rames, de tridens et d'autres attributs maritimes fort bien groupés. Les trophées qu'on voit au dessus des petites arcades présentent des armes offensives et défensives, mais qui n'ont aucun rapport avec la marine; on lit quatre mots ou fragmens de mots en diverses parties de ces trophées.

La face méridionale de cet arc de triomphe a été fort maltraitée; le vent de mer a rongé la pierre, et les bas-reliefs sont beaucoup plus dégradés que ceux du nord. Le sujet du grand bas-relief de l'attique est de même un combat de fantassins et de cavaliers. Il n'y a plus que deux colonnes de ce côté, mais on lit fort distinctement sur des boucliers les mots suivans : Sacrovir, Mario, Dacvno, Vdilles. Sur cette face, à droite du grand bas-relief de l'attique, on voit le buste d'une femme qui met le doigt dans son oreille. On l'appelle, dans le pays, la Sibylle de Marius.

Les deux petits côtés de cet arc de triomphe sont ou plutôt étaient fort riches. La face qui regarde l'orient est encore décorée de quatre colonnes corinthiennes cannelées. La frise représente des combats de gladiateurs; elle est surmontée d'un fronton, aux deux côtés duquel sont des Néréides. Entre les quatre colonnes on aperçoit trois trophées composés d'armes; on y voit des enseignes portant un sanglier. Au dessus de chacun de ces trophées sont deux figures de captifs, ils ont les mains liées derrière le dos. Au milieu du fronton de cette face orientale est la figure rayonnante du soleil.

La face occidentale est entièrement fruste.

L'intérieur des voûtes est chargé d'ornemens, en général, fort élégans; mais ils ne sont pas tous de la même main, plusieurs sont d'une exécution moins bonne.

Cet admirable monument a servi de forteresse dans le moyen-âge, il était alors surmonté d'une haute tour, et renfermé dans un édifice; on n'a fait justice de tout cela qu'en 1721.

Un maçon, appelé Geoffroy, a reconstruit il y a quelques années une des colonnes qui soutiennent le fronton du côté du midi.

Lerbert, abbé de Saint-Ruf, qui vivait dans le onzième siècle, dit que cet arc de triomphe fut élevé à César vainqueur des Marseillais. On l'appelle aujourd'hui *arc de Marius*, mais rien ne peut indiquer ni l'époque ni le but de ce monument. Lorsque ce pompeux édifice fut élevé pour éterniser la gloire d'une grande nation et de ses généraux, qui aurait pu prévoir parmi eux qu'il viendrait un temps où il subsisterait encore presque en entier, sans qu'il fût possible de rien savoir sur son objet?

Le cicérone m'a conduit au *grand cire*, ce qui veut dire *cirque*. Ce monument est sur le penchant de la montagne ; ce fut un théâtre et non un cirque. La partie circulaire dans laquelle les sièges des spectateurs étaient établis est pratiquée dans la montagne. On voit encore des tronçons de colonnes énormes; il y avait trois rangs de colonnes l'un sur l'autre. Le mur qui coupait le demi-cercle et qui formait le fond de la scène existe en entier et produit un effet admirable; on reconnaît aussitôt la manière des Romains. Il a cent huit pieds de haut et trois cents de large.

On ne peut se lasser de considérer cette muraille si grande, si simple, si bien bâtie, si bien conservée. Elle est décorée de deux rangées d'arcades et d'un attique. Au milieu est une grande porte qui servait probablement d'entrée aux acteurs.

Ainsi qu'au pont du Gard, les Romains nous donnent partout le sentiment du plus profond respect et de la plus vive admiration par des édifices destinés à l'usage le plus simple. C'est le propre d'un grand caractère.

Ce mur a douze pieds d'épaisseur, il est composé de pierres énormes, jointes sans aucun ciment, et dont quelques unes ont quinze pieds de longueur.

Dans le haut de la façade extérieure, on voit deux rangées de pierres saillantes; quelques unes de celles de la première rangée sont percées par un trou vertical. Avant la construction de la corniche, ces pierres servaient probablement à recevoir des mâts qui soutenaient les toiles au moyen desquelles les spectateurs étaient préservés de l'ardeur du soleil. Il existe encore des salles, et l'on voit des escaliers, dont deux marches sont taillées dans le même bloc. On reconnaît des traces d'incendie.

Du haut de la montagne contre laquelle le théâtre est bâti, et où l'on trouve les ruines d'un château construit avec les pierres du théâtre, nous avons joui d'une vue assez étendue : d'un côté, c'est le cours du Rhône et le beau pont Saint-Esprit, de l'autre, le mont Ventoux, dont la cime est couverte de neige pendant neuf mois de l'année; c'est, dit-on, une des premières montagnes qu'on aperçoit lorsqu'on arrive par mer à Marseille.

Lapise, Histoire d'Orange, page 29, dit que cette ville possédait encore d'autres édifices : un amphithéâtre, des thermes, un aqueduc dont il ne reste plus que quelques arcades enclavées dans les murs des maisons; ces arcades sont bâties en petites pierres carrées. Le sol de la ville d'Orange s'est élevé de deux ou trois pieds. La campagne des environs est couverte d'une effroyable quantité de pierres.

Si le lecteur n'a pas vu cet arc de triomphe

d'Orange ou au moins une gravure passable, il trouvera les détails ci-dessus d'un technique bien ennuyeux. Mais comment ne pas parler avec détails d'une aussi belle chose et qui a fait le bonheur de toute ma journée ?

— Tullins, le 6 août 1837.

Hier à Valence, il pleuvait, et je fumais un cigare sur la porte de l'hôtel, comme doit faire tout bon voyageur qui cherche à voir et à connaître. L'hôte est venu, qui m'a conté l'histoire des bons vins du pays. C'est M. l'évêque de Valence qui est propriétaire de la vigne à laquelle nous devons le sublime vin de l'Ermitage. Il l'a louée à une compagnie qui, outre le prix de ferme, donne au propriétaire quatre cents bouteilles de la meilleure qualité, mais sous la condition qu'on n'en fera pas de cadeaux. On craint sans doute la comparaison avec le vin que la compagnie livre au commerce.

Je discutais sur les vins, lorsque j'ai vu descendre de la diligence de Marseille M. Buisson, négociant d'Alger, qui veut bien se charger de nos petites affaires en ce pays-là. M. Buisson se rend à Pont-en-Royans, où il possède une fabrique de draps : il cherchait une voiture ; je lui ai offert la mienne pour le mener dans son pays, que M. Bigilion m'a vanté comme fort pittoresque, et ce matin à cinq heures nous avons quitté Valence.

Il m'a dit, chemin faisant, de drôles de choses sur Alger, où il était il y a six jours. Avant le sage maréchal Valée, notre légèreté et notre jactance avaient si bien fait, que les Arabes croient fermement que les Français sont un peuple misérable, mourant de faim sur le rivage de la Méditerranée, autour d'une ville qui n'est pas le quart d'Alger, et que l'on nomme Marseille. Ces Français, ne sachant que devenir, viennent à Alger pour voler les bœufs; ce sont d'ailleurs les plus fous des hommes. Un jour ils fusillent leurs prisonniers; le lendemain, la peur naturelle qu'ils ont des Arabes leur revient, et ils accablent leurs prisonniers de cadeaux. En vérité, me dit M. Buisson, ce qu'il y aurait de plus sage, ce serait d'enlever cinquante Arabes de quarante ans, et de les conduire à Paris, où on leur donnerait un logement aux Invalides et dix francs par jour. De retour dans l'Atlas, ils diraient ce qu'ils ont vu. Jusque-là, avec tant d'esprit, notre vanité inquiète n'aura réussi qu'à se faire complètement mépriser par la gravité arabe.

L'empereur de Maroc, me dit M. Buisson, est un janséniste de cinquante ans, commandant à une société de jansénistes moroses. C'est par humilité musulmane qu'il porte le même vêtement simple que ses sujets. Ce qui les choque le plus chez les Français, c'est cette horrible habitude de s'arrêter contre un mur pour satisfaire un petit besoin.

— Mais voilà qui est anglais, disais-je à M. B.

— En fait de gravité et de décence théâtrale, les gens de Maroc, a repris M. B., en remontreraient aux *Momiers*. Quoique l'empereur qui règne à Maroc en 1837 ait les lèvres grosses et le teint d'un mulâtre, il n'en descend pas moins de Mahomet, et nourrit, en conséquence, un mépris infini pour le Grand-Turc, qui n'est à ses yeux qu'un homme dégénéré, et presque un infidèle.

Malgré l'extrême piété qui règne dans le Maroc, on trouve fort bien à faire assassiner un homme pour vingt-deux sous (une piècette). La religion de Mahomet, assez sage au fond, a dégénéré en pratiques, comme celle des Calabrais. Les montagnards du Maroc offrent encore exactement les mœurs décrites dans la Bible, et qui nous donnent des préceptes de morale. Un seul usage nouveau s'est introduit parmi eux, ils ont des fusils qu'ils fabriquent eux-mêmes.

Le comble des félicités humaines, pour un habitant du Maroc, c'est d'avoir des chevaux, des fusils et de la poudre; beaucoup de poudre. Pour honorer un étranger, ils arrivent à lui ventre à terre, et lui tirent leur coup de fusil chargé à balle à deux pieds au dessus de la tête. Ils n'y entendent pas trop malice ; ils portent leurs fusils toujours chargés à balle, pour leur sûreté, et ne connaissent point l'usage du tire-bourre.

Lorsqu'une jeune fille se marie, on la met dans un panier sur une mule, on conduit la mule au milieu d'un champ, et tous les cavaliers de la tribu viennent au grand galop décharger leurs fusils entre les jambes de la mule.

M. B. admire beaucoup Abd-el-Kader ; ce jeune général de vingt-neuf ans en sait plus que nos généraux de cinquante, et peut devenir un grand homme. M. B. fait une grande différence entre l'Arabe auquel on peut faire comprendre *son véritable intérêt*, et le Turc, comme Achmet, de Constantine, que rien ne peut détourner de l'idée qu'il a une fois conçue.

Le Turc est peut-être l'être le plus vertueux que l'on rencontre au dix-neuvième siècle, et toute cette vertu n'est que de l'obéissance aveugle au Coran, fort supérieur à un autre livre. Au reste, cette guerre d'Afrique pourra donner quelques idées nouvelles à la fatuité française, qui croit tout savoir.

J'avais bien lu dans Volney que les Français

n'ont pas le génie de la colonisation; M. B. ne dit pas un mot qui ne confirme cette triste vérité : il loue beaucoup quatre ou cinq officiers employés en Afrique, et qui, si on les élevait en grade, promettraient des généraux comme ceux de 93. Ils ont daigné apprendre l'arabe. Il y a souvent des suicides; et ce sont, en général, des sous-officiers qui se font sauter la cervelle. La vie est estimée partout ce qu'elle vaut, c'est à dire peu de chose.

Des négocians établis à Alger offrent au gouvernement français 700,000 francs par an de la saline d'Arsew; on n'emploierait que dix heures, par mer, pour transporter le sel à Alger. Mais il faudrait avant tout, en ce pays, un gouverneur ayant une volonté de fer. C'est comme *sachant vouloir* que les Arabes se moquent de nous, qui n'avons que les avantages d'une vieille civilisation.

C'est en devisant ainsi, à perte de vue, et *sans mission*, comme disent les journaux vendus, que nous avons passé à Romans, jolie petite ville sur l'Isère, où nous avons trouvé un excellent melon et de fort bonne eau-de-vie. La chaleur était accablante. Sur les onze heures, et une lieue avant Saint-Marcellin, nous avons quitté la grande route, et nous avons pris sur la droite, vers le curieux château de la Sône, qu'habitait autrefois la belle madame Jubié. Dans ce lieu féodal, tête de pont sur l'Isère, les ancêtres de cette aimable femme avaient établi une filature de soie et d'organsin (on tord ensemble plusieurs fils de soie). Les machines furent faites en 1774 par Vaucanson lui-même; elles n'ont point vieilli. On nous a montré la machine avec laquelle il fabriquait *ses chaînes*.

Nous avons passé l'Isère à la Sône, sur un pont suspendu nouvellement établi : le bac rapportait cent louis; le pont donne sept mille francs. Après avoir traversé la jolie forêt de Claix, nous sommes arrivés à une grande descente, et au bas du coteau nous avons aperçu Pont-en-Royans. Ce village est placé là au bout du monde, tout à fait contre un rocher à pic. Les maisons sont blanches, fort petites et couvertes d'un toit fait avec des pierres blanches. Tout cela se détache sur un rocher gris foncé tirant sur le rouge. Rien de plus singulier.

La Bourne, rivière célèbre dans le pays par la transparence et la beauté de ses eaux, traverse le village en grondant, forme plusieurs cascades, et court vers l'Isère. On y pêche d'excellentes truites; les meilleures sont tachetées de points rouges, et pèsent moins d'une livre. La Bourne a bien trente-cinq mètres de large; il faut monter sur le pont, qui est en plein cintre et fort élevé, pour jouir de l'ensemble.

Le long de chaque maison on aperçoit certains petits tuyaux qui descendent jusque dans la rivière, et, ce qui est plus singulier, on voit tout à côté, sur les fenêtres, de nombreux petits seaux en bois, suspendus chacun à une chaînette de fer passant sur une poulie, et à chaque instant, avec ces petits seaux, les habitans, sans avoir de mauvaises pensées, puisent dans la rivière l'eau dont ils ont besoin. M. Buisson m'a fait manger d'excellentes truites; mais à ce repas je n'ai bu que du vin.

M. B. possède un ouvrage de Nicolas Barnaud, né à Crest (Drôme), dans le seizième siècle; mais il n'a pu le retrouver ce soir, et le temps me pressait. Barnaud, qui voyagea beaucoup, dit que l'état de France ne peut être sauvé qu'en organisant les bourgeois en milice et vendant les biens du clergé. Il faudra déporter les prêtres qui ne voudront pas se marier, et fondre les cloches. Barnaud publiait ses écrits sous le nom de *Froumenteau*. On voit que deux siècles après leur réunion à la France, les Dauphinois étaient encore d'assez singulières gens.

Au moment où ce principe insolent de tout diriger vers le plus grand bien-être de tous cessa peut-être un peu d'animer ces bourgs situés dans les montagnes, et souvent séparés quatre mois de l'année de leurs voisins les plus proches par la neige et le danger des routes, Lesdiguières vint leur apprendre à se soucier fort peu du successeur de leurs dauphins, qui tenait sa cour à cent lieues de leurs frontières, et ne les protégeait pas contre le Savoyard.

Autrefois, à une demi-lieue plus loin que Pont-en-Royans, sur le chemin de Rancourel, il y avait un bac assez singulier. A cent pieds d'élévation, sur la Bourne, on voyait une grosse corde tendue d'une rive à l'autre, et les voyageurs passaient la rivière dans une *benne* (ou petite caisse de bois ronde) qui avait deux trous; la grosse corde passait dans ces trous, et, avec une petite corde, on tirait la *benne* d'un côté de la rivière à l'autre.

Au retour de Pont-en-Royans j'ai traversé rapidement la forêt de Claix, et ensuite Saint-Marcellin, qui a un joli boulevart. En province la vue des arbres rafraîchit l'ame, comme la vue d'une ruine romaine; c'est quelque chose *qui n'est pas affecté.*

Mais il faut que ces arbres ne soient pas mutilés et taillés par les ordres de M. le maire. Quelle différence, grand Dieu, avec les charmans jardins de Leipzig, de Nuremberg, etc.! Et nous nous intitulons la belle France. C'est le pendant de *Mery England*, l'Angleterre gaie ; tandis que l'unique affaire de la vie d'un Anglais est de tâcher de grimper au rang supérieur, et de ne pas laisser envahir le sien ! Six heures sonnaient comme je changeais de chevaux à Saint-Marcellin ; j'ai pu encore aller coucher à Tullins, chez M. Guizard, maître de poste, auquel M. Buisson m'avait recommandé.

Mais avant d'arriver à Tullins, j'ai trouvé une surprise délicieuse; par bonheur, personne ne m'avait averti : Je suis arrivé tout à coup à une des plus belles vues du monde. C'est après avoir passé le petit village de Cras, en commençant à descendre vers Tullins. Tout à coup se découvre à vos yeux un immense paysage, comparable aux plus riches du Titien. Sur le premier plan, le château de Vourey. A droite, l'Isère, serpentant à l'infini, jusqu'à l'extrémité de l'horizon, et jusqu'à Grenoble. Cette rivière, fort large, arrose la plaine la plus fertile, la mieux cultivée, la mieux plantée, et de la plus riche verdure. Au dessus de cette plaine, la plus magnifique peut-être dont la France puisse se vanter, c'est la chaîne des Alpes, et des pics de granit se dessinant en rouge noir sur des neiges éternelles, qui n'ont pu tenir sur leurs parois trop rapides. On a devant soi le *Grand Som* et les belles montagnes de la Chartreuse ; à gauche, des coteaux boisés aux formes hardies. Le genre ennuyeux semble banni de ces belles contrées.

Je ne conçois pas la force de végétation de ces

champs couverts d'arbres rapprochés, vigoureux, touffus; et là-dessous il y du blé, du chanvre, les plus belles récoltes. Je n'ai rien vu de plus étonnant en courant la sublime Lombardie, ou à Naples, dans la terre de Labour. La montagne que l'on descend à Cras fait partie de la chaîne du Jura, qui court de Bâle à Fontaneille, près Sault, dans le bas Dauphiné. J'ai dit au postillon que j'avais un éblouissement, et que je voulais marcher; il est allé m'attendre, sans répliquer un mot, au bas de la descente. Ainsi rien n'a gâté mon bonheur.

— Grenoble, le 7 août.

Je pars de Tullins à six heures du matin, et à sept je suis à Rives; je longe la Fure, qui est toute couverte d'usines, où l'on affine la fonte pour la changer en fer, ou, mieux, en acier.

Je vois la superbe papeterie de MM. Blanchet. Ces messieurs m'offrent l'hospitalité dans leur beau parc, avec une bienveillance naturelle et simple; j'accepte sur le champ. Au lieu du séjour dans une auberge sale, j'ai passé toute la *chaleur du jour*, qui était accablante, dans un site délicieux, qui continue le paysage des grandes montagnes qui m'environnent de toutes parts. Cette invitation de MM. Blanchet était tout simplement ce qui pouvait m'arriver de plus agréable. J'aurais été prince, qu'on n'eût pu m'offrir rien de plus aimable. Comment peindre la fraîcheur *ventillata* et les grands frênes de ce parc, traversé en tous sens par des branches de la Fure; il y a un joli petit pont suspendu sur l'une de ces branches.

— Grenoble, le 8 août 1837.

C'est par Moirans et Voreppe que je suis arrivé à Grenoble; je loge rue Montorge, chez Blanc, *hôtel des Trois Dauphins*, dans la chambre n. 2, qu'occupa Napoléon à son retour de l'île d'Elbe. C'est sous les fenêtres de cette chambre que les jeunes gens de la ville lui apportèrent, dit-on, les énormes ventaux en bois de la porte de *Bonne*, qui avait eu le tort de se fermer un instant devant lui. C'est dans la chambre où j'écris qu'un jeune juge de Grenoble, M. Joseph Rey, osa lui dire que la France l'aimait comme un grand homme, l'admirait comme un savant général, mais ne voulait plus du dictateur qui, en créant une nouvelle noblesse, avait cherché à rétablir tous les abus presque oubliés. Le discours de M. Rey, qui pouvait avoir cinquante lignes, fut imprimé en deux heures et à vingt mille exemplaires, et le soir tous les Grenoblois le répétaient à Napoléon. S'il eût compris cette voix du peuple, lui ou son fils régnerait encore, mais la France eût perdu la supériorité littéraire, celle de toutes qui, ce me semble, lui fait le plus d'honneur.

Ma fenêtre donne sur une sublime allée de marroniers hauts de quatre-vingts pieds, plantés par Lesdiguières, le représentant et le type du caractère dauphinois (brave et jamais dupe). Malheureusement ces beaux arbres, qui se trouvent précisément au centre de la ville et en face d'une belle montagne, ont fait leur temps. Ils sont âgés de plus de deux cents ans, et chaque orage abat quelque grosse branche. Mais le plus beau de tous, qu'on appelle *Lesdiguières*, se porte encore fort bien, malgré le boulet reçu le 6 juillet, et dont je suis allé vénérer la marque.

Lesdiguières régna en Dauphiné toute sa vie, et ne souffrit jamais que personne vînt le troubler chez lui. Il avait construit le palais voisin que la ville acheta de ses héritiers, et dont la préfecture occupe aujourd'hui une partie moyennant un loyer de 6,000 francs.

L'hôtel de Franquières, jolie maison dans le style de la renaissance, à quelques pas de la belle allée de marroniers, fut bâti par Lesdiguières pour loger une sienne maîtresse dont il avait fait assassiner le mari. Mais il envoya à Rome M. Barral, avocat célèbre, pour solliciter l'absolution du pape.

Je craignais de trouver à Grenoble ce vilain

petit pavé pointu qui à Lyon m'empêchait de marcher ; mais les Grenoblois sont gens d'esprit, sept de leurs rues sont déjà pavées en pierres plates que l'on tire de Fontaine, et dans six ans il n'y aura plus de pavés pointus. Le maire de la ville travaille douze heures par jour, et le conseil municipal est composé de gens d'esprit, la plupart jeunes et *libéraux*. Plût à Dieu que Paris fût administré par ces messieurs, il ne s'enlaidirait pas à vue d'œil.

J'ai débuté par monter à la *Bastille*, cette belle montagne que l'on aperçoit de l'allée des marroniers et qui est dans la ville ; le génie militaire vient d'y construire un fort qui fera tirer bien des coups de canon en sa vie. Mais quoique la route qui y conduit soit magnifique, je suis tellement fatigué, que je n'ai pas la force de décrire la vue admirable, et changeant tous les cent pas, que l'on a de cette route. Cette attention passionnée à tant de belles choses si différentes entre elles tue absolument. Et d'ailleurs on a tant abusé de la description depuis quelques années, que, par le fatal souvenir de ce qu'il m'a fallu lire, j'éprouve du dégoût à commencer ce genre de travail. Les plus laides choses n'ont-elles pas été vantées avec le plus d'emphase !

En allant à la Bastille, on se trouve presque en face de l'énorme pic de Taillefer : au dessous et un peu à gauche, on a les charmantes collines d'Uriage et d'Echirole. A droite se déploie la plaine du pont de Claix avec sa magnifique avenue de huit mille mètres : cette idée à la Lenôtre, placée au milieu de montagnes sauvages, est d'un effet admirable. Par un hasard heureux, cette avenue se trouve absolument en face du nouveau fort de Rabot, chef-d'œuvre de construction dû à M. le capitaine Gueze : j'y ai vu de nouveaux ponts-levis inventés par cet officier distingué.

Ce qu'il y a de singulier dans les constructions du génie militaire, c'est que, taillant en plein drap, souvent ces messieurs démolissent.

— Grenoble, le 9 août.

J'oubliais de dire que de Rives, où j'avais affaire, je comptais gagner le pont de Beauvoisin, Fourvoirie, Chambéry et Genève, d'où je reviendrais bien vite à Paris.

— Mais, m'a dit M. N...., voyez donc le *Grésivaudan*. Je croyais d'abord qu'il s'agissait d'un lac, mais on désigne par ce nom la *vallée de l'Isère*.

C'est un pays magnifique autant qu'il est inconnu. Rien en France, du moins dans ce que j'ai vu jusqu'ici, ne peut être comparé à cette vallée de Grenoble à Montméliant. J'arrive de

Montbonot, joli village au dessus de Grenoble, et d'où j'ai pu la bien juger.

La vallée de l'Isère n'est point trop resserrée; il me semble que fort souvent elle a bien deux lieues de large. Ce qui est admirable, c'est qu'elle a deux aspects absolument différens, suivant qu'on se place sur les collines de la rive droite ou sur celles de la rive gauche. A Montbonot, par exemple, rive droite, vous avez sous les yeux d'abord les plus belles verdures et les joies de l'été; plus loin l'Isère, grande rivière; au delà des collines boisées, et encore au delà, à une hauteur immense et comme sur vos têtes, les Alpes, les Alpes sublimes passées par Annibal, et encore en partie couvertes de neige le 5 août.

Un certain pic qui, je ne sais pourquoi, a des formes arrondies, s'appelle *Taillefer*; il est couvert d'énormes prismes de granit, qui restent noirs parce que la neige ne peut y tenir. On m'a nommé un si grand nombre de ces montagnes respectables, qu'il est bien possible que je confonde.

— Grenoble, le 10 août.

Ce matin l'on m'a réveillé à sept heures pour aller *manger des cerises* à la vogue de Montfleury; c'est un ancien usage, et un ancien couvent de dames nobles à une demi-lieue de la ville, dans une position unique au monde. Toutes les dames qui sont à la campagne, aux environs, se rendent de bonne heure dans ce délicieux petit vallon, du fond duquel, pendant un instant, on n'aperçoit plus la grande vallée de l'Isère. Les dames de la ville y arrivent de leur côté en belles calèches; cela fait une matinée charmante. Les paysannes des environs, dans leurs plus beaux atours, vendent de petits paquets de cerises arrangées en bouquets, et des fraises admirables cueillies dans les bois du côté de la Grande-Chartreuse.

On raconte devant moi les persécutions atroces et jésuitiques dont MM. Froussard, maîtres de pension à Montfleury, furent l'objet pendant la restauration. Tout cela est-il vrai ?

De Montfleury, je suis allé de nouveau à Montbonot; je ne me lasse point de la vue étonnante que l'on a de ce village.

Aujourd'hui, à quatre heures, mes affaires terminées, je suis parti pour Domène (sur la rive gauche de l'Isère). De là j'ai vu Montbonot, où j'étais ce matin, Saint-Ismier, la Terrasse et tous les villages de la rive droite. Dans ce pays, je passerais tout mon temps à la campagne : les habitans des villes ont beaucoup de la finesse des Normands; l'avarice des pères est barbare envers les enfans.

Le premier plan du paysage, vu de Domène, c'est l'Isère, qui semble d'ici plus encaissée ; puis les villages le long de la grande route de la rive droite : celle-ci est indiquée par des files de grands noyers ; puis des vignes, et, au dessus des vignes, d'immenses précipices : ce sont des rochers gris, escarpés, écorchés, presque à pic, qui semblent près de s'écrouler. De temps en temps, ces rochers arides et déchirés sont couronnés par quelques bouquets de petits sapins qui s'aventurent au bord des précipices. Quel constraste entre cette côte aride et celle où je suis comme enfoui dans la plus fraîche verdure !

On se croirait à cent lieues de la vue de la rive droite, tant les aspects sont différens, et cependant c'est le même pays, c'est la même rivière ; Domène est vis à vis de Montbonot, et n'en est pas éloigné de deux lieues. Avec ce pays si riche devant soi, on a des échappées de vue charmantes à droite et à gauche ; ces perfections sont bornées, à cinq ou six lieues, sur la gauche, par les montagnes derrière Voiron, et par le pic de Montméliant à droite. Deux fois des paysans m'ont rappelé aujourd'hui ce qu'on fit jadis à Paris, le 10 août.

La plaine partagée par l'Isère, et qui sépare les deux villages de Montbonot et de Domène, est d'une fertilité admirable. Je ne puis comparer cette végétation qu'à celle de la Lombardie. Le *Grésivaudan* est couvert en ce moment de vastes pièces de chanvre dont plusieurs tiges ont jusqu'à quatorze pieds de hauteur. La vue de la vallée de l'Isère est plus resserrée et peut-être moins magnifique que celle des plaines des environs de Bologne (Italie), mais elle est bien autrement pittoresque et variée.

On ne fait pas deux lieues de Grenoble vers Chambéry sans trouver à droite, du côté de Domène, de charmantes petites *gorges* (c'est un mot du pays qui veut dire vallon étroit). Ces gorges sont peuplées de frênes fort élancés, de châtaigniers et de magnifiques noyers de quatre-vingts pieds de haut; le noyer est l'arbre de la vallée de l'Isère.

Je ne conçois pas en vérité qu'un tel pays soit resté inconnu. Louis XII, charmé « *par la divinité » de ses plantemens, par les tours en serpentant qu'y » fait la rivière Isère, l'appela le plus beau jardin » de France*[1] » (lors de son voyage en 1507).

Je n'ai rien trouvé de pareil en Angleterre, ni en Allemagne; en France, je ne connais de comparable que les environs de Marmande. Il est vrai qu'il me reste à voir la Limagne d'Auvergne. Je

---

[1] Guy-Allard, *Histoire de Humbert II*, ce pitoyable Dauphin qui céda ses états à Philippe-le-Bel en 1349.

ne vois de plus beaux paysages qu'en Lombardie, vers les lacs, sur la ligne qui passerait par Domo d'Ossola, Varese, Como, Lecco et Salo. Mais, dans ces pays-là, on est vexé par la police de M. de Metternich ; et l'on peut aller en cinquante-trois heures, et sans montrer son passeport, de Paris à Montbonot.

— Grenoble, le 12 août.

On m'a conduit ce matin au château de Montbonot qui appartient à un homme aimable et savant. Ce château couronne une jolie petite colline qui avance vers l'Isère. C'est sans doute la plus belle position de la vallée. D'un côté la vue s'étend jusque près de Saint-Egrève, Noyarey, le pont de Claix, et de l'autre jusqu'aux environs du fort Barreaux. Mais comment décrire ces choses-là ? Il faudrait dix pages, prendre le ton épique et emphatique que j'ai en horreur ; et le résultat de tant de travail ne serait peut-être que de l'ennui pour le lecteur. J'ai remarqué que les belles descriptions de madame Radclife ne décrivent rien ; c'est le chant d'un matelot qui fait rêver.

Je ne puis que dire au voyageur : Quand vous passez par Lyon, faites vingt lieues de plus pour voir ces aspects sublimes.

De Montbonot, je suis descendu jusqu'à l'Isère, pour voir l'emplacement d'un pont en fil de fer pour lequel je fournirai peut-être du fer de La Roche (en Champagne). On a raconté devant moi, sur les travaux, le singulier suicide d'une jeune protestante de Grenoble. Elle avait les plus beaux yeux du Dauphiné, mais passait pour être un peu légère; c'est à dire que dans ses jours de gaîté elle ne refusait pas à certains jeunes gens de ses amis de se promener avec eux devant la boutique de sa mère, ce qui passait pour un grand crime aux yeux des dévots du voisinage, très disposés déjà à la haïr à cause de sa religion. Rien de plus innocent, comme la suite le prouve. Victorine avait un caractère vif et gai, connu dans tout le faubourg Trèscloître; elle se laissait facilement entraîner par la joie. Un jeune voisin d'un caractère sombre, catholique de religion, et qui la blâmait d'abord avec emportement, devint éperdument amoureux d'elle; d'abord la jeune personne se moqua de lui, puis elle l'aima. Les parens du jeune homme se sont refusés avec indignation à ce mariage avec une fille d'une gaîté si suspecte, et d'ailleurs protestante. Les jeunes gens ont employé tous les moyens possibles pour les fléchir; ensuite ils ont eu l'idée, maintenant si simple, de se tuer. La veille du jour qui devait être le dernier, le jeune homme apporte cent francs au chirurgien du fau-

bourg, en lui disant ces propres paroles: « J'aurai
» un duel un de ces jours; si je succombe, donnez-
» moi votre parole de faire l'autopsie *des cada-
» vres*. Cela est essentiel à la paix de *nos* derniers
» momens. Vous êtes homme de sens et vous
» me comprendrez dans trois jours. Rappelez-
» vous que je compte sur votre honneur, et c'est
» l'*honneur* qui me fait parler. »

Le chirurgien, qui n'entendait rien à ce langage, le crut revenu à ses anciennes idées de mysticité.

Les pauvres jeunes gens ont loué une chambre, où on les a trouvés asphyxiés. La jeune fille avait dit la veille en pleurant : Un jour on reconnaîtra que j'ai toujours été sage. C'est sur quoi l'autopsie du cadavre n'a laissé aucun doute. On a trouvé sur elle une lettre touchante dont on montrait la copie; en voici une phrase :

« Je serai oubliée aussitôt qu'enterrée ; mais,
» avant cet oubli final d'une pauvre fille trop
» malheureuse, j'espère que l'on dira dans tout
» Trèscloître : *Victorine fut parfaitement sage.* »

— Grenoble, le 14 août.

Malgré les affaires qui m'appellent à Fourvoirie, j'ai cédé à la tentation; hier matin j'ai fait une course magnifique : d'abord j'ai remonté la rive droite de l'Isère, je suis allé en poste jusqu'à Montméliant, passant par Montbonot, Saint-Ismier, La Terrasse, Chapareillan. En sortant de Grenoble j'ai visité le jardin de Franquières, à Saint-Ismier les treilles de M. Félix Faure, pair de France, et le parc du comte Marchand (un des braves de la bataille d'Eylau). Avant d'arriver à Montmélian, j'ai vu le fort assez insignifiant de Barraux et le château des Marches, position superbe.

Au retour par la rive gauche, entre Goncelin et Pontcharra, je suis monté avec respect sur un coteau assez élevé qui tient à la montagne : là sont les ruines du château Bayard. Ici naquit Pierre du Terrail, cet homme si simple, qui, comme le marquis de Posa de Schiller, semble appartenir par l'élévation et la sérénité de l'ame à un siècle plus avancé que celui où il vécut. La vue que l'on a des ruines du château de son père est admirable. J'oubliais de dire que de Montméliant j'ai envoyé mon domestique et ma calèche m'attendre à Chambéry. J'ai eu de notables difficultés pour le passeport, mais ne me suis point impatienté ; j'observais les allures du commissaire de police ; je l'ai traité comme un insecte.

A Montméliant j'ai loué un *tapecu*, cabriolet découvert et doré, unique pour la laideur ; mais il était attelé de deux excellens chevaux qui m'ont mené grand train au château Bayard, à Goncelin et à Tencin. Là j'ai cédé à la prière du cocher qui voulait leur faire manger l'avoine, et je suis allé parcourir à mon aise la charmante *gorge* de Tencin, derrière le château, et compter les cascades de son ruisseau. Les frênes élancés qui croissent en ce lieu vous donnent l'idée d'un arbre, image de la beauté grecque, que l'on verrait pour la première fois. Leurs formes sveltes me rappellent les tableaux du Perrugin et les fresques vivantes de Sienne attribuées à Raphaël. Que dire de la sublime beauté de ce vallon? Ce sont de ces choses *che levan di terra in ciel nostr' intelletto.* Par une chaleur de vingt-cinq degrés, la fraîcheur imprévue réunie à l'extrême beauté donnaient de ces sensations dont on ne peut parler qu'en manuscrit. Je m'y suis oublié, ce dont j'ai été puni plus tard. Une paysanne accorte m'a vendu d'excellentes fraises.

La terre de Tencin, l'une des plus belles du Dauphiné à vos yeux et aux miens, serait la plus belle de toutes aux yeux d'un enrichi : elle rend 35 mille livres de rente, chose unique en ce pays de petite culture. La paysanne me raconte qu'une jeune personne accomplie, qui devait hériter de tout cela, vient de mourir en deux heures de temps à la veille de se marier.

Dans un des salons du château j'ai trouvé un fort bon portrait de *d'Alembert*, fils, comme on sait, de Mme de Tencin, religieuse de Montfleury et sœur du fameux cardinal de ce nom. Dubois, cet habile ministre, employait Tencin à Rome; du moins c'est ce que raconte Lémontey (*Régence* t. 2). . . . .

. . . . Que de talens Dubois montra dans cette négociation vraiment difficile! Cet homme d'un esprit infini, auquel on ne rend pas justice, est fort ressemblant sur son tombeau à saint Roch. La France l'admirerait s'il fût né grand seigneur.

Je m'en revenais à Grenoble, très fatigué, mais enchanté de mon voyage, et, comme Frontin, rêvant au bon souper et surtout au bon lit; mais j'avais compté sans le génie militaire.

Grenoble a toujours été une place de guerre; on en fait une ville forte : d'où il suit que le génie tyrannise la fermeture des portes, au grand détriment des pauvres voyageurs attardés.

Hier soir, j'entendais de loin, et mon postillon aussi, la cloche de la grande église de Grenoble qui sonne à dix heures et annonce la fermeture des portes; ils appellent cela *le saint*. Le postillon, sans me rien dire et d'un air sournois, poussait ses chevaux le plus qu'il pouvait.

Nous arrivons au galop à la **porte de Trèscloître**, juste cinq minutes après qu'elle venait d'être fermée : le pourparler avec le portier a d'abord été très difficile à établir, et ensuite n'a mené à rien.

Il y a là un vilain faubourg qui m'a fait penser aux insectes ; j'ai rétrogradé ferme, et suis venu coucher dans une auberge de Gières; c'est une grosse maison sur la route. Je n'ai point fait le fier ; au lieu de rester, en attendant le souper, dans ma chambre qui avait en guise de vitres à la fenêtre du papier huilé, je suis descendu à la cuisine où j'entendais nombreuse compagnie.

Dans ces montagnes, souvent même au milieu de l'été, il s'élève le soir un petit vent frais, qui rend fort agréable le feu de la cuisine. De quelque côté qu'il lui plaise de descendre, ce vent, qui vient de passer sur ces hautes chaînes de montagnes couvertes de neige onze mois de l'année, emporte une partie de leur froidure. La société assez nombreuse, et où je distinguais de jeunes femmes fort rieuses, se tenait à une certaine distance d'un joli feu de *sarmens* (dépouille de la vigne quand on la taille en février), feu vif qui servait à préparer mon souper.

Le ciel m'a donné le talent de me faire bien venir des paysans ; pour cela il ne faut parler ni trop ni trop peu, surtout ne point affecter une totale égalité. Enfin hier soir j'ai réussi, et j'ai frémi à des contes de revenans jusqu'à une heure du matin ; ma soirée a été charmante.

Il s'agissait d'un chartreux qui avait volé le trésor d'un paysan, de concert avec sa jolie femme qui avait des bontés pour lui. Il enterra le trésor, puis fut malade, ne put sortir de son couvent, où, comme vous savez, aucune femme ne peut entrer, et enfin mourut sans avoir pu dire à sa maîtresse en quel lieu il avait caché le trésor. Une fois mort, ce chartreux honnête homme *revenait* pour apprendre à sa complice où elle trouverait l'argent ; cette femme avait grand' peur, mais aussi grande envie de mettre la main sur la somme. Le chartreux venait la nuit tirer par les pieds la femme qui était à côté de son mari ; le chartreux lui disait de le suivre ; la femme avait peur, et aurait voulu qu'il lui dît tout sur place : d'un autre côté, elle craignait que son mari, qui était à ses côtés, n'entendît quelque chose. C'est ce dialogue de la femme et du revenant à côté du mari qu'il ne faut pas éveiller qui a été rendu d'une manière admirable, hier soir, par une paysanne d'une trentaine d'années, et fort jolie, ma foi. A tous momens elle disait : Mais il est trop tard, il faut aller nous coucher. Et on la conjurait de continuer.

Il y avait une finesse et un piquant incroyable dans le dialogue qu'elle nous racontait. Le rôle du chartreux, qui, n'ayant plus besoin d'argent maintenant, ne voulait pas être plus damné qu'il ne l'était, et cherchait à forcer la paysanne à rendre le trésor à son mari, avait des traits inimitables. Enfin, voyant que les réponses de la femme ne sont pas nettes sur l'article de la restitution, le chartreux s'écrie tout haut qu'il dira au mari lui-même où gît le trésor.

Le mari s'éveille au son de cette voix : sa femme lui dit qu'elle vient d'appeler la servante, parce qu'elle entend les vaches qui se sont détachées dans l'écurie.

J'ai bien vu, hier soir, qu'on avait raison d'accorder une finesse infinie aux paysans du Dauphiné ; je les placerais pour l'esprit à côté de ceux de la Toscane.

Le plaisant, c'est que les gens qui étaient assis à côté de moi croyaient aux revenans. Ces montagnards rusés et fins ne cherchaient pas les émotions, *ils n'en avaient que trop* ; c'est une de leurs phrases.

— Grenoble, le 16 août.

Mon métier va me conduire à Allevard et aux mines d'Allemont. On peut faire de Grenoble cinq courses curieuses :

1° La grande Chartreuse;

2° Allevard ;

3° Le bourg d'Oysans ;

4° et 5° Le jour même de l'arrivée, je conseille d'aller le matin aux *cuves* de Sassenage, et le soir à Montfleury, et au château de Bouquéron, à une petite demi-lieue de la ville.

— Grenoble, le 18 août, à onze heures du soir.

J'arrive horriblement fatigué ; j'ai mis six heures pour grimper à Allevard. On remonte la rive gauche de l'Isère, puis on se lance à droite, dans la montagne, en suivant une gorge bien autrement grandiose que tout ce que nous voyons à cinquante lieues de Paris. A tous les quarts de lieue on ressent la tentation de s'arrêter une heure. A Allevard on fabrique de la fonte avec du minerai tiré sur les lieux, et du charbon de bois ; on ne fait ni fer ni acier ; le fermier paie 45,000 francs au propriétaire.

Cette fonte se vend 1° à la marine, pour la fonderie de canons de Saint-Gervais, sur la rive gauche de l'Isère, un peu au-delà de Tullins (qui est sur la rive droite) ; 2° cette fonte se vend à Rives pour faire de l'acier.

D'Allevard, en passant par le haut fourneau de Pinsot, et s'avançant dans la direction du bourg d'Oysans, on arrive au lieu célèbre nommé les *Sept Laux*. Ce sont en effet sept lacs bordés par des glaciers, et qui fournissent d'excellentes truites. Le plus grand de ces lacs peut avoir cinq cents toises de diamètre.

D'Allevard aux sept lacs, on prend un mulet; il y a quatre heures de marche, mais souvent il faut aller à pied. Je n'ai pas eu le courage d'entreprendre cette seconde course. Tout Allevard est encore rempli du souvenir d'un homme aimable, M. D. B., qui mettait sa gloire à être l'amant de toutes les jolies filles du pays; et il y en a de charmantes. Histoire du fauteuil terrible.

— Grenoble, le 20 août.

Un de mes amis de Paris m'a chargé de savoir ce que c'est que la mine d'or de la Gardette. J'arrive de la mine d'argent d'Allemont, que Louis XVI donna jadis à son frère le comte de Provence.

La diligence qui m'a mené au bourg d'Oysans passe par la superbe route du pont de Claix; on emploie six heures pour faire le trajet. La conversation des bourgeois de campagne mes compagnons de voyage m'a fort intéressé. Excepté par la forme de leurs têtes, ces gens-là ressemblent à des Normands; leur unique affaire au monde est d'amasser une fortune, et dès qu'ils ont quelque argent, ils achètent des champs à un prix fou. Alors ils sont considérés de leurs voisins; ces gens vivent sans aucun luxe; je crois qu'on les appelle à Grenoble des *Bits*. Le terrain au bourg d'Oysans ne vaut rien et se vend horriblement cher. Les gens de ce pays se répandent dans toute la France, et vont jusqu'en Amérique; partout ils font le métier de colporteur et le petit commerce; ils reviennent toujours au pays, et à leur retour il faut acheter un champ, coûte que coûte.

Il y a quatre diligences de Grenoble au bourg d'Oysans; la route est fort périlleuse, remplie de précipices, et toutefois on voyage toujours de nuit, *afin de ne pas perdre de temps.*

Nous trouvons ici le vrai Dauphinois, tel qu'il était avant la république et le gouvernement de l'empereur, qui l'ont un peu mêlé à la France en séduisant son cœur.

Le petit propriétaire du bourg d'Oysans part à huit heures du soir, après avoir fini sa journée; il arrive à Grenoble à six heures du matin, fait ses affaires, et repart à la nuit. Ces gens ont une excellente logique; et un ami du préfet me contait que, dans les élections, il n'est point facile de leur faire prendre le change.

Après le bourg d'Oysans on arrive à Briançon;

la terre de ce pays est couverte de neige ou gelée pendant cinq mois de l'année. Les paysans se répandent dans les villages de la Provence et de la partie la moins froide du Dauphiné; ils enseignent à lire aux enfans; plusieurs montrent même les premiers élémens de latin; on leur donne pour cela la nourriture et cinq ou six sous par jour. Ces *Bits* ne me semblent rien moins qu'aimables; ils sont réservés, taciturnes, excessivement prudens, étrangers à tout entraînement, et seraient très propres à faire de bons prêtres.

Après deux heures de route, je suis arrivé à Vizille, berceau de la liberté française. Là se tinrent les fameux Etats du Dauphiné, en 1788.

La cour de Louis XVI, un peu effrayée des cris obstinés des Dauphinois, autorisa le rétablissement des Etats de cette province; ce fut un acte de faiblesse. Si Louis XVI n'avait pas affecté de laisser tomber en désuétude les Etats du Dauphiné, la révolution de 1789, au lieu d'être une cascade, n'eût été qu'une pente douce; mais nous serions moins libres en 1837.

Il y eut une première assemblée à Vizille, où l'on ne traita que des affaires de la province, mais en se permettant des déclamations qui durent sembler bien étranges et bien offensantes à la cour.

Les Dauphinois ont au fond du cœur une fibre républicaine. On sait qu'ils formèrent un état indépendant jusqu'en 1349. A cette époque, ils furent réunis à la France par une manœuvre ministérielle, et sans qu'il y eût le moindre enthousiasme de leur part. Un siècle après (1453) ils furent administrés par cet homme d'un génie sombre, le *Tibère* et le Domitien des temps modernes, qui fut depuis Louis XI. Le dauphin Louis, fuyant la cour de son père, s'était réfugié dans son apanage. On le lui enleva. Pendant un siècle le Dauphiné fut très froid pour les rois de France; puis vint Lesdiguières, qui toute sa vie régna en maître absolu sur ses compatriotes, mais en excitant et satisfaisant leurs passions. Ce petit peuple était tellement éloigné de la cour, que Richelieu ne put le dompter entièrement; d'ailleurs il fallait ménager ces gens opiniâtres, si voisins des ducs de Savoie, qui alors étaient quelque chose.

Il est résulté de tout cela que les passions politiques du Dauphinois ont presque toujours été excitées, et qu'il reçoit avec méfiance les ordres qui lui arrivent de Paris; mais la cour de Louis XVI n'était pas de force à comprendre ces choses-là.

Dans une seconde assemblée à Vizille, tout à fait révolutionnaire, et qui, sous Louis XIV, eût conduit les principaux bavards à l'échafaud, on posa les bases des cahiers. M. Mounier loua beaucoup le système anglais : Barnave parla et enflamma tous les cœurs. M. Mounier avait plus de science; Barnave, jeune homme paresseux et d'un caractère fougueux, fut plus éloquent. Sa vie si courte a été marquée par deux fautes qui ne sont que des saillies de la passion. Un homme né à Paris ne commet pas de ces fautes-là. On m'a promis ce soir de me faire voir deux excellens portraits de Barnave, qui sont chez sa parente, madame la comtesse Marchand.

Je ne conçois pas comment les Grenoblois n'ont pas donné le nom de Barnave à une de leurs rues. Je suppose que ce grand homme, qui périt en 1793, a encore des envieux dans sa patrie.

Lesdiguières, ce fin renard, comme l'appelait le duc de Savoie, habitait ordinairement Vizille, et y bâtit un château. Là se tinrent une ou deux assemblées factieuses des Dauphinois. Au dessus de la porte principale, on voit la statue équestre en bronze de Lesdiguières; c'est un bas-relief. De loin, les portraits de Lesdiguières ressemblent à ceux de Louis XIII; mais en approchant, la figure belle et vide du faible fils de Henri IV fait place à la physionomie astucieuse et souriante du grand général dauphinois, qui fut d'ailleurs un des plus beaux hommes de son temps.

— Vizille, le 21 août.

Y eut-il deux assemblées politiques à Vizille, ou une seule? C'est ce que personne à Vizille n'a pu m'apprendre. Le plus riche propriétaire du pays me dit : Consultez Montgaillard (cette histoire de la révolution, si menteuse).

Voez d'après cela le cas qu'il faut faire de la tradition. Le peuple garde souvenance des récits souvent répétés; mais ce qu'il ne fait que voir, il l'oublie bien vite. Montgaillard dit que c'est dans la salle du jeu de paume du château de Vizille que se tint, le 21 juillet 1788, l'assemblée des trois ordres du Dauphiné. M. Mounier, secrétaire de l'assemblée, rédigea les délibérations *unanimes* qui réclamaient avec fermeté : 1° Le rétablissement des anciens Etats de la province; 2° l'éligibilité de tous à toutes les places; 3° la double représentation du *Tiers-Etat*; 4° l'abolition des priviléges pécuniaires de la noblesse et du clergé; 5° le système de monarchie *représentative*.

C'était du vrai courage en 1788, près d'une année avant l'ouverture des Etats généraux à Versailles! C'était de plus de la vraie sagesse; c'est encore ce que nous voulons aujourd'hui, après quarante-neuf années d'efforts et de promesses trompeuses.

Sur la porte d'un pavillon que Lesdiguières bâtit dans son parc de Vizille, on m'a fait remarquer un bas-relief : ce sont deux poissons placés en sautoir, et qui peuvent avoir un pied de long; au dessous il y a une tête coupée. Le connétable ayant trouvé un homme qui pêchait dans son parc, lui fit trancher la tête, et fit placer cette pierre au dessus de la porte. De tels souverains agissent sur le moral des peuples plus que vingt êtres timides comme Louis XVI.

Le château et le parc appartiennent à MM. Périer, parens du ministre. Tout le monde à Vizille parle des vertus et de la bienfaisance de madame Adolphe Périer; les ouvriers l'appellent leur mère. Madame Périer est petite-fille du général Lafayette. J'ai entrevu de loin une jeune femme de la tournure la plus noble, dans un charmant jardin anglais qu'elle a créé. Mais je regrette les arbres séculaires qui, dit-on, ornaient ce lieu, il y a trente ans. A Vizille, comme partout, l'industrie a succédé à la féodalité. La fabrique de Vizille a occupé jusqu'à douze cents ouvriers; autrefois on y imprimait des toiles de coton; on y imprime maintenant des tissus de soie pour foulards.

J'ai vu dans le château une chambre dorée, habitée jadis par Lesdiguières; l'incendie de 1826 a épargné la demeure de ce grand homme.

La mine d'argent que j'allais chercher à Allemont, se trouve à une lieue et demie sur la gauche, avant d'arriver au bourg d'Oysans ; il y a là une fort jolie maison bâtie aux frais du comte de Provence. Les montagnes de ce pays sont imposantes, et il y a des détails charmans. (N'est-ce pas là précisément ce que l'analyse fait découvrir dans cette fameuse beauté italienne dont on parle tant?) Nous sommes au milieu des plus grandes Alpes, mais je suis trop fatigué pour décrire avec quelque justesse ; je tomberais dans les superlatifs.

En revenant du bourg d'Oysans, j'ai visité le haut fourneau de Riou-Pérou.

— Vizille, le 22 août.

Je me suis établi dans le parc, à l'ombre d'un grand sycomore ; je mets à l'encre toutes les pages précédentes de ce journal. Tous ces pays doivent être horriblement froids pendant six mois de l'année ; mais au mois d'août on entrevoit des sites délicieux, et qui donnent l'idée de s'y arrêter deux ou trois jours. J'ai à me louer infiniment de l'obligeance de M. B., de Vizille, qui a bien voulu répondre à toutes mes questions.

— Si après le bourg d'Oysans, lui disais-je, on allait toujours devant soi, où arriverait-on ?

— A Briançon ; il y a vingt-trois lieues par la route du Lotaret, que Napoléon avait fait commencer. Vous trouveriez de longues galeries creusées dans des rochers de granit fort durs. Un mètre cube de rocher, transporté hors de la galerie, coûte, en 1837, treize francs, et sous Napoléon en coûtait dix-huit.

— Briançon, le   août

Forteresse singulière, garnison où l'on s'ennuie. On ne peut être assiégé que pendant les quatre mois d'été.

Une chose rend le caractère dauphinois bien plaisant au XIXe siècle, c'est son inaptitude complète à l'hypocrisie, j'entends l'hypocrisie *passive*; car pour la partie active de ce grand savoir-vivre à la mode, il s'en tire aussi bien et mieux que qui que ce soit, le Parisien toujours excepté. Mais enfin il est absolument contre la nature du Dauphinois d'être *dupe*. De sorte que, même en fléchissant le genou devant la plus triomphante des hypocrisies, il ne peut s'empêcher d'encourir sa haine en montrant, par quelque détail imprudent, qu'il n'est pas sa dupe.

Dans la plupart des villes, le parti républicain fait des niches au juste milieu; mais, comme celui-ci est le plus riche, il s'empare par l'éducation des enfans des républicains. Il y a des institutions de toutes les formes et sous tous les noms : les Ignorantins, les Filles de la providence, l'institution de St. Joseph, celle de St. Philippe, les Filles repenties, les Jeunes ouvrières, la Société des peigneurs de chanvre, etc. Tout cela est mené avec le zèle du prosélytisme, on étouffe l'enseignement mutuel. Les classes élevées croient être bien fines et consacrent une partie de leur revenu à donner de l'éducation aux enfans des classes pauvres, dans l'espérance qu'arrivés à l'âge de raison ils n'aimeront pas la liberté. Les pauvres plaisantent de cette finesse avec leurs enfans.

Je me suis promené ce matin avec un beau jeune homme fort instruit et parfaitement aimable. Il écrivait ses confessions, et avec tant de grace que son confesseur le lui a défendu.

— Vous jouissez une seconde fois de vos péchés en les écrivant ainsi, dites-les-moi de vive voix.

Dès que l'on trouve un pont hardi au milieu des précipices de ces hautes montagnes, on est sûr que le guide va répondre qu'il fut fait par Lesdiguières ; s'il y a une rue bien tracée à Grenoble, elle fut bâtie par Lesdiguières, et il fit la guerre toute sa vie.

— Grenoble le 23 août.

Je me suis mis dans la tête de connaître non le prix marchand, mais le prix de revient de tous les fers de France. En payant comptant en or et sur place on peut obtenir des rabais.

Après une journée consacrée tout entière au travail et à discuter des marchés, ce qui n'est pas une petite affaire en ce pays, et demande une patience et une prudence au dessus de tout éloge, je vais le soir à Sassenage ; c'est une course d'une heure et demie. On me loue cinq francs une calèche à un cheval. Je vois 1° les cascades de Furon, torrent qui est superbe en ce moment ; 2° les cuves qui passaient pour une merveille du temps du vieux Chorier ; il est fort difficile d'y monter, et encore plus d'en descendre : la princesse Christine reine d'Espagne tomba en en descendant ; 3° le château de M. de Bérenger ; 4° le tombeau de Lesdiguières. Furon et les cuves mériteraient dix pages. Mais si l'on cédait à la tentation de parler du *beau* en ce pays, on ferait des volumes.

J'ai admiré en passant, à l'aller et au retour, le fameux pont du Drac, chef-d'œuvre de M. Crozet, ingénieur en chef de l'Isère, construit bien avant les ponts suspendus de Paris qui auraient bien dû le copier; il a 135 mètres d'ouverture entre les deux points de suspension, le tablier a 130 mètres; il a fallu 115 mille kilogrammes de fer qui, rendus à pied d'œuvre, ont coûté 75 mille francs, à 65 francs le quintal métrique. Ce fer fut fourni par MM. Michel de la Roche (Haute-Marne). Les barres, de 5 mètres avec masses de trois à quatre livres à chaque bout, devaient subir de fortes épreuves, et l'on ne recevait pas les barres qui se cassaient.

J'ai été attrapé, il y a huit jours, quand on m'a mené à Vizille par la route du pont de Claix, la plus impatientante du monde. C'est une double allée d'arbres de 8,200 mètres de long qui s'étend en ligne droite de la porte de la Graille (ou de la Pie) au pont de Claix. Les arbres, surtout vers le pont, sont chétifs; on a mal choisi les espèces; il fallait des blancs de Hollande, des peupliers, de ces arbres qui croissent dans le sable. Jadis, vers 1770, il y avait des peupliers de soixante pieds de haut, mais la mode vint à abandonner ces grands arbres, on les coupa. (Abattre un grand arbre! quand ce crime sera-t-il puni par le Code?) La mode ordonna de planter des tilleuls et des ormeaux qui, après soixante ans, ont l'aspect de la misère et à peine trente pieds de haut.

Du pont de Claix à Vizille, on suit les digues

du Drac et de la Romanche, sortes de rivières mugissantes, rapides, aux trois quarts torrens. Cette route toute neuve est raisonnable ; mais dans un si beau pays elle passe pour laide.

J'en excepte la gorge de l'*Etroit,* fort digne de son nom et patrie du vent. On trouve là des aspects sauvages, c'est un lieu effrayant ; et s'il y avait des voleurs dans le pays, ils y feraient merveille. Après avoir volé les voyageurs à leur aise, rien au monde ne pourrait les empêcher de les jeter dans la Romanche.

Pour trouver des sites charmans, délicieux et dignes des plus beaux paysages de la Lombardie, il fallait suivre la route au-dessus du vallon de Vaunavey et passer par Brié. C'est ce que j'ai fait aujourd'hui pour revenir à Grenoble. Cette route plaquée contre la base du grand pic de Taillefer, et qui suit les gorges formées par les montagnes qui lui servent de contreforts, est une des plus agréables que j'aie vues en ma vie. Dans le moyen-âge, la Romanche passait par les bas fonds de Vaunavey où elle formait un lac, et allait se jeter dans l'Isère près de Gières.

Quoi de plus joli que la gorge de Sonnant? Mais précisément parce que j'ai beaucoup admiré, mes yeux et mon ame sont rendus de fatigue, et je n'ai plus la force d'écrire et de penser. Il ne me vient que des superlatifs sans grace qui ne peignent rien à qui n'a pas vu, et qui révoltent le lecteur homme de goût. J'ai remarqué les bains d'Uriage, qui font des miracles, dit-on.

On m'avait prêté le recueil du *journal du Dauphiné* contemporain des assemblées de Vizille, et qui m'a fort amusé pendant la route. Quelles drôles de gens que nos pères, comme ils voyaient tout en beau !

On m'a montré à Pinet d'Uriage un mur composé de blocs énormes comme ceux d'*Alba* (au nord de Rome) que l'on appelle cyclopéens. J'ai admiré le joli château d'Uriage et ses tours si sveltes à quatre étages. J'y ai vu l'arbre généalogique des dauphins qui régnèrent en ce pays de 889, dit-on, à 1349. Le dernier dauphin Humbert II, mort en 1355, était un imbécile au dessous de sa position, qui ne savait pas ce que tout le monde savait de son temps, faire la guerre. D'une fenêtre de son palais de Grenoble, il laissa tomber dans l'Isère son fils André ; il reconnut aussitôt la main de Dieu qui lui ordonnait d'abandonner le monde, et il céda ses états à Philippe-le-Bel (1349).

— Grenoble, le 24 août.

Ce que j'aime de Grenoble, c'est qu'elle a la physionomie d'une ville et non d'un grand village, comme Reims, Poitiers, Dijon, etc.; toutes les maisons y ont quatre ou cinq étages, quelquefois six. Cela est plus incommode et moins salubre, sans doute; mais la première condition de l'architecture, c'est de montrer de la puissance, et l'on ne peut voir que du *confortable vulgaire* dans les petites maisons à deux étages de Reims et de Dijon. On dirait que les façades de toutes les maisons de Grenoble ont été rebâties depuis vingt ans.

Avant la conquête par les Romains, quand Grenoble s'appelait *Cularo*, elle était adossée à la montagne de la Bastille, et couvrait cette étroite bande de terre occupée aujourd'hui par la rue St-Laurent et le quai La Perrière. Gratien la rebâtit et lui donna son nom, Gratianopolis, d'où l'on a fait Grenoble. Le roi Louis XVIII, piqué de l'échauffourée de 1816, ne manquait guère d'appeler cette ville *Grelibre*; il prétendait que, dans leur horreur pour le mot *noble*, les Dauphinois lui avaient imposé ce nom. (Anecdote contée au café de la place St-André.)

Un libéral instruit, cette classe abonde à Grenoble, m'a dit que la terreur n'avait fait que deux victimes en ce pays, deux prêtres réfractaires qui périrent sur la place Grenette, au même lieu où, quelques années auparavant, le parlement de

Dauphiné avait fait pendre deux ministres protestans [1]

Lorsque l'on est en guerre avec le Piémont autrefois l'allié de l'Angleterre, et qui le serait de la Prusse, il faut défendre la ligne des Alpes de l'embouchure du Var à Montméliant; le dépôt naturel des cartouches et des canons était alors à Grenoble.

Sous le ministére de M. Casimir Périer, né en cette ville, les propriétaires de maisons à Grenoble demandèrent que, puisqu'on fortifiait leur ville, on voulût bien en même temps l'agrandir. Ces messieurs se figuraient qu'ils verraient augmenter le prix des loyers avec le nombre des maisons. D'abord il ne fut question que de fortifier la montagne de la Bastille, aujourd'hui un bon mur placé au-delà des faubourgs Trèscloître et St-Joseph a réuni à la ville de vastes terrains et la prairie qui formait les glacis de la porte de Bonne.

Grenoble est dominée par le mont Rachet, sur le second mamelon duquel était bâtie une petite maison nommée la *Bastille*; on en a fait un fort respectable.

[1] Là, en 1816, furent exécutés de pauvres paysans coupables d'avoir apporté du lait à la ville, par exemple le fermier de M. P. A. On publiera l'histoire de cette année.

Une ville gagne-t-elle à devenir place forte ? A Grenoble, chaque habitant aisé a un domaine où il va passer un jour de la semaine, et les mois de septembre et d'octobre en entier. Ainsi les habitans de ce beau pays lui rendent justice.

Dans ces domaines on fait du vin ; quand Grenoble est occupée par une garnison nombreuse, on vend ce vin six sous le litre, et quatre sous quand il n'y a pas de garnison. Les propriétaires voient donc venir la forteresse avec plaisir. C'est Grenoble qui approvisionne de sucre, de café, de savon, de draps, de toile, de blé même, toutes les montagnes qui l'entourent depuis la grande Chartreuse jusqu'à Allevard et au bourg d'Oysans; elle a un commerce sûr, elle peut donc se passer de garnison.

Cette ville, je parle de la nouvelle, sur la rive gauche de l'Isère, dont tous les beaux quartiers sont dus à Lesdiguières, est située dans une petite plaine formée par le Drac. Sur quoi il y a trois choses à observer : 1° Autrefois, peu avant Lesdiguières, le Drac se jetait dans l'Isère dans le lieu occupé aujourd'hui par l'allée de beaux marroniers; 2° on ne voyait sur la rive gauche, avant Lesdiguières, que la cathédrale, le palais du dauphin et l'église de Saint-André, chapelle de ce palais; 3° on entrait dans la ville par la tour de Rabot, par conséquent tous les transports se faisaient à dos de mulets.

Il n'y a pas trente ans que les Grenoblois ont eu l'idée d'embellir leur ville. Ils ont acheté une belle source, et au moyen de tuyaux de fer l'ont amenée sur la place Grenette et ailleurs; mais depuis les fontaines, ils disent qu'ils ont des rhumatismes.

J'ai été sur le point d'en prendre un hier soir en me promenant, de neuf à dix heures du soir, après une journée excessivement chaude, sous la magnifique allée de marroniers. Il y régnait une fraîcheur fort agréable, mais perfide. Rien de plus singulier et de plus enchanteur que ces arbres admirables éclairés par la lune; ils ont 80 pieds de haut et 6 pieds de coupe. Ce jardin se trouve précisément au centre de la ville, avantage unique; mais il est encore bizarrement découpé par une grille de fer. Il faudrait changer tout cela et cacher les maisons par des arbres. Le maire de Grenoble est homme d'esprit, je voudrais qu'il allât voir Leipzig ou Nuremberg. Croirait-on qu'il y a des gens assez fous pour proposer sérieusement de supprimer cet admirable jardin, et de bâtir au beau milieu une salle de spectacle?

Ce soir, au retour de la promenade, nous

avons trouvé de la *clairette* de Die, on a soupé avec une *pogne* d'herbe de Sassenage. Dans ces circonstances, la prudence dauphinoise s'est un peu oubliée, et l'on m'a confié pour quelques heures 1° une relation de la journée du 6 juillet 1815 : Grenoble devrait la mettre dans ses armoiries; 2° l'historique exact des persécutions gauches dirigées par la restauration contre les anniversaires de cette grande journée. Dîners à Fontaine, au Rondeau, etc.; rage du général commandant, etc. Ces choses semblent incroyables de maladresse, et si je les contais, mon récit semblerait un libelle. Aussi ont-elles tué l'enthousiasme pour le pouvoir.

Grenoble possède un musée, riche de beaux tableaux italiens, dont je supprime ici la description. On les a placés dans la partie supérieure de l'église des Jésuites. Ce musée fut fondé, vers la fin du siècle dernier, par M. Louis-Joseph Jay.

Les tableaux examinés, et comme je me promenais à l'extrémité méridionale de la salle, le gardien m'a ouvert une fenêtre; étonné, saisi par une vue délicieuse, j'ai prié cet homme de me *laisser tranquille* à cette fenêtre et d'aller à cent pas de là s'asseoir dans son fauteuil. J'ai eu beaucoup de peine à obtenir ce sacrifice; le

Dauphinois, ne me comprenant pas, craignait quelque finesse de ma part; enfin j'ai pu jouir un instant d'une des plus aimables vues que j'aie rencontrées en ma vie.

Midi sonnait, le soleil était dans toute son ardeur, le silence universel n'était troublé que par le cri de quelques cigales; c'était le vers de Virgile dans toute sa vérité :

Sole sub ardenti resonant arbusta cicadis.

Une brise légère agitait l'herbe assez longue du glacis qui faisait le premier plan. Au delà, les délicieux coteaux d'Echiroles, d'Eybens, de Saint-Martin-de-Gières, couverts par leurs châtaigniers si frais, déployaient leurs ombres paisibles. Au dessus, à une hauteur étonnante, le mont Taillefer faisait contraste à la chaleur ardente par sa neige éternelle, et donnait de la profondeur à la sensation.

Vis-à-vis, à droite, la montagne du Villars-de-Lans. (Peut-être que je brouille un peu tous ces noms, mais peu importe, ceci n'est pas un livre d'exactitude, la chose que je conseille de voir existe.) Un tel moment mérite seul un long voyage. J'eusse donné bien cher pour que le gardien du musée eût à en faire les honneurs à quelque autre étranger, mais la finesse de ce cruel homme avait pris ombrage de mon air simple. C'est dans ces instans célestes que la vue ou le souvenir d'un homme qui peut vous parler fait mal à l'ame.

Au dessous des coteaux d'Echiroles, et un peu à droite, on voit la plaine du pont de Claix ; tout à fait à droite, tout près du sol, le rocher et les précipices de Comboire.

Cet ensemble est bien voisin de la perfection, j'étais ravi au point de me demander comme à Naples : que pourrais-je ajouter à ceci, si j'étais le Père éternel ? J'en étais là de mes raisonnemens fous, quand le maudit gardien est venu m'adresser la parole. J'ai donné son étrenne à ce cruel homme, et je cours encore.

Dans ces momens de générosité et de supériorité que fait rencontrer quelquefois la vue imprévue d'une très-belle chose, il faut se jurer à soi-même de ne prendre d'humeur pour rien.

Tristement ramené sur la terre par le gardien du musée, je suis allé visiter la bibliothèque fondée en 1773 par un homme d'un esprit supérieur, dont on m'a plusieurs fois répété le nom à Grenoble, M. Gagnon. Il persuada à ses concitoyens de faire une souscription, il donna lui-même assez d'argent, et l'on acheta la nombreuse bibliothèque d'un évêque qui venait de mourir.

Dans une pièce attenant à la magnifique salle des livres, j'ai trouvé les portraits des Dauphinois célèbres. Barnave n'y est point encore. La médiocrité se venge des grands hommes après leur mort. Barnave périt à trente-deux ans, après avoir été quinze mois détenu au fort Barreaux. On l'engagea vingt fois à se sauver, rien n'était plus facile ; mais comme Danton, cette grande ame éprouvait une répugnance infinie à se méfier de cette liberté qu'il avait tant contribué à appeler en France. Si j'avais de l'espace, je citerais de lui un curieux manuscrit.

— Le Pont de Claix, le 25 août.

Hier soir, fort tard, j'ai reçu une lettre de M. C., qui m'annonce qu'il a fait ma commission, et qu'aujourd'hui dimanche, sur les dix heures du matin, je trouverai à Lafrey quatre paysans réunis par ses soins : ces paysans furent témoins, il y a vingt-deux ans, de l'entrevue de Napoléon revenant de l'île d'Elbe avec le bataillon de la garnison de Grenoble. Là se décida le sort de l'entreprise la plus romanesque et la plus belle des temps modernes. Ce bataillon, envoyé par le général Marchand, commandant à Grenoble pour Louis XVIII, devait barrer la route à Napoléon, au point où elle est resserrée entre le grand lac de Lafrey et la montagne.

— Grenoble, le 27 août.

Parti de Grenoble à cinq heures du matin par un temps délicieux, à neuf et demie je me suis trouvé dans le fameux pré parsemé de rochers qui s'étend entre le grand lac de Lafrey, le ruisseau qui sort du lac, et la montagne qui est à droite de la route qui conduit à La Mure. J'avouerai mon enfantillage, mon cœur battait avec violence, j'étais fort ému ; mais les trois paysans n'ont pu deviner mon émotion (le quatrième n'avait pu venir). Ceux qui étaient avec moi m'ont même regardé de travers une fois, comme n'ayant pas assez d'enthousiasme pour Napoléon. Les paysans m'attendaient chez M. Belon, aubergiste à Lafrey. Je suis venu à Vizille par l'ancienne route de Jarrye, la seule qui existât en 1815. Elle présente, au moment d'entrer à Vizille, une descente fort rapide : j'ai passé la Romanche sur le grand pont. Puis il a fallu grimper la terrible rampe de Lafrey, qui a huit mille mètres de longueur et huit à treize centimètres de pente par mètre.

Après avoir déjeuné rapidement à Lafrey, nous nous sommes portés à quelques centaines de pas sur la route de La Mure. Là, auprès d'une petite croix en bois, nous avons marqué par quelques rameaux de saules fichés en terre la position du bataillon de la garnison de Grenoble, que le général Marchand avait chargée d'intercepter la route. Par sa droite ce bataillon touchait la montagne; son centre était sur la route, et l'extrémité de la gauche entrait un peu dans le petit pré semé de gros rochers. Ce pré n'a que deux ou trois arpens. A quelque distance de la gauche du bataillon coulait le ruisseau qui sort du grand lac. Ce bataillon avait devant lui le lac et la montagne, qui le serre de telle sorte à droite, qu'il n'y a que tout juste la place de la route.

Je parlais très peu; mes paysans discutaient entre eux, et heureusement n'étaient pas toujours d'accord. J'avais fait apporter trois ou quatre bouteilles de vin, et nous nous sommes assis plusieurs fois; j'avais soin d'être altéré quand je voyais quelque point douteux.

Comme je marquais par un petit rameau de saule la place à laquelle Napoléon s'est arrêté dans le pré, à une petite portée de fusil du bataillon, et vis à vis sa gauche :

— Ce n'est pas un petit rameau qu'il faut ici, s'est écrié un des paysans. Ses yeux brillaient; et il est allé couper sur un vieux saule une grande branche de plus de douze pieds de hauteur qu'il a plantée au lieu précis où Napoléon s'arrêta. Un jour, il y aura dans cet endroit une statue pédestre de quinze ou vingt pieds de proportion, précisément avec l'habillement que Napoléon portait ce jour-là.

Voici ce qu'il avait fait avant d'arriver en ce lieu. La veille, il avait bivouaqué avec sa petite troupe sur une colline dans les environs de La Mure. Le véritable point de défense contre lui était le pont de Ponthaut, à une lieue au midi de La Mure. Ce pont ne fut pas occupé. Napoléon partit sur les dix heures du matin : il vint au village de Pierre-Chatel, ensuite au village de Petit-Chat; il suivit la montée du chemin qui conduit à Lafrey, et enfin arriva au point culminant. Là il n'y a de place que pour la route entre la montagne et le grand lac de Lafrey.

Arrivé à ce point culminant, il aperçut le bataillon des troupes royales qui barrait la route ; le sort de la France et le sien allaient se décider. Il suivit encore pendant quelque temps la route qui descend vers Lafrey. Puis, avec sa petite troupe, il fit un *à droite*, entra dans le pré, et vint occuper la position qui sera un jour marquée par une statue. Le nombre de ses soldats ne s'élevait guère qu'à deux cents ; beaucoup étaient restés en arrière : mais cette petite troupe marchait environnée de paysans remplis d'enthousiasme.

Un quart d'heure après qu'il fut arrivé au point que nous avons marqué par une grande branche de saule, Napoléon envoya le général Bertrand au bataillon des troupes royales. Le général Bertrand trouva que le chef de bataillon qui commandait avait été en Egypte, et même avait été décoré par Napoléon ; mais ce brave homme lui annonça que la France obéissant maintenant à un roi, il ferait feu sur les ennemis du roi qui s'avanceraient vers son bataillon.

— Mais, dit le général Bertrand, si l'empereur se présentait lui-même à vous, que feriez-vous ? Auriez-vous bien le courage de tirer sur lui ?

— Je ferais mon devoir, répondit le chef de bataillon.

Un des paysans que j'interroge se trouvait entre la position occupée par le bataillon et celle que l'empereur avait prise : il croit que le général Bertrand essaya de parler à quelques officiers, et même aux soldats ; ce qui eût autorisé le feu sur lui : mais le général ne réussit pas à produire un mouvement. Il retourna vers l'empereur. Les choses en restèrent là pendant une heure, suivant l'un de mes paysans, et pendant une demi-heure seulement, s'il faut en croire les deux autres.

Il est probable que le général Marchand avait composé ce bataillon de ce qu'il avait de plus vigoureux dans la garnison de Grenoble, et qu'il en avait donné le commandement à l'officier le plus ferme et le plus inaccessible à l'enthousiasme pour l'empereur.

Mais les soldats voyaient leur empereur depuis une heure, il était à une petite portée de fusil. Si tout le bataillon fait feu sur lui en même temps, il tombe, il n'y a pas de doute, se disaient les soldats; et voyez comme il est tranquille : il sait bien que nous ne le tuerons pas.

La probabilité de faire feu sur l'empereur était tellement loin de toutes les imaginations, que l'espace qui s'étendait entre l'empereur et le bataillon se remplit rapidement d'une foule de paysans. Ils ne cachaient point leur enthousiasme et distribuaient aux soldats du bataillon les proclamations de l'empereur.

A ce moment on vit un jeune officier arriver au galop de Lafrey. Mes paysans ne savent pas son nom, mais on peut supposer que c'était M. Randon, aide-de-camp du général Marchand.

Peu après Napoléon s'avança vers le bataillon et prononça les phrases que l'on trouve au bulletin. Il ouvrit sa redingote, disent les paysans, et eut bien le courage de dire en découvrant sa poitrine : — Si quelqu'un de vous veut tuer son empereur, qu'il tire.

Il y avait une petite avant-garde composée de quelques hommes placés en avant du bataillon; l'aide-de-camp fit le commandement de *en joue* et *feu*. Un des soldats se trouvait à demi-portée de Napoléon et l'avait mis en joue. En entendant le commandement de feu il retourna la tête et dit : Est-ce mon chef de bataillon qui me commande de faire feu ?

— *Feu*, répéta l'aide-de-camp.

Le soldat répliqua : Je tirerai si mon chef de bataillon me dit de faire feu.

Le chef de bataillon ne répéta pas le commandement de feu; le soldat releva son fusil.

Voici, ce me semble, le moment décisif :

Le chef de bataillon, ému par les paroles de l'empereur qui avait continué à parler et lui rappelait les batailles d'Egypte, ne s'opposa plus à ce qu'il s'approchât, et l'empereur, lui rappelant des circonstances personnelles à lui, chef de bataillon, l'embrassa. A ce moment, les soldats du bataillon de Grenoble, qui suivaient d'un œil avide tous les mouvemens de l'empereur, enchantés d'être délivrés de la discipline, se mirent à crier : Vive l'empereur! Les paysans répétèrent ce cri, et tout fut fini. Les larmes étaient dans tous les yeux. En un instant l'enthousiasme n'eut plus de bornes. Les soldats embrassaient les paysans et s'embrassaient entre eux.

Voyant la tournure que prenaient les choses, M. R..., aide-de-camp du général Marchand, voulut sans doute aller prévenir son général, et se mit à galoper vers Lafrey. Quatre grenadiers à cheval de la garde impériale galopèrent après lui, et l'aide-de-camp lança son cheval ventre à terre. C'est ainsi qu'il parcourut cette terrible descente de Lafrey; il traversa Vizille au galop, toujours suivi de près par les quatre hommes de la garde impériale portant la cocarde tricolore. Toute la population de Vizille était aux fenêtres et ne comprenait rien à ce spectacle. L'aide-de-camp remonta au galop la rampe vers Jarrye; il allait être atteint, lorsqu'il eut l'idée de prendre un petit *raccourci* (sentier qui abrége et qui n'a pas plus de deux pieds de large); les chevaux fatigués des grenadiers de la garde refusèrent de galoper dans cet étroit sentier, et l'aide-de-camp fut sauvé.

Tout le monde sait le reste; l'empereur, marchant vers Grenoble, rencontra M. de Labédoyère avec son régiment dans la plaine d'Eybens. M. de Labédoyère, arrivé depuis deux jours de Chambéry avec son régiment, avait obtenu du général Marchand l'ordre d'aller renforcer le bataillon de Lafrey.

Le même soir, vers les neuf heures, l'empereur arriva devant la porte de Bonne; ses soldats firent ce jour-là treize lieues de poste. Il faisait grand froid et beaucoup de vent.

Par une circonstance particulière au caractère dauphinois, les gens de ce pays n'ont l'air qu'attentifs et pensifs lorsqu'ils sont fort émus. Ainsi un observateur manquant d'expérience n'eût rien remarqué d'extraordinaire à Grenoble pendant toute cette journée. Les soldats exécutaient en souriant les ordres qu'on leur donnait. En mettant leurs pièces en batterie sur le rempart, à gauche de la porte de Bonne, les canonniers disaient : Ces canons-là ne feront de mal à personne.

— C'est tout simple, la poudre est mouillée, répondaient les habitans qui les entouraient. On ne disait mot par prudence, mais les regards étaient d'accord.

Vers les neuf heures l'empereur était assis près de la porte de Bonne, à portée de pistolet du rempart. On était en guerre, et personne n'eut l'idée de lui tirer un coup de fusil qui eût sauvé les Bourbons.

L'empereur venait de courir ce jour-là un péril qu'on a toujours ignoré; et comme il y a de l'énergie dans cette action, elle a pour auteur un homme du peuple.

Comme Napoléon s'arrêtait devant une maison située sur le chemin près de La Mure, le propriétaire, ancien soldat, mais qui avait épousé une femme d'une famille distinguée, pensa que sa fortune serait faite s'il tuait cet ennemi public qui venait détrôner le roi. Il prit son fusil, monta dans son grenier; mais là, au moment où il couchait en joue l'empereur, il lui vint à l'idée que sa femme et ses enfans qu'il avait laissés au rez-de-chaussée seraient égorgés par les soldats de l'empereur au moment où ils le verraient tomber, et il s'abstint.

La porte de Bonne était fermée; on donna à cette porte des coups de hache par dehors, et aussi par dedans. Enfin elle s'ouvrit. Napoléon entra dans la ville accablé de fatigue, et vint coucher dans la chambre où j'écris ceci. Cette auberge était alors tenue par La Barre, brave soldat de l'armée d'Egypte; il a été ruiné pour avoir reçu l'empereur avec enthousiasme. Je remarque que je n'ai jamais vu de soldat de l'armée d'Egypte parler de Napoléon sans pleurer.

Quoi qu'en puissent dire les gens qui écrivent l'histoire avec des phrases plus ou moins sonores et sans sortir de Paris, il n'y eut point à Grenoble, ce jour-là, de signe extérieur d'enthousiasme; tandis qu'un enthousiasme allant jusqu'au délire et à l'attendrissement s'était emparé des habitans de La Mure, de Mens, de Vizille et des autres lieux placés sur la route, ou seulement à portée de la route parcourue par l'empereur. Des paysans de ces villages le suivirent jusque sous les murs de Grenoble, pensant qu'il faudrait s'y battre; ils craignaient pour l'empereur, autour duquel ils ne voyaient pas trois cents hommes.

A Grenoble, il n'y eut en apparence que de la curiosité : ce fut à peu près comme dans les journées de juillet à Paris, la dernière classe seule écouta son cœur, sans songer à la prudence. Beaucoup de Grenoblois se disaient : L'empereur peut être arrêté à Lyon par l'armée qui s'y rassemble, ou tué d'un coup de fusil par quelque soldat royaliste, et en ce cas-là nous aurons ici des commissions militaires avant quinze jours. Il y eut peu de cris de *vive l'empereur!* sous les fenêtres de La Barre, et ils partaient des gens de la dernière classe. Le lendemain vers midi, l'empereur passa la revue des troupes sur la place Grenette, l'enthousiasme des soldats contrastait encore vivement avec la froideur des habitans; toutefois plusieurs de ceux-ci avaient oublié toute prudence, et n'écoutaient que leur cœur. Ils étaient excités par le brave Apollinaire Eimery, médecin de l'empereur, né à Grenoble, et qui arrivait avec lui de l'île d'Elbe.

M. de La Grée était un bon prêtre, excessivement naïf, curé de Notre-Dame, où il faisait souvent des sermons excessivement longs, et dans lesquels il répétait à satiété les figures de rhétorique les plus énergiques. On riait beaucoup à ses sermons; mais, comme le curé était fort bon homme au fond, et quelquefois s'arrêtait dans la rue pour donner ses souliers à un pauvre, si celui-ci s'avisait de les lui demander, il était avec ses ouailles sur un ton de plaisanterie.

Huit jours avant l'arrivée de l'empereur, M. de La Grée avait prêché un sermon où il avait répété plus de vingt fois: Où est-il maintenant ce grand *capiténe*? Où est-il celui que vous appelez le grand *haume*?

Le soir de l'arrivée de l'empereur, quand les jeunes gens eurent long-temps crié vive l'empereur, ils eurent l'idée d'aller donner des nouvelles à l'abbé de La Grée; ils l'appelèrent, il ouvrit sa fenêtre.

— Qu'y a-t-il? que voulez-vous?

— Eh bien! M. de La Grée, vous demandiez l'autre jour dans votre sermon où était l'empereur; il est chez La Barre.

Quelques intérêts commençaient aussi à s'éveiller; l'esprit actif des Dauphinois spéculait sur la grandeur future de Napoléon ².

Le général Marchand et le préfet Fourrier avaient quitté la ville. L'empereur plaisanta sur l'absence de ce dernier, homme charmant, d'un esprit vraiment français, et qui avait fait avec lui la campagne d'Egypte.

— Il faut pourtant bien, dit l'empereur, que quelqu'un administre ce département. Un Grenoblois qui était près de lui nomma M. Savoye-Rollin, ancien préfet d'Anvers, qui habitait un village près de Grenoble; c'était aussi un homme d'infiniment d'esprit à la française, c'est à dire peu susceptible d'enthousiasme; il refusa. M. de Barral, premier président de la cour royale, fidèle au sentiment national, harangua l'empereur au nom de la cour royale. Quant à l'empereur, il ne gronda personne; il sembla avoir oublié pour le moment toute la partie sévère des devoirs d'un souverain. Il faisait accueil à tout le monde.

— Grenoble, le 28 août.

Je n'ai voulu lire le bulletin que Napoléon a donné de cette affaire qu'aujourd'hui après mon

---

[1] L'auteur de ce récit a fait une vie de Napoléon qui paraîtra en 1839.

retour à Grenoble, je l'ai trouvé parfaitement exact. Napoléon n'avait aucun intérêt à mentir; et d'ailleurs, comme l'action était noble et grande, peut-être n'eût-il pas voulu la salir par un mensonge, quand même son intérêt de despote le lui eût conseillé. Souvent, l'amour que ce grand cœur avait pour le *beau* l'emporta sur son intérêt comme roi. On vit bien cela après le 18 brumaire : souvent le mépris se peignait sur ces lèvres si fines, si bien dessinées, à l'aspect de ces sujets fidèles et obséquieux qui se pressaient au lever de St-Cloud. N'est-ce donc qu'à ce prix que je puis devenir empereur du monde, semblait-il se dire? Et il encourageait la platitude. Quand plus tard il punissait les généraux qui avaient de l'ame, Delmas, Lecourbe, etc., et les Jacobins, son sentiment était différent, il avait peur.

En interrogeant hier mes paysans, en conférant ce soir avec un bel esprit si net et si fin, et qui habite Grenoble depuis vingt ans, j'ai vu que le mouvement extraordinaire que l'empereur créa sur sa route en 1815 avait trois causes :

1° Ses belles actions militaires. Il y avait parmi les paysans beaucoup d'anciens soldats retirés.

2° L'*humiliation* de la première invasion, vivement sentie par tous les Français des basses classes, c'est à dire non gangrenés par l'habitude de chercher avant tout des jouissances de vanité.

3° *Les biens nationaux*. Ils furent toujours la véritable ancre qui assura l'existence du gouvernement de la révolution. C'est ce qu'avaient fort bien compris les journaux libéraux durant la première restauration. Ils répétaient sous toutes les formes que les Bourbons allaient rendre les biens nationaux aux émigrés qui les entouraient, et que la dîme serait établie. Plus tard ce fut cette crainte qui fut exploitée par M. Didier, cet homme singulier, lors de l'échauffourée de 1816.

Après l'enthousiasme de 1815, le peuple français se reposa quinze ans, et l'égoïsme le moins noble régna partout.

Voici un détail que l'on m'a conté à Vizille. Les préfets des Bourbons avaient choisi dans chaque canton un homme chargé par eux d'observer l'opinion, et cet homme était comblé ouvertement de toutes les faveurs que peut distribuer une préfecture. Lors du passage de l'empereur, le bourg de Mens accourut tout entier à La Mure. Depuis quelques mois un M. N. était venu s'établir à Mens, joli bourg dont la moitié des habitans sont protestans. Il s'était donné pour chasseur et bon vivant; bientôt il avait été lié avec l'aristocratie du bourg. Lorsqu'on lui annonça l'arrivée de l'empereur à La Mure, il partit en disant : *Je vais tuer ce coquin-là avec mon fusil à deux coups.* Mais il ne revint pas, et ne reparut dans le pays qu'après la bataille de Waterloo. De Paris, il écrivait à ses amis de Mens : *Faites-moi connaître les gens mal pensant, je les ferai fusiller.*

Quinze jours après l'arrivée de l'empereur à Grenoble, cent Grenoblois au moins étaient à Paris, sollicitant et répétant partout que c'étaient eux qui avaient mis l'empereur sur le trône.

— Grenoble, le 28 août 1837.

Au milieu de la place Saint-André, on voit la statue colossale en bronze d'une acteur de mélodrame qui baise une croix avec un emphase puérile. Qui pourrait deviner que cet être gourmé usurpe le nom révéré du plus naturel et du plus simple des hommes, de Bayard, qui jamais n'a commandé en chef, et dont le nom survit à celui de tous les généraux de son siècle? La restauration a un peu abusé de Henri IV et de Bayard.

Beaucoup des hommes qui ont marqué depuis vingt ans ont passé à Grenoble, et j'admire les excellentes biographies qu'en font les gens du pays. Là, pas une parole inutile, pas un trait caractéristique oublié. MM. Donadieu, d'Haussez, Guernon-Ranville, Chantelauze, Gasparin, Moyne, Ménard, procureur-général, ont tour à tour servi de point de mire à la finesse grenobloise.

Ce dernier a laissé dans le pays une réputation de haute éloquence, et, ce qu'il y a d'incroyable, c'est qu'on dit que cette éloquence était simple, naturelle, et n'avait d'autre affectation qu'un excessif néologisme.

Dans un procès célèbre, où une femme jeune, jolie et pieuse, demandait à être séparée de son mari, l'intérêt était si vif, que dès huit heures du matin les dames de Grenoble occupaient toutes les places de la vaste salle d'audience. M. Hennequin parla fort bien le premier jour; le second, M. Sauzet parla encore mieux. Tout le monde se disait : Ce pauvre M. Ménard, si simple, si modeste, va être écrasé. Il prit la parole et ne s'écarta presque pas du ton simple de la conversation. On ne respirait pas pour pouvoir l'écouter, me disait ce soir madame N. Il changea toutes les idées qu'on avait sur ce procès; et enfin, quand il eut fini, malgré le respect dû à la cour de justice, il fut applaudi avec enthousiasme. Pourquoi M. Ménard n'est-il pas à la chambre ?

— Fourvoirie, le 1er septembre 1837.

De Grenoble j'avais écrit à Saint-Laurent-du-Pont, de l'autre côté de la Grande-Chartreuse, d'où l'on m'a envoyé deux mulets au Sapey. Hier matin à quatre heures, à porte ouvrante, je suis parti de Grenoble avec deux chevaux, l'un pour moi, l'autre pour mon guide. Je n'avais nul besoin de guide, car il est impossible de s'égarer dans un chemin de montagne qui suit toujours le fond d'une vallée, ou grimpe en zig-zag le long d'une pente rapide. Mais j'aime de passion à faire jaser un guide; l'hypocrisie qui règne depuis vingt ans n'a pas encore pénétré dans ces basses classes. Tout en cheminant, je parle des sujets dont on s'entretient dans le pays, et j'obtiens ainsi sur toutes choses les jugemens du peuple. Ils m'étonnent quelquefois et m'intéressent toujours. Je rencontre presque à chaque phrase des traits d'ignorance risible; mais ces jugemens ne sont jamais influencés par des *motifs bas* : c'est le contraire des décisions que la mode dicte à la bonne compagnie.

Mon guide est patriote exalté, comme on l'est dans toute *la Vallée* (du Grésivaudan) : il me raconte à sa manière la défense de Grenoble le 6 juillet 1815. Dans quelques années, lorsque certains vieillards chagrins n'auront plus voix au chapitre, il y aura le 6 juillet une grande fête nationale à Grenoble et dans toute la vallée. On tirera cent coups de canon la veille, au coucher du soleil ; et le jour de la fête, de ce même rempart de Trescloître, où l'on voit encore des arbres coupés par le canon piémontais, on tirera un coup de canon tous les quarts d'heure. Le fort Barreaux répétera les salves, et prêtera deux pièces de quatre aux canonniers de la garde nationale de la vallée ; ces pièces seront mises en batterie au château Bayard et tireront de quart d'heure en quart d'heure. Le gouvernement donnera 5,000 fr. pour cette fête, 500 fr. à chaque village, et rendra par là sa place-forte de Grenoble imprenable. Mon guide était tout exalté par cette prédiction. Je suis sorti de cette belle vallée de l'Isère par le petit chemin de Corenc ; il s'élève au milieu des vignes, le long de la montagne qui domine la vallée du côté du nord. Je ne pouvais me détacher de ce beau pays que je voyais pour la dernière fois : souvent je me suis arrêté. Après que l'on a perdu de vue l'Isère et le fond de la vallée, on se trouve comme vis à vis du fameux Taillefer et de toute la haute chaîne des Alpes. On aperçoit une foule de nouveaux pics ; ils semblent croître à mesure que l'on s'élève.

Je distinguais parfaitement, avec ma petite

lorgnette d'opéra, les aiguilles de granit qui couronnent leurs sommets, et dont la pente est trop rapide pour que la neige puisse s'y arrêter; elle s'amoncelle à leur pied.

Après m'être arrêté long-temps, j'ai dit adieu à cette belle vallée de l'Isère.

Dans les pays de savante culture à moi connus, la Basse-Écosse, la Belgique, les riches façons données aux terres, les quarante charrues employées à la fois dans le même champ, suggèrent l'idée d'une grande et belle manufacture, mais pas du tout de la *solitude et du bonheur champêtre*. Ce n'est que par une grossière vanité que les agriculteurs appliquent à leur affaire actuelle ce que Virgile, Rousseau, etc., ont dit de la vie des champs et de sa simplicité. Rien n'est moins simple qu'une grande exploitation agricole; c'est une manufacture dont le capital, au lieu d'être en métiers par exemple, et en laines, comme à Elbeuf, est en prairies et en terres labourables. De plus, et c'est ce qui gâte tout, il faut sans cesse être en dispute avec des paysans avides, voleurs et pauvres.

La vallée de l'Isère, malgré une extrême fertilité, ne donne jamais l'idée d'une manufacture, mais bien à chaque instant celle du bonheur champêtre, au milieu d'un paysage de la plus sublime beauté.

Une seule vallée me rappellerait un peu celle-ci par sa beauté champêtre, par ses vignes sur les coteaux et ses jolis prés bien verts, c'est la vallée de Trèves (célébrée par Ausone au quatrième siècle).

Mon guide m'a montré en passant à Corenc une maison recrépie à neuf. — *En voilà encore un*, m'a-t-il dit avec humeur. Il s'agit d'un couvent. Les paysans du Dauphiné se figurent que les prêtres, religieuses, frères ignorantins, etc., cherchent à détruire cette révolution qui a *changé leurs haillons en bonnes vestes de ratine*. Quand ils aperçoivent de loin un frère ignorantin dans la campagne, et ne voyant point de gendarmes à portée, ils imitent le cri du corbeau. Ils se figurent, à tort sans doute, que ces messieurs empêchent les réjouissances en l'honneur du 6 juillet 1815.

Ce couvent de Corenc a une vingtaine de religieuses, les *Filles de la Providence*; ces dames forment des maîtresses qui vont établir des écoles dans les villes et villages, à l'instar des frères ignorantins. Un zèle sombre anime, dit-on, ces religieuses; et comme leur enseignement est vraiment fort bon, elles finiront peut-être par communiquer ce zèle à toutes les mères de famille de 1850. On m'assure que la charte, le gouvernement des deux chambres, et surtout les journaux, sont représentés aux enfans comme des œuvres du démon. Ces sœurs n'ont pas de rivales pour l'éducation des femmes, tandis que les ignorantins trouvent sur leur chemin les écoles d'enseignement mutuel, et beaucoup d'autres; mais à la vérité on s'arrange pour qu'ils coûtent toujours moins cher.

A mesure que l'on s'élève vers le Sapey, la végétation s'apauvrit, les arbres deviennent petits et rabougris. On rencontre des paysans qui crient à tue-tête et appellent leurs deux vaches par leurs noms, en les piquant avec de longs *aiguillons* de fer; ces pauvres bêtes maigres conduisent au marché de Grenoble des *trains de bois* : trente ou quarante petits troncs de fayards, percés vers la racine à coups de hache, sont liés ensemble par des *riortes* (liens d'osier). Ces troncs d'arbres, dont la tête est portée par deux roues, traînent sur les chemins et les abîment. Mais comment avoir le courage de prohiber cette industrie? C'est la seule ressource qu'aient ces montagnards pour avoir un peu d'argent et payer les impôts; ces impôts qui, à Paris, bâtissent des palais d'Orsay inutiles. J'ai des idées tristes. Réellement, nos nègres des colonies sont mille fois plus heureux qu'un grand quart des paysans de France.

Comme j'arrivais au Sapey, je me suis arrêté

dans le chemin, large de six pieds, pour laisser passer une nombreuse société de Grenoblois qui montaient à la Chartreuse. J'ai compté six dames toutes jeunes; il faut du courage à une femme pour entreprendre cette course. Par bonheur je m'étais trouvé à la *Vogue* de Mont-Fleury avec une de ces dames et son mari, et j'avais une lettre de recommandation non encore remise pour un autre de ces messieurs. L'espèce de désert triste que nous traversions, et qui commençait à faire impression sur l'imagination de ces jeunes femmes, m'a permis de faire valoir tous ces titres.

Nous n'avons trouvé de grands arbres qu'en approchant de la gorge élevée où est située la Grande-Chartreuse, et presque à l'instant la vue est devenue magnifique. Un homme d'esprit, mari d'une de ces dames, s'est écrié : Voilà le bouchon d'une de nos bouteilles de vin de Champagne qui fait entendre un petit sifflement, tout le vin va se répandre. J'ai prétendu que dans cet air vif l'on prendrait un mal de tête horrible si l'on ne mangeait pas un peu, et l'on attaqua un des pâtés froids. C'était un coup de partie : les nerfs agacés se sont remis. Nous avions fait halte sous un grand fayard (hêtre).

Le chemin étroit que nous suivions depuis le Sapey est rempli de pierres à moitié arrondies par le frottement. Ces pierres roulent sur le chemin qui sert de lit à un petit torrent, toutes les fois qu'il pleut; elles faisaient trébucher les petits chevaux de ces dames qui avaient peur, ne disaient mot depuis quelque temps, et n'étaient point du tout en état de goûter la sublimité du paysage. Notre petite halte leur a rendu toute la joie de la jeunesse.

On était fort gai en remontant à cheval, et nous parlions tous à la fois, lorsque nous avons aperçu la Chartreuse. C'est un bâtiment peu exhaussé, et qui se termine par un de ces toits en ardoises plus élevés à eux seuls que le bâtiment qu'ils couvrent. Un incendie ayant détruit la Chartreuse en 1676, tout ce que nous voyions ici est postérieur à cette année, et par conséquent fort médiocre en architecture. Ah! si l'abbaye de Saint-Ouen était en ce lieu, ou le monastère d'Assise!

M. N...., le mari de la plus jolie femme, est possesseur d'une barbe superbe et de quelque instruction dont il nous fait part un peu trop libéralement; son grand mérite est de défigurer les noms convenus des vieux personnages auxquels nous sommes accoutumés : il ne dit pas Clovis, mais Hlod-Wig; Mérovée, mais Mere-Wig, ce qui a l'avantage d'amener une dissertation à chaque nom. Je lui réponds en parlant de *Virgilious* et de *Késar*.

Ce fut en 1084, nous dit ce savant, que Bruno, né à Cologne d'une famille opulente, et docteur célèbre par son éloquence, se détermina avec plusieurs de ses amis à quitter le monde. Il avait alors 54 ans. Il se présenta à Hugues, évêque de Grenoble, qui avait été son disciple, et qui lui indiqua, à six lieues au nord de la ville, ce désert de la Chartreuse. Voici la description qu'en donne dom Pierre Dorlande, l'un des premiers historiens de l'ordre [1].

« Il se trouve en Dauphiné, au voisinage de
» Grenoble, un lieu affreux, froid, montagneux,
» couvert de neige, environné de précipices et
» de sapins, appelé par aucuns *Cartuse*, et par
» d'autres Grande-Chartreuse. C'est un ermi-
» tage fort ample et étendu, mais habité seule-
» ment par des bêtes, et inconnu des hommes
» pour l'âpreté de son accès. Il y a des rochers
» hauts et élevés, des arbres sylvestres et infruc-
» tueux ; et sa terre est si stérile et inféconde, que
» l'on n'y peut rien planter ou semer. En ce lieu,
» Bruno désigna sa demeure, et n'ayant là au-
» cune cellule, il demeurait dans les pertuis des
» rochers. »

[1] *Chronique de l'ordre des Chartreux.* Edit. de Tournay.

Bruno vécut en ces lieux sans écrire aucune règle : son exemple seul en servait. Quarante-quatre ans après lui, Guignes, un de ses successeurs, écrivit les statuts appelés *Coutumes de dom Guignes*.

Voici la traduction d'un article dont nous étions destinés à éprouver les sévères effets :

« Nous ne permettons jamais aux femmes
» d'entrer dans notre enceinte; car nous savons
» que ni le sage, ni le prophète, ni le juge, ni
» l'hôte de Dieu, ni ses enfans, ni même le pre-
» mier modèle sorti de ses mains, n'ont pu échap-
» per aux caresses ou aux tromperies des fem-
» mes. Qu'on se rappelle Salomon, David,
» Samson, Loth, et ceux qui avaient pris des
» femmes qu'ils avaient choisies, et Adam lui-
» même; et qu'on sache bien que l'homme ne
» peut cacher du feu dans son sein sans que les
» vêtemens soient embrasés, ni marcher sur des
» charbons ardens sans se brûler la plante des
» pieds. »

La dernière constitution des Chartreux a été confirmée par le pape Alexandre IV.

La copie de l'acte de donation des bois et terres de la Grande-Chartreuse, datée de 1084, se trouve dans un manuscrit déposé à la bibliothèque de Grenoble, et fort bien lu par M. Félix Crozet.

D. Jancelin, général des chartreux, obligea, par le lien de l'obéissance monastique, un moine de la Chartreuse défunt, à s'abstenir de faire des miracles.

Je supprime beaucoup d'autres prodiges. La Chartreuse est située près du Guyer, dans une vallée fort élevée, au pied d'une montagne bien plus haute encore, qu'on appelle le Grand-Som (Grand Sommet). Quel dommage de ne pas rencontrer dans cette position solitaire et vraiment sublime quelque beau bâtiment gothique! Mais ici l'ame n'a pour être émue qu'elle-même, si elle est d'une nature élevée. Que peut éprouver ici l'ame d'un procureur? Les ames communes ont la beauté des arbres, l'aspect terrible et sombre de ces rochers, et par momens le souvenir des tableaux de Lesueur et de la piété sincère de saint Bruno.

Saint Bruno arrivant dans ces montagnes en 1084 fut reçu dans le village de Saint-Pierre, voisin de la Chartreuse, par la famille Bigillion qui existe encore à Grenoble.

Tels étaient à peu près les discours que tenait notre petite troupe en avançant au petit pas, et nous venions seulement d'apercevoir la Chartreuse encore à plusieurs centaines de pas, lorsque le frère servant *Jean-Marie* est accouru tout effrayé ; il a prié ces dames de ne pas avancer davantage. Leurs paroles joyeuses et leurs rires avaient sans doute frappé son oreille depuis longtemps. Nous nous sommes arrêtés; un paysan est survenu, il a conté à ces dames des histoires plaisantes sur l'horreur que les femmes inspirent aux Chartreux. Il paraît que ces histoires ne sont pas exagérées, car le père-procureur, qui bientôt est arrivé vers nous, a eu l'air tout stupéfait quand il a vu six femmes, et, qui pis est, toutes jeunes et jolies; il leur a déclaré qu'elles seraient logées à l'*infirmerie*, à deux cents pas du couvent, et qu'il ne fallait pas songer à approcher même de la porte. Anciennement, a-t-il ajouté d'un air significatif, les femmes ne pouvaient pas franchir nos limites qui étaient à deux lieues d'ici dans tous les sens. Mais la révolution nous a pris nos biens, et de plus elle s'oppose encore à la sanctification de nos ames.

Le chartreux qui nous parlait ainsi est un fort bel homme de quarante-cinq à cinquante ans; il porte, comme les autres, une robe de laine blanche; et comme il faisait un petit vent assez froid, il ramenait à tout moment le capuchon de sa robe sur sa tête rasée.

Oserai-je l'avouer? à ce moment j'ai commencé à trouver notre visite assez ridicule. Comment donc! même abstraction faite de la religion, me disais-je, il ne sera pas permis à de pauvres gens ennuyés du monde et des hommes de fuir leur approche? Ils cherchent un refuge dans une solitude, à une élévation étonnante, et parmi des rochers affreux; tout cela ne suffira pas pour arrêter une curiosité indiscrète et cruelle : on viendra voir la mine qu'ils font, on viendra les faire songer aux ridicules qu'ils peuvent se donner, peut-être aux peines cruelles qu'ils cherchent à oublier!

— Mesdames, me suis-je écrié après le départ du père-procureur, si vous vouliez m'en croire, vous repartiriez sur le champ, vous iriez coucher à Saint-Laurent-du-Pont. Plus vous êtes jeunes et jolies, plus votre présence ici est un manque de délicatesse.

— Hélas! mon cher monsieur, m'a répondu le mari barbu et savant, je vois en vous la noble délicatesse et la grandeur d'ame de l'admirable Don Quichotte, mais en même temps son ignorance complète des choses d'ici-bas. Votre grande ame est un peu trop dans les nues; vous oubliez le grand mot de notre siècle, l'*argent.* Les B**** se sont conduits ici comme partout; les pauvres chartreux ne pouvaient pas aller les importuner à St-Cloud, et ils n'ont rien fait de solide pour eux. Ces pauvres religieux vivent en grande partie de leur métier d'aubergiste et du bénéfice qu'ils font sur les voyageurs; chacun de nous paiera cinq francs par jour. Tout ce que les B**** ont fait pour les chartreux a été de leur louer, à bas prix, la maison, les prairies qui l'entourent, et la faculté de couper les arbres nécessaires pour alimenter trois scieries. Ils peuvent aussi couper tout le bois nécessaire pour leur chauffage. Dans cette position misérable, ils ont des vaches et des poules, et vendent du lait et des œufs, quatre mois de l'année, aux gens courageux qui grimpent jusqu'ici.

J'avouerai que cette réponse m'a vivement contrarié. Comment M. Lainez, M. de Martignac, M. Rubichon, ou quelque autre homme de sens et ami des B****, ne leur a-t-il pas conseillé de présenter à la chambre des députés une loi qui aurait accordé aux chartreux, tant qu'ils ne travailleraient pas l'ordre public, la jouissance de leur maison et de quatre mille arpens de bois ?

Jean-Marie nous a conduits à l'infirmerie : ce sont trois grandes pièces nues, que nous avons bien vite quittées pour aller jouir de l'aspect de ces roches singulières, sous une grande allée d'arbres à deux cents pas de là. Nous mourions de faim ; on est venu nous avertir que le dîner était prêt : il avait le premier des mérites, il était abondant : c'étaient des carpes frites, des pommes de terre, des œufs et autres choses simples. Notre table à manger en sapin, longue et étroite, était dressée dans une des chambres de l'infirmerie. Autrefois, nous a dit Jean-Marie, nous avions quatre-vingt-douze étangs grands ou petits.

Ce bon frère, qui nous sert à dîner, me fait des politesses singulières que ces dames me font remarquer. Je lui adresse quelques questions; et enfin, après bien des sourires timides, il me dit à voix basse qu'il m'a vu bien des fois à la Chartreuse. A quoi je réponds que je n'y suis jamais venu. Cet homme tombe alors dans un étonnement profond; il pense, je crois, que j'ai honte de lui, et enfin ose me demander mon nom.

— Ah! monsieur, certainement que je vous connais, s'écrie-t-il en parlant haut cette fois. Je vous ai vu à la douane de ***, près Chaumont. J'étais le garçon du tailleur; le tailleur a été ruiné lors de l'invasion de 1814 : les Wurtembergeois lui ont pris quatre belles pièces de drap ; il en est mort de chagrin. Je lui ai succédé, mais moi aussi l'on m'a volé : j'avais toujours eu des sentimens religieux; je voyais le malheur de cet état, je suis venu en Savoie pour être chartreux. Un de nos pères m'a dit que j'avais la tête trop dure pour apprendre le latin, mais que je servirais également la religion dans une position plus humble ; que je porterais la robe de chartreux, et que mon salut n'en serait que plus assuré ; car c'est l'orgueil qui perd les ames maintenant.

Rien n'égalait la joie du frère Jean-Marie : dans une vie si monotone, tout fait évènement ; il m'a demandé force nouvelles de la Haute-Marne.

Comme le dîner finissait, le père-procureur est venu nous voir, et en sa présence une des dames a demandé du café au frère-servant Jean-Marie. Le père a répondu avec assez de pédanterie qu'il n'y avait point de café à la Grande-Chartreuse, parce que c'était une superfluité.

— Mais, mon père, a répondu la dame jeune et vive, il me semble que vous prenez du tabac ?

— C'est bien différent, madame, le tabac m'a été ordonné pour des maux de tête affreux, etc.

J'ai été blessé du ton de la dame ; elle a trop raison.

Nous nous sommes hâtés de suivre le frère Jean-Marie, qui nous a conduits à la chapelle de saint Bruno, située plus haut dans la montagne, à trois quarts d'heure du couvent. C'est là que saint Bruno fonda la Chartreuse. Plus haut encore, dans les rochers dépouillés de végétation, est une petite grotte où nous autres hommes nous nous sommes guindés, non sans quelques écorchures. C'est en ce lieu que saint Bruno s'était d'abord arrêté. Nous sommes redescendus à la chapelle de saint Bruno; la porte est ornée d'un perron, et Jean-Marie nous a dit qu'on allait placer dans cette chapelle des copies des tableaux de Lesueur. En revenant, nous avons trouvé à mi-chemin la chapelle de la Vierge. Les aspects sauvages, sombres, terribles, nous occupaient bien plus que ces petits monumens des hommes, d'ailleurs d'un siècle pauvre.

Nous n'avons guère eu le temps d'examiner cette dernière chapelle; un vent impétueux roulait de gros nuages noirs à une portée de pistolet de nous, et nous craignions la pluie.

Comme nous rentrions dans l'infirmerie, un coup de tonnerre épouvantable a fait retentir ces rochers nus et ces forêts de grands sapins. Jamais je n'entendis un tel bruit. Qu'on juge de l'effet sur les dames. Le vent a redoublé de fureur, et lançait la pluie contre les fenêtres de l'infirmerie de façon à les enfoncer. Qu'allons-nous devenir si les vitres se cassent, disaient les dames? Ce spectacle était sublime pour moi. On entendait les gémissemens de quelques sapins de quatre-vingts pieds de haut que l'orage essayait de briser. Le paysage était éclairé par une lueur grise tout à fait extraordinaire : nos dames commençaient à avoir une peur réelle. La nuit qui approchait redoublait la tristesse du paysage. Les coups de tonnerre étaient de plus en plus magnifiques. Je m'en allais, je voulais être seul; les dames m'ont rappelé.

Bientôt Jean-Marie est arrivé, et nous a dit *qu'il fallait rentrer*, qu'on allait fermer le couvent. Nous ne comprenions pas trop ce qu'il voulait dire; et de son côté, Jean-Marie ne s'expliquait pas, croyant que nous étions instruits des usages du couvent.

La terreur de ces dames a été au comble, lorsque le frère a déclaré que tous les hommes, même les maris, devaient aller coucher au monastère, et que ces dames devaient rester absolument seules dans l'infirmerie. Or, ce bâtiment est bien à deux cents pas de l'autre.

— Mais, disait une de ces dames, que deviendrions-nous si des voleurs venaient nous attaquer? Sur quoi frère Jean-Marie a déclaré que, quelques cris qu'on entendît, et quand même il y aurait des coups de fusil, rien au monde ne pourrait faire ouvrir la porte du couvent pendant la nuit. Ce serait un cas à écrire à Rome, ajoutait-il.

A ce mot de *coups de fusil*, la peur de cette pauvre femme est devenue tellement forte, que son mari m'a pris à part pour me charger de séduire *Jean-Marie*. Je me suis mis à l'œuvre;

ce brave religieux m'a refusé d'une manière simple, et qui m'a semblé de bonne foi. Je lui ai offert jusqu'à dix napoléons, qu'il pourrait employer en aumônes s'il n'avait pas de besoins personnels. Je n'ai rien obtenu. J'ai rejoint les dames : on a proposé d'aller coucher au Sapey ; mais frère Jean-Marie, consulté, nous a répondu qu'il y aurait danger, même pour les hommes.

— Tous les chemins que vous avez parcourus ce matin sont maintenant de petits ravins, où il y a un demi-pied d'eau ; et comme cette eau entraîne des pierres rondes, vos mulets qui sont malins ne voudront pas avancer, ou s'obstineront à marcher sur les bords du chemin qui sont fort glissans par cette pluie. Si le père-procureur m'ordonnait par un si mauvais temps d'aller au Sapey, j'irais à pied et marchant toujours au milieu du chemin. Deux de ces messieurs ont déclaré qu'ils passeraient la nuit dans les bois, ce qui a été positivement refusé. Ils insistaient.

— Vous m'obligez de vous dire, messieurs, a repris Jean-Marie, que j'irais dans ce cas prendre vingt domestiques au couvent, que nous viendrions fermer l'infirmerie, après avoir, suivant les règlemens, mis ces dames hors de chez nous. Pourquoi aussi amener des dames en ce lieu?

Enfin, comme frère Jean-Marie nous pressait

honnêtement, nous avons été obligés d'abandonner nos pauvres compagnes de voyage. Nous leur avons laissé un pistolet. Nous étions fort tristes. En faisant les deux cents pas qui nous séparaient du couvent, nous avons été mouillés à fond, et il y a eu des coups de tonnerre vraiment assourdissans. Nous pensions à ce qu'on éprouvait à l'infirmerie. Arrivés, on nous a montré à chacun une petite cellule fort étroite et de petits lits en bois de sapin. Malgré le bruit de la tempête qui continuait, la fatigue nous a bientôt assoupis; et nous dormions du meilleur cœur, lorsque nous avons été réveillés en sursaut par un bruit de cloches épouvantable, et par des coups de tonnerre qui faisaient trembler la maison. J'ai eu rarement un réveil aussi singulier: il y avait quelque chose du jugement dernier.

Un moine est venu nous inviter à aller à la prière; mes compagnons, de fort mauvaise humeur à cause du traitement infligé aux dames, n'ont pas voulu se lever, moi je l'ai suivi. Il faisait un froid perçant le long de ces étroits corridors, quoiqu'à la mi-août.

Rien de singulier et de lugubre comme l'aspect de l'église; on m'a placé au bas, près de la grande porte. Les chartreux sont dans des stalles, et ont devant eux une séparation en planches, de quatre pieds de hauteur, de façon que, lorsqu'ils se mettaient à genoux, je ne voyais plus rien. Au milieu du plus profond silence et pendant la méditation, les coups de tonnerre ont recommencé de plus belle. Que j'aurais voulu dans ce moment ne rien savoir de l'électricité ni de Franklin !

Cet instant a été le point culminant de la terreur ; lorsque je suis venu me recoucher vers les trois heures du matin, il y avait des étoiles au ciel ; le temps était superbe, mais il faisait un froid perçant.

J'ai eu toutes les peines du monde à me réveiller à huit heures. Mes compagnons étaient depuis long-temps auprès de ces dames ; j'ai appris que leur nuit a été des plus singulières.

Vers les deux heures, et pendant que la tempête durait encore, ces dames ont cru que des voleurs cherchaient à ouvrir leur porte. Probablement l'une d'elles, couchée près de la porte fort mince et en bois de sapin, lui donnait des coups de coude pendant un sommeil agité. La plus courageuse des jeunes prisonnières, madame T..., qui a de si beaux yeux, a demandé en tremblant : Qui est là ? Pas de réponse. Il y a eu là un quart-d'heure de terreur, comme jadis au château de Montoni dans l'Apennin (Anne Radcliffe).

Pourra-t-on croire que par ce temps épouvantable il y avait dans les bois une société de jeunes gens? Dès que le tonnerre a cessé, ils sont venus chanter sous les fenêtres de ces dames, qui, à cette occasion, ont encore éprouvé une fort grande peur, ou du moins nous l'ont dit. Avant que ces messieurs se missent à chanter, leurs pas s'entendaient de fort loin sous les sapins, au milieu de ce *vaste silence*.

Vers les sept heures, frère Jean-Marie est venu ouvrir la porte qui était fermée à double tour, et s'est bien vite éloigné. Une de ces dames s'est levée et a mis beaucoup de bois au feu, qu'elles avaient eu soin d'entretenir pendant la nuit. Ces dames commençaient à se réveiller et à faire la conversation entre elles, lorsqu'elles ont entendu parler dans leur antichambre; presqu'au même instant on a ouvert leur porte avec grand bruit, elles se sont cachées sous leurs couvertures. Elles ont entendu, à leur extrême surprise, des voix d'hommes et de femmes qui se félicitaient de trouver un aussi bon feu. Ces étrangers n'ont fait nulle attention aux chapeaux de femme suspendus à tous les clous qui retenaient des rameaux de buis bénit. Les nouveaux arrivans ne songeaient qu'à se bien chauffer, lorsque frère Jean-Marie est venu les gourmander et leur apprendre que tous ces lits qu'ils voyaient là étaient habités.

Ces dames ont enfin pu se lever, et comme j'arrivais, on servait un excellent déjeuner de pommes de terre, carpes frites, œufs, etc. J'oubliais de dire que la table était mise dans une pièce voisine de l'immense chambre à coucher, et que frère Jean-Marie avait eu l'idée admirable d'y allumer du feu, ce qui lui a valu force complimens. En ouvrant leurs serviettes, ces dames ont trouvé des pièces de vers : en vérité ces vers n'étaient point trop mauvais ; peut-être les auteurs les ont-ils pillés dans quelque ancien Almanach des muses. Ces dames ont attribué cette attention à ces mêmes jeunes gens qui étaient enus chanter à quatre heures du matin sous leurs fenêtres. Jean-Marie croit que pendant l'orage ces jeunes gens s'étaient réfugiés dans la grotte même de saint Bruno, à une lieue du couvent : nos chiens, nous dit-il, ont aboyé de ce côté-là.

Nos dames étaient fort heureuses, elles venaient d'avoir deux grandes émotions : la terreur d'abord, puis le vif bonheur de la tranquillité et d'un bon déjeuner fort gai. De leur vie elles n'oublieront la nuit qu'elles ont passée à la Grande-Chartreuse. Bien plus, un des maris, qui est amoureux de sa femme ou de son amie intime, avait eu la bonne idée d'expédier un homme de grand matin à Fourvoirie, et cet homme nous arrive à onze heures avec du café. Par politesse pour le père-procureur, nous ne voulons pas préparer ce café dans la maison, nous allons allumer un feu de bivouac sous de grands arbres, assez loin du couvent. Frère Jean-Marie nous apporte d'excellent lait et nous sert avec tout le soin possible. Ce succès, qui m'est attribué, fait de moi un personnage.

Comme nous nous promenions au hasard, une de ces dames s'est approchée, sans songer à mal, de la porte du couvent; quelqu'un en est sorti rapidement, et l'a priée de s'éloigner fort sèchement. Nous sommes retournés à la chapelle de saint Bruno. Nous regardions le *Grand Som*, il faut trois heures pour y monter; il y a une croix de bois sur le sommet, nous la distinguions fort bien; on est obligé de la renouveler sans cesse, tant elle est frappée souvent par la foudre. Que ne diraient pas les prédicateurs, si la foudre tombait aussi régulièrement sur un arbre de la liberté? La réprobation divine ne serait-elle pas évidente? On voit le *Grand Som* de Goncelin, et, si vous vous en souvenez encore, de Cras, et l'on dit que du *Grand Som* on voit Lyon.

Comme je suis plein de mauvaises idées et fort immoral, j'ai pensé que ces dames pourraient bien rencontrer par hasard les jeunes gens qui, par un temps aussi épouvantable, avaient voulu les suivre à la Grande-Chartreuse. J'ai donc déclaré que je comptais entendre la messe des chartreux, et que rien n'était plus curieux, etc. Ici admirable description des cérémonies dont j'avais été témoin pendant la nuit. J'ai entraîné avec moi deux des maris; avais-je celui dont l'absence était désirée?

En rentrant dans le couvent, nous avons rencontré un monsieur qui n'est pas habillé en chartreux; c'est un homme aisé de Lyon qui est venu se mettre en pension à la Chartreuse, et qui fait les mêmes prières et exercices que les moines.

Quel dommage que l'intérieur du couvent ne soit pas rempli d'ogives et de ces petites colonnes torses grosses comme le bras, que j'ai vues entourer des centaines de cloîtres! Ces choses produiraient un effet admirable. Il n'y a d'architecture vraiment *romantique* ici, c'est à dire non gauchement copiée d'ailleurs, et soigneusement adaptée au lieu et à l'effet que l'on veut produire, que la grande galerie ou corridor, qui est couverte avec des voûtes d'arêtes. Le père-procureur m'a montré une belle bibliothèque; j'ai vu, à la poussière qui était sur les étagères devant les livres, que jamais on n'y touche. J'ai eu la simplicité de dire :

— Vous devriez, mon père, placer ici des livres de botanique ou d'agriculture; vous pourriez cultiver toutes les plantes utiles qui viennent en Suède : cela vous distrairait, cela vous intéresserait.

—Mais, monsieur, a-t-il répondu, nous ne voulons être ni intéressés ni distraits.

A la messe, au moment de l'élévation, tous les chartreux tombent sur leurs mains comme emportés par un boulet de canon, et, à cause de cette séparation en planches de quatre pieds de haut dont j'ai parlé, à nos yeux tous disparaissent à la fois. De notre place, au bas de la nef, nous ne voyions plus que le père officiant et le frère qui sert la messe. Sous la restauration, madame la duchesse de Berry vint à la Chartreuse; en sa qualité de princesse, elle put entrer au couvent; on plaça son prie-dieu et son fauteuil près de la porte : ses dames remarquèrent qu'aucun chartreux ne tourna la tête pour la voir.

Nous passons dans une grande salle assez basse où l'on a réuni les portraits de tous les généraux de l'ordre. Le talent manque souvent aux peintres, mais il y a quelques physionomies curieuses ; on reconnaît les mêmes qualités et habitudes de l'ame chez des hommes de races et de tempéramens fort différens. Une de nos dames, qui a l'intelligence de l'ame, eût goûté cette galerie de vieillards ; il y a ici de la simplicité *simple*. Pour arriver à cette idée par les contraires, voir la simplicité des saintes gravées à Paris, ou les Allemands, à qui Dieu fasse paix ! imitant Raphael.

On nous a présenté une carte de cinq francs par tête et par jour; et comme, par bonheur, nous avions appris que les chartreux vendent un élixir, ces messieurs en ont acheté. Il est fort cher, et *ne laisse pas* de produire quelque effet.

Enfin, après avoir erré long-temps dans ces magnifiques bois de sapins, nous nous sommes décidés à regret à monter sur nos mulets, qui, depuis deux heures, broutaient en nous attendant auprès de l'allée de grands fayards. Nous avons pris la route de Fourvoirie et de Saint-Laurent-du-Pont. Bientôt nous avons trouvé une petite rivière nommée le Guyer : ses bords sont couverts des arbres les plus majestueux ; ce sont des chênes, des frênes, des fayards, des ormes de quatre-vingts pieds de hauteur; et les rochers qui dessinent les bords de la vallée dans le ciel ont des formes admirables, tandis que sur les bords du torrent les arbres croissent serrés comme ceux des Tuileries. Les muletiers nous font remarquer deux arbres dont l'un a traversé son voisin dans une chute, et tous deux vivent fort bien. A un certain endroit, on nous a fait arrêter et regarder en arrière. Vers la Grande-Chartreuse, il y a là une pyramide fort élevée qui semble fermer la route absolument, et au sommet de cette pyramide s'élève un fort beau pin. Il n'y a peut-être pas une autre vallée au monde aussi belle que celle-ci.

Près de *Fourvoirie*, un rocher s'avance dans le chemin, et il n'y a guère qu'un espace de trois pieds entre ce rocher et le précipice au fond duquel coule le Guyer. La dame qui, hier soir, avait eu une si belle peur des voleurs, a couru ici un assez grand danger. Pour éviter le précipice, elle a dirigé son mulet contre le rocher : elle avait devant elle son ombrelle attachée sur la selle; l'ombrelle a porté contre le rocher, et heureusement s'est brisée. Si elle eût résisté, le mulet sans doute ne fût pas tombé, il a trop d'esprit pour ça, il eût plié la jambe qui était du côté du précipice, et par ce mouvement, sans aucun doute, la dame eût été lancée dans le Guyer. Nous lui avons prouvé qu'il n'y avait pas eu le moindre péril.

C'est ce passage étroit qui formait autrefois

l'entrée du *désert*, et les femmes ne pouvaient pas aller plus loin.

J'oubliais de dire que ce matin nous avons été témoins de la promenade que les chartreux appellent le *spaciment*, et qui leur est accordée tous les dix jours. Ils se dirigent d'abord vers la chapelle de saint Bruno, et ensuite plus avant dans la montagne; chacun d'eux porte un grand bâton blanc. Le frère Jean-Marie est accouru pour faire éloigner les dames. Quant à nous, nous sommes restés. Je n'ai jamais vu de gens plus joyeux et babillant avec plus de plaisir : tous les jeunes sautaient et gambadaient; Jean-Marie nous a montré quinze ou vingt chartreux qui ont plus de quatre-vingts ans.

On sait que chaque chartreux vit seul dans une petite maison isolée : chacun a un jardin qu'il peut cultiver; mais ces messieurs ne les cultivent pas à la Grande-Chartreuse. Ils mangent seuls, excepté les jours de *spaciment* et de fêtes, et il ne leur est permis de parler que ces jours-là. Les chartreux sont vêtus d'une longue tunique de laine blanche, ils portent par dessus une dalmatique à laquelle tient un capuchon. Leurs antiques constitutions présentent un vestige bien curieux de l'esprit de liberté et de raison qui domina dans la primitive église, jusqu'à l'époque où les évêques de Rome réussirent à s'emparer du pouvoir absolu. Chaque année, tous les chefs de couvent et le général lui-même donnaient leur démission, mais souvent ils étaient réélus. Ils le furent toujours quand le pouvoir absolu fut à la mode.

Avant 1789, les chartreux étaient seigneurs féodaux de Saint-Laurent-du-Pont et de plusieurs autres villages; ils avaient d'immenses propriétés qu'ils cultivaient et gouvernaient avec beaucoup de sagesse. Leur maxime était d'enrichir les fermiers de leurs terres qui se conduisaient bien, mais de ne laisser jamais passer la moindre offense sans une petite punition. Ils distribuaient des vêtemens aux paysans pauvres, et quelquefois du pain; jamais d'argent.

Il résultait de ce système de conduite, qui ne souffrit jamais d'exception, que les chartreux étaient rois absolus dans ces montagnes, et il me semble qu'ils y étaient assez aimés, et avec raison. Ils distribuaient au peuple le plus grand des bienfaits : *un gouvernement juste et impassible.* Un paysan n'osait pas faire un procès déraisonnable à son voisin, de peur de déplaire au père-procureur.

La règle obligeant les chartreux à se nourrir de poisson, ils avaient établi dans la plaine de Saint-Laurent-du-Pont des étangs d'une immense étendue, qui ont été desséchés et vendus à l'époque de la révolution. Ils produisent maintenant du blé, ou du chanvre qui achète le blé; et les hommes ont succédé aux poissons. J'oubliais qu'avant de quitter le couvent frère Jean-Marie est venu m'apporter le livre des voyageurs: il m'a dit en rougissant qu'on ne le présente plus aux personnes qui ont apporté des pâtés; les chartreux regardent comme une insulte que l'on se permette des alimens gras dans leurs montagnes. Ceci est plaisant, et rappelle la colère des femmes qui se conduisent bien contre celles qui ont eu des faiblesses. On ne présente pas non plus le livre aux jeunes gens qui ont des barbes romantiques; ils y traçaient des dessins ou des paroles peu convenables. J'ai trouvé dans ce volume de bien grands noms, et de bien grandes pauvretés signées de ces noms.

FOURVOIRIE, situé sur le Guyer, entre deux rochers presque à pic à l'entrée de cette belle vallée, est une usine fort pittoresque: on y fait du fer admirable et qui ne casse point. L'eau du torrent qui s'échappe des barrages forme des chutes fort bruyantes; on y change en fer de la fonte qui arrive d'Allevart et de Riou-Pérou; on y emploie l'air chaud. J'y ai commandé quatre essieux de *fer doux* pour ma calèche.

C'est un peu plus loin, à Saint-Laurent-du-

Pont, qu'il a fallu quitter l'aimable société que ma bonne étoile m'avait fait rencontrer à la Grande-Chartreuse. Ces dames de Grenoble étaient charmantes, et il me faudrait bien des pages pour peindre leur amabilité d'une façon un peu ressemblante. Elle est bien plus piquante et à la fois bien plus naturelle que celle de Paris; il y a un fonds de bon sens et de malice qui souvent embarrasse.

FIN.

TABLE

DU PREMIER VOLUME

DES

MÉMOIRES D'UN TOURISTE.

—

Verrières, près Sceaux.	1
La Mode.	
Fontainebleau, le 10 avril 1837.	3
Le Provincial, la Belle France, Essonnes, la Démocratie, Abrutissement, Route de Fontainebleau, Fontainebleau, Horatius-Coclès, Monaldeschi.	
Montargis, le 11 avril.	12
Neuvy, Cosne, la Loire, le Paysan français.	
La Charité, 13 avril.	15
Le Journal.	
Nevers, 14 avril.	23
Imphy, Forges du Nivernais, Deux Caractères.	
Nivernais, 18 avril.	31
Un Mot, l'Air Noble, Isolement, l'Évêque de Bamberg, Isolement, Cadeau, le Testament.	
Moulins, 21 avril.	46
Créer des Actions, Souvigny, Roman et Gothique.	

DE LA BOURGOGNE, le 26 avril.   50
    Une Route, l'Aristocratie du Cabaret, une Terre, le Sabotier, les Jeunes Gens, la Vertu en province, le Mariage d'inclination, la Littérature, les Jeunes Gens, Bibracte.

AUTUN, le 30 avril.   71
    Porte d'Arroux, Autun, Pierre de Couhard, César, César et les Gaulois, César et Napoléon.

CHAUMONT, le 3 mai.   83
    Chaumont, Haute-Marne, Dijon, un Voleur, le Touriste, Grandes Divisions de la France, Grenoble au 6 juillet, l'Ambition, Paris République, Commerce de 1836.

LANGRES, le 9 mai.   100
    Langres, l'Ogive, le Compliqué, Diderot.

ROUTE DE LANGRES A DIJON, le 10 mai.   106
    Chaînes de Montagnes, de la Pluie.

BEAUNE, le 12 mai.   113
    Dijon, Vernet, la Langue, Dijon, la Côte-d'Or, le Clos-Vougeot, Beaune, Piron, Beaune, la Colonne de Cussy, M. de La Mennais.

CHALONS-SUR-SAÔNE, le 14 mai.   125
    Contraste, le Travail, Châlons, Besançon.

SUR LE BATEAU A VAPEUR, le 15 mai.   129
    Le Bateau à Vapeur, Mâcon, On hait l'esprit, Saint-Philibert, Mâcon.

LYON, le 15 mai.   135
    L'Ile Barbe, Neuville, Bords de la Saône, Lyon, le Café, la Garde nationale, un Libraire lyonnais, le Proconsul Plancus, Lyon, l'Ouvrier de Lyon, Organisation d'un Ministère, un Puritain, Fourvières, Aqueducs romains, Jeux de Caligula, Saint-Jean, Saint-Nizier, René, un Oncle anglais, Connaître la France, Farce du Midi, l'Amour est ridicule, les Races d'Hommes, Race Gaël, Race Kymri, Race Ibère, Prêt sur gage, les Frères ignorantins, une simple Religieuse, Éducation des Filles, Gallia Christiana,

Régner et non Aimer, Musée de Lyon, le Taurobole, la Perfection du Valet de Chambre, un Ami, Brémont.

Lyon, le 1er juin 1837. 204

Saint-Etienne, Dîner à Lyon, Quai Saint-Clair, Madame Girer, Musée de Lyon, Tableaux, École de Lyon, Tableaux du cardinal Fesch, Ouvriers de Lyon, la Guillotière, le Roi de Sardaigne, le Mariage, la Musique en France, les Vers dans l'Opéra, Armée anglaise, les Soldats anglais en 1814, Gains de 1837, Mensonges à respecter, Robert Walpoole, Esprit libéral des Villes, M. Court, le Gamin de Paris, la Place Bellecour, les Gestes, une Brèche, Haute politique.

Vienne, le 9 juin 1837. 253

Chemin de fer de Vienne, Chemins de fer, Philosophie du Chemin de fer, Vienne, Musée de Vienne, les Amours, Antiquités de Vienne, Statues de madame Michaud, Désavantage du Touriste, le Coup de fusil.

Saint-Vallier, le 11 juin. 272

La Côte-Rotie, Rive gauche du Rhône, Routes anciennes, Rampes de Revantin.

Valence, le 6 juin. 275

Valence, le lieutenant Bonaparte, la Vie du Midi, l'Art gothique, Mode du Gothique, le Tribunal de Valence.

12 juin, Sur le bateau a vapeur, vis a vis Montélimart. 284

Règne de Louis-Philippe, la Démocratie.

Avignon, le 12 juin. 288

Pont-St-Esprit, Avignon, le Maréchal Brune.

Avignon, le 14 juin. 296

Vaison, Palais des Papes, Cour d'Avignon, Lettres de Pétrarque, le Mistral, le Malheur d'un Sot, un Sot, Intérieur d'une Préfecture, le Préfet antiquaire.

Nivernais, le 18 juin. 318

Clermont, les Cantals, le Roman et le Gothique, On ne fait jamais la Façade, Contre-sens, Histoire du Gothique, Monarchie du XIV° siècle, Brioude.

Nivernais, le 19 juin. 339

La Province envie Paris, la Province et Paris, la Bourgogne, Episodes de la vie d'Athanase Auger.

Bourges, le 20 juin 1837. 354

La Diligence, l'Isolement, Bourges, la Cathédrale, Un Ivrogne, Hôtel de Jacques Cœur, les Enfans Bleus.

Tours, le 22 juin. 372

Châteauroux, Châtillon-sur-Indre, Loches, Tours, M. Béranger, Louis XI, les Malatesta, le Feu Sacré, l'Académie, Une Adjudication, Bureaux de Préfecture, les Cinq Percepteurs, le Journal de la Préfecture, le Bateau à Vapeur, le Bateau engravé, la Loire, le Désordre dans le Danger, Luynes, Cinq-Mars, Saumur, Un Jeune Officier, M. Pellico, Une Princesse, Raisonnemens à la Turgot.

TABLE

DU DEUXIÈME VOLUME

DES

MÉMOIRES D'UN TOURISTE.

—

Nantes, le 25 juin 1837.   1
    Nantes, le Théâtre Français, Paupérisme, Cathédrale, Tombeau de François II, Michel Colomb, Alarcon, Saint-Nazaire, Beauté bretonne, Un Caractère de Jeune Fille, la Comédie, Bataille de la Nouvelle-Orléans, le Général Jakson, Musée de Nantes.

Nantes, le 1er juillet.   54
    Un Don Juan, Retz, le Maréchal de Retz, Pas de Maris trompés, la Russie, la Bretagne, Madame de Nintrey, Armée de la Loire, Nantes et le Havre, le Théâtre.

Vannes, le 5 juillet.   96
    La Bretagne, la Vilaine, Pont de la Vilaine, l'Auberge de la Vilaine, 1648, 1649, Vannes, Blocs de Granit, Erdeven, Carnac, Explications des Savans, Culte du Serpent, le Serpent, l'Aigle et l'Agneau, Carnac, Des Druides, Usages des Gaulois, César, Pélerinage à Sainte-Anne d'Auray, la Bre-

tagne, la Haine impuissante, les Races d'hommes, les Sorciers bretons.

LORIENT, le....   141
   Hennebon, Lorient.

DE LA BRETAGNE, le.... juillet.   147
   Uzerches.

RENNES, le.... juillet.   151
   Ploërmel, Rennes, Bretagne.

SAINT-MALO, le....   161
   Saint-Malo, Dol, Route de Saint-Malo, Dieppe.

GRANVILLE, le....   180
   Granville, Dol, la Normandie, Avranches, Coutances, Honfleur, le Havre, Austerlitz, Louis Brune, les Angles aigus, Rouen, Corneille.

PARIS, le 18 juillet 1837.   218

TARASCON, le 27 juillet.   219
   Beaucaire, la Chevalerie.

NISMES, le 1er aout 1837.   240
   Nismes, la Maison Carrée, les Arènes, le Nymphœum.

LE PONT DU GARD, le 3 août.   253
   Le Pont du Gard, Orange.

TULLINS, le 6 août 1837.   265
   Les Jansénistes de Maroc, Abd-el-Kader, Saline d'Arsew, Pont en-Royans, le Dauphiné.

GRENOBLE, le 7 août.   271
   Grenoble, le Marronier Lesdiguières, le Dauphiné, Gières.

VIZILLE, le 21 août.   295
   Vizille.

BRIANÇON, le.... août.   298
   Briançon.

GRENOBLE, le 23 août.   300
   Grenoble, Dauphiné, Gières.

LE PONT DE CLAIX, le 25 août.   311

GRENOBLE, le 27 août. 312
    Lafrey, Vizille.

GRENOBLE, le 28 août 1837. 323
    Grenoble, Mens, M. Ménard.

FOURVOIRIE, le 1er septembre 1837. 328
    La Grande Chartreuse, Saint-Laurent-du-Pont.

FIN DES TABLES.

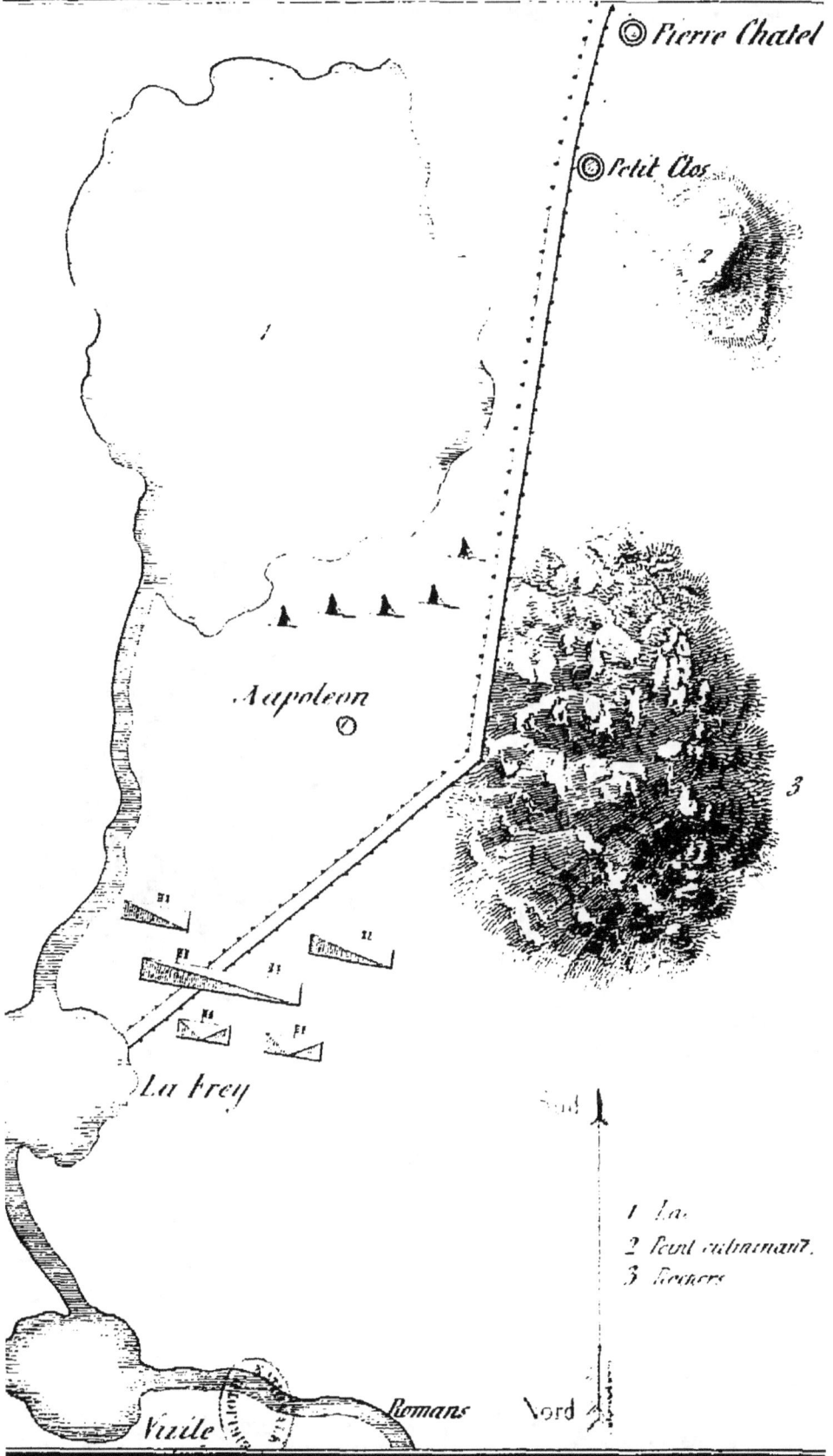

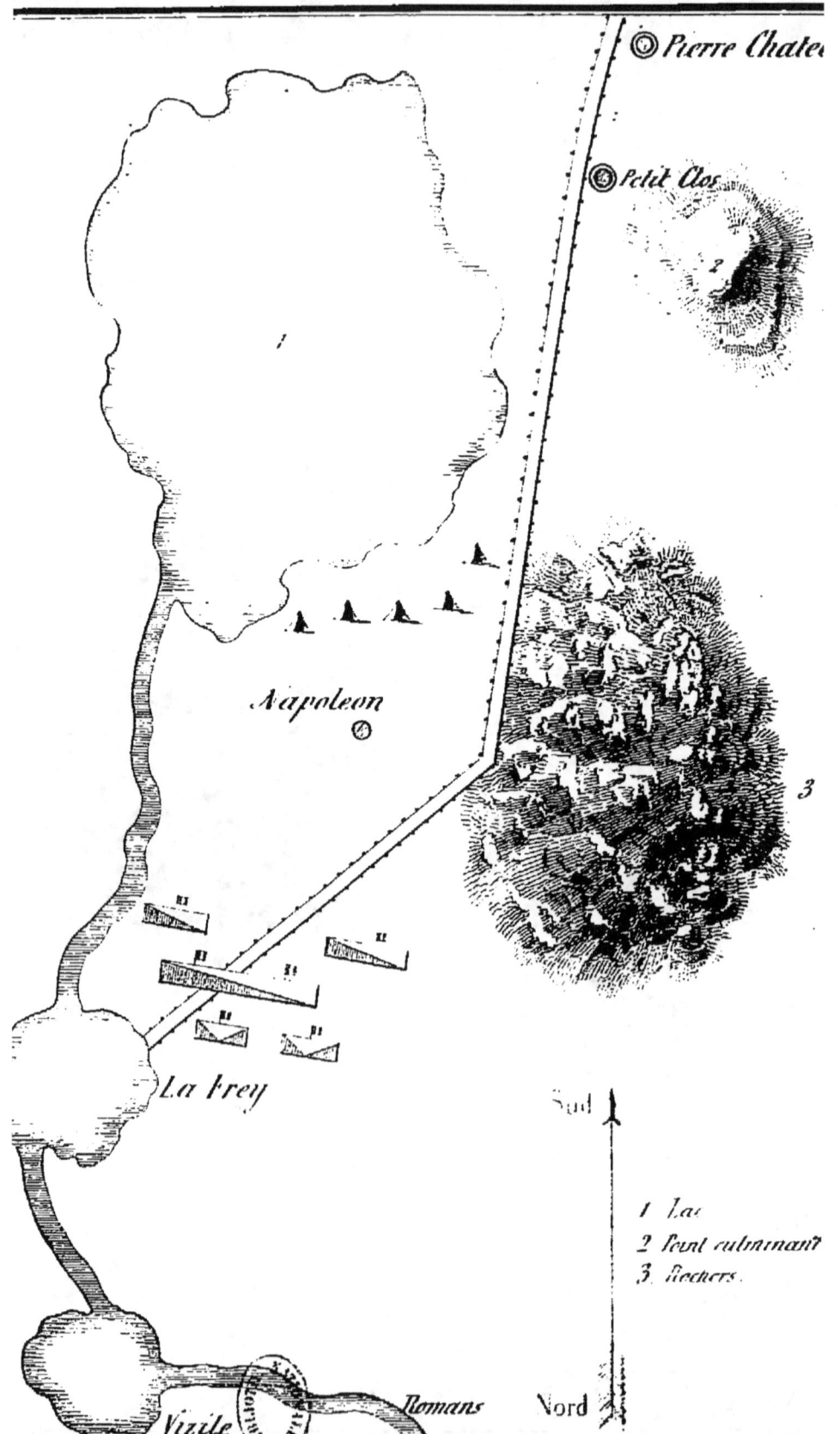

www.ingramcontent.com/pod-product-compliance
Lightning Source LLC
Chambersburg PA
CBHW070715020526
44115CB00031B/1120